从校园到职场——物流工程师必读丛书

物流系统规划及设计

主　　编　陶新良　王小兵
副 主 编　毛建云　王　宾
参编人员　邵宏韬　王海兰　郭爱东　邵汉强
　　　　　葛振忠　唐　贵　张　健　彭富兵
　　　　　刘　巍　董　苑
主　　审　孙彬南　王志清
副 主 审　陆金红　李喜龙

机械工业出版社

本书根据物流工程的专业特点，结合物流系统规划与设计的知识要点，分别介绍了物流系统规划与设计的基本知识，物流工程师必备的专业知识，以及物流从业人员关于物流系统规划与设计等方面的内容。全书共分十章，具体包括物流系统规划与设计概述、物流工程师应具备的知识与能力、物流系统规划、物流园区规划、配送中心规划、物流运输系统规划、物流信息系统规划、物流战略规划、一体化供应链设计以及物流作业流程规划与设计等方面的内容。

本书可作为科研设计院所、物流园区、物流企业及大专院校物流专业的教材或参考书。

图书在版编目（CIP）数据

物流系统规划及设计/陶新良，王小兵主编. —北京：机械工业出版社，2012.3

（从校园到职场——物流工程师必读丛书）

ISBN 978-7-111-37215-8

Ⅰ.①物… Ⅱ.①陶…②王… Ⅲ.①物流-系统工程 Ⅳ.①F252

中国版本图书馆 CIP 数据核字（2012）第 013449 号

机械工业出版社（北京市百万庄大街 22 号 邮政编码 100037）

策划编辑：周国萍 责任编辑：周国萍 杨明远

版式设计：霍永明 责任校对：王 欣

封面设计：路恩中 责任印制：乔 宇

三河市国英印务有限公司印刷

2012 年 4 月第 1 版第 1 次印刷

169mm×239mm · 24.75 印张 · 509 千字

0001— 3000 册

标准书号：ISBN 978-7-111-37215-8

定价：56.00 元

凡购本书，如有缺页、倒页、脱页，由本社发行部调换

电话服务 策划编辑：（010） 88379733

社服务中心：（010）88361066 网络服务

销售一部：（010）68326294 门户网：http://www.cmpbook.com

销售二部：（010）88379649 教材网：http://www.cmpedu.com

读者购书热线：（010）88379203 **封面无防伪标均为盗版**

前　言

物流不仅是关于流体、载体、劳动组织和线路实体要素结合而成的经济活动体系，而且也是作为包括运输、储存、包装、装卸搬运、配送及流通加工等各环节连接而成的有机系统，其结合、连接都是为了一个共同的目的——实现物资实体的移动，以弥补生产和消费在空间、时间、形式上的差别。如果离开了这一共同的目的和为了实现这一目的而必然采取的结合方式，这些单个的实体要素和独立于过程之外的任何一个环节的存在，则对于物资实体的移动都是毫无意义的。因此，物流的规划与设计不能等同于企业的运输、储存、搬运等单项职能的设计，不是单纯追求某一环节的科学与合理化；而是要运用系统方法，深入研究物资系统中各实体要素和各环节的结合方式，对物流进行系统化整体设计和管理，以最佳的结构、最好的配合，组织各项物流活动，充分发挥系统功能的效率，达到物流过程的最优化。

为此，编写组人员从我国物流工程师必备的专业知识出发，结合具体的案例，组织编写了“从校园到职场——物流工程师必读丛书”之一《物流系统规划及设计》。本书可作为科研设计院所、物流园区、物流企业及大专院校物流专业的教材或参考书。

全书由中国人民解放军军事交通学院陶新良、总后司令部王小兵任主编，江苏六维物流设备实业有限公司毛建云、军事交通学院王宾任副主编；全书由中国人民解放军军事交通学院孙彬南、华北城物流有限公司王志清任主审，浙江美科斯叉车有限公司陆金红、北京军区第七分部李喜龙为副主审；参加编写的还有军事交通学院的邵宏韬、王海兰、郭爱东、邵汉强、葛振忠、唐贵、张健、彭富兵、刘巍、董苑。

本书在编写过程中，得到了许多专家、学者以及物流企业技术人员的大力支持，在此谨向相关同志表示感谢。由于编者水平所限，对于书中存在的问题或不妥之处，恳请广大读者不吝赐教并多提宝贵意见，我们将不断努力，为现代物流的发展奉献绵薄之力。

编　者

目　　录

第1章　物流系统规划与设计概述

随着现代科学技术的迅猛发展，全球经济一体化的趋势日益加快，世界各国都面临前所未有的机遇和挑战。现代物流作为一种先进的组织方式和管理技术，被广泛认为是除降低物资消耗、提高劳动生产率以外的又一重要利润源泉，在国民经济和社会发展中发挥着重要作用。

1.1　物流系统概述

1.1.1　物流系统的概念

1. 系统的概念

系统是由若干个相互区别、相互依赖和相互制约的要素，为了一个共同的目标组成的、有特定功能的有机整体。每个系统都有边界，由组成系统的要素以及各要素间的关系构成。系统边界定义了系统范围，系统范围之外则称为系统的外部或称之为系统环境；系统边界将系统与其所处环境区分开来。

系统各要素之间相互作用、相互依赖、相互影响、相互制约，存在一定的有机联系。系统结构是指系统内部各组成要素间的相互关系、相互作用的方式或秩序，即各要素在时间和空间上排列、组合的具体形式。

与系统结构的概念相对应，系统与外部环境相互作用所反映的能力称为系统的功能。系统功能体现了一个系统与外部环境之间的物质、能量和信息的输入和输出的转换关系。例如，生产系统，给生产系统输入一定的物质、能量和信息后，经过系统内部的转换，生产出高质量的产品。

系统的结构和功能的关系是不可分割的一对范畴，理解系统的结构是理解系统功能的基础。系统结构说明的是系统的内部状态和内部作用，而系统功能说明的是系统的外部状态和外部作用，是系统内部固有能力的外部表现，它由系统结构所决定。系统功能的发挥，既受环境变化制约，又受系统结构的决定和制约。

2. 物流系统的概念

物流是为了满足客户需求，货物从起始地到目的地流动的全过程，物流的这一活动过程是通过运输、仓储、包装、装卸、搬运、流通加工、配送、信息处理等不同的物流环节所产生的空间功效与时间功效来共同实现的，即将适量的货物，在准确的时间以适当的顺序送到正确的地点。因此，也可以这么说，物流是通过适时、适地处理货物来创造价值的过程，物流创造的价值包括时间价值和空间价值。

从系统的角度理解，物流是一个系统，它具有系统的所有特征。根据系统的理论，物流系统是指在一定的时间和空间里，由能够完成运输、存储、装卸、搬运、包装、流通加工、配送、信息处理活动或功能的若干要素构成的具有特定物流服务功能的有机整体。因此，物流系统（Logistics Systems，LS）是为实现既定物流活动目标，由物流固定设施、移动设施、通信方式、组织结构及运行机制等要素形成的多层次人工经济系统。物流系统属于有人参与决策的大系统，是“物”得以“流”所必须依存的软硬件环境。这一定义无论对宏观物流还是微观物流都是合适的。所不同的是企业物流系统以企业各项生产要素为核心，以降低企业物流成本、提高企业服务水平为目标，依托于社会物流系统；而社会物流系统以各项相关设施（物流平台、基础设施平台、信息平台和政策平台）为核心，以物流畅通为目标，服务于企业物流系统。

对于物流系统来说，首先要有明确的目的，即物流系统要实现的目标。物流系统的具体目标，常见的有如下几个方面：①将货物按照规定的时间、规定的数量送达目的地；②合理设置物流配送中心，维持适当的库存水平；③实现装卸、保管、包装等物流作业的自动化、效率化；④维持合适的服务水平与物流成本；⑤实现物流活动全过程信息的顺畅流动等。物流作业各系统间的关系如图1-1所示。

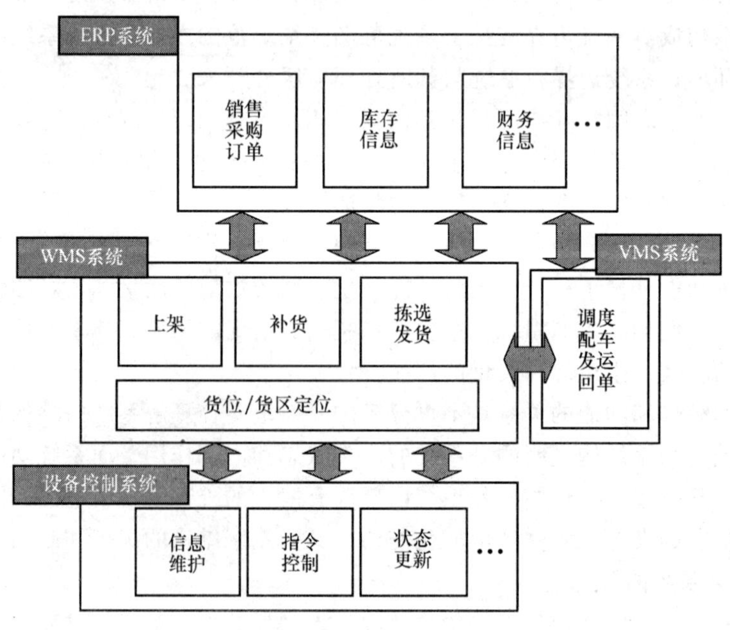

图1-1　物流作业系统示意图

物流系统的目的是实现货物的空间效益和时间效益，在保证社会再生产顺利进行的前提条件下，实现各个物流环节的合理衔接，并取得最佳的经济效益。

用系统的观点来研究物流活动，是现代物流科学的核心问题。物流活动的诸要素能否组成物流系统，其关键是它们能够在一个共同的目标下经过权衡达到较优的配合，从而使系统整体达到最优。

1.1.2　物流系统的特点

物流系统具有一般系统所共有的特点，如整体性、相关性、目的性、环境适应性等，同时还具有规模庞大、结构复杂、目标众多等大系统所具有的特征。

1. 具有一般人工系统的基本特点

任何形式的物流系统，都是由人和形成劳动手段的设备、工具所组成，人是系统的主体；人、机融为一体，表现为物流劳动者和作用于物流作业的一系列设备和设施。其中，物流设备，主要包括相关运输设备、装卸设备、搬运设备、码垛设备、仓储设备、物流技术设备，以及物流设施等。物流系统同样具有一般人工系统的基本特征，诸如集合性、目标性、层次性、相关性和环境适应性等，见表 1-1。因此，在研究物流系统的各个方面问题时，必须把人和物有机地结合起来，加以考察和分析。

表 1-1　一般人工系统的基本特点

基本特点	主要内容
集合性	物流系统是由货运枢纽站场(物流中心)、城市集配中心、仓库、线路(道路、铁路、航道、管道等)等固定设施，运输车辆、船舶、装卸设备、搬运设备、承载器具等可移动设备，通信设备、计算机网络等物流信息管理手段，以及劳动力、资金、政策等要素组成。这些要素的有机结合构成了物流系统，这一系统中包括了运输、配送、装卸、搬运、包装、仓储、流通加工和信息处理等物流作业环节
目标性	物流系统具有明确的目标性，这些目标既具有多样性，又具有层次性，其本质都是适应和满足特定的用户需求。对于不同范围、不同性质的物流系统其目标价值、结构和排序是不同的，但就物流系统追求目标的一致性分析，其重点仍是提高物流服务水平和节约物流总费用
层次性	物流系统可以是多层系统的结构。研究和设计物流系统时，确定物流系统的边界十分重要，要使所研究的对象在经营组织、物流技术、通信信息等能力的实际控制范围内。显然，技术基础不同、控制能力不同，系统组织设计的规模、运营范围也有较大差别
相关性	物流系统中各环节是相互关联的，需要通过相关部门的协作取得协同效果。物流系统需要专业化来提高单项物流作业效率，同时也需要提高物流链协作运行的集成效果。所以在规划物流系统时，既要考虑物流系统运行技术方面的客观因素，又要考虑物流系统运行组织方面的主观因素，如物流合理化的动力机制，以体现技术、组织和管理综合集成的效果
环境适应性	物流系统只有适应外界环境的条件，尤其是用户的需求，才能生存、运作和发展。尽管物流高级化理论、方法选择了较高的视点来研究物流系统的规划、设计、运行与控制，但这些理论、方法也必须与现实的应用技术环境、物流设施环境、组织运营机制紧密结合起来

2. 物流系统具有复杂多样的特点

在物流活动的全过程中，伴随着大量的物流信息，物流系统要通过这些信息把各个子系统有机地联系起来。收集、处理相关物流信息，并使之指导物流活动，是一项非常复杂的工作。物流系统的运行对象，几乎涵盖全部社会物资资源。资源的多样性，必然带来物流系统的复杂化。物资资源品种的千差万别，从事物流活动的人员队伍庞大，物流系统内的物资占用大量的流动资金，物流网点遍及城乡各地。将这些人、财、物资源有机地组织起来并合理利用，同样是一个非常复杂的问题。因此，在分析与设计物流系统时，要充分认识到物流系统的复杂性。

3. 物流系统具有相对独立的特点

无论规模多大的物流系统，都可以分解成若干个相互联系的子系统。系统与子系统之间、子系统与子系统之间，存在着时间和空间上及资源利用方面的联系，也存在总目标、总费用及总运行结果等方面的联系；这些子系统的多少和层次的阶数，是随着人们对物流系统的认识和研究的深入而不断深入、不断扩充的。同时，子系统又可以在物流管理目标与管理分工上自成体系，具有独立性。因此，物流系统不仅有多层次性，而且还具有多目标性。在对物流系统的具体分析与设计中，既要研究物流系统运行的全过程，也要对物流系统的某一环节（或称之为子系统）加以分析。

4. 物流系统具有大跨度特点

物流系统是一个大跨度系统，主要反映在两方面：一是地域跨度大，二是时间跨度大。在现代经济社会中，企业间物流经常会跨越不同的地域，国际物流的地域跨度更大。物流系统通常采用存储的方式解决产需之间的时间矛盾，这一过程的时间跨度往往也很大。因此，物流系统的跨度越大，其管理方面的难度则越大，对信息的依赖程度也就越高。

5. 物流系统具有动态运行特点

任何形式的物流系统，都是置身于整个社会的大系统中。如果社会物资的生产情况、需求变化、资源变化、企业之间的合作关系等因素发生改变时，都会随时影响物流系统的运行。再者，物流系统一般联系多个企业与用户，随着需求、供应、渠道、价格的变化，系统内部的要素及系统的运行也经常发生变化。因此，为适应经常变化的环境，人们必须对物流系统的各组成部分经常不断地修改、完善，这就要求物流系统是一个具有满足社会需要、适应环境能力的动态系统。

6. 物流系统具有多目标运行特点

物流系统的总目标是实现其整体经济效益极大化。但是，物流系统各要素存在非常强烈的“悖反”现象，常称之为“二律悖反”或“效益悖反”现象。因此，实际工作中要同时实现物流时间最短、服务质量最高、物流成本最低这几个目标几乎是不可能的。例如，在存储子系统中，为保证供应、方便生产，人们会提出存储的物资高库存、多品种的办法，而为了加速资金周转、减少资金占用，人们又会提出降低库存的要求。这些相互矛盾的问题在物流系统中广泛存在，而物流系统又恰恰要在这些矛盾中运行，并尽可能满足人们的要求。显然，在物流系统分析与设计中，必须建立多目标函数，并在多目标中求得系统的整体最佳效果。

1.1.3　物流系统的基本结构

1. 物流系统的功能结构

对一个完整的物流系统来说，其基本功能要素包括：运输、仓储、包装、配送、装卸搬运、流通加工和物流信息处理。这些基本要素有效地组合、连接在一起，形成了系统总功能，构成了能合理、有效地实现系统总目标的物流系统。

一般而言，物流各阶段的必备功能首先是运输，然后是仓储。装卸搬运功能伴随运输方式或运输工具的变换（如从公路运输换装到铁路运输）、物流作业功能的转换（如从运输作业转换到仓储作业）而产生。包装功能、流通加工功能是在流通过程中发生的，但并不是每个物流系统都一定进行。

物流系统的功能结构取决于它的生产、流通模式。特殊情况下，系统功能结构还受其所用物流载体的影响。有些地区的订货必须与邻近城市的其他订货一起组配发运，先到达邻近城市，再经其他运输方式将订货送到用户手中，或是从发货地点直接委托速递公司送货到收件人手中。这两种方式，都会改变公司原有的作业系统结构。

从以上功能结构来分析，不同的物流系统需求需要进行的作业是大同小异的。从生产和流通企业的角度来看，物流作业进行得越少，物流系统才越好。由此可知，生产和销售系统决定了物流系统所要进行的物流作业。所以，应该将物流系统与生产、销售系统集成，在保证实现生产和销售目标的前提下，尽量进行较少的物流作业，降低作业总成本。

2. 物流系统的流动结构

物流系统有五个系统要素：流体、载体、流向、流量、流程。物流系统运行都具备这五要素，缺一不可，其具体内容不尽相同。

在任何一个物流系统样本内，这五个要素都是相关的：流体的自然属性决定载体的类型和模型，社会属性决定流向、流量和流程，流体、流向和流程决定载体的属性；载体对流向、流量和流程有制约作用，载体状况会影响流体的自然属性和社会属性。因此，对一个物流系统来说，可以根据流体的自然属性和社会属性确定流向、流程，并根据流量的大小与结构来确定载体的类型与数量。

网络型物流系统中，在一定的流体从一点到另一点转移的过程中，经常会出现载体的变换、流向的变更、流量的分解与合并、流程的调整等变化，这在某些情况下是必要的，但也应尽量坚守变换的时间、环节，降低变换的成本。

3. 物流系统的调控结构

物流系统的调控结构是指物流系统中资源配置的管理机制和控制方法。物流系统的资源在区域、行业、部门、企业之间的初始配置状态是历史形成的，不是按照某个特定物流系统的要求来分布的。如何集成这种产权分散的物流资源，使其为众多特定的物流系统服务；如何在达到这些目标的同时，使物流资源的集成长期进行，而不是偶尔借助于政府的宏观管理，这些需要考虑物流资源系统的治理机制问题，不同的治理机制形成不同的治理结构。

（1）单边治理　单边治理也称一体化治理，它的适用条件是：

1）交易高度专用化。投资于这类交易的物流资源如果转移到其他用途上，其价值将趋近于零。

2）交易与企业的核心业务有很强的相关性。

3）企业实现垂直一体化、多种经营时的总收益为最大。与外部投资相比，企业自身进行投资将减少关系培养和维持成本，避免外部交易带来的风险。

单边治理这种模式并不支持无条件的垂直一体化、多种经营，生产和销售企业只有在所需的物流资源高度专用化，投资于该项物流业务可获得规模效益，并且在这项业务的生产和销售紧密相关的情况下，进行这种垂直一体化、多种经营才是有效率的。因此，生产和销售企业自身投资于物流设施是否为合理决策，就要看是否满足以上三个条件。

（2）双边治理　双边治理是指通过物流资源买卖双方共同治理的模式。

双边治理结构的适用条件是：

1）交易应该是重复发生的，不是一次性、偶尔发生的。进行专门投资也能收回成本。

2）交易所需的资产是高度专用的。当然不可能所有的投资都是专用性的，但至少其中的核心投资部分是专用的，如果不用于这些交易，这些投资基本上没有价值，或者价值大打折扣。

3）交易是非标准化的。尽管交易本身非常标准，但由于交易对于双方的重要性，使得双方必须要采取接近垂直一体化的方式组成战略联盟，实现共同治理。

（3）三边治理　三边治理是指通过物流资源的需求方、供给方和第三方（法律）来共同治理的模式。这种模式适用于两类物流资源交易：一是偶尔进行的交易；二是高度专用性物流资源的交易。

应当指出的是，对于高度专用性交易，交易主体维持交易关系的主动性很高，专用性投资是双方的；提供物流服务的一方会投资于购买车辆、建设仓库或配送中心；需要物流服务的一方会为对方提供企业的经营数据和其他资源，这些资源不会对社会公开；双方都尽可能安排“大客户管理”人员对合作项目进行协调管理。

双边治理与三边治理的区别在于相关方关系上。双边治理的双方关系更加紧密，近似于垂直一体化关系，这种紧密的关系机制也解决了在三边治理结构中出现的冲突问题，因为任何一方脱离交易关系都要在交易专用性资金上付出沉重的代价。所以，双方有强烈动机维持交易关系而不是让它终止。

（4）多边治理　多边治理也叫市场治理或合同治理，使物流系统所需一切资源都能从物流市场上通过交易得到，并且这类资源不是为某一物流系统专门提供。

多边治理可用于多种物流系统，如一般的铁路资源运输系统、公路资源运输系统等。这类物流市场的特征是：

1）参与物流市场资源交易各方的身份并不重要。

2）交易各方通过合同确立交易关系。锁定合同的条款完备、内容详细。一般情况下，口头合同等非正式条款也被认可，但市场更倾向于各方订立正式合同。

3）赔偿有严格规定。如果合同中的约定没有履行，其后果在各方订立合同之时就是可知的，并且是不可改变的。

4）合同出现纠纷时引进第三方机制——法律。但这种方式一般不被提倡，而更趋向于合同各方的自行解决。

多边治理就是第三方治理，该结构中物流的主要形式是第三方物流。第三方物流服务提供商是在发达的物流市场专门为需求者提供物流服务等供应商，它的存在是物流市场发展的必然，方便了企业将有限资源集中于核心业务。20 世纪 90 年代以来，第三方物流在全世界的领先企业中得到高度重视，并为企业降低了生产和销售总成本，提高了企业的总技术效率。

如上分析，在这种合作中，即使出现纠纷，一般双方事先都知道应负什么责任。调解和仲裁是关系破裂的最后解决办法，而这对双方成本都是极高的。所以，在多边治理框架中，第三方一般只作为防止万一的补救措施，当事双方都应避免在合作中走到这一步。

以上是从四个方面对物流系统的治理结构进行了分析。可以看出，不同交易类型决定不同的治理结构。须注意的是，预期成本与实际成本的偏差也是交易成本的一部分，在实际中应予以考虑。

4. 物流系统的网络结构

物流系统的网络主要由点、线两个基本要素组成。

（1）点　在物流系统中可供流动的商品储存、停留，以进行相关后续作业的场所称为点或结点，如工厂、商店、仓库、配送中心车站、码头等。

点是物流基础设施比较集中的地方。根据点所具备的功能可以将其分为以下三类：

1）单一功能点。这类点的特点是：①只具有某一种功能，或者以某种功能为主；②需要的基础设施比较简单，但规模不一定小；③在物流过程中处于起点或者终点。

这类点的业务比较单一，适合进行专业化经营。但是从物流系统的角度来看，必须将许多单一功能集成起来才能完成所有的物流业务。因此，如何将各个行业中行使单一功能的不同点集成起来，由谁来集成以及如何集成，这些都是非常重要的问题。

2）复合功能点。这类点的特点是：①具有两种以上的主要物流功能；②具备配套的基础设施，一般处于物流过程的中间；③多以周转型仓库、港口、车站、集装箱堆场等形式存在；④规模可小、可大。

这类点很多。在一个点上具有运输、仓储、包装、配送、装卸搬运、流通加工和物流信息处理这七大功能中的大部分或者全部的，都属于复合功能点。

3）枢纽点。这类点的特点是：①物流功能齐全，具备庞大的配套基础设施以及附属设施；②具有庞大的吞吐能力；③对整个物流网络起着决定性和战略性的控制作用，一旦该点形成以后很难改变，一般处于物流过程的中间。

这类点一般具有公共设施性质，因而必须采用第三方的方式进行专业经营。它的主要优势是辐射范围大，通过该枢纽连接的物流网络非常庞大。但同时也面临着复杂的协调和管理问题，存在着信息的沟通、设施设备的运转效率等问题。在一个物流设施相对落后的国家或地区，建设连接多种载体的枢纽点，对于形成全国统一开放的物流网络具有战略性意义。

以上三类点主要是从功能的角度划分的。从单一功能点、复合功能点到枢纽点，功能不断完善，在物流网络结构中的辐射范围不断扩大，规划设计和管理难度也不断增加。

（2）线　连接物流网络中各个结点的路线称为线，或称为连线。物流网络中的线是通过一定的资源投入而形成的。

物流网络中的线具有如下特点：

1）方向性：一般在同一条路线上有两个方向的物流同时存在。

2）有限性：点通过线连接起来，每条线都有起点和终点。

3）多样性：线是一种抽象的表达，公路、铁路、水路、航空路线、管道等都是线的个体存在形式。

4）连通性：不同类型的线必须通过载体的转换才能连通，并且任何不同的线之间都是可能连通的，线间转换一般在点上进行。

5）选择性：两点间具有多种线路可以选择，既可在不同载体之间选择，又可在同一载体的不同路径之间选择。物流系统理论要求两点间的物流流程最短，因此需要进行路线和载体的规划。

6）层次性：物流网络的线包括干线和支线。根据载体类型可以将其有限地划分成五类，即铁路线、公路线、水路线、航空线、管道线。不同类型的线，都有自己的干线和支线，各自的干线和支线又分为不同的等级，如铁路一级干线、公路二级干线等。

物流网络是由点和线的有机联系所形成的。点和线本身都是静止的、孤立的，采用系统的方法将其有机结合起来，这样形成的物流网络则是动态、充满联系的。点和线之间的联系也是物流网络的要素之一，这种联系构成了物流网络的灵魂。

1.1.4　物流系统的构成要素

物流系统化是将一定范围的物流活动视为一个大系统，运用系统学原理进行规划、设计、组织、实施，从而能以最佳的结构、最好的配合，充分发挥系统功效，逐步实现物流合理化的过程。也就是说，物流系统要调整各个子系统之间的矛盾，把它们有机地联系起来，使之成为一个整体，从而实现总成本最小和综合效益最佳。

与一般的管理系统一样，物流系统是由人、财、物、信息和任务目标等要素组成的有机整体。由于物流系统的特点，物流系统的要素还可具体分为基本要素、功能要素、支撑要素、物质基础要素、流动要素、网络要素等。如果按物流系统的职责功能不同，还可分为宏观决策层、部门管理层、物流企业层、基本元素和基本功能层，如图 1-2 所示。

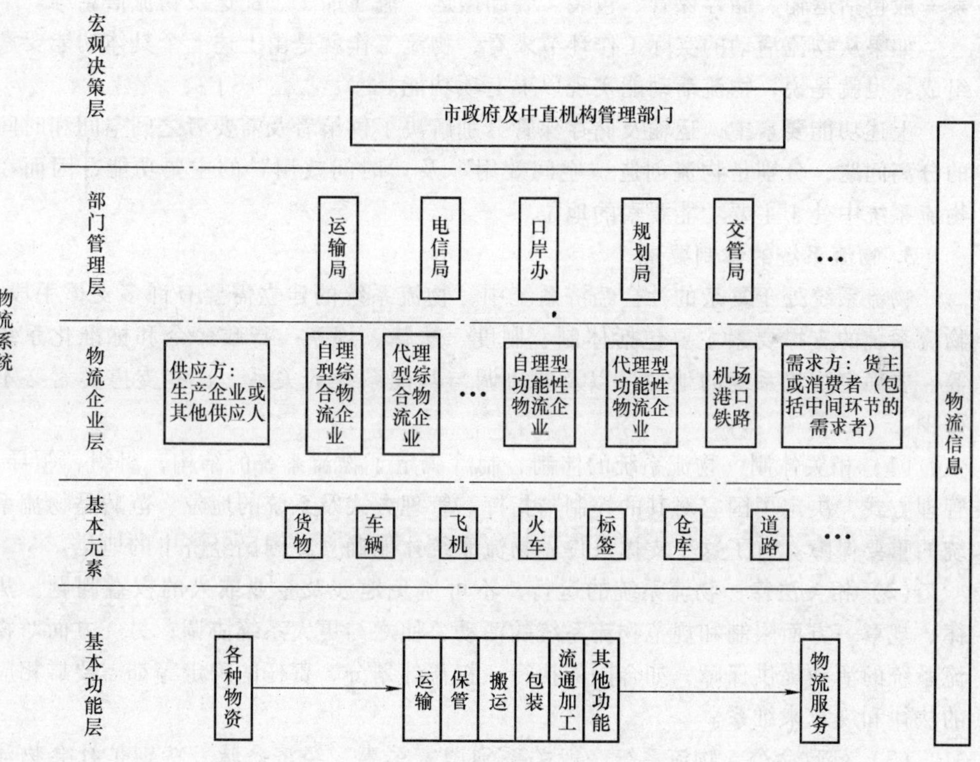

图 1-2　物流系统的构成要素

1. 物流系统的基本要素

物流系统的基本要素，主要包括人、财、物三要素，它是构成物流系统外部环境的“输入”，从而对物流系统发生作用与影响。

1）人是物流活动的关键要素，是物流系统的主体。它是保障物流系统得以顺利运行和提高管理水平的最重要的要素；提高人的素质，是构建一个合理化的物流系统并使它有效运转的根本。

2）财是物流活动中必不可少的资金。资金是交换的基础和媒介，实现交换的物流过程实际上也是资金运动的过程。物流系统的建设也是资金大投入的领域，特别是大型基础设施的建设。

3）物是物流系统的运作对象，包括各种货物、原材料、成品、半成品，也是物流活动中的物质条件，如能源、动力等，以及劳动工具、工作手段。如各种物流设施、工具、运输设备、各种消耗材料等。

2. 物流系统的功能要素

物流系统的功能要素指的是物流系统所具有的基本能力，这些基本功能有效组合、联合在一起，以便能合理地、有效地达到物流系统的目标。物流系统的功能要素一般包括运输、储存保管、包装、装卸搬运、流通加工、配送及物流信息等。

如果从物流活动的实际工作环节来看，物流工作就是由上述七个具体功能要素组成。也就是说，物流活动能实现以上七项功能。

上述功能要素中，运输及储存保管分别解决了供给者及需要者之间空间和时间的分离问题，分别是物流创造“空间效用”及“时间效用”的主要功能，因而在物流系统中处于主要功能要素的地位。

3. 物流系统的体制要素

物流系统处于复杂的社会经济系统中，物流系统的建立需要有许多支撑手段。物流系统的支撑要素主要包括体制、制度、法律、规章、行政命令和标准化系统等。要确定物流系统的地位，以及要协调与其他系统的关系，这些支撑要素必不可少。

（1）相关体制　物流系统的体制、制度决定了物流系统的结构、组织、领导、管理方式，决定了国家对其的控制与指挥。管理方式及系统的地位、范畴是物流系统的重要保障。有了这个支撑条件，物流系统才能确立在国民经济中的地位。

（2）相关法律　物流系统的运行，不可避免地涉及企业或人的权益问题。法律、规章一方面限制和规范物流系统的活动，使之与更大系统协调；另一方面对物流系统的活动提供保障，如合同的执行、权益的划分、责任的确定等都需要靠相应的法律和规章来维系。

（3）行政命令　物流系统一般关系到国家军事、经济命脉，特别是社会物流系统，所以行政命令等手段也常常是支持物流系统正常运转的重要支撑要素。

（4）标准化系统　实施标准化能保证物流各环节顺畅地协调运行，标准化系统是物流系统与其他系统在技术上实现无缝连接的重要支撑条件。

4. 物流系统的物质基础要素

物流系统的建立和运行，需要有大量技术装备手段，这些手段有机联系，构成了物流系统的物质基础要素，这些要素对实现物流系统的运行具有决定性意义。

（1）物流设施　包括物流站、货场、物流中心、仓库、公路、铁路、港口等。

（2）物流装备　包括仓库货架、流通加工设备、运输设备、装卸搬运设备、分拣设备等。

（3）物流工具　包括包装工具、维护保养工具、办公设备等。

（4）信息技术及网络　根据所需信息水平的不同，包括通信设备及线路、传真设备、计算机及网络设备等。

（5）组织及管理　组织是物流系统中的"软件"，它对规范和协调物流业务活动及相关参与主体利益冲突的解决和安排，起着连接、协调、指挥物流系统各要素的作用，从而保障物流系统目标的实现。一个严密而高效率的物流组织，是物流系统至关重要的组成部分。

5. 物流系统的流动要素

（1）物流系统流动原理　物流系统与其他系统一样，其内部结构具有输入、输出、处理（转化）、调控、反馈等流程，见表 1-2。

表 1-2　物流系统流程

流程	特　点
输入	通过提供资源、能源、机具、劳动力、劳动手段等，对某一系统发生作用，这一作用被称为物流系统的要素"输入"。物流系统的输入内容有：各种原材料或产品、商品，生产或销售计划，需求或订货计划，资源、资金、劳力、合同、信息等
输出	物流系统以其自身所具有的各种手段和功能，在一定的外部环境制约作用下对环境的输入进行必要的处理（转化），使之成为有用的产品，或实现位置转移以及提供其他服务等，这些被称为物流系统的"输出"
处理	物流系统本身的运行过程，即从输入到输出之间所进行的生产、供应、销售、回收、服务等物理业务活动，被称为物流设备的"处理"（转化）。物流系统的处理包括：各种生产设备、设施（车间、机器、库房等）的建设，各种物流企业进行的物流业务活动（包括运输、储存、包装、装卸搬运等），各种物流信息的数据处理
调控	物流系统受到很多内部和外部环境制约，如资源限制、能源限制、需求变化、运输能力、通信手段等，根据这些因素的变化要对物流系统施加一定的调解与控制措施，这种调控是人工系统自适应控制的典型特点。这些引起调节的因素主要有需求变化、运输能力、仓库容量、生产能力、价格变化、政策规定等
反馈	反馈是将物流系统的输入内容以信息反向输送的方式传达给决策机构或业务机构的过程，它的存在使得对物流系统的调控更及时、更准确。反馈信息包括各种物流活动的有关数据，现实系统目标与实施输出值之间的差异，典型调控调查和各种物流分析报告等内容

（2）物流系统的流动要素　对于任何一个具体的物流系统而言，如果从"流"的角度分析物流系统的构成要素，那么，任何一个物流系统都可以由流体、载体、

流量、流向、流程、流速与流效七个要素组成。

1）流体，物流的对象，即物流中的“物”。

2）流向，即“物”转移的方向。

3）流量，即物流的数量表现，或物流的数量、重量、体积。

4）流程，即物流路径的数量表现，或物流经过的里程。

5）流速，即流体流动的速度。

6）载体，即承载“物”的设备，如运输设备和这些设备据以运作的设施，如道路、仓库、港口等。

7）流效，即流体流动的效率和效益、成本与服务等。

在上述物流的七个要素中，每一个要素都需要进行以物流系统为一个整体的总体集成和优化，即任何一个要素的目标由物流系统整体来确定。

6. 物流系统的网络要素

从本质上讲，任何物流系统都是一个开放的网络，而网络要素是由节点与节点间的连线组成。物流网络中的节点是指物流过程中供流动物资储存、中转以便进行相关后续作业的场所。如工厂、商店、仓库、配送中心、车站、码头等。不同节点的功能不同，有的功能较单一，其物流业务也相对单一，多用于专业化经营或生产；有的节点具有两种以上的物流功能，且有配套的基础设施，一般处于物流过程的中间，如配送中心、周转型仓库、集装箱堆场、车站、港口、码头等；而有的物流节点物流功能齐全，拥有较全的基础配套设施及附属设施，物流功能较强，对整个物流网络起着决定性和战略性的控制作用，一般处于物流过程的中间，成为枢纽站或枢纽节点。从系统的角度来说，同样的节点与连线，因其连接方式不同，物流系统的功能也将有很大的差异。用系统的方法将节点、连线有机结合起来，形成一个物流网络，此网络是联系的、动态的。节点与连线之间的联系也是物流网络的要素之一。

7. 物流系统的层次结构

物流系统可分为三个层次：作业层、战术层、战略层。

1）作业层是完成物品的时间转移和空间转移，主要内容有订单处理、采购、发货和储存、运输、装卸搬运、包装、流通加工、配送中的作业操作、质量控制及相应的信息采集、传输和存储等。作业层的目标是通过运作的规范化和系统化达到降低每一环节的运作费用的目的。

2）战术层对物流流程进行计划、调度和控制，主要包括订货处理和顾客服务、用料管理、采购计划、仓储和库存计划、补货计划和运输计划的生成以及与完成这些计划相联系的流程的管理等。

战术层的目标是通过物流资源和费用的日常调度，使物流系统低成本、高效率地运作，实现物流系统的目标。

3）战略层对物流系统的结构和功能进行统一的规划、设计和评估，工作的主要内容有物流系统战略规划、供应链物流设计和物流系统评价等。战略层的作用是对从总体上长期影响物流系统服务水平和总成本的因素进行计划和控制，包括物流网络拓扑、库存策略、补货模式、计划周期等，并对物流系统运行进行评估和改进，以形成有效的反馈约束和激励机制。物流企业要具备核心竞争能力，科学、全面、系统地分析评价物流系统的运作绩效是必不可少的。由于现代物流系统与客户企业和外界环境的联系越来越紧密，评价物流系统要从内部和外部同时进行。

1.1.5　物流系统的目标

物流系统是社会大系统中的一个子系统，是整个社会大系统的重要组成部分，其目标是获取最大的经济效益或社会效益。

物流经济效益可以分为宏观经济效益和微观经济效益两个方面。物流的宏观经济效益，是指物流系统作为一个子系统，对整个社会流通及国民经济效益的影响。如果一个物流系统的建立，破坏了母系统的功能及效益，那么这一物流系统尽管功能理想，但也是失败的。物流系统不但会对宏观的经济效益产生作用，而且还会对社会其他方面造成影响，如物流设施的建设还会给周边的环境带来影响等。

物流系统的微观经济效益是指该系统本身在运行活动中所获得的企业效益，其直接表现形式是这一物流系统通过组织“物”的流动，实现本身所消耗与所获得效益之间的合理比例。在物流系统运行基本稳定后，物流系统的微观经济效益主要表现在企业通过物流活动所获得的利润，或为其他系统所提供的服务上。

物流系统的社会效益主要体现在国计民生上，尤其是当一个国家或地区发生突发性事件时，那么作为国家重要的物资储备库、运输干线、物流技术等将会发挥着重要的作用，这时物流系统的社会效益就会凸显出来。如在抗洪救灾、抗雪救灾、抗震救灾等过程中，物流系统的社会效益十分明显。

无论是考虑物流系统的经济效益，还是社会效益，在设计物流运行系统时，都应给予全面系统的考虑。具体来说，物流系统要实现以下五个目标，简称为“5S”。

（1）服务目标　物流系统的本质要以用户为中心，树立用户第一的观念。在物流活动中要防止缺货、货物损伤和丢失等现象出现，并且费用要低，这些都要求物流系统对生产与消费者有很强的服务性。物流系统的这种服务性表现了其本身具有一定的从属性。物流系统采取的送货、配送等形式，就是其服务性的体现。近年来，在物流管理上出现的“准时供应”、“柔性供货”等方法，也是其服务性的表现。

（2）低成本　在物流领域中除了节约流通时间之外，由于流通过程消耗大但又基本上不增加或不提高商品的使用价值，所以依靠节约来降低投入，是提高相对产出的重要手段。在物流领域里，可以通过推行集约化经营方式，提高物流作业的能力，以及采取各种节约、省力、降耗措施等，来实现降低物流成本的目标。

(3) 快速目标　物流系统的快速、及时是其服务性的延伸。快速、及时既是用户的要求，也是社会发展进步的要求。随着社会化大生产的发展，对物流快速、及时的要求也更加强烈。在物流领域采用的诸如直达物流、多式联运、时间表系统等管理和技术，就是这一目标的体现。

(4) 库存控制　库存控制是及时性的延伸，也是物流系统本身的要求，涉及物流系统的效益。物流系统通过本身的库存，起到对众多生产企业与消费者的需求保证作用，从而创造一个良好的社会外部环境。库存过多则需要更多的保管场所，而且会产生库存资金积压，造成浪费。因此，必须按照生产与流通的需求变化对库存进行控制。同时，物流系统又是国家进行资源配置的一环，系统的建立必须考虑到国家资源配置及宏观调控的需要。在物流领域中正确拟制库存方式、库存数量、库存结构、库存分布，就是完成这一目标的具体体现。

要发挥物流系统的效果，就要把从生产到消费过程的货物量作为一贯流动的物流量看待，依靠缩短物流路线、物流时间，使物流作业合理化、现代化，从而实现物流系统的目标。

(5) 规模优化（scale optimization）　以物流规模作为物流系统的目标，并依此来追求“规模效益”。在物流领域是以分散或集中等不同方式建立物流系统，研究物流的集约化、机械化、自动化以及信息系统的利用等，这都是规模优化这一目标的体现。

1.1.6 物流系统的模式

物流系统同时是社会经济大系统的一个子系统或组成部分，它受到社会经济大系统的影响，物流系统通过输入和输出使系统与社会环境进行交换。与一般系统的模式一样，物流系统按照其作业流程不同，可以分为输入、转换处理、输出、限制、反馈几种模式。物流系统的基本模式如图 1-3 所示。

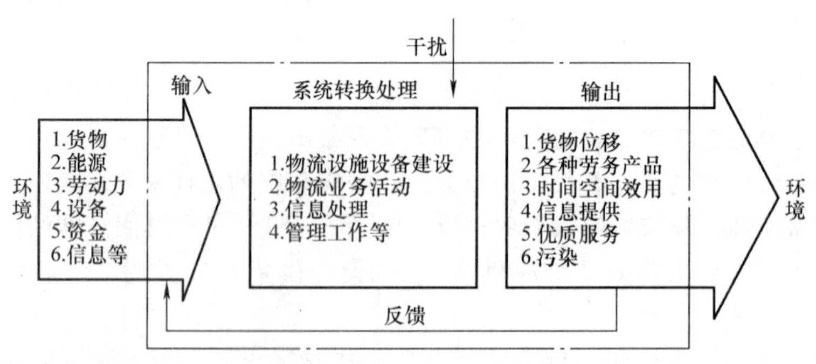

图 1-3　物流系统的基本模式

1. 输入模式

它是指外部环境对物流系统的输入，即通过提供货物、能源、劳动力、设备、资金、信息等手段对物流系统发生作用。

2. 转换处理模式

它是指物流本身活动的过程。从输入到输出之间所进行的物流活动称为物流系统的处理或转换。具体内容有物流设施设备建设，物流业务活动（包括运输、仓储、包装、流通加工、装卸与搬运等），信息处理及物流组织管理工作等。

3. 输出模式

物流系统与其本身所具有的各种手段和功能对环境的输入进行各种处理后，所提供的物流服务是系统的输出。具体内容有货物位移、各种劳务产品（如合同的履约）、时间空间效用、信息提供及其他优质服务、污染等。

4. 干扰（限制和制约）模式

外部环境通过对物流系统施加一定的限制和约束来干扰物流系统运行。具体有资源条件、能源限制、资金与生产运作能力的限制、价格影响、需求变化及政策变化等。

5. 反馈模式

物流系统在转换处理过程中，由于受系统外部各种因素的干扰，有时不能按计划执行得到预期的结果，这时需要根据输出结果调整输入方式与处理方式，即使按计划执行，也要把信息返回以对工作进行检验或评价，这就是信息反馈。信息反馈的活动包括各种物流活动分析报告、各种统计报告数据、典型调查结果、国内外市场信息与有关动态等。

1.2　物流系统规划与设计概述

1.2.1　物流系统规划与设计目标

系统的思想是物流系统规划与设计的重要思想体系。系统方法论对于物流系统规划与设计工作具有指导意义。在实际工作中，面对影响物流系统规划与设计的复杂因素，必须科学地应用系统的方法论。

物流系统规划与设计是在一定系统范围内对整个物流系统建设与运行进行总体的战略部署，它通常是以一个国家（地区）经济和社会发展的规划为指导，以物流系统的内部的自然资源、社会资源和现有的技术经济构成为依据，以企业的发展战略为牵引，考虑物流系统的发展潜力和优势，在掌握运输、仓储等基本要素的基础上，研究确定物流系统发展方向、规模和结构，科学、合理、有效地配置资源，统筹安排运输、仓储等物流设施，使物流得到持续发展，以获得最佳经济效益、社会效益与生态效益，并为物流运作创造最有利的环境。

物流系统的规划与设计涉及面广，政策性与综合性强。因此，要善于从宏观着眼、微观入手，运用系统方法论解决问题的方法与步骤进行综合分析与认证，全面规划，统一布局，协调各方面的矛盾，使规划方案在经济上合理、技术上先进与适用、建设实施中现实与可行。

1.2.2 物流系统规划与设计所涉及的内容

1. 物流系统规划与设计的任务

物流系统规划与设计涉及三个层次内容，即战略层、战术层与运作层。各层次的规划的任务有：

（1）战略层　主要是客户的服务水平确定、物流系统的发展方向、规模与网络结构设计、各级节点（供应商、制造商、零售商等）的选址决策、运输方式选择等。

（2）战术层　主要是整个系统以及每个节点的设施规划、多级库存管理（库存水平、库存分布、控制方法）。

（3）运作层　主要是具体的运作管理，如运输路线选择、车辆调度、货物拼装、仓库管理、物料搬运等。战略层规划是长期性的，一般时间的跨度在一年以上。需要考虑内外环境的趋势性的信息，经常是平均的、概括性的数据，最终的规划结果一般只要求得到一个在合理范围内接近最优的框架性方案。而运作层规划设计则要使用非常准确、详细的数据，能根据大量数据计算得出合理的作业调度计划。

2. 物流系统规划与设计的主要内容

物流系统规划与设计的主要内容包括四个方面，即：客户服务水平确定、选址决策、库存规划和运输规划。

（1）客户服务水平确定　客户服务水平的确定是物流系统规划的核心，它比其他因素对系统设计的影响都要大。如果客户服务水平设置得较低，那么可能要在较少的存储节点中集中存货，利用较廉价的运输方式；如果客户服务水平要求高时，就需要更快速的运输和足够的库存保障。

随着服务水平接近上限时，要想继续提高它，往往需要花费更多的代价。因此，物流系统规划设计的首要任务是权衡利益，确定适当的客户服务水平。客户服务水平可以包括产品的可得性、产品的交货周期、送货速度、订单履约的速度和准确性等。

（2）选址决策　物流节点分布包括确定节点的数量、类型、地理位置、规模，并分配各节点所服务的市场范围。物流节点、供应点与需求点的地理分布构成物流系统网络的基本框架，决定了产品到市场之间的线路。好的选址方案应考虑所有的货物移动过程及相关成本，包括从工厂、供应商或港口经中途储存点，然后到达客户所在地的产品移动过程及成本。通过选择不同的渠道来满足客户需求，如直接由工厂供货、供货商或港口供货，或经特定的储存点供货，选用渠道不同，分拨的费用也是不同的。因此，满足客户要求，寻求成本最低或利润最高的需求分配方案是选址战略的核心。

(3) 库存规划　库存规划主要是在物流系统中建立适当的库存水准和库存补充策略，确定是推动式管理方法还是拉动式管理方式。特别对于多级分销网络要确定货物存放的节点的类型、地理位置与库存水平。

(4) 运输规划　运输规划所涉及的问题包括运输方式选择、运输批量、运输路线选择、车辆时间安排、货物拼装等，这些决策受客户需求与物流节点分布、库存水平的影响。

1.2.3　物流系统规划与设计的基本原则

一个物流系统由许多要素所组成，要素之间相互作用，物流系统与环境互相影响。这些问题涉及面广而又错综复杂，因此进行物流系统分析与设计时，应认真考虑以下一些基本原则：

1. 当前利益与长远利益相结合

在进行分析与设计时，既要考虑当前利益，又要考虑长远利益，如果所采用的方案，对当前和长远都有利，这样当然最为理想。但如果方案对当前不利，而对长远有利，此时要通过全面分析后再作结论，只有兼顾当前利益和长远利益的物流系统才是好的物流系统。

2. 局部效益与整体效益相结合

在分析物流系统时常常会发现，物流子系统的效益与物流系统整体的效益并不总是一致的。有时从物流子系统的局部效益来看是经济的，但物流系统的整体并不理想，这种方案是不可取的；反之，如果从物流子系统的局部效益来看是不经济的，但物流系统的整体效益是好的，这种方案则是可取的。

3. 定量分析与定性分析相结合

物流系统分析总是遵循“定性、定量、再定性”这一循环往复的过程。不了解物流系统各个方面的性质，就不可能建立起探讨物流系统定量关系的数学模型。只有将定性与定量二者结合起来综合分析，才能达到优化的目标。

4. 经济效益与社会效益相结合

经济效益是在物流系统的功能和服务水平一定的前提下，追求成本最低，并以此来实现系统自身利益的最大化，这是物流系统规划与设计所追求的一个重要目标；追求社会效益，是要求在物流系统规划设计中应考虑环境污染、可持续发展、社会资源节约等因素。在实际规划设计工作中，必须兼顾这两方面效益，这样才能保证所规划的物流系统可持续发展。目前倡导的循环经济、绿色物流是其中的重要的组成部分。政府在法律法规上应对物流系统的社会效益问题也做出了积极的引导和明确的规定。

1.2.4 物流系统的设计与评价指标

1. 物流系统的设计

(1) 网络架构设计　为实现远景目标，对相应的技术基础架构也提出了一定的要求，需要有一套安全连通的物理网络来保证应用系统的有效运行。采用集中数据库和服务器托管的方式，各部门、分公司及各地办事处通过租用 ISP 线路，用 VPN 的方式接入中心服务器。

(2) 安全架构设计　一套全面的网络安全架构设计可以帮助系统正常运作，抵御来自公司外部与内部的不同攻击。

1) 客户机安全设置：①对操作系统来说，使用具有登录控制的操作系统 WIN2K/WINXP；②客户端安装网络版的病毒防治软件，并且由服务器端及时定期更新病毒库。

2) 服务器层安全设置：①及时安装系统的 Service Pack、hot fixes；②加强系统层面的事件记录，事件记录对服务器上用户的活动进行跟踪，典型的记录包括系统登录、策略修改、用户活动以及登录 WEB 服务器的客户机 IP 地址、用户名、端口号等；③应用程序的用户认证通过储存于相关数据库内的用户名/密码来进行验证，用户名密码的传输都是加密传输；④应用程序的权限控制通过具有人员管理权限的管理员实施。

3) VPN 的安全控制。防火墙设备 4-VPN 设备（Netscreen 设备）解决了内部网络用户安全接入 Internet 的需求，同时也解决了分支机构穿越 Internet 访问公司业务系统的需求，与普通的软件接入不同的是防火墙能够提供很多安全上的控制和额外的功能，主要有：①基于协议的控制，如允许用户访问 Internet 的 HTTP、FTP、POP3、SMTP 等服务，而禁止用户使用如 oicq、msn 等聊天服务，②基于用户的控制，如根据公司内部人员的不同职能分配不同的网络访问权限，这种控制是基于 IP 地址的，如允许用户一（IP 地址为 192.168.20.1）上网，但拒绝用户二（IP 地址为 192.168.20.2）访问 Internet 上的任何资源；③基于时间的控制，可以根据公司的作息制度来合理调度网络资源，如上班时间控制员工只能收发 5 封电子邮件，而午休时允许员工上网浏览和聊天等；④防火墙设备具有四个以太网接口，因此设置了三个安全域，分别为 Internet 域、Webserver 域和应用服务器域，Webserver 通过在防火墙上设置 MIP 映射到 Internet 域，Internet 用户直接访问映射后的地址；⑤应用服务器通过 IPSec 建立与各部门安全连接的隧道，同时传输的是经过了加密处理的数据包（加密算法采用 3DES 算法）。

(3) 数据的保护/灾难恢复设计　由于服务器发生单点故障、系统功能不正常、人为错误、计算机病毒、木马及其他不可预测的因素所带来的系统间断、数据丢失等灾难性事故，应规划高可靠性的处理系统。

硬件上，要做到各部件的合理布局，多台服务器组成集群结构，使整个系统不存在单点故障。有专门的集群软件来进行管理和监控，使得应用系统在任何软硬件单元发生故障时，能够稳定可靠地运行。

（4）双机热备及数据备份设计

1）两台服务器只安装应用文件及 ROSE HA 软件，并作一主一从的热备方式，常用数据库及网络数据存放在磁盘阵列中。

2）当系统启动后，ROSE HA 首先启动 HA manager 管理程序，然后启动必要的服务和代理程序来监控和管理系统服务。

3）ROSE 程序通过 RS232 来监控、监测、诊断和管理硬件、软件服务。

4）当 ROSE HA 代理程序监测到某个服务或硬件发生故障并作相应处理后（可由用户设定）仍不能成功时，则开始切换服务：将 IP 飘移到相同用户名的另一台 Standby 服务器上，磁盘阵列中的数据库由主服务器切换到从服务器，并恢复所有的服务功能，完成整个切换过程。

5）用备份软件再加上磁带机对数据库进行日常的自动备份，如图 1-4 所示。

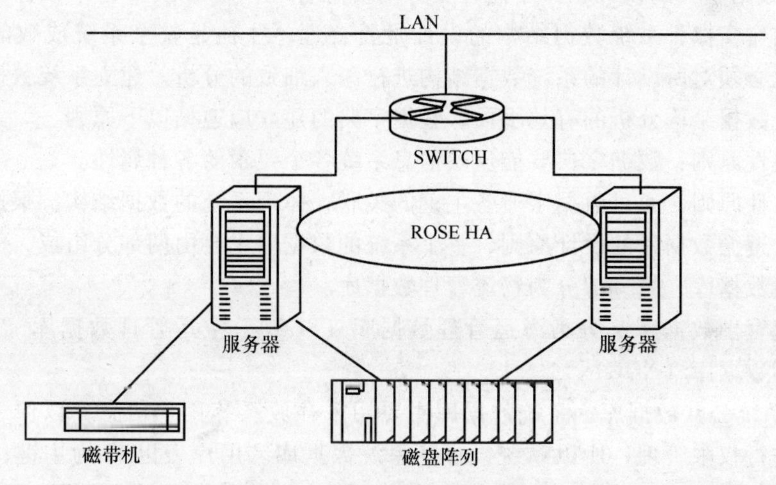

图 1-4　数据备份示意图

（5）数据库设计　数据库设计是物流信息系统设计的重要内容，是在一个给定的应用环境下，构造最优的数据模式、建立起数据库，使之能有效地存储数据，同时构造出应用系统以支持各种应用的信息处理需求。通常采用的是微软的 SQL SERVER 2000，是微软近阶段推出的数据库产品，比早先的版本有很大的提升，已经具备了大型数据库的能力。

1）数据库设计原则。

① 全系统采取统一的编码方案，保证数据一致性。对主要数据项目进行编码存放，编码方案应保证编码在数据环境中的唯一性和确定性。进行统一编码不仅可以提高存储效率，而且是数据环境概念的特征之一。采用统一编码，使系统的各类

数据真正统一为一个整体，而不是相互孤立的数据集合。

② 从全系统角度设计数据结构，减少数据的重复。搭建数据环境的好处就是可以减少数据的重复存储，减少不必要的空间占用。同时，数据环境中数据关系应明晰，对数据冲突要严格控制，保证系统的可靠运行。因此，数据库设计时一方面要建立完备的数据字典，另一方面在数据表设计时要关系明确、结构紧凑，减少逻辑上可以合并的表结构设计。

③ 为各个功能模块划分相应的表空间，多表联合查询的关系尽量控制在三级以内，所以要允许一定的数据冗余存在，但冗余数据是可控制的。按照上一条原则，如果片面追求没有数据冗余，也会带来两方面的消极影响：一是可能产生过于庞大的平面单表结构，二是可能在功能模块进行数据查询时多表操作的等级太多，SQL 语句过于复杂，执行效率低。这两方面都会影响功能模块的使用效能。因此，要按照功能模块的不同划分对应的表空间，在表空间之内减少冗余，在表空间之间允许保持一定的冗余，以求获得数据存储与使用效能的平衡。

2）数据字典的设计。一个运行良好的信息管理系统必须要有一个合理规划的数据结构作支撑，系统数据结构的设计是否合理，往往是整个系统成败的关键所在，因此必须对所设计的系统数据结构进行深入细致的分析。建立系统数据字典是进行系统数据结构分析的有效手段。数据字典的建立应遵循以下原则。

完整性原则：数据字典要能反映信息系统各个要素的各种属性。

关联性原则：通过数据字典各主键的关联，体现系统的数据结构。根据本系统的需求，遵循数据库的设计原则，整个系统的数据库主要由两部分组成，一部分为系统公共数据库，另一部分为物流管理数据库。

物流管理数据库又分为海运管理数据库（SEA）、空运管理数据库（KJYW）、非贸管理数据库（NOC）。

① 系统公共数据库。系统数据库主要用来存放系统用户信息，以便于根据用户信息进行权限管理，所以系统设计了系统数据库。用户表以 id 为主键；Dept 是所属部门或分公司标志；right 是该用户的权限，“0”是没有该项权限，“1”是具有该项权限；db 是该用户所属的数据库。

② 物流管理数据库。以海运数据库（SEA）为例，第一部分为海运子系统所需的各类代码表，包括船代码表、港口代码表、航线代码表、费用项目表、仓库代码表、港区代码表、船公司代码表、汇率表、开户银行代码表、收货人发货人通知人代码表、订舱和代理信息代码表等。

（6）系统架构设计　Microsoft. NET 框架为构建 *N* 层应用程序提供了坚实的平台。Microsoft. NET 支持传统的 *N* 层应用程序、web services 应用程序以及将二者的元素结合在一起的应用程序。这些增强功能为 *N* 层应用程序的优化体系结构带来了多种变化。根据物流系统的特点与设计要求，该系统采用 3 层 B/S 体系结构进行开发。表示层提供系统与用户的接口，实现与用户的交互；用户端只需安装通用的浏览器即可建立与该系统的连接；业务逻辑层完成用户请求的业务处理、数据处理、建立与数据库的连接，实现对数据库的操作：数据服务层包括数据库服务器和数据库，通过 ADO. NET 操纵数据为逻辑层提供数据服务，完成数据存储、数据组织和数据的管理功能。

2. 物流系统的评价指标

（1）外部的评价指标　服务水平是物流系统中对顾客的要求做出快速响应的能力，是外部对物流系统评价的重要标准，它可以从存货可得性、递送及时性、交付一致性和客户满意度来考虑。存货可得性是对物流活动完成前的评价指标，而递送及时性、交付一致性和客户满意度则是物流活动完成后的评价指标。物流系统的外部评价指标内容见表 1-3。

表 1-3　物流系统的外部评价指标

名　称	定　义	内　容
存货可得性	指当顾客需要存货时，物流企业所拥有的库存能力。拥有存货意味着能始终如一地保证满足顾客对所需物品的需求	由最低库存、缺货频率、可供应比率等指标组合而成
递送及时性	指物流过程中物品流动的实际时间和要求时间之间的符合程度	由订货提前期、供货周期、及时进货率、及时供货率、准时装运率、递送延迟时间等指标组合而成
交付一致性	质量一致性：物流企业是否能够并且乐意向顾客迅速地提供有关物流活动和用户所需的精确信息	如能在事前收到相关信息，就能针对缺货或延迟递送等意外情况作出相应调整，以减少或规避因意外事故而造成的损失
	服务一致性：指以向所有用户提供相同标准的服务为基础，来制定基本的顾客服务平台或服务方案	衡量指标有最小变异、运输整合性、交付质量等
客户满意度	存货可得性、递送及时性和交付一致性是物流系统服务水平的具体体现，最终都通过客户满意度反映出来	客户满意度指标包括客户投诉率、投诉处理及时率、投诉处理得当率及客户满意率等

（2）内部的评价指标　物流系统内部的评价指标主要是经济性、可靠性、柔性、可扩展性、安全性等。不同的企业对这些指标的需求和应用有所区别，具体内容见表 1-4。

表 1-4 物流系统的内部评价指标

名 称	内 容
经济性	对物流系统的前期投资、每年的运营费、利润、直接或间接的经济效益、投资回收期、全员劳动生产率等经济因素的衡量。包括订单反映成本、库存周转率、每件库存成本、每平方米库存成本、仓库能力利用率、总利润率、每客户/每件利润率、每线路利用率、包装损耗率等
可靠性	包括对单个功能可靠性和整个系统可靠性技术的成熟程度、故障率、排除故障所需的时间等方面的要求。如差错损失率、数量破坏率、品种准确率、数量绝对差错率、库位准确率、单品入库准确率、订单入库准确率、无缺陷订单率、出库准确率、拣货准确率、品类完成率、运输损坏率、按时到达率、装卸作业率等
柔性	又称灵活性，是指物流系统各方面和生产节奏相匹配的能力以及适应产品设计更改和产量变化的能力等
可扩展性	指物流系统的服务范围和吞吐能力方面是否具有进一步扩大的能力等
安全性	包括物流对象的安全、人员的劳动强度、安全、环境保护以及正常运行和事故状态下的安全保障。劳动强度指需要劳动力的数量及作业状态可能引起的劳动者的疲劳程度。环境保护指符合环境保护条例的要求以及对周围环境的污染程度。主要指标包括工作事故率、物品失窃/丢失率等

1.3 物流系统规划与设计的分类

物流系统规划与设计是以一定区域或一定范围的物流系统建设布局为研究对象。由于观察与分析的对象不同，分析问题的视角不同，物流系统规划与设计的方法与内容也有所区别，因此划分的标准也不同。从物流系统管理层次上，物流系统规划可分为物流系统战略层、物流系统策略层（战术层）与物流系统运作层的规划；从规划所涉及的范围来看，物流系统规划设计又可分为宏观层面的物流系统规划与设计和微观层面的物流系统规划与设计。本节主要按宏观与微观这两个层面来分析物流系统，并以此为基础来研究探讨各类物流系统规划与设计的理论与方法。

微观层面的物流系统规划，主要是从一个企业物流运营的角度进行系统规划与优化，是如何运用各种社会资源来构成，是整个物流活动中的局部、一个环节的具体物流活动。它包括一般企业的物流活动与物流企业的活动，且各个环节之间相互影响、互为一体的。例如，对于一个具体的物流配送中心而言，虽然不同的物流中心，其特性、规模不同，以及营运涵盖的作业项目不完全相同，但在整个物流活动过程中，其涉及进货作业、搬运作业、储存作业、盘点作业、订单处理作业、拣货作业、补货作业、出货作业、配送作业等各个具体的环节，且它们之间又是相互影

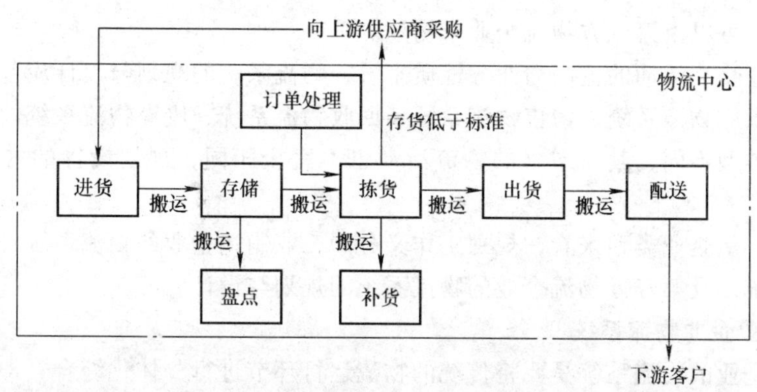

图 1-5　物流中心作业系统各环节间的关联性

响、互为一体的，如图 1-5 所示。

从图中可知，当供应货车到达码头时，经进货作业确认进货品后，便依序将货品储存入库，而后为确保在库货品受到良好的保护管理，再施以定期或不定期的盘点检查。当客户订单进来后，先将订单依其性质作订单处理，之后即可依处理后的订单资讯执行将客户订购货品从仓库中取出的拣货作业。拣货完成一旦发觉拣货区所剩余的存量过低，则必须由储区来补货。当然，若整个储区的存量亦低于标准，便向上游供应商采购进货。而从仓库拣出的货品经整理后即可准备出货，等到一切出货动作就绪，司机便可将出货品装上配送车，将其配送到各个客户点交货。另外，在所有作业的进行中，只要牵涉到物的流动的作业，其间的过程就少不了搬运的动作。

宏观层面的物流系统规划设计是从社会再生产总体角度来认识和研究物流系统的活动。它研究的是一定区域经济社会的物流系统的总体构成与社会发展的关系，以及如何建立与运作等。它是区域性的物流系统规划，因此也称为社会物流系统，或区域物流系统。

1.3.1　企业物流系统规划与设计

企业物流系统是从企业角度研究与之有关的物流活动，是具体的、微观的物流活动，它是指某一企业或部门为了满足一定的物流服务需求，实现具体的物流服务目标而构建的物流服务系统。

生产企业、销售企业、消费者个人等是物流服务的需求者，他们在生产经营或生活过程中产生了物流服务需求，这种物流服务需求的满足方式既可以采用自给自足的方式，也可以由专业物流服务提供商即第三方物流企业来承担。例如一个物流装备制造企业，如叉车生产厂，在其生产过程中，会产生原材料或叉车零部件运输、仓储、配送等物流服务需求。为满足这种需求，需要构筑一个物流服务系统提供相应的物流服务，该物流系统可以由制造企业自己来构筑，也可以由供应商来构建，当然也可以由第三方物流企业来构建。

从企业物流活动的范围与业务性质来看，物流系统的规划与设计应包括生产物流系统、供应物流系统、销售物流系统、回收物流系统、废弃物流系统的规划与设计。企业类型不同，其所包含的物流活动也不完全相同，规划设计的内容也有所区别。

因此，从企业类型来看，规划工作又分为工业制造企业的物流系统、商业企业的物流系统以及第三方物流企业的物流系统的规划与设计。

1. 工业企业物流系统

工业企业的物流系统是要将传统的物流运行环节进行一体化综合，即以传统的仓库储存、保管、仓库内的简单加工和长途运输为主，辅以物流配送、物流信息系统管理等功能，形成综合物流系统。通过物流系统的规划来降低成本和提高物流效率。目前，规划设计工作主要在以下行业的企业中进行，如汽车制造企业的物流系统、家电和电子制造企业的物流系统。另外，还有医药行业企业、烟草行业企业、石化工业品制造企业、建材制造企业等。

2. 商业企业物流系统

商业企业的物流系统是未来物流规划的主流。如果说工业物流系统的作用在于提高工业企业的利益，而商业物流系统则直接面对广大消费者，从物流系统中直接受益的是消费者和社会全体。商业物流系统对提高人民生活水平与生活质量，促进经济发展至关重要。

商业企业物流系统的规划是追求物流配送的准确性和及时性。它要做到既不缺货，又不能有过多的库存。商业企业物流系统涉及的品种多，而且是小批量、多批次，商业企业物流系统的成功依赖于销售数据的及时性与准确性。因此，商业物流系统需要建设具有高水平、高效率的物流信息系统。

大型商业企业集团有的组建自己的物流系统，为集团的连锁店和超市提供物流服务；也有的将部分或全部物流业务外包，由第三方物流企业来完成。如有的大型商业企业建立自己的配送中心，负责商品的运输、储存、分拨和配送等物流业务。

3. 第三方物流企业

对于工业企业和商业企业物流的一些非核心业务，可以由第三方物流企业来承担。特别是负责将商品送到消费者手中的配送业务，为了降低成本，第三方物流企业都需要建立配送中心，采用共同配送的形式开展业务。为了与商业企业进行有效快速的沟通，物流企业须在共同配送中心里建立物流信息平台，在此信息平台上，配送中心与各商业企业保持及时准确的信息交换。

以航空运输为主要运输方式，以小件包裹配送或“门到门”的快速配送为主要模式的快递物流业务发展非常快，是第三方物流企业涉足的主要领域。在物流企业的规划设计中，这部分内容也是应该重点考虑的。

1.3.2　社会物流系统规划与设计

社会物流系统规划与设计是通过对多种资源的整合，形成服务于一个城市、一个区域甚至一个国家或一个国家集团的社会基础服务体系，以提升全社会物流服务水平，降低物流成本。它通过将物流活动纳入整个社会活动加以调控，其目的在于协调社会资源配置与企业经济活动之间的关系，构建一种良好的投资环境和社会活动基础，使整个社会物流系统可持续发展。

社会物流系统是国民经济活动和区域经济发展的动脉，是联系生产与消费的纽带，是社会发展和人民生活水平提高的基础条件，也是衡量一个国家或区域现代化程度的重要标志之一。

世界各国都将构筑社会物流系统作为增强综合竞争能力的基础要素和重要战略措施。西方发达国家早在几十年前，就通过加大国家基础设施建设的投入、在税收等方面给予优惠等方式，促进社会化物流系统的形成和发展。

根据我国物流系统规划的实践，从物流系统服务的地域范围来看，主要有三种类型：国家级物流系统规划、省级物流系统规划、城市或地区级物流系统规划。另外，按照行业分类不同，还有军事物流、农业物流、医药物流、食品物流、汽车物流、石化物流、烟草物流、建材物流等行业物流系统规划。

1. 国家级物流系统规划

国家级物流系统规划通常是以物流系统的基础设施和物流基础网络为基础平台内容进行规划，并与国家相关的基础设施建设和国家相关政策相吻合。物流系统基础平台规划，应包括铁路、公路与航空等主要干线的规划，不同干线的合理布局，综合物流枢纽节点的规划以及综合信息网络平台的规划。规划过程中要从现代物流系统的整体出发，而不是从某个部门利益出发来统筹协调、全面综合地规划。其重点是如何建立社会物流系统的中枢网络，其核心是主枢纽城市的选择和联系主枢纽城市的主干线通道建设。

2. 区域级物流系统规划

省、市或区域级物流系统规划应从区域经济发展的角度出发，研究区域物流系统对区域经济的促进和带动作用，着重于地区级物流节点以及综合物流园区的规模和布局的规划。在规划过程中，首先要解决与中枢网络的衔接，然后解决如何利用中枢网络发展各自区域的物流系统，发挥物流节点的集散功能，提高物流效率。

在区域物流平台上，将有大量的企业与经济事业单位进行物流运作，要使这些运作做到合理化和协调发展，需要有规划的指导。

1.3.3　企业物流系统与社会物流系统的关系

社会物流系统和企业物流系统是完成各种物流活动不可缺少的资源，它们相互联系、相互影响、相互补充，共同完成各种物流服务业务。但这两类系统是不同的系统，是有区别的，见表 1-5。

表 1-5 企业物流系统与社会物流系统的主要区别

不同要素	区 别
目标不同	建设社会物流系统的主要目标是为了满足整个社会经济的发展需要，追求整个社会的综合社会经济效益和可持续发展；而规划企业物流系统目标是为了满足某个具体企业的经营需要，追求这个具体企业的经济效益
服务对象不同	社会物流系统将社会经济领域的所有经济实体作为服务对象，包括生产制造企业、商业销售企业、物流企业，它要面向整个社会经济活动，要抽象出整个经济社会物流服务需求的共性、普遍性，为整个社会构筑一个优化的物流服务体系；而企业物流系统不一样，企业构建物流系统的服务对象很明确，为自己或某一特定的客户群提供服务，服务的目标客户比较具体
资源配置不同	社会物流系统从整个社会对物流资源的需求考虑，配置社会物流资源，如铁路、公路、水路、航空、各种港站码头、公共物流园区、公共信息平台等公共物流资源，它目的是要解决在市场经济环境下，由单个企业难以实现的而又不可缺少的物流资源配置问题，需要由政府干预创建一个公共物流资源平台，以满足社会需要。而企业物流系统从自身需求考虑，配置企业内部资源及社会资源的利用，要素的组成具有一定的个性化。系统的构建属于企业行为

虽然社会物流系统和企业物流系统存在上述的不同，但是社会物流系统与企业物流系统之间还是相互联系、相互补充的关系。社会物流系统是企业物流系统的基础，企业物流系统是构建于这一物流基础平台之上的具体物流服务实体，社会物流系统的功效只有通过企业物流系统才能实现；同样，企业物流系统也离不开社会物流系统的支持，没有政府投资建设的交通基础设施，任何企业将难以开展物流服务。

社会物流系统直接制约企业物流系统的构筑，如企业物流或配送中心选址都受交通条件的限制。社会物流系统通过对企业物流系统的影响，引导物流资源优化配置。

企业物流系统是影响社会物流系统建设的关键因素，社会物流系统的构筑需要满足企业物流系统构筑的需要，否则将导致社会物流系统资源闲置。例如，物流园区建设成败的关键是有没有企业进驻。企业物流系统通过对社会物流系统的资源选择，促进社会物流系统的优化。

1.3.4 影响物流系统规划与设计的因素

物流系统的规划与设计定位物流服务市场，配置各种物流要素，形成一定的物流生产能力，使之能以最低的总成本完成既定的目标。只有通过考察、分析影响物流系统绩效的内在和外在因素，才能做出合理的规划与设计方案。

影响物流系统规划设计的因素通常有以下几个方面：

1. 物流服务需求影响

物流服务项目是在物流系统的规划与设计的基础上进行的。由于竞争对手、物流服务市场在不断地发生变化，为了适应变化的环境，必须不断地改进物流服务条件，以寻求最有利的物流系统，支持市场发展前景良好的物流服务需求项目。

物流服务需求包括服务水平、服务态度、服务质量、服务环境、产品特征等多项因素，这些因素是物流系统规划与设计的基础依据。

交货周期较短的，意味着需要采用快捷的运输方式或配置较强的周转功能，服务地点和服务时间直接决定物流系统的物流网络配置以及运输方案设计，产品特征影响仓储设备、搬运设备、运输设备等物流机械的选型。

2. 物流技术影响

在技术领域中，对物流系统最具影响力的是信息、运输、包装、装卸、搬运、管理等技术。其中，计算机信息和网络技术的应用对物流的发展具有革命性的影响，及时、快捷、安全、准确的信息交换可以随时掌握物流动态，因而不但可以用来改进物流系统的实时管理控制与决策，而且还可以为实现物流作业一体化、提高物流效率奠定基础。

多式联运、优化运输路径选择、全球定位技术以及电子地图的广泛应用，不断提高了运输衔接能力和运输效率；机器人技术、自动导向车技术、自动化仓储技术、自动分拣技术等物流技术的应用，提高了物流节点的生产能力，增加了物流节点的物流输入和输出能力。

包装技术的发展，提高了物流操作效率（便于物流的运输、搬运、分拣等），增加了货物安全保护能力，提高了信息传递的载体（包装货品识别的跟踪和管理）。

3. 行业竞争力影响

为了成为有效的市场参与者，应对物流市场中的激烈竞争，如物流的服务水平、资源配置情况、服务方式及理赔情况等作详细分析，从而掌握行业基本服务水平，寻求自己的物流市场定位，以发展自身的核心竞争力，构筑合理的物流系统。另外，不同地区，其行业竞争能力也不同，地区人口密度、交通状况、经济发展水平等都是影响物流设施设置决策不可忽略的因素。

4. 经济发展水平影响

经济发展水平、产业结构是否合理、居民消费水平是否高等因素，直接影响着物流服务需求的数量、质量。为了满足用户需要，物流业的内容也在不断地拓展和丰富，采购、包装、储存、运输配送、中转、保管、装卸、流通加工和信息服务等构成了现代物流活动的主要内容。为此，物流系统应适合物流服务需求的变化，不断拓展其功能，以满足经济发展的需要。

5. 流通渠道结构影响

流通渠道结构，是由购销交易双方的关系组成的。一个企业必须在渠道结构中建立企业间的商务关系，而物流活动是伴随着一定的商务关系而产生的。因此，为了更好地支持商务活动，物流系统的构筑应考虑流通渠道的结构。

6. 法规政策等因素的影响

运输法规、税收政策、工业标准等都将影响物流系统的规划。在规划设计时，要考虑政策性的因素，如政府的方针、税收政策、法令以及法律、法规和发展规划等方面的要求。另外还要考虑环保因素，如废物排放量、污染程度、生态环境平衡等要求；同时，要遵循国家标准与行业标准。

1.4 物流系统的总体规划

系统总体规划是管理系统生命周期的第一个阶段，目标是制定各类物资管理信息系统的长远发展方案，决定各种物资管理信息系统的发展方向、规模以及发展进程。

1.4.1 系统发展的趋势

20 多年前，美国人理查德 · 诺兰（Richard . L. Nolan）在深入研究信息化历程的基础上，总结归纳出信息化发展的一般规律：无论对于一个行业，还是对于一个国家或地区来说，信息化大体要经历初始、蔓延、控制、集成、数据管理和成熟这样几个发展阶段。各个阶段之间并非截然分开，但也不能超越，这就是著名的诺兰模型。后来，米歇对诺兰模型提出了补充意见，他认为，在诺兰模型中，作为前后两个阶段的集成与数据管理其实是不可分割的，集成阶段的实质和主要特征恰恰就是以数据集成为核心的数据管理。因此，米歇模型认为信息化的一般路径是由起步、增长、成熟和更新这样四个阶段所构成。人们已经公认诺兰模型和米歇模型是衡量信息化发展阶段的经典理论。物流系统发展在一定程度上是符合以上经典理论

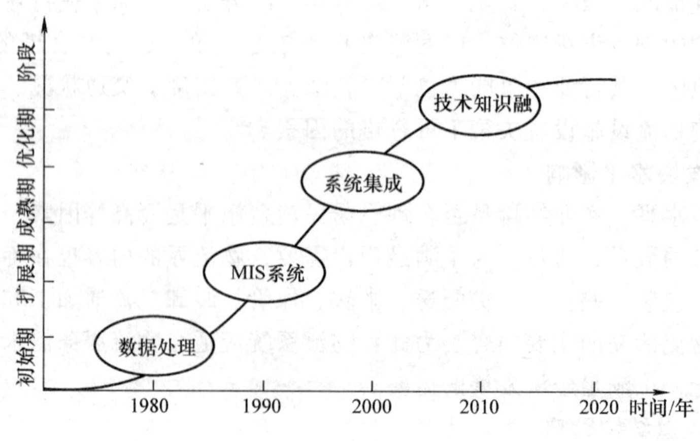

图 1-6 物流信息系统的“诺兰”模型

的，但在具体时间阶段划分及个性上有许多自己的特点。以物流信息系统的运行规律为例，一般要经历初始期、扩展期、成熟期和优化期四个阶段，如图 1-6 所示。

从图 1-6 中可以看出，其特征不只表现在数据处理工作的增长和管理标准化建设方面，还要涉及思想、理论知识、物流装备、信息技术等要素，以及这些要素发展的综合水平及其在物流管理中的作用、地位等。而决定这些阶段的特征主要包括五个方面：技术状况，代表性应用和集成程度，数据库和存取能力，信息技术融入团队文化，全员素质、态度和信息技术视野等。

1.4.2　总体规划的重要性

物流系统总体规划的重要性主要体现在以下几个方面：

1. 具有纲领性和方向性

系统研究是一项复杂的系统工程，规划中明确提出系统开发的目的、步骤、方法和原则，它具有纲领性和方向性：由整体到局部，由高层到基层，由决策需求到执行的各个层次，以及相关业务人员、财力、物力等资源的配置。

2. 是系统开发成功的保证

通过物流系统的总体规划，把业务的长远目标和近期目标，外部环境和内部环境，整体效益和局部效益，自动化技术和手工技术等诸多方面统筹、协调起来，使系统严格按照制定的计划进行，并能够结合实际情况进行灵活调整。

3. 是系统验收评价的标准和依据

系统建成后，使用单位根据规划的目标、战略实施对系统目标、功能和特殊需求等方面进行评价，符合系统战略规划的则成功的多，与系统战略规划相违背的则常常以失败而告终。

1.4.3　总体战略规划的内容

1. 信息化战略规划

根据物流信息化建设总要求。结合物流运作实际情况，从系统总目标、发展战略与总体结构、业务流程现状、信息技术发展趋势及研究时机与成熟度等方面，分析与设计物流管理业务信息化战略情况，见表 1-6。

在表 1-6 中，明确了物资管理信息系统的目标、发展战略和可行性问题。战略集中要素描述如下：

（1）目标规划

1）业务的规范化是管理信息系统成败的关键，核心业务流程与业务信息流程必须一致，能够在一定程度上满足业务的变化。但现实中，确认机构与职能关系的这部分工作是无法利用计算机完成的，这便要求必须规范和精简实际业务流程。

表 1-6　业务信息化战略规划

目标规划	发展战略规划	影响系统因素
T1:业务规范化和柔性	S1:业务“精细化”管理	P1:业务管理水平高
T2:业务信息流闭环	S2:信息标准化	P2:业务人员接受能力
T3:实现与相关数据融合	S3:业务一体化信息平台	P3:物流信息化发展必然趋势
T4:提高业务工作效率和效果	S4:业务信息及时且可靠	P4:具备研究经验和研发水平
	S5:信息网络平台建设	P5:业务的多样性和可变性
		P6:数据的结构异构和语义异构问题
		P7:网络环境的可用性

2）业务信息闭环是实现各种物资业务“精细化”管理的基础。管理系统必须实现从计划、采购、合同、调拨、入库、出库、财务等之间实现数据共享，实现与相关数据融合，实现与相关信息系统的数据集成与共享。

3）提高物资管理工作效率和效果，通过各类物资管理信息系统的研究，提供各类物资业务的统计、分析、查询等数据。

（2）发展战略规划

1）业务“精细化”管理，结合业务信息化目标，逐步实现业务的“精细化”管理，能够掌控任意一种物资的存储量和分布。

2）信息标准化，信息化建设“瓶颈”之一是数据标准化，在系统设计中必须考虑到基础数据元素的结构和语义的统一管理问题。

3）业务一体化信息平台，实现国家、地区、部门之间信息管理平台统一。

4）业务信息及时且可靠，为用户提供及时、有效汇总数据，可靠支持业务需求。

5）信息网络平台建设，实现业务工作的网络化，业务数据的集中或分布式管理。

（3）影响系统因素　重点描述管理系统研究的可行性，即有利条件和不利（约束）条件，有利条件包括：管理水平高、保障信息化必然趋势、具备研究经验和研究水平；不利（约束）条件包括：业务人员的接受能力、业务多样性程度、数据的结构异构和语义异构的情况，网络环境的可用性，系统研制时机成熟度。这些约束可能直接导致系统不能按目标应用，甚至研制失败。

2. 管理系统战略规划

根据业务信息化战略规划，逐一、逐条分析与设计管理系统的战略集合，为系统分析、系统设计等章节明确了管理系统的总目标、总方法和总研发步骤以及开发方法和技术架构的要求，见表 1-7。

表 1-7 中，MIS 目标、MIS 约束和 MIS 战略的意义如下：

（1）MIS 目标

表1-7 物资管理信息系统（MIS）战略集

MIS 目标	MIS 约束	MIS 战略
MT1:业务信息共享	C1:业务需求的明确性	D1:原型法与结构化开发方法相结合
MT2:规范和精简业务流程	C2:基础数据规范性	D2:Web Services 多层架构实现流程、数据的集成
MT3:可扩展的多维分析模式	C3:网络环境建设可能性	D3:MVC 模式驱动
MT4:柔性功能的结构和技术架构	C4:必须采用决策模型和管理技术	D4:充分考虑到使用者提出的需求
	C5:必须提供不同层次的综合分析和查询功能	D5:系统集群作业
	C6:必须实现数据融合	

1）业务信息共享，根据表1-7的目标和战略，管理系统必须实现物流相关业务数据集成与共享，即“数据级”集成。

2）规范和精简业务流程，业务流程规范与否，直接关系到管理信息系统成败。因此必须确保规范核心业务流程，并精简掉“非主流”、无法明确组织机构与职责关系的业务环节。

3）可扩展的多维分析模式，由于业务需求的多样性、随时可变性，涉及业务部门多，数据量大等特点，要求提供灵活、结构性好，能够满足业务实际需求的查询与分析功能。

4）柔性功能的结构和技术架构，设计的功能结构具备模块组合能力，满足功能结构的实际扩充；能够适应信息系统技术架构的调整，短时间内能够完成技术架构转移。

（2）MIS 约束　明确影响物流业务管理信息系统研究的约束条件和要求。

1）业务需求的明确性，核心业务流程是管理信息系统分析和设计的关键，如果业务流程、特殊需求分析不明确，管理信息系统必定不能满足业务需求甚至失败。如购置计划业务流程、采购计划业务流程、物资调拨单、物资的出库和入库业务流程等需求。

2）基础数据规范化或标准化，由于物资管理机构、任务单位、财务机构等信息是管理系统核心数据元素，是与相关信息系统互通的基础，必须考虑和解决数据的结构异构和语义异构问题化，紧密结合当前物流信息相关标准。

3）网络环境建设可能性，考虑依托综合信息网，将所有物资管理业务机构整合在一起，实现网络环境下的信息互联、互通的可能性。

4）必须采用决策模型和管理技术，必须与决策支持系统中数据库、模型库、方法库和知识库等思想相结合。

5）必须提供不同层次的综合分析和查询功能，针对不同用户，按权限逐级提供不同方式的查询和分析。

6）必须实现数据级集成，实现仓储业务系统、运输系统、采购管理系统、财务管理系统等内部“数据级”集成。

（3）MIS战略

1）原型法与结构化开发方法相结合。由于业务流程中存在歧义，不能确认的“业务关系”必将存在。基于此，形成了以结构化开发方法为主、原型法为辅，二者相结合的研制路线。

2）Web Services多层架构按权限逐级实现流程、数据级的集成，能够满足业务扩展需求。

3）MVC模式驱动。按照模式、视图、控制相结合的模式，设计管理系统。

4）充分考虑到使用者提出的需求，在不影响核心业务流程基础上，在需求分析和系统设计过程中，要充分考虑使用单位和用户提出的需求，尽量融入特殊需求或特殊、不规范的业务。

5）系统集群作业。为充分发挥计算机性能，多台计算机联合作业，提高查询、统计和分析的能力。

1.4.4　总体技术路线

1. 数据库系统体系结构

根据物流信息系统体系结构要求，结合系统开发的实际确定技术路线。系统的数据库系统体系结构采取客户端/服务器（C/S）和浏览器与服务器（B/S）相结合的三层结构，数据存储、业务逻辑关系运算与用户界面在物理或逻辑上分开，分别位于数据库服务器、业务应用服务器和客户机上。

硬件环境：应能满足网络运行和数据安全的要求，计算机及网络设备档次按当前市场主流设备水平配备。

软件环境：数据库服务器采用Windows Services 2003 sp2和Oracle9i数据库，业务应用服务器采用Windows Services 2003 sp2、Web Services和ⅡS6以上开发。

（1）客户与服务器模式的数据库系统体系结构（C/S模式）　C/S模式的应用系统，数据存放在数据库服务器上，用户通过客户机对数据进行操作，在服务器端完成DBMS的核心功能，执行数据库的存储逻辑和事务逻辑：应用程序放在客户一端，完成数据处理、数据表示和用户接口等功能，执行应用逻辑并提供用户界面。这种操作系统结构可以充分发挥计算机网络的优势，最大限度地利用客户机和服务器上的资源，在这两者中合理分配任务，大大提高计算效率和降低网络传输量。

（2）浏览器与服务器模式的数据库系统体系结构（B/S模式）　B/S模式系统由浏览器（Browser）和服务器组成，服务器包括Web服务器、数据库服务器、应用服务器和中间件等。数据和程序放在服务器端，服务器可以有多层结构，服务器执行必要的计算，负责与数据库的交互工作，并将结果发送给客户前端的浏览器。

不用维护，操作风格一致，合法用户只需拥有浏览器即可使用该系统。

（3）开放结构　作为通用平台，必须采用一些开放的技术：面向目标的系统分析、系统设计和程序设计技术、MVC 模式驱动分析技术、组件技术，为通用平台提供了技术上的保障。应用系统的核心是数据，通用平台的数据库不能局限于某一种数据库，实现异构数据库集成。

（4）Web Services 组件开发　开发模式可基于组件的开发，可以把应用系统划分为各个组件，分散部署打包形成各种应用系统，这样可以最大限度地进行代码复用。

2. 数据集成策略

确保实现物流管理信息化，提高业务工作效率和效果，必须与相关业务系统的数据、流程集成，实现信息互联互通。主要包括：

（1）在用、成熟的业务信息系统集成　仓库管理信息平台、物流作业综合办公平台、财务管理系统、物流设备基础数据库系统、物流设备业务管理系统等在用系统的流程和数据级集成，实现系统之间或数据库之间信息的互联互通。

（2）新研、改进的业务信息系统集成　物流信息系统、采购业务管理系统等业务系统逐步实现数据级、流程的集成。

物资业务信息的数据级集成，要求利用 Web Services 组件来实现不同系统之间流程管理和数据级集成，将其部署在业务应用服务器上，如图 1-7 所示。流程管理目标是对现行业务关系的整合，保留原有成熟流程关系；数据级集成是在数据结构统一管理的基础上，实现相关业务系统信息整合。

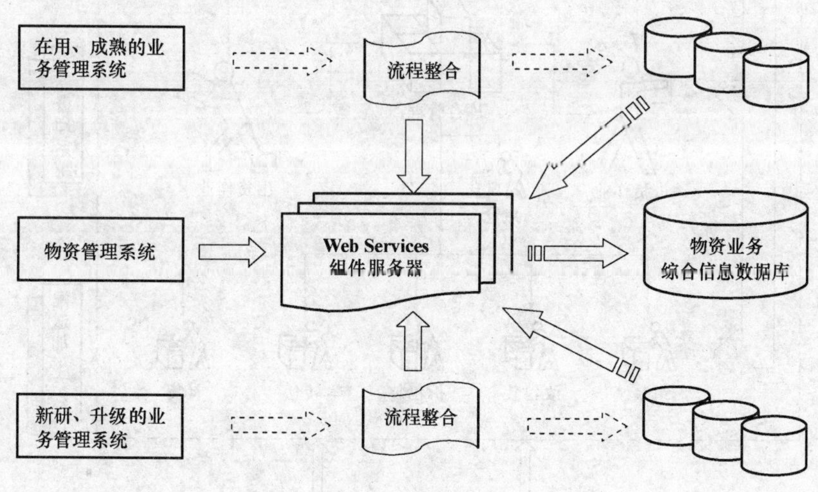

图 1-7　Web Services 数据集成解决方案

无论是业务流程整合、还是业务系统之间数据级集成，本质是不同业务系统之间的数据级集成，前提是解决数据的结构异构和语义异构以及数据整合的技术策略。

【经典案例】

××数码物流系统 CyberLMS 的规划与设计

××数码物流系统 CyberLMS（Cyber-Logistics Management System）是由深圳××网脉数码科技有限公司针对物流仓储业典型用户开发的物流管理系统。该系统构

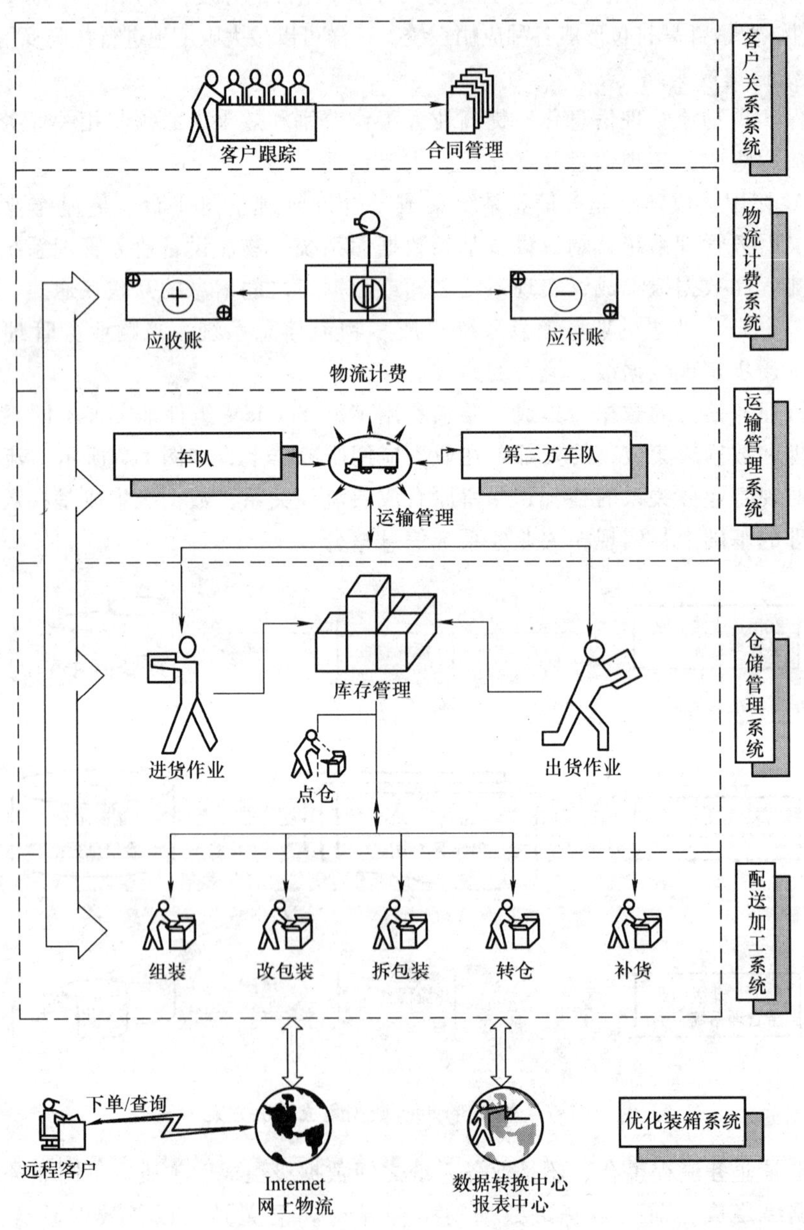

图 1-8　CyberLMS 模型

架于大型数据库 MS-SQL Server7.0 之上，使用 C ++，Java 开发，运行于 LAN /Internet /Intranet 之上。

该系统参照了 SAP、PeopleSoft、ORACLE Financials 等全球著名 ERP 系统，结合内地和香港物流业的具体情况开发而成。系统共由 8 个子系统，27 个模块组成，如图 1-8 所示。

CyberLMS 系统是基于国际著名物流公司/国际著名公司的物流部门的管理模式及经验而开发的。系统结合了 Internet 及 Logistics 的特色，其蕴涵的先进物流管理理念，是该行业中的宝贵财富。所以系统提供的不仅仅是软件本身，还包括了物流运作的成功管理模式及物流业本身的生财之道。

1. 系统运行环境

中英文 WINDOWS 95/98/2000/NT 环境网络，MS-SQL Server 7.0，支持中英文输入，系统有中英文版本，系统模块及功能。

2. ××数码物流系统的组成

××数码物流系统 CyberLMS 由 8 个子系统和若干个模块组成，见表 1-8。

表 1-8　××数码物流系统 CyberLMS 的子系统

子系统名称	系统特点
仓储管理系统（Warehouse Management System）	进货作业系统（Inward Operation），出货作业系统（Outward Operation），库存管理系统（Inventory Control），点仓作业系统（Cycle Counting）
物流计费系统（Logistics Billing System）	物流计费（Logistics Billing），应收账管理（Accounts Receivables），借款通知单/发票（Debit Notes）
运输管理系统（Transportation Management System）	运输作业（Transportation Operation），运输计费（Transportation Billing），内地托运作业（Mainland Drayage），中国香港托运作业（Hong Kong Drayage），散货托运作业（CFS Drayage）
配送加工系统（Distribution Processing System）	再包装系统（Repacking Operation），组装作业（Assembly Operation），拆包装作业（Break Pack Operation），转仓作业（Location Transfer），补货作业（Replenishment Operation）
客户管理系统（Customer Relationship Management）	潜力客户跟踪（Potential Client Tracing），客户合同管理（Client Contract Generator）
网上物流系统（E-Logistics）	网上库存查询系统（Internet Inventory Inquiry），网上下单作业系统（Internet Placing Instructions System），网上车辆跟踪/查询系统（Internet Vehicle Tracing）
数据/报表中心（Data/Reporting Center）	报表系统（Reporting），数据转换中心（DataExcel），可视化物流（Visual Logistics）
集装箱优化装箱系统（Optimize Container Loading System）	无约束优化装箱（Non-Constraint Container Loading），有约束优化装箱（Constraint Container Loading）

3. 物流系统包含的主要模块

（1）进货作业系统　进货产品数量多级控制：板数，箱数，件数，RT/CBM（t 或 m^3）；进货产品精确库位，产品模糊库位控制；进货产品序列号，到期日，重量控制；进货交通工具控制；进货单审核，多级密码控制；进货多种查询方式。

（2）出货作业系统　出货产品数量多级控制：板数，箱数，件数，RT/CBM；出货方式选择：先进先出（FIFO），到期日，批号（Lot No.），型号（Model No.）；出货交通工具控制；出货单审核，多级密码控制；出货多种查询方式。

（3）库存作业系统　库存结余汇总查询；库存结余详细库位查询；产品进出详细查询；按库位，按产品，按客户查询；往来单据查询；RT/CBM 查询；仓库库位图形显示；Internet 远程库存查询。

（4）运输管理系统　司机、货车设定，货车长途、短途跟踪，多种运输计费，内地/香港/散货托运作业，货车车况图形显示，Internet 远程货车查询。

（5）物流计费系统　多种计费单价设定，计费周期设定；自动产生应收账单；自动产生借项通知单（Debit Notes）；支持凭证输入产生应收账款；分类收入查询；Internet 远程收入查询。

（6）点仓作业系统　可以按客户，按产品，按仓库库位点仓；点仓结果对比；电脑仓库库存更新。

（7）再包装/组装/拆包装/补货系统　更换包装，生成新产品；调整数量，RT/CBM；配送关键模块；适合内部或对外轻加工；应收款自动汇总。

（8）Internet 远程下单/查询　通过 Internet 的远程库存结余查询；通过 Internet 的远程库存进出查询；通过 Internet 的远程存储，发送下单；通过 Internet 的远程收入查询；通过 Internet 的远程车况查询；通过 Internet 的远程车辆跟踪。

（9）客户管理　潜力客户跟踪，客户报价管理，报价单自动生成，客户合同电子管理。

（10）数据转换系统　系统数据转换到 Microsoft Excel，所有单据电子版转储，单据的直接 EMAIL 功能，会计系统接口。

（11）无约束/有约束优化装箱　无约束/有约束相同体积货物最大化装箱优化算法，3s 即可算出优化装箱方案，可视化装箱图输出。

4. ××数码物流系统的主要特点

（1）蕴涵先进的物流管理理念和模式　系统源于日本和中国香港地区著名物流企业的实践，同时结合了国内的实际情况，蕴涵了成功物流企业先进的管理思想和运行模式。

（2）Web-Based（Via-Internet）　只要有 Internet 的地方，客户就可以查看他的货物及流动情况，资金及赢利情况，车辆及车况。

（3）模块化设计　可根据客户不同需求灵活配置各模块。

（4）Microsoft Office 集成　重要数据都可以导出到 MS-Excel，Word 中。

（5）无纸化作业 系统支持单据直接 EMAIL/FAX 功能。

（6）条码支持 系统支持多种条码及条码扫描输入。

（7）报表全部客户化 系统供应商会提供全套单据及报表的客户化工作。

（8）大型数据库支持 由于采用的是 Microsoft 的 SQL Server7.0 数据库，数据量不受限制。

（9）自动备份支持 系统支持用户自行设定每小时或每 X 小时数据自动备份。

（10）图形状态显示 系统将仓位/车况状态以图形方式直观显示出来，随时查看仓位库存/运输车况情况。

思 考 题

1. 从系统的角度如何解释物流的概念？
2. 物流系统有哪些特点？
3. 物流系统的基本结构包括哪些内容？
4. 物流系统的构成要素包括哪些内容？
5. 物流系统的5个目标（5S）是什么？
6. 画出物流系统的基本模式框图。
7. 物流系统规划与设计涉及哪三个层次内容？各个层次的主要任务是什么？
8. 物流系统规划与设计的主要内容有哪些？
9. 物流系统规划与设计的基本原则有哪些？
10. 物流系统的设计包括哪些内容？物流系统的评价指标有哪些？
11. 论述物流系统规划与设计是如何分类的。
12. 简述企业物流系统与社会物流系统的关系。
13. 影响物流系统规划与设计的因素有哪些？

第2章　物流工程师应具备的知识与能力

随着全球经济一体化和新技术的迅猛发展，社会生产、物资流通、商品贸易及其管理方式等方面都发生了深刻的变革。物流业也从以运输、仓储等服务为主要功能的传统物流阶段，通过物流组织和管理体制的创新以及新技术的应用，渐渐进入到以信息化、网络化、集成化、自动化与智能化为特征的现代物流阶段。因此，现代物流工程师不仅要掌握传统的物流知识结构和技能，而且还要积极学习现代物流的一些新思想、新技能，不断提高自身的业务素质，以满足对物流进行计划、组织、协调、控制和监督等活动的工作需要。

2.1　物流工程师应具备的知识结构

2.1.1　物流工程师应具备的系统论思想

1. 物流工程师应熟悉系统的基本思想

科学发展到20世纪以后，系统思想逐渐从潜意识变成系统的理论。美籍奥地利理论生物学家贝塔朗菲（Ludwig Von Bertalanffy）的一般系统论提出是系统论创立的标志。20世纪20年代，从批判当时生物学中流行的机械论和活力论观点出发，贝塔朗菲提出生物学的机体论概念，强调把有机体作为一个整体或系统来考察，这是一般系统论的萌芽。在1968年出版的《一般系统论的基础、发展和应用》一书中，贝塔朗菲更加全面地论述了动态开放系统的理论。到目前为止，关于“系统”的定义，虽然人们对“系统”的理解基本上没有什么异议，但还没有一个统一的确切的定义，对系统的定义依照学科不同、使用方法不同和所要解决的问题不同而有所区别。贝塔朗菲认为，一般系统论应包括下列三个基本观点：

（1）整体观点　即指一切有机体都是一个整体，有机体是“相互作用的诸多要素的复合体”，其性质取决于复合体内部特定的关系。

（2）动态观点　即指一切有机体本身都处于不断的运动状态。生命系统本质上都是有机体，与环境不断地进行物质与能量的交换，并在一定条件下保持其自身的动态稳定性。

（3）层次观点　即指各种有机体都按严格的等级组织起来。它们都具有一定的结构，这使有机体保持有序性，从而使有机体具有特定的功能。系统就是由结构和功能组成的统一体。

我国著名科学家钱学森认为系统具有以下特点：由相互作用和相互依赖的若干组成部分结合成的具有特定功能的有机整体，而且这个“系统”本身又是它所从属的一个更大系统的组成部分。具体地说，系统具有以下特点：由两个或两个以上要素组成；各要素间相互联系，使系统保持稳定；系统具有一定结构，保持系统的有序性，从而使系统具有特定的功能；系统总是在一定的环境中运行，环境是一种更高级、更复杂、更大的系统。

2. 物流工程师应掌握系统的基本特征

（1）系统的集成特性　系统是由两个或两个以上要素组成的集合，系统并非要素间的简单堆积，而是要素间复杂关系所构成的有机结合。系统的要素之间的关系服从于某些法则，从而使系统有序。只有一个要素的系统是没有意义的，这个要素本身就是一个系统。

（2）系统的整体特性　系统是一个整体，它追求的是整体最优，而不是每个要素最优。一个系统的整体效果并不等于其各个要素效果的简单相加。如果要素间配合得好，一个系统的整体效果应大于其各要素的效果之和；反之，一个系统的各个子系统都达到了最优的目的，未必一定能使整个系统的效果达到最优。因此，只有通过系统内部关系和外部关系相互协调，才能保证系统整体向最优方向发展，才能达到系统的整体功能。

（3）系统的目的特性　系统必须具有特定的功能，要素的结合是实现系统的功能，因此具有目的性。系统中各要素的地位和作用是不尽相同的，每个要素也有自己的目的，这些要素的目的有时并不是单一的、一致的，可能有冲突。系统就是通过协调各要素的目的，从而达到系统整体的目的。

（4）系统的层次特性　系统与要素的概念是相对的，它们处于不同的等級，系统包含要素。一个系统总是隶属于包含它的更大的系统，前者就是后者的一个要素。要素也可称为子系统，子系统是隶属于系统的系统。系统的层次性，表明系统的结构可以用树状结构来表示。

（5）系统的相关特性　任何系统的要素之间、要素与整体之间以及整体与环境之间都是相互联系的，系统相关性使得系统的内部和外部形成一定的结构与秩序。系统的相关性可以看做其中所有关系的集合，将没有联系的要素放在一起不可能成为系统。因为复杂的关系可以看做二元关系的拓展，所以对于系统中要素之间的关系，也可以用简单的二元关系来描述。

（6）系统的环境适应性　系统总是在一定的环境中运行。系统是在与环境进行物质或信息交换中不断进行自我调节，因此具有适应性。环境是指存在于系统以外的事物（物质、能量、信息等）的总称，也就是说，系统的所有外部事物就是系统的环境。环境是一种更高级、更复杂、更大的系统。在某些情况下，环境会限制系统功能的发挥，是系统的限制条件，或称为约束条件。

环境的变化对系统有很大的影响，系统与环境是相互依存的，系统通过调节系统内各要素之间的相互关系和系统与外部的关系，来达到对环境的适应，同时通过系统输出影响环境。能与外部环境保持最佳适应状态的系统是理想的系统，这样的系统才能生存和壮大。不能适应环境变化的系统是难以生存的。

3. 物流工程师应掌握系统的核心内容

系统的核心内容，主要包括运筹学管理数学模型、系统管理理论、综合应用方法三个方面。

（1）运筹学管理数学模型　这是系统工程的重要技术内容，为系统工程的发展和应用奠定了重要的技术基础。系统工程中运用的数学方法比以前的管理数学方法更加深化了。它运用20世纪40年代后发展起来的运筹学作为主要的定量分析手段，建立了运筹学管理数学模型。

（2）系统管理理论　该理论认为任何一个研究对象都是一个为完成特定目标而由若干个要素有机结合的整体，并将这个整体看做是它所从属的更大系统的组成部分来考察和研究；对于研究对象的研制过程，也应作为一个整体来对待，从整体出发掌握各个工作环节之间的信息以及信息传递路线，分析它们的控制、反馈关系，建立系统研制全过程的模型，全面地看待和改善整个工作过程，以实现整体最优化。

（3）综合应用方法　系统工程强调综合运用各个学科和各个技术领域内所获得的成就和方法，使得各种方法相互配合，达到系统整体最优化。系统工程对各种方法的综合应用，并不是将各种方法进行简单的堆砌、叠加，而是从系统的总目标出发将各种相关的方法协调配合、互相渗透、互相融合、综合运用。由于系统工程研究的对象在规模、结构、层次、相互联系等方面高度复杂，综合应用日益广泛，其科学的现代化组织管理的重要性也显得日益突出。

2.1.2　物流工程师应具备的知识体系架构

1. 物流工程师应了解物流工程的基本概念

物流工程是关于物流系统分析、设计、改善、控制和管理的学科，起源于两种独立的工业生产活动。一是工业设计部门和起重运输行业对生产领域的物料流，面向生产企业将原材料变成产品的制造过程的研究与设计；二是物资流通部门及其所属研究机构对物资流通领域的物资流通和分配的规划、运作以及研究工作。

随着信息科学的发展和产业的专门化、集成化，使长期处于割裂的两个方面走到了一起，表现在以下几个方面：

1）物流管理体制的变化，从过去专门的物资流通部门的“统购统销”向多元化的市场经济发展。

2）物流不断向系统化、专业化、集成化方向发展，从而形成新型物流企业。

3）传统的物料搬运设备和仓储设备向自动化、智能化发展；物流系统的集中监控，集散控制系统在物流设备中的应用；物流管理向信息化发展，决策向科学化发展。

4）计算机科学和电子商务的飞速发展，促进了物流业从传统的运作模式向现代物流的发展；物流装备的监控与物流管理趋于集成化发展。

目前，对“物流工程”有两种理解：一种认为“物流工程”是“物流系统工程”的简写，从这个意义上理解的“物流工程”是从系统科学的角度对物流进行研究；另一种认为“物流工程”与“物料搬运”的含义是相同的。产生这两种想法的原因在于物流工程起源的两个方面，因而其理解都是不全面的。必须明确的是，物流工程是物流管理、工程技术和信息技术的有机结合。在物流工程中，如果把信息技术比喻成大脑和神经系统，工程技术构成了它的骨架，而物流管理科学就是它的肉体，单纯强调某一方面的作用都会偏离发展方向，如图 2-1 所示。因而，物流工程应全称为物流工程与管理。因此我们认为：物流工程是物流学与管理学、系统工程、信息工程相结合的产物。它是将物流看作一个系统，运用系统工程、管理学和信息科学的理论与方法，进行规划、设计、管理和控制，选择最优方案，以低成本、高效率、高质量为社会经济系统和企业提供最有力的支持和服务的活动过程。

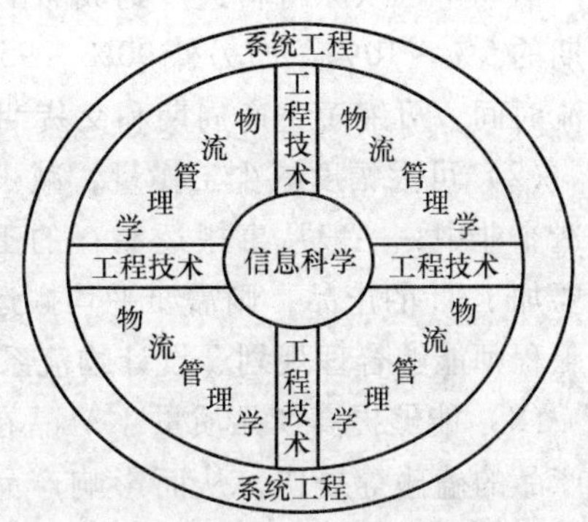

图 2-1　物流工程体系图

2. 物流工程的特征

物流工程体现了自然科学和社会科学相互交叉的边缘学科的许多特征。

1）物流工程作为一门交叉学科，同其他学科有着密切的联系，如机械工程、机械电子学、管理学、社会学、生产加工工艺学、计算机科学等。

2）物流工程是以多学科综合为其理论基础的，物流工程师需要具备多方面的知识，除了要掌握生产、运输等技术知识外，还要掌握经济学、统计学等经济管理知识。

3）物流工程的研究对象一般是多目标决策的、复杂的动态系统。分析系统时，既要考虑其经济性指标，又要考虑技术的先进性、科学性。因此，其研究方法不仅要运用自然科学中常用的科学逻辑原理与逻辑计算；同时，也常采用对系统进行模型化、仿真与分析的方法。在实际研究过程中，常采用定量计算与定性分析相结合的综合性研究方法。

3. 物流工程师应知晓物流工程的研究意义

根据统计资料表明，就单个企业而言，由于业务的类型、企业的地理区域以及产品和材料的重量/价值比率不同，物流成本一般占销售额的5% ~35%。由此可见，开展物流工程研究，对优化企业管理、提高经济效益具有重要作用，以至于国外许多企业把物流工程作为创造效益的“第三源泉”。

物流工程对企业管理的重要意义主要表现在如下几个方面：

（1）可大幅度缩短生产周期　过去，设计人员在生产系统设计时，往往只注意到先进的制造工艺对提高生产率、降低成本所起到的良好作用，而对物流合理规划所起的作用重视不够，缺乏对整个物流系统的分析。统计和分析表明，在工厂的生产活动中，从原材料进厂到成品出厂，物料真正处于加工等纯工艺时间只占生产周期的5% ~10%，而另外90% ~95%的时间都处于仓储和搬运状态。所以，减少物流时间，可缩短生产周期和交货期，提高资金周转能力，增强企业竞争能力。

（2）可大幅度减少工作量，减少劳动力占用，减轻工人的劳动强度　在机械制造企业中，一般从事搬运储存的工作人员占全部工人的15% ~20%。例如，如果要加工1t的产品，则需要平均搬运60倍的加工量，即60t以上。因此，如果物流工程师能够合理规划、设计物流系统，对企业降低制造成本关系重大。

（3）能够提高产品质量　产品在搬运、储存过程中，若搬运手段不当，会造成产品的磕碰等损伤，从而影响产品质量。例如，浙江某物流机械制造厂统计表明，该厂机床加工能力可保证质量合格率为98%，而运到装配线上后合格零件只剩下63%，搬运中损坏35%以上。此后，他们加强工位器具研制和运输过程管理，现在零件到达装配线合格率达96%以上，质量大幅度提高。

（4）可以加速企业资金周转　在我国企业中，流动资金所占比例很大，而一般工业企业在制品和库存物料占流动资金的75%左右。因此，物流工程师在实际应用和管理过程中，应学会合理设计平面布置、优化物流系统，这样可以最大限度地减少物流量，降低流动资金的占用率，缩短生产周期，降低成本，提高企业的效益。

（5）能够有效降低搬运运输费用　统计资料说明，在制造业中，总经营费用的20% ~50%是物料搬运和运输所消耗的费用，而设计科学的物流系统，可使这一费用减少10% ~30%。在工业发达国家，除了营销、减少原材料和能源消耗外，已把改善物料搬运环节作为获取利润的“第三源泉”。

（6）可有效提高现代化的管理水平　当今人类已进入电子与信息时代，计算机的广泛应用以及自动化、柔性化的管理是提高企业竞争力的关键技术，高水平的生产系统都具有高水平的设施设计和物流系统的自动化、机械化、信息化条件作保障。物流贯穿于生产全过程，遍布企业各个角落，而各个部门都有不可分割的联系。所以，新工艺、新设备、信息技术的采用，都会改善物流系统，提高企业整体竞争力。

（7）促进文明、安全生产　上海某拖拉机制造厂统计，直接与搬运有关的工伤事故占总工伤事故的30%以上。所以，物流系统合理化，有利于改善环境和生产组织管理，提高安全生产水平。

4. 物流工程师应熟悉物流工程的目标

物流工程的目标就是在分析、设计、控制过程中所要实现的总体目标。概括来说，就是使物流系统的各组成部分合理、有机地配合，做到物畅其流，有效地满足供应、生产、销售全过程的管理、工艺环境等方向的要求，以最低的费用消耗和最高的质量和效率，实现系统整体的综合效益。简单来说就是物流系统整体最优化。

根据总目标的描述，可将总目标分解为经济、效率、质量及管理和协调的4个分目标。

(1) 物流系统费用

1) 物流系统成本。①系统运输费用，这里包括运输费、燃料费、装卸费、保养维修费、折旧费、养路费及其他费用；②物料储备费用，包括管理费、转运和搬运费、库存损耗费、检验拣选费及库存管理费等；③各种费用利息支出，包括流动资金占用利息，其中原材料、半成品、在制品、成品占用资金的利息支出。

2) 物流系统流动资金占用。系统设计、科技管理水平决定了流动资金占用水平和数量。占用越多，系统效益越差；占用数越少，系统效益越好。流动资金占用项目如上所述。

3) 系统投资费用。系统投资费用包括所需物流系统设施投资和运输道路投资两大项目。设施投资是企业为生产过程所需投资建设的仓库（在制品库、成品库、原材料库）和设备，包括运输设备（汽车、火车、悬链、运输管道、转运车，甚至船只、飞机等）和搬运用周转容器（托盘、料箱、料架等）；道路投资包括运输所需的铁路、公路、码头、货场等。

上述费用构成物流系统总费用，这些费用的多少是由物流系统规划、设计和管理所决定的。所以，系统分析与设计就是以实现系统费用最低为其最主要目标之一。

(2) 物流系统效率　物流系统的效率是与许多因素有关的，主要是物流流动路径和储存时间等。另外也与投料批量、设备可靠性、运输设备的效率、人的责任心和技术水平等因素有关。一般来说，可用物料通过系统周期来描述，即物料在每个流动场地中所占用的时间之和。毫无疑问，周期越小，物流系统效率越高，因而物流的迂回和倒流对总体系统效率是很不利的。

(3) 物流系统质量　质量管理学中将质量分为产品质量和工作质量。产品质量是由工作质量来保证的。从物流系统角度来说，又可划分为加工质量和物流质量，加工质量往往是由工序能力来保证的，而物流质量是物流过程管理来完成的，也可以说物流质量也是工作质量的一种。

物流质量对产品质量影响很大，仅有加工质量难以保证产品的最终质量。物流质量的度量指标可以采用完好率、完整率、标准化率和及时率等度量。完好率是指物流流动到顾客手中完好或未被损坏的程度。完整率是指物流的流动过程中按规定指标、数量流动的百分比。标准化率是物料、半成品、在制品和产成品在包装运输过程中按标准单元和规范进行的比率。及时率是一种效率度量指标，指物料达到指定地点按时、及时的比率。

物流系统质量管理不仅是物流系统效率问题，也是整个企业质量管理问题，对企业整体效益影响甚大，应引起足够重视，并建立一套行之有效的管理技术和方法。

(4) 管理协调性　物流系统是企业经营管理大系统的子系统，对它的规划、设计要满足环境、工艺以及管理的条件和要求，并要与加工系统、行政管理系统、信息系统等有良好的协调性，这是物流系统目标的重要内容之一。

物流系统目标是物流系统设计、评价和管理所要达到的目标。对于不同的物流系统，各分目标在总目标中所占的比例不同，要视具体情况而定。不同物流系统总是一个多目标系统，设计与管理过程就是要解决多目标的优化问题。

2.1.3 物流工程师应具备的物流规划知识体系

系统工程的整体性思想和分解协调思想在物流体系的规划中可以得到很好的应用。对于一个复杂的系统，从整体上直接构造模型进行优化往往有很多困难。但是，其内部包含几个子系统，而且子系统具有分级分布的特点，即从整个系统的角度来看，它们是一级一级构成的；就同级来看，各子系统又是平行分布的。因此，我们可以将它们进行分解，分别构造模型，进行定量分析和优化处理。但是，系统工程的整体性原理要求的是达到整体最优，充分发挥系统的整体功能，所以还要在分解的基础上进行协调，使子系统在系统总目标的要求下协调工作，实现总体最优化。

物流体系的规划，组成系统的项目繁多，相互之间关系复杂，涉及面广，给系统分析和量化研究带来一定困难，所以可以采用系统的整体性思想和分解协调思想对其进行规划。物流体系可以分解为仓库存储子系统、库存控制子系统、运输配送子系统和信息管理子系统。物流系统的优化可以采取分别对各子系统的局部优化，并从系统的整体利益出发，不断协调各子系统的相互关系的方法，达到整个物流体系费用省、服务好、效益高的总目标。

1. 仓储系统的分析与优化

仓储是对货品进行保存及对其数量、质量进行管理控制的活动。仓储系统是物流体系的一个子系统，包含了物流设施、物流作业活动、信息技术及网络等物流系统结构要素，在物流系统中起着缓冲、调节和平衡的作用。

在整个物流体系之中，仓储往往要占用大量的资金。据相关资料，美国2000年物流费用为10060亿美元，其中库存费用为3770亿美元，运输费用为5900亿美元，库存费用占当年美国GDP总值的3.78%。减少库存已成为未来企业降低物流费用的主要来源。减少库存费用支出，关键在于有效提高仓储效率，优化物流作业流程，加快资金周转，压缩库存量。保持多少的库存量，是物流体系仓储系统研究的一个重要问题。由于多种原因，消耗与存储、需求与供应之间往往存在着不协调，这将导致：一方面，供过于求，造成物资的积压，这不仅造成流动资金被占用，还可能出现物资变坏、积压带来的损失；另一方面，供不应求，引起缺货，也会给整个体系带来损失。所以，确定合理的库存量对保证物资供应和提高物流体系的保障效率有着重要的影响。

应用系统动力学的原理和方法，分析物流体系的库存控制系统，建立库存控制系统动力学模型，然后对模型进行仿真试验和计算，为仓储系统确定合理库存量提供科学的依据。

（1）系统动力学仿真模型的建立　系统动力学（System Dynamics，简称 SD）是美国麻省理工学院 J. W 福雷斯特教授提出来的研究系统动态行为的一种计算机仿真技术。系统动力学结合应用控制论、信息论和决策论等有关理论和方法，建立系统动力学模型，以计算机为工具，进行仿真试验，所获得的信息用来分析和研究系统的结构和行为，为正确决策提供科学的依据。

（2）系统动力学仿真的基本步骤

1）明确系统仿真的目的。主要是要认识和预测系统的结构和未来行为，以便进一步确定系统结构和设计最佳运行参数。

2）确定系统边界。

3）分析因果关系。通过因果关系分析，要明确系统内部各要素间的因果关系，并用表示因果关系的反馈回路来描述。

4）建立系统动力学模型。系统动力学模型包括两个部分，一部分是流程图。流程图是根据因果关系反馈回路，应用专门为系统动力学制定的描述各种变量的符号绘制而成的。另一部分是结构方程式。在流程图的基础上，定量分析系统各变量间的关系，用专门的 YDNAMO 语言建立。

5）计算机仿真试验。根据 YDNAMO 语言建立的结构方程式在计算机上进行仿真计算。

6）结果分析。

（3）仓储系统库存控制动力学模型的建立

1）系统仿真的目的。主要目的是为了确定物流体系仓储系统的合理库存量。

2）系统边界。系统边界主要由物流体系仓储系统构成。

3）因果关系分析图。从库存控制系统的因果关系分析图可以得到系统中各个要素相互影响的关系，便于对整个系统的发展情况有一大致的了解。图 2-2 为库存控制系统的因果关系分析图。

2. 信息系统的分析与优化

信息系统作为物流体系的一个重要结构要素，参与了物流作业活动的全过程，是物流体系能否发挥作用，能否顺利高效运转的关键。目前，大多数物流体系都采用 VMI 模式进行库存管理，这就对物流体系的信息系统提出了新的要求。

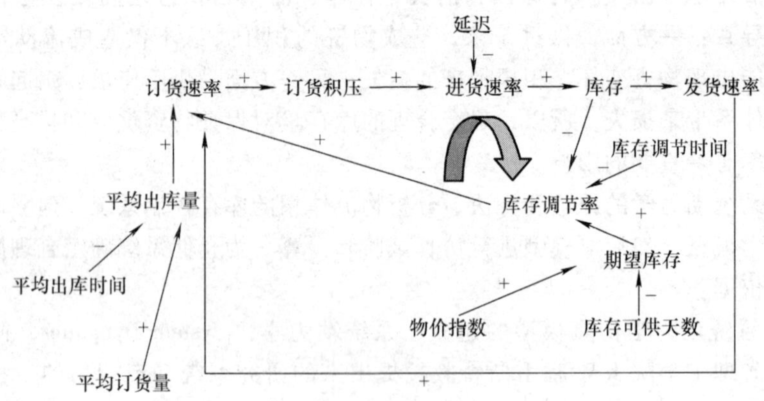

图 2-2　库存控制系统的因果关系分析图

VMI (Vender Managed Inventory)，即供应单位管理客户库存，是一种为适应供应链一体化而出现的一种全新的库存管理模式。传统上，库存的管理是分割的，为保证对客户的供应，供应单位有自己的库存；而为了满足下一级客户的需求，本级客户也保持自己的库存。这样就造成整个供应链上库存的大量存在，并往往产生需求放大的现象，导致产品的行销成本大大提高了。VMI 着眼于供应链的一体化，通过整合供应单位和客户之间的业务功能，将大多数库存都集中由供应单位统一管理。

实施 VMI 策略，首先要实现供应单位对批发单位的销售和库存数据的共享。因此，供应单位配送中心的信息系统要与批发单位的信息系统相连接，以便实时地采集批发单位的相关信息。VMI 要求由供应单位直接管理批发单位的订货，因此双方建立基于标准的托付订单处理模式。在这种模式下，批发单位的电子订货、交货、票据处理等各个业务功能都要集中到供应单位配送中心的信息系统运作中；而批发单位的连续补货程序也集成到配送中心的信息系统中。

因此，信息系统包含四个基本功能：①业务活动的处理，如订单处理、采购定价和市场分析等；②仓储保管的处理，如进、销、存数据资料的管理，储位管理和库存管理；③运输配送的处理，如拣货计划、配送车辆和路线规划等；④管理信息的提供，如绩效管理、统计分析等。

基于 VMI 策略，信息系统还要向维护服务、客户管理、决策支持分析及系统外集成发展。主要内容包含：①利用 EDI、VAN 及 Internet 与外部连接，接受、存储外来数据，进行数据交换和输出；②客户关系管理，为公司的 CRM 系统提供数据，为客户提供咨询等；③VMI 的支持功能，如 ID 代码、条形码的识别，连续补给系统的控制等；④决策支持系统的引入，为业务活动提供决策支持，为作业活动提供规划方案。

随着计算机网络的迅速发展，网络传输信息和电子商务应用的普及化，应用信息网络系统可减少企业之间订单资料的重复性，实现无纸化、效率化和准确化的信息资料传输。图 2-3 是一个在 VMI 模式下的物流体系信息系统的网络结构模型，它具有电子会议、局域网、VAN 等信息交换功能，充分满足了 VMI 对供应单位和批发单位之间的信息高度透明化的要求，有利于他们之间资料的迅速交换和共享。

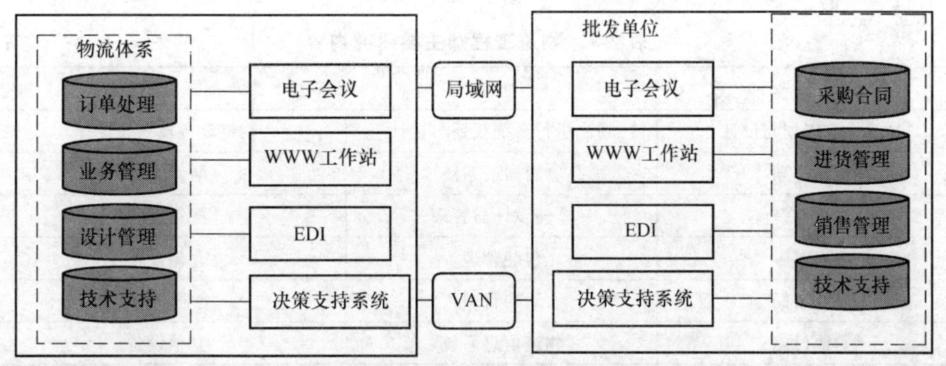

图 2-3　信息系统网络结构

3. 物流配送系统的分析与优化

物流配送系统是物流体系与外界环境进行交换的重要环节，其位于整个体系结构的最高层，也是物流体系系统功能的最终体现，将各种商品或物资送到客户手中，并给予必要的物流服务，是物流体系实现其效益的最终方式。

在物流配送的实际操作中，可以借助计算机，应用系统工程理论中的配送人员（车辆）任务分配、货物配装和配送路线优化的理论及计算模式，建立一个“出货配送系统”。该系统包含两个子系统，一是人员（车辆）任务分配管理系统，一是配送路线选择系统。当遇到临时安排人员配送货物情况，先在配送路线选择系统中输入各配送点的需求量和运输里程等参数，该系统就会计算出优化后的配送路线和配送车辆要求，据此分配出相关的配送任务，然后在人员（车辆）任务分配管理系统中输入配送人员（车辆）完成配送任务所需的时间，系统就可以打印出每个配送人员（车辆）的任务分配清单和配送路线。

2.2　物流工程师应掌握的内容与技术

物流工程师是物流工程与管理的重要组成部分，主要是解决物流系统中的三大类问题：一是设施规划与设计；二是物流运行系统的设计与管理；三是物流器具与设备的设计与管理。因此，物流工程师在系统规划与设计时，应综合运用系统工程、管理学和信息科学的理论与方法，将定性和定量分析相结合，对其进行规划、设计、管理和控制，实现低成本、高效率、高质量的物流目标。

2.2.1 物流工程师应熟知的内容

任何一个系统（生产、服务、管理等）都可以视为一个物流系统，而物流工程师所要解决的，主要是物流系统中的三类问题：一是物流设施规划与设计问题；二是物流运行系统的设计与管理问题；三是物流设备的设计与管理问题。对于物流工程师而言，主要研究内容见表 2-1。

表 2-1 物流工程师主要研究内容

物流工程		
物流设施规划与设计	物流运行系统规划与设计	物流设备规划与设计
设施规划	物料搬运系统	装卸设备
地点选择	仓储设计与管理	搬运设备
平面布置	包装管理	仓储设备
设备布局	运输管理	容器、器具
其他设施	物流信息系统	其他设备

1. 物流设施规划与设计

物流设施规划与设计，包括物流系统的平面布置、地点选择以及设施规划等。即根据物流系统（如工厂、学校、医院、办公楼、商店等）应完成的功能（提供产品或服务），对系统各项设施（如设备、土地、建筑物、公用工程）、人员、投资等进行系统的规划和设计，用以优化人流、物流和信息流，从而有效、经济、安全地实现系统的预期目标和系统管理的蓝图。如资源利用、设施布置、设备选用等各种设想都要体现在设施规划、设计中，设施规划与设计对系统能否取得预想的经济效益和社会效益起着决定性作用。

一般来讲，设施规划与设计所需要的费用约占总投资的 2% ~10%，但对整个系统的影响是重大的。在设计、建造、安装、投产的各个阶段，如果系统要加以改变，所需要的费用会逐步上升，如果到了运行后再改进，则事倍功半，有时甚至不可能。因此，在设计规划阶段，投入足够的时间、精力和费用是十分必要的。

对于企业物流系统，设施设计的核心内容是工厂、车间内部的设计与平面布置、设备的布局，以求物流路线系统的合理化。通过改变和调整平面布置调整物流，达到提高整个生产系统经济效益的目的。而对于社会物流系统，设施设计是指在一定区域范围内（国际或国内）物资流通设施的布点网络问题，如石油输送的中间油库、炼油厂、管线布点等的最优方案，以及远距离大规模生产协作网的各厂址选择等。

2. 物流运行系统规划与设计

主要包括物流搬运系统设计与管理、仓储设计与管理、物流信息系统设计与管理以及包装与运输管理、第三方物流管理等。

(1) 物料搬运系统设计与管理　物料搬运系统设计与管理是对物料搬运的设备、路线、运量、搬运方法以及储存场地等做出的合理安排，使生产系统能以最低的成本、最快的速度、完好无缺的流动过程，达到规划设计中提出的效益目标。研究内容具体包括：①生产批量最佳化的研究；②工位储备与仓库储存的研究；③在制品的管理；④搬运车辆的计划与组织方法等。

(2) 仓储设计与管理　仓储设计与管理是对物流系统中的仓库设计、仓储结构、储存数量、储存时间、储存网络和控制方法进行规划、设计与管理，充分发挥仓储在物流系统中缓冲和平衡供需矛盾的作用。

(3) 物流信息系统的设计与管理　包括信息采集、分析和处理等，以求物流系统运行中的信息系统最佳运行与控制。

3. 物流设备规划与设计

通过改进搬运设备，改进流动器具来提高物流效益、产品质量等。如社会物流中的集装箱、罐、散料包装，工厂企业中的工位器具、料箱、料架以及搬运设备的选择与管理等。主要内容包括：

(1) 搬运与运输车辆的设计与管理　即用于搬运或运输的各种手推车、牵引车、皮带输送机、吊车、叉车、汽车、火车、轮船、飞机等。

(2) 容器和器具的设计与管理　用于包装的各类容器，如料架、料箱、滑道、滚道、工位器具、集装容器、简易小车等。

(3) 仓库及仓库搬运设备的研究　主要用于仓库的货架、站台、立体仓库、叉车、传送带、分拣线、堆垛机等。

2.2.2　物流工程师应掌握的常用技术

物流工程是一门管理与技术的交叉学科，物流工程的研究涉及多个领域的技术支持。因此，作为现代物流工程师，在开展物流系统的规划和设计过程中，应掌握以下几方面的常用技术，如图 2-4 所示。

1. 基础工业工程技术

基础工业工程，主要是指工作研究，其中包括时间研究、方法研究等。特别是工作研究中的流程分析技术，图、表技术，作业改善技术，方法研究技术等，是物流系统分析、设计与管理的最基本的技术与方法。

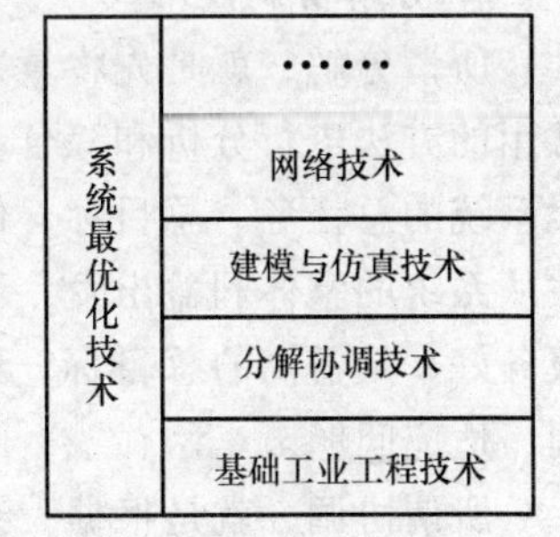

图 2-4　物流工程师应掌握的常用技术

2. 系统最优化技术

系统优化问题是系统设计的重要内容之一。所谓最优化，就是在一定的约束条件下，如何求出使目标函数为最大（或最小）的解；求解最优化问题的方法，称为最优化方法。一般来说，最优化技术所研究的问题是对众多方案进行研究，并从中选择一个最优的方案。

物流系统的目标函数，是在一定条件下，达到物流总费用最省、顾客服务水平最好、全社会经济效果最高的综合目标。由于物流系统包含多个约束条件和多重变量的影响，难以求最优解。解决的办法是根据工作分解原理和分解方法，巧妙地把大问题分解成多个小问题，对各子问题采用现代的优化方法和计算机求解。因此，系统最优化方法是物流工程师常用的技术和方法。

一个系统往往包含许多参数，受外部环境影响较大，有些因素属于不可控因素。因此，优化问题是在不可控参数变化的情况下提出的。根据系统的目标，经常而有效地确定可控参数的数值，使系统经常处于最优状态。系统最优化离不开系统模型化，先有模型化而后才有系统最优化。

物流系统中所包含的参数相互制约、互为条件，且大多数属于不可控参数。在外界环境约束条件下，要正确处理众多因素之间的关系，除非采用系统优化技术，否则难以得到满意结果。物流系统评价的基本思想是整体优化的思想，对所研究的对象采用定性、定量（主要是定量）的模型优化技术，经过多次测算、比较、求好选优、统筹安排，使系统整体目标最优。

系统最优化的方法很多，它是系统工程学中最具应用性的部分。到目前为止，它们大部分是以数学模型来处理一般问题的，如物资调运的最短路径问题、最大流量、最小输送费用（或最小物流费用）以及物流网点合理选择、库存优化策略等模型。

数学规划法是最常用的系统优化方法，如运用线性规划解决物资调运、分配和人员分派的优化问题；运用整数规划法选择适当的厂（库）址和流通中心位置；采用扫描法对配送路线进行扫描优化等。另外，运筹学中的博弈论和决策论也是物流工程师常用的优化方法。

3. 分解协调技术

所谓分解，就是先将复杂的大系统，分解为若干相对简单的子系统，以便运用常用的方法进行分析和综合。其基本思路是：先实现各子系统的局部优化，再根据大系统的总任务、总目标，使各子系统相互协调、配合，实现大系统的全局优化，并从系统的整体利益出发，不断协调子系统的相互关系，达到物流系统的费用省、服务好、效益高的总目标。此外，还要考虑如何处理好物流系统与外部环境的协调、适应问题。

所谓协调，就是根据大系统的总任务、从目标的要求，使各分系统在相互协调配合子系统局部优化的基础上，通过协调控制，实现大系统的全局最优化。

在物流系统中，由于组成系统的项目繁多，相互之间关系复杂、涉及面广，这给系统分析和量化研究带来一定的困难。因此，现代物流工程师可以采用分解、协调的方法对系统的各方面进行协调与平衡，处理系统内外的各种矛盾和关系，使系统能不断调节，处于相对稳定的平衡状态，充分发挥系统的功能。

对于物流工程师而言，在研究系统中的协调时，要充分考虑两个方面的问题：一是要把握好协调的原则问题。这是设计协调机构或协调的出发点，包括用什么观点来处理各子系统的相互关系，选取什么量作为协调变量，以及采取什么结构方案构成协调控制系统等问题。二是掌握协调的计算方法。求得协调变量，加速协调过程，保证协调的收敛性，简化协调的技术复杂性，都需要探求一定的方法，这是设计协调机构的依据。

4. 建模与仿真技术

物流系统活动范围广泛、涉及面宽、经营业务复杂、品种规格繁多，且系统功能部分之间相互交叉、互为因果。因此，物流系统的设计是一项十分复杂的任务，需要严密地分析。由于它的复杂性，一般很难做试验，即使可以做试验，往往需耗费大量的人力、物力和时间。因此，在实际的物流系统规划与设计过程中，通过构建系统模型，抓住作为系统对象的数量特性，得出有说服力的结论。

物流系统仿真的目标，在于建立一个既能满足用户要求的服务质量，又能使物流费用降至最小的物流网络系统。其中，最重要的是如何能使“物流费用最小”。在进行仿真时，首先分析影响物流费用的各项参数，诸如各销售点、流通中心及工厂的数量、规模和布局有关的运输费用、装卸费用等。由于大型管理系统中还包含许多物流管理人才，用数学模型来表现他们的判断和行为是很难的。人们正在积极研究和探索包含物流人才因素在内的，建立能够反映宏观模糊性的数学模型。

目前，仿真技术在物流系统工程中应用较多，而且已初见成效。但由于物流系统的复杂性，其应用受到多方限制，特别是资料收集、检验、分析工作的难度较大，从而影响仿真质量，所完成的模型精度与实际的接近程度也还存在一定问题，有待进一步研究。

5. 网络技术

网络技术是现代管理方法中的一个重要组成部分，它是以电子计算机作为先进技术手段的新型计划技术。它最早用于工程项目管理中，历来在企业（或公司）的经营管理中得到广泛应用和发展。目前，用于物流系统规划和设计中的网络技术，主要包括项目计划评审技术和关键路线法。

网络技术对于关系复杂、多目标决策的物流系统研究非常有效。利用网络模型来模拟物流系统的全过程以发现其时间效用和空间效用是最理想的。通过网络分析，不仅可以掌握物流系统各子系统之间以及与周围环境的关联度，还可以加强横向经济联系。另外，网络技术用于物流系统，可研究物资从始发点通过多渠道送往顾客的运输网络优化，以及物料搬运最短路径的确定等。

除上述方法外，作为现代物流工程师，还应掌握包括预测、决策论和排队论等常用于物流系统与规划中的技术。

2.3 物流工程师应掌握的基本方法

2.3.1 物流工程师应熟悉系统工程方法

系统工程方法，是指运用系统工程研究问题的一套程序化方法。即为了达到系统的预期目标，运用系统工程的思想及其技术内容解决问题的工作步骤。具体地说，它是从系统思想和观点出发，将系统工程所要解决的问题放在系统形式中加以考察，始终围绕着系统的预期目的，从整体与部分、部分与部分和整体与外部环境的相互联系、相互作用、相互矛盾、相互制约的关系中综合地考察对象，以达到最优处理问题的效果。它是一种立足整体、统筹全局的科学方法体系。

自20世纪60年代以来，许多学者对系统工程的方法进行大量的研究。但是，系统工程的研究和管理对象是千差万别的，因此要找一个对所有的传统都适合的标准程序是不可能的。系统工程的实践证明，在将设想变为现实的过程中，即从制订规划到使系统达到最优目标的实施过程中，尽管不存在某个万能公式，但还是可以找到一种适应面较宽的、能供给不同系统参考程序的基本模型。

目前，认证比较全面又有较大影响的是美国贝尔研究所工程师系统工程学者霍尔（A. D. Hall）提出的系统工程三维结构。具体地说，系统工程的三维结构就是将系统工程的活动，分为前、后紧密连接的七个阶段和七个步骤，同时又考虑到为完成各个阶段和步骤所需要的各种专业知识。这样就为解决规模较大、结构复杂、涉及因素众多的大系统提供了一个统一的思想方法。三维结构是由时间维、逻辑维和知识维组成的立体空间结构。

1. 时间维

三维结构中的时间维，表示系统工程活动从规划阶段到更新阶段按时间排列顺序，可分为七个工作阶段。

（1）规划阶段　谋求系统工程活动的规划和战略。

（2）计划阶段　提出具体的计划方案。

（3）研制阶段　实现系统的研制方案，并制订生产计划。

（4）生产阶段　生产出系统的构件及整个系统，并提出装配计划。

（5）装配阶段　将系统安装完毕，并完成系统的运行计划。

（6）运行阶段　系统按照预期的用途服务。

（7）更新阶段　取消旧系统代之以新系统或改进原系统，使之更有效地运行工作。

2. 逻辑维

三维结构中的逻辑维，是对每一工作阶段在运用系统工程方法来思考和解决问题时的思维过程，可分为七个步骤。

（1）明确问题　通过系统调查尽量全面地收集和提供有关需解决问题的历史、现状及发展趋势的资料和数据，主要是研究系统的环境对系统的要求，弄清需要解决什么问题以及约束条件。

（2）目标设计　在弄清问题后，应该选择具体的评价系统的功能的指标或要达到的功能目标，以利于衡量所有供选择的系统方案。即提出所要达到的目标，并确定衡量的标准。

（3）方案综合　主要是按照问题的性质及总目标的要求，形成一组可供选择的系统方案，在方案中明确了所选系统的结构和相应参数。

（4）系统分析，定量模型建立　对可能入选的所有方案，通过比较进行精简，并对精简后的方案进一步说明其性能和特点，以及与整个系统的相互关系。为了对众多的备选方案进行分析比较，往往通过形成一组定量模型，并把这些方案与系统的评价目标联系起来。

（5）最优化，系统选择　在一定的限制条件下，对各入选方案总希望选出最优的。在评价目标只有一个定量指标，而且备选的方案个数不多时，容易从中确定最优者。而当备选方案数很多，评价目标也有多个，并且彼此之间又有矛盾时，要选出一个对所有指标都为优的方案可能很困难。这时必须在各个指标间进行一定的协调，并反复进行（1）至（4）步骤，使入选方案尽可能均衡满足系统指标。

（6）决策　由决策者根据更全面的要求，最后选定一个或几个方案予以试行。

（7）实施计划　根据最后选定的方案，对系统进行具体实施，并提供实际执行的信息反馈到以上各阶段。

3. 知识维

三维结构中的知识维，就是为完成上述各阶段、各步骤所需要的知识和各种专业技术。这说明各种专业知识在系统工程中具有重要作用。

霍尔三维结构方法论的特点是强调明确目标，认为对任何现实系统的分析都必须满足其目标的需求。霍尔把这些知识分为工程、医学、商业、法律、管理、社会科学、艺术和教育等。霍尔三维结构方法论的核心内容是模型化和定量化。霍尔认为，现实问题都可以归结为工程问题，从而可以应用定量分析方法求得最优的系统方法。

除了霍尔三维结构方法论以外，切斯特纳特（Chestnut）、詹金斯（Jenkins）、德·纽夫维莱（De-Neufville）和斯塔福德（Stafford）、怀莫尔（Wymore）等学者都提出了一些新的改进系统工程的方法论。

2.3.2　物流工程师应了解系统的运作模式

系统是相对于外部环境而言的，外部环境对系统的作用表现在对系统的输入，系统在特定环境下对输入进行必要的转化处理后，产生了输出。把输入转变成输出，就是系统功能。因此系统可理解为把输入转换为输出的转换机构。输入、处理、输出是系统的三要素。外部环境因资源有限、需求波动、技术进步以及其他各种因素变化的影响，对系统加以约束或影响，称为环境对系统的限制或干扰。此外，输出的结果不一定是理想的，可能偏离预期目标，因此，要将输出结果的信息返回给输入，以便调整和修正系统的活动，这称为反馈。根据以上关系，系统运作的一般模式如图 2-5 所示。

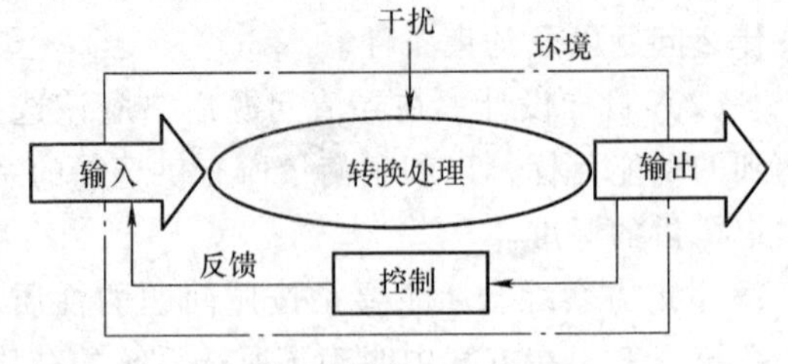

图 2-5　系统运作一般模式

2.3.3　物流工程师应掌握系统分析方法

作为一名优秀的物流工程师，除了要熟悉有关系统工程的一些基本方法外，还要了解对实际工作提供指导意义的方法论——“系统分析法”。系统分析（System Analysis，SA）是一种既与在提出方案之前的决策有关，又与方案实施的初期阶段有关的评价，是“一个组织构架，允许无数领域的专家作出的评判结合在一起”。

系统分析是综合运用科学技术方法来处理问题的一种态度与观点。从广义上解释，系统分析可作为系统工程的同义词；从狭义上看，系统分析是系统工程的一个逻辑步骤，这个步骤是系统工程的重要部分。系统分析为系统工程实现优化提供了一个逻辑的途径，它贯穿于系统工程的全过程。

美国学者夸德（EJ s. Quade）对系统分析作了这样的解释：所谓系统分析，是通过一系列的步骤来帮助决策者选择决策方案的一种系统方法。这些步骤包括研究决策者提出的整个问题，确定目标，建立方案，并且根据各个方案的预期结果使用适当的方法去比较各个方案，以便能够依靠专家的判断能力与经验去处理问题。

因此，系统分析的目的在于通过分析比较各种替代方案的有关技术经济指标，得出决策者形成正确判断所必需的资料和信息，以便获得最优系统方案。

20 世纪 50 年代，在系统工程发展的同时，出现了系统分析的方法论思想。兰德公司的麦基恩（Mckean）认为：系统分析是在分析过程中要更多地强调成本估计来面对现成的无限制扩张的“需求方式”，政府工作的所有方面都需要一种正式的定量的成本/效益分析。因为政府的消费不像自由市场价格机制那样是以“自然的”机制来提高其效率，他着重讨论的问题是选择演绎标准、挑选可比较的候选者、处理无形的和不确定的东西，并把对效益和成本都很重要的时间因素考虑进去，并始终强调经济效益。

兰德式分析方法的工作，包括对为满足一个明确目标的所有不同方法的成本和效益进行广泛的经济评价，兰德公司的许多成员对系统分析方法论作过简要的描述。希契给出了一个与系统工程及运筹学有许多相似之处的系统分析方法论描述，其基本要点包括以下几个方面：

1）一个或一组希望达到的目标，为达到目标所需的一系列供选择的技术或手段（或系统）。

2）一个或一组数学模型，即表达目标、技术或手段、环境以及资源之间相互依赖关系的数学或逻辑构架或方程组。

3）每个系统所需的成本和资源；与目标、成本或资源相关的、选择最佳方案的标准。

上述这些只是方法的要点，至于如何使用它们，则要求物流工程师在实际运用过程中灵活掌握，或借助经验进行“直觉的猜测和评判”。

在模型运用的方面，系统分析为了达到目标，可以灵活运用任何一个学科中的方法。从这一方面也可看出系统分析不像运筹学那样是技术方法的集合，可能会运用一些软科学的评价方法。由于帮助决策者进行决策是系统分析的任务，所以对决策过程中人的行为的理解是对系统分析认识的关键。

2.3.4　物流工程师应了解相关软系统的方法论

软系统方法，相对于硬系统方法而言，对于结构模糊的问题或议题，难以像硬系统方法那样可以采用数学模型来描述，只能建立概念模型，所求得的解往往只是可行的或满意的解。在 20 世纪 60 年代，系统工程主要用来寻求各种战术问题的最优策略，或用来组织与管理大型工程建设项目，这最适合应用霍尔三维结构方法论。这是由于工程项目的任务一般比较明确，问题的结构一般是清楚的，属于结构性问题，可以充分运用自然科学和工程技术方面的知识和经验，有的项目甚至可以进行试验。因此，属于这类性质的问题，都可以应用数学模型进行描述，用优化方法求出模型的最优解。

但是，从 20 世纪 70 年代开始，物流工程面临的问题有三个特点：一是与人的因素越来越密切；二是与社会、政治、生态等众多复杂的因素混合在一起，属于非结构性问题；三是本身的定义并不清楚，难以有逻辑严谨的数学模型进行定量描述。因此，国内外不少系统工程学者对霍尔的三维结构方法论提出了修正意见，其中英国兰卡斯特大学的切克兰德（P. CheckLand）提出的一种软系统方法论，受到了系统工程学界的重视。

切克兰德把运筹学、系统工程、系统分析和系统动力学的方法论称为“硬系统”的方法论，自己则提出一种软系统方法论（Soft System Methodology，SSM），将硬系统工程解决的问题称作“问题”（problem），而将软系统工程所面对的问题称作“议题”（issue），即有争议的问题。切克兰德认为完全按照解决工程问题的思路来解决社会问题和软科学问题，将遇到很多困难。至于什么是“最优”，由于人们的立场、利益各异，判断价值观不同，就很难简单地取得一致的看法，因此“可行”、“满意”、“非劣”的概念逐渐代替了“最优”的概念。还有一些问题只有通过概念模型或意识模型的讨论和分析后，才使得人们对问题的实质有进一步的认识，经过不断磋商，再经过不断反馈，逐步弄清问题，得出满意的可行解。

由此可见，软系统方法论的核心不是“最优化”，而是进行“比较”；“比较”这一过程要组织讨论，听取各方面有关人员的意见，为了寻求可行的满意结果，需要不断地进行多次反馈，因此它是一个“学习”的过程。

2.3.5 物流工程师应具备处理“二律悖反”的能力

物流工程师除了应掌握相关的知识体系外，还应具备处理“二律悖反”的能力。因为物流系统是一个复杂的社会系统，它的总目标是实现其整体效益的极大化。但物流系统各要素都有其自身的目标，这些目标各不相同、相互矛盾，存在着非常强烈的“悖反”现象。作为一名优秀的物流工程师，应了解并能妥善地处理这一现象，解决好物流系统的要素之间、要素内部以及要素外部存在的目标冲突。

具体来说，主要处理好以下几个方面的关系：

1. 具备处理物流系统内部要素目标冲突的能力

物流系统的功能要素都是物流系统的子系统，如果将物流系统内部功能要素之间的目标冲突应用于任何一个功能要素的话，那么物流系统要素内部也将存在着类似的目标冲突。

以运输功能为例，各种运输方式都存在各自的优劣势。例如，采用铁路运输成本比较低，但不够灵活；采用公路运输灵活性、机动性强，可提供“门到门”的服务，但长距离运输费用相对昂贵，且易污染、安全性差；采用航空运输速度快，不受地形的限制，但成本昂贵。因此，如果追求速度快、灵活性强，就要付出成本高的代价，各目标之间必将存在冲突。由于任何运输方式有其特定目标和优势，各种运输方式的优势不能兼得，所以在选择运输方案时就要进行综合权衡。

物流系统中各功能要素独立存在时，各自的目标也存在着相互冲突的现象。例如，运输功能要素的目标一般是追求及时、准确、安全、经济。为达到这样一个目标，企业通常会采用最优的运输方案，但是在降低运输费用、提高运输效率的同时，可能会导致存储成本的增加。

从储存的角度来看，为了达到降低库存水平的目的，企业可能会降低每次收货的数量，增加收货次数，缩短收货周期；或者是宁可紧急订货，也不愿提前大批量订货。但这样就无法达到运输的经济规模，因运输次数增加而导致运输成本上升。

2. 具备理顺物流服务水平与物流成本间制约关系的能力

随着物流系统的服务水平不断提高，物流成本也随之增加，有时物流成本增加的幅度要远远大于服务水平的提高幅度。为了提高物流系统的服务水平，如通过增加库存量来达到提高供货率的服务水平。但是，随着库存量的增加，相关的库存费用、保管费和搬运费等费用也随之上升。为了不增加库存费用，就得增加运输批次，采用小批量及时运货；而采用这种方式运货就会大幅增加运输费用。

物流服务能力的提高，也同样需要成本的增加。任何物流系统要素功能的增加和完善，都必须投入大量的资金。如增加仓库的容量或提高进出库的速度，往往就要加大库房的基础建设力度；若想提高仓库机械化、自动化的作业水平，就必须投入大量资金购买相关的物流机械或自动化设备。因此，在实际工作中必须考虑改善物流系统的功能的技术经济性，进行成本效益分析。

3. 具备调整物流系统各功能要素之间相互制约关系的能力

在物流的各环节中，一个环节出现问题，将影响其他环节功能的正常发挥。例如，如果装卸环节出现问题，就会影响物资的运输或码垛。同样，物流系统各要素如果不匹配，物流系统的整体能力也将受到影响。例如，在自动化仓库作业中，如果自动化程度很高，但搬运、装卸能力跟不上，那么自动化作业效果就会大大降低。反之，如果装卸、搬运等环节的能力强，但自动化设备差，也同样会带来自动化程度低。

从上面的分析可清楚地看出，物流系统的运输要素的目标与储存要素的目标是冲突的。但是运输与储存是物流系统的两个重要组织部分，运输与储存的冲突是运输要素与储存要素的一种联系，在物流系统还没有形成的时候，它们都在追求着各自的目标。显然，它们的目标是无法简单地实现的，而必须通过物流系统集成来达成系统目标。

在包装与运输这两个要素之间也存在着目标冲突。物流包装的目的是保护商品在物流过程中避免损坏，同时要降低包装成本。因此，在包装材料的强度、内装容量的大小等方面就会考虑以能够确保商品安全为第一目标，但这常常会导致“过度包装”，结果不仅增加了商品物流包装成本，同时由于物流包装过大、过重、过于结实，增加了无效运输的比重；并且在包装回收系统不健全的情况下，当商品抵达收货人时，收货人往往还要花费资源专门处理这些物流包装。如果能将物流包装要素的目标与运输要素的目标进行协调，就可以既实现包装的目标又实现运输目标，从而实现这两个要素目标的协同。

4. 具备处理物流系统内外部系统之间冲突的能力

由于物流系统本身就是社会大系统中的一个子系统，因此，物流系统与外部系统总是发生着联系，而构成物流系统环境的就是这些与物流系统处在同一层次的子系统。与物流系统一样，环境中其他系统都有着特定的目标，这些目标之间的冲突也是普遍存在的，物流系统以这种方式同环境中的其他系统发生联系。但是，物流系统要素之间的目标冲突不能在要素这个层次得到协调，必须在比要素更高一个层次的系统才能解决。

从一个制造企业来看，物流系统是与生产系统、销售系统等系统并列的一个系统，它们都是企业的经营系统中的要素或者子系统。生产系统，销售系统和物流系统都有很多各自的目标，这些子系统之间的目标冲突是普遍存在的；物流系统以这种方式同环境中其他系统发生联系时，生产系统的目标和销售系统的目标就可能会对物流系统目标形成夹击。在传统的企业组织中，没有一个部门能够对所有物流活动承担管理责任，只是分别单独担负物流某一方面的责任。这样，物流的各种因素包含在销售、生产、财务会计等各种活动之中，各部门的管理人员有各自的利益目标，而且这些目标往往发生矛盾。例如，销售部门为了保证销售要增加在库商品量，而财务部门要减少在库品以降低成本；销售部门要以少量成品迅速发货并快速处理订单以满足客户的需求，而生产部门要批量发货以降低运费，财务部门要仔细审核订单，确保货款回收；销售部门希望在销售地设立仓库，而生产部门要在工厂建立仓库，财务部门要减少仓库数量和库存量。这些目标的冲突不能在物流或生产、销售、财务等单个系统的层次上解决，而必须在整个企业的层次上对冲突的目标加以协调和权衡，才能解决。

总之，物流系统要素之间、要素内部、系统与环境的冲突广泛存在，冲突是物流系统要素的重要联系。在物流系统合理化设计过程中，必须有系统的整体观念，并对物流系统中的相互制约的关系给予高度重视，用系统的观点来解决这些冲突，对冲突的目标加以协调和权衡，从而达到物流系统的整体最优。

2.4 物流工程师应掌握系统规划与设计的分析方法

物流系统规划设计的系统分析方法，是指物流工程师在进行规划设计工作时，要按照系统方法论中处理问题的基本方法。根据系统的概念、构成和性质，把规划对象作为一个系统进行充分了解和分析，再将分析结果加以综合，使之最有效地实现系统的目标，并将评价方法贯穿于分析与综合过程中。分析、综合、评价，是物流工程师进行系统规划设计时处理问题的常用方法。物流工程师在实际规划设计工作中，分析、综合、评价的方法往往是同时综合运用，没有明确的界限，并且要多次反复，直到符合物流系统规划、设计的要求为止。

2.4.1 物流系统规划与设计的分析内容

物流系统规划设计分析，是以系统整体效益为目标，以寻求解决特定问题的最优策略为重点，运用定性与定量分析方法，为决策者提供需要的信息，以求得到有利的决策。

物流系统规划设计分析过程的主要任务，是为研制系统收集必要、足够的信息，并对初步拟出的能满足系统要求的多套替代方案，用各种手段和方法分析对象系统的要求、结构及功能等，以弄清系统的特性；并考虑到环境、资源、状态等约束条件，建立各种替代方案所需的分析模型，根据评价准则对分析结果进行评价，从而得到若干个较为满意的推荐方案。

无论对于何种形式的物流系统，物流工程师在具体分析过程中，通常需要考虑以下五个方面的要素，即分析物流系统的目标、替代方案、模型、指标体系和评价标准。

1. 分析物流系统的目标

物流系统目标是决策的出发点，为了正确获取决策所需的各种有关信息，物流工程师首要任务就是要充分了解建立物流系统的目的和要求，同时还应确定物流系统的构成和范围。

2. 分析物流系统的替代方案

一般情况下，为实现某一目标，总会有几种可采取的方案或手段，这些方案彼此之间可以相互替换。因此，物流工程师在选择物流系统目标时，一方面，应从多种预案中选择出最优的方案；另一方面，还应准备多种备选方案，以满足物流系统环境变化的需要。

3. 分析物流系统的模型

模型是系统分析的基本方法，是对实体物流系统抽象的描述，它可以将复杂的问题化为易于处理的形式。物流工程师在分析过程中，借助于模型能够有效地获得物流系统规划设计所需要的参数，并据此确定各种制约条件，还可以利用模型来预测各替代方案的性能、成本与效益，有利于对各种替代方案进行分析和比较。

4. 分析物流系统的指标体系

指标是对替代方案进行分析的出发点和衡量总体目标的明细项，它是系统目标所涉及具体的、可以测量的各个方面。物流工程师在分析系统的指标体系时，就要根据系统的目标来确定具体的指标明细。例如，在物流系统的指标体系中，费用与效益是最重要的两个指标，它具体又可分为一些可测量的指标明细项。

5. 分析物流系统的评价标准

评价标准是物流系统分析中确定各种替代方案优化顺序的依据，是评价方案优劣的尺度。评价标准根据具体情况而定，费用与效益的比较是评价各方案的基本手段。

2.4.2　物流系统规划与设计的综合过程

物流系统的综合过程，是以分析过程中提出的各种推荐方案为基本，选定系统规划、设计的方法，研讨系统分析的结果，收集、整理相关的设计数据，并为系统分析的每个推荐方案设计总体框架结构，以及与子系统相关的设计方案及实现方法等，为物流系统的评价提供决策。

2.4.3　物流系统规划与设计的评价过程

系统评价是对分析或综合设计出来的可供选择的方案，用技术、经济和环境多视角来综合评价。特别是审核系统综合设计的合理性与实现综合设计方案的风险性，从而选择适当的可能实现的方案。

具体的工作任务包括设定评价方法，进行方案的费用评估、效益评估、风险评估，在单项评估的基础上进行综合评估，最后通过决策，选择可行的方案。

2.4.4 物流系统规划与设计的要求与步骤

物流系统规划设计上根据物流系统的功能要求，以提高系统服务水平、运作效率和经济效益，制订要素的配置方案。

1. 物流系统规划与设计的要求

物流系统规划设计一是要以经济的方式将规定数量的货物按规定的时间、规定的要求送达规定的目的地；二是要合理配置物流节点，维持适当的库存；三是要实现装卸、保管、包装等物流作业的最优效率和效益；四是要在不影响物流各项功能发挥的前提下，尽可能地降低各种物流成本支出；五是要实现物流与信息流的有机结合，保证物流作业过程中的信息顺畅。

满足一定服务目标的物流系统往往由若干子系统（要素）组成，物流系统规划与设计时，要根据系统的目标确定具体由哪些要素组成，并对每一个子系统或要素进行规划设计。每个子系统的规划设计需要与整体物流系统规划过程中的其他组成部分相互平衡、相互协调。因此，首先要形成一个总体框架结构，然后在此框架的基础上采用系统分析的方法对整个系统的各要素进行规划与设计。

2. 物流系统规划与设计的步骤

按照规划工作的时间维为主线，把整个规划设计的流程或步骤分为四个主要阶段，这四个阶段是：确定目标和约束条件；现状调研、需求分析与方案拟订；方案评价与选择；方案实施与实效评价，如图 2-6 所示。

（1）确定目标和约束条件　这一阶段的主要工作是确定整个规划设计工作的目标、组织机构与计划步骤。

1）明确规划设计的目标、约束条件。在整个物流系统规划设计的过程中，最重要的是确定物流系统规划设计的目标。目标的定位直接决定物流系统的组成部分。例如，对于企业物流系统分析与设计来说，比较常用的目标有三种，总资金成本最小、运营成本最低以及顾客服务水平最高。总资金成本最小的目标旨在使物流系统中总投资最小，相对的物流系统设计方案往往是减少物流节点的配置数量，直接将货送到用户手中或选择公共仓库而不是企业自建仓库；运营成本最低的目标也往往需要利用物流节点实现整合运输；顾客服务水平最高的目标，又往往需要配置较多的物流节点、较好的信息系统等。

由于物流系统的庞大而复杂，各子系统之间相互影响和互相制约也很多，而且系统受外部条件的限制。如果存在系统制约就有必要加以说明。这是因为由于各种原因，系统中的有些因素无法加以改变，而这些制约因素可能与既定的目的和目标有冲突。

2）确定系统的边界，明确规划设计的内容。根据规划设计的目标，确定物流系统的边界，并明确规划设计的主要内容。不同研究对象，他们所涉及的范围与内容有所不同，规划的方法也有所区别，因此在规划工作开始准备阶段，应对物流系

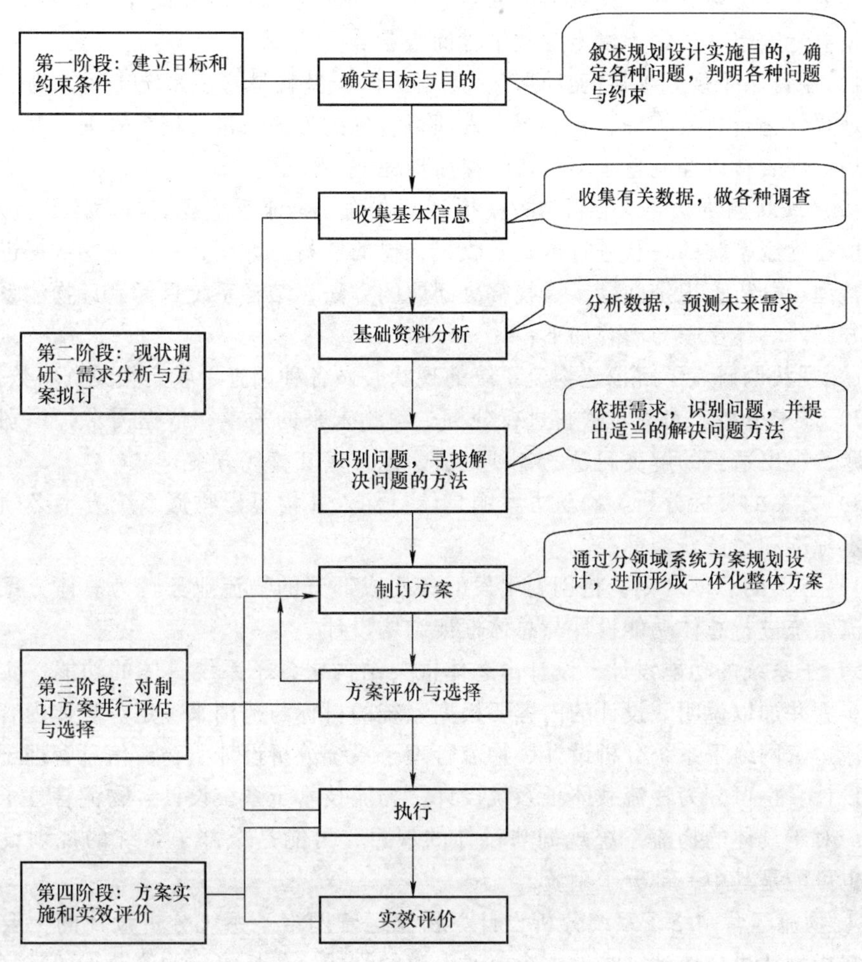

图 2-6　物流系统规划与设计步骤

统的边界加以界定，为分析阶段研究问题对象的要素间的相互关系和要素与环境的关系奠定基础。

另外，在设计新物流系统或改进现有物流系统时，一个重要的问题是考虑完整的系统还是考虑系统的一部分。解决这个问题的依据是资源的可得性、物流系统规模、物流系统各组成部分的相对重要性、系统费用、系统整合程度等方面指标。最好的方法当然是针对整个系统来分析设计，然而在某些条件下，系统输入条件的改变和系统的每个部分联系不大，而时间资源有限以及物流系统太大无法把它作为整个系统来解决，这时，一个比较实际的方法是整体考虑、分步设计，最后再把各个独立部分结合起来。

3）设立组织机构。物流系统规划与设计的组织机构应包括为做好规划工作而设立的领导小组、工作机构与专家组。鉴于物流系统规划设计工作的复杂性和系统性，规划工作必须有一个强有力的领导小组，同时考虑到规划设计工作的专业性，还要设立专家组，负责提供专业技术咨询服务。

4）制订整个规划项目的计划表。规划工作本身就是一个系统工程。为了对整个规划项目进行有效管理，有必要引入项目管理的方法来进行统筹管理，制订项目的计划进度表，以控制整个项目按时保质地完成。

（2）现状调研、需求分析与方案拟订　在确立物流系统规划与设计的目标后，要对拟建物流系统的现状进行调查，收集必要的资料与数据，并对这些数据进行分类、整理、分析，识别问题，寻找解决问题的方法，结合系统目标制订物流系统的初步方案。具体步骤与内容如下：

1）现状调研。了解拟建物流系统的现状，做各种调查，收集相关资料数据。

2）需求分析。对基本资料进行分析、预测未来的需求，依据需求，识别存在的问题，提出适当的解决问题的各种方法，拟订多套替代方案。

3）方案的目标分析。确认方案的具体目标，并构思出物流系统方案必须达到的技术标准和经济效益标准。

4）方案的总体规划。将创新引发的各构成部分的物流业务转为总体方案，并对物流系统进行总体功能设计与总体框架结构设计。

5）子系统的功能设计。设计出总体框架结构中各子系统具体的功能、实施方法与步骤并加以说明。设计的内容要根据系统的目标与范围来确定。具体内容可分为物流运营网络子系统分析设计、物流管理子系统分析设计、物流信息管理子系统分析设计。也可分为物流载体子系统设计、物流技术子系统设计、物流管理子系统设计。对于具体的物流系统规划与设计的项目，可能是全部子系统的规划设计业务，也可能是其中一部分子系统。

① 物流运营网络子系统分析设计。物流运营网络子系统分析设计的主要任务是确定货物从供应地到需求地整个流通渠道的结构。包括决定物流节点的类型，确定物流节点的数量，确定物流节点的位置，分派各物流节点服务的客户群体，确定各物流节点间的运输方式、运输路线、车辆时间安排、货物拼装等；并对设施内部的功能布置、设备选择、作业方式做出决策。由于供应地和需求地顾客数量较大，物流节点可选地址太多、运输因素复杂等原因，使得最优的物流运营网络结构设计工作也必然是相当复杂和艰巨的。

② 物流管理子系统分析设计。物流管理子系统分析设计的目的是对组成物流系统的人、物以及彼此的关系等要素进行有效的管理，规范和协调物流业务活动及相关参与主体之间的利益冲突，并合理划分物流业务职能，从而实现物流资源的有效整合。

物流管理子系统涉及面比较广，渗透到物流系统各个方面。因此，物流管理子系统规划设计的内容也十分广泛，主要包括物流系统与生产资料市场关系的处理、物流战略与战术计划制订、物流系统内部组织机构设计、人员配置、岗位职责与作业规范设计、绩效考核设计、物流系统的控制程序的建立等。

③ 物流信息管理子系统规划与设计。物流系统是由多个功能要素组成的复杂系统。物流信息系统成为各个要素之间沟通的关键，在物流活动中起着中枢神经系统的作用。多个功能要素是通过货物实体的运动联系在一起，一个功能要素的输出就是另一个功能要素的输入，有效的物流信息管理使这些物流功能要素成为一个有机的整体，而不是各个孤立的部分。

物流信息管理子系统规划与设计的主要任务是：首先确立要建设的物流信息子系统的目标，物流信息子系统的目标要与整个物流系统规划的目标相一致，通过对现状的需求调查，把握要解决的问题；在此基础上，进行新的物流信息子系统的需求分析，包括业务流程分析与数据流程分析；然后，建立物流信息子系统的功能模型和信息模型，设计物流信息子系统的总体结构和功能模块，进行物流信息子系统的软件、硬件、网络、组织机构配置及制订项目开发计划等；最后，对所需的资源、经费进行分析和描述，制订物流信息子系统建设的资源分配计划，形成物流信息子系统总体方案。

（3）方案评价与选择合适方案　物流系统方案评价是物流系统规划工作的一个必不可少的步骤和重要组成部分，它是对经分析和规划设计后形成的各种备选方案进行经济、技术与社会多个层面的比较与评价，即要根据物流系统的评价标准，采用有效的方法，比较这些备选方案的优劣，从而辅助决策者选择最优或最满意的方案并付诸实施；另外还要研究方案实施的时间进度安排。

物流系统方案评价的目的是确定拟订的物流系统各备选方案是否达到了预定的各项性能指标，能否满足各种以外约束条件下实现物流系统的预定目标。同时，按预定的评价指标体系评出参评的各备选方案的优劣，为决策即最终的选择实施方案打下基础。

由于具体规划的物流系统的结构互不相同，规划的内容与目标千差万别，因此，物流系统评价时研究的对象、考虑的因素、评价的标准、所采用的方法、评价过程与步骤也各不相同。一般应经过以下步骤：确定评价目标与评价内容，确定评价因素，建立评价指标体系，制订评价准则，选择确定评价方法，进行单项与综合评价。方案评价的方法的选用应根据物流系统的具体情况而定，一般采用定量分析评价法、定性分析评价法以及两者结合的方法（如程序评价法、层次分析法、模糊评价法、目标设计法等）。

（4）方案实施与实效评估　规划好的物流系统方案的实施过程也是一个相当复杂的过程，是一项系统工程。设计方案的科学性、合理性、效益性和实际可操作性，必须通过规划的实施以及实施的效果来检验。因此规划的目标能否实现，关键在于实施。

在方案实施过程中，可能会遇到各种各样的实际问题，有些是设计者事先并未预料到的。这时，实施人员要充分领会方案的整体目标、构思和设计理念，在遇到问题时尽可能最大限度地满足设计要求。如果确有无法满足的部分，需要对规划设计方案做必要的调整，但要保证不影响物流系统整体目标的实现；同时在实施过程中要遵循一些基本原则，如适度合理性原则、统一领导和指挥的原则和权变的原则等，还要注重领导的风格。并且还要对实施的方案进行追踪，分析实施前后的变化，对实施结果进行实效评价，提交实效评估的报告，作为方案修正的依据或今后物流系统规划设计的参考。

【经典案例】

人人乐营销系统的规划与设计

1. 案例背景

1996 年 4 月，在深圳这块充满拼搏、创业、速度和神奇的土地上，人人乐悄然成立。短短几年时间，人人乐成功构建了全国性的连锁商业网络。目前，人人乐在华南、西北、西南、华北等区域拥有大型购物广场数十家，并正以快速的发展和稳定增长的业绩履行着自己的社会责任，向远大的理想和目标进发。本案例对人人乐购物广场西丽镇店物流系统进行分析。

2. 案例分析

（1）人人乐西丽镇购物广场物流系统描述

1）选址描述。人人乐西丽镇购物广场位于南山区西丽镇支路上，东靠红花岭工业园和大学城；南与深圳城区深南大道、北环大道、滨海大道、广深高速公路以及深圳市高科技工业园相接；西邻深圳宝安国际机场；北靠深圳野生动物园和西丽镇湖，选址过程充分考虑了交通的便捷性和地理位置的优越性。

2）空间布局描述。人人乐商场门口分布有货物分拣区、候车区、凉棚区、特价商品公告牌、商品促销区、抽奖活动区等。商场内装修风格简洁，设有消防设施及消防疏散示意图，并装有空调，有贯通所有楼层且可通室外的楼梯。卖场照明主要采用双排日光灯，间或使用荧光灯盘，以及部分射灯做补充灯源。卖场内货架主要是沿主通道的垂直万向设置，货架从 7 层到 11 层不等，靠墙部分摆放高货架。

一楼有日用、饮料、烟酒、金银首饰、眼镜、工艺品、麦当劳、收银台、赠品店、服务中心等，如图 2-7 所示。

二楼有食品区、水果区、蔬菜区、鲜鱼区、熟食区、鲜肉区、面包区、计量处、冷冻食品、大米、保鲜食品等，如图 2-8 所示。

三楼主要以品牌商品为主，有男装区、女装区、童装区、内衣区、鞋区，另外还有美容院、风机房和仓库等，如图 2-9 所示。

四楼主要是家电区、箱包区、皮具区、床上用品区、书城、家电售后服务中心、休闲服装、运动服装、男装、皮具箱包等高档品牌商品。地下一层是其分店总仓库。

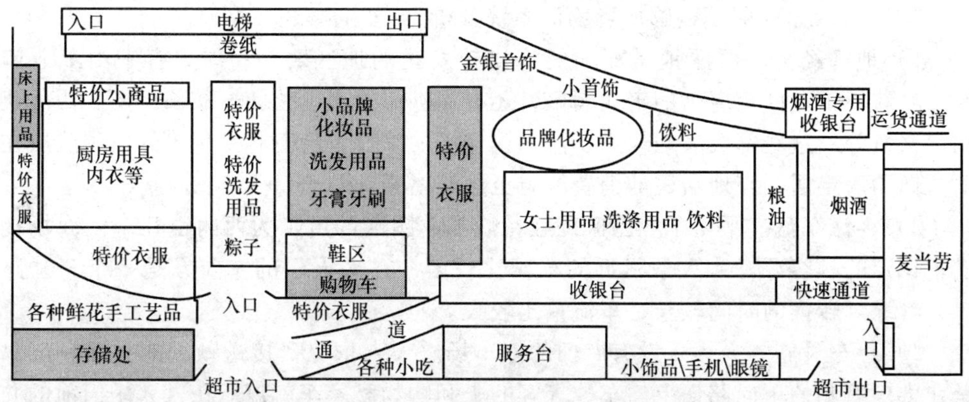

图 2-7　人人乐西丽镇购物广场一楼平面设计图

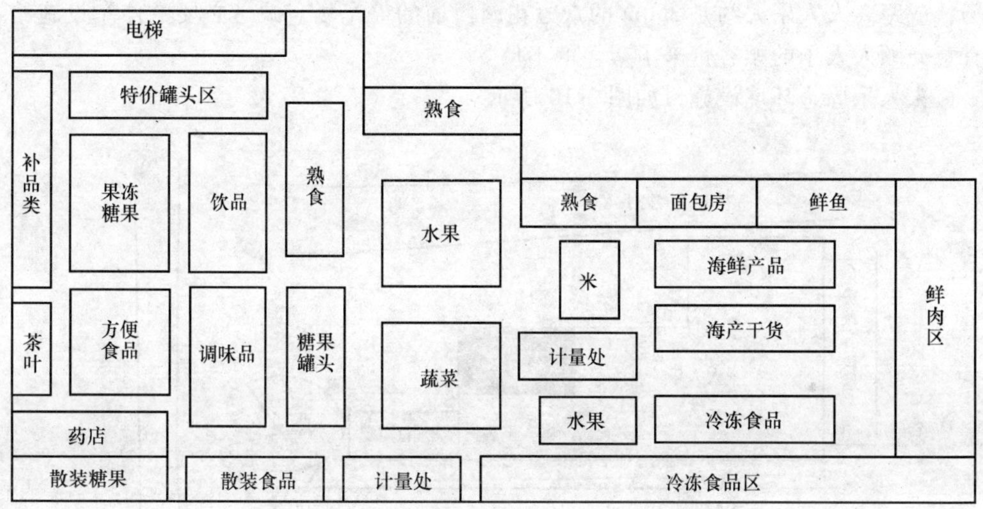

图 2-8　人人乐西丽镇购物广场二楼平面设计图

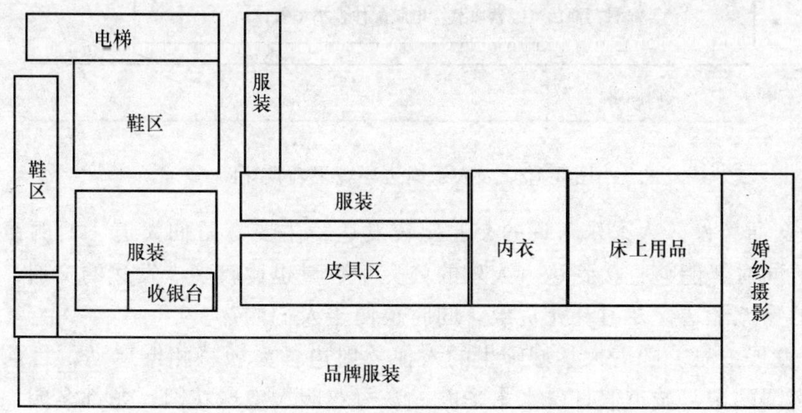

图 2-9　人人乐西丽镇购物广场三楼平面设计图

（2）人人乐西丽镇购物广场物流系统分析

1）地区经济。西丽镇是深圳经济比较发达的地区之一，周边有平山工业园区、红花岭工业区等著名的工业园区，还有深圳市野生动物园、麒麟山庄、西丽镇湖度假村等，这些都极大地促进了西丽镇经济的发展，随着越来越多的白领阶层在西丽镇购房定居，当地居民的消费能力也逐渐增强。

2）客流车流。平山工业园区和红花岭工业园区的员工为西丽镇几个大商场提供了稳定的顾客源。人人乐附近的车辆比较多，在人人乐的左前方是一个三岔路口，红绿灯转换的时间较长，车流量比较大。

3）停车设施。人人乐设有专门的停车场。人人乐免费接送顾客的大巴一般只是在大门右侧的单向路面上停车，等客的士和购物私家车就停靠在人人乐门前的并不宽敞的车道上；许多购物车不得不将车停靠到距离人人乐有 300m 的天虹停车场，或距离人人乐大约是 250m 的众冠花园门前的停车场。缺乏必要的停车设施给有意光顾人人乐的顾客带来了诸多的不便。

人人乐周边环境设施，如图 2-10 所示。

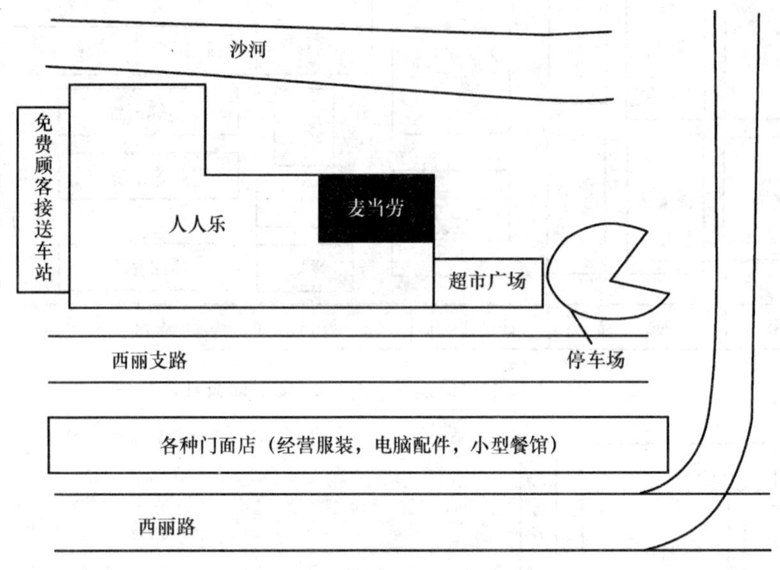

图 2-10　人人乐周边环境规划设计图

4）交通条件。人人乐附近的交通比较发达，主要有留仙大道、西丽镇路等交通干线。同时，能够直接到达人人乐的公交车数量也比较多。发达的交通，既便于人人乐的物流配送，及时补充货源，同时也便于人们购物。

5）发展前景。随着大学城师生的入住，周边各大项目相继启动，目前大学城片区有南国丽城、城市假日、水木华庭、众冠花园、宝珠花园、龙都名园、都市金堡名苑、龙合花园以及陶然居等十多个项目，并有桃源村、龙辉花园等大型居住区，仅桃源村规划总居住人员就达到 5 万人，近期市政府推出的一千多套福利房大部分都集中在这里。

6）竞争分析。人人乐附近的天虹商场和万联购物广场对人人乐构成了致命的威胁。

成立时间上。天虹商场是 2005 年 6 月开业的，营业面积 1.7 万 m^2。万联购物广场是 2006 年 1 月开业的，营业面积 1 万 m^2 左右。人人乐西丽镇店 2001 年 9 月开业，营业面积 2.2 万 m^2，是该区域第一个也是目前最大的一家大型综合超市，且管理规范，因而拥有相当一批老顾客。

地理位置上。天虹商场位于南山区留仙大道北与沙河西路东交汇处的西丽镇商业文化中心，商场左侧有肯德基，同时天虹商场位于十字交叉路口，使得它的位置更加优越。人人乐的左前方是三岔路口，也比较醒目，同时人人乐内部就有一家麦当劳，方便顾客休息用餐和购物。相比之下，万联购物广场的位置在留仙大道边，无建筑物阻挡，也显得比人人乐优越，新开的必胜客更是吸引人的一个亮点。

商品档次方面。人人乐的商品覆盖了各个层次的消费者的需求，符合大众的口味。天虹商场的定位是“品位、时尚”，很多商品价格比较昂贵。万联的商品主要是中低档商品，定位于满足中低消费者的需求，价格比较便宜，且位于万联一楼的国美电器是万联的一个亮点，吸引了不少的顾客。

乘车环境。人人乐有免费接送乘客的大巴，每半个小时一班，极大地方便了顾客。现在万联没有免费大巴，天虹的免费大巴也比较少。

周边环境。西丽镇人人乐购物广场旁边有很多的小店，与人人乐交相辉映，既可互补，又产生了商业的聚集效应。

3. 案例总结与启示

从案例中我们不难看出，人人乐的定位设计主要是面向中、低收入的消费者，所以其商品呈现出大众化、丰富化的特点。在内部布局方面力求节省空间，因此显得相对拥挤。但是，在消费者越来越重视购物环境、消费环境、服务质量以及满足快速购买需求的今天，人人乐应该重新规划和设计周围的物流现状，解决购物过程中存在的问题，不断满足消费者的需求。只有这样，人人乐才能在当今竞争激烈的商业环境中走得更好、走得更远。

思 考 题

1. 系统的基本特征有哪些？系统的核心内容有哪些？
2. 什么是物流工程？物流工程的特征有哪些？
3. 物流工程对企业管理有哪些意义？
4. 简述物流工程的目标。
5. 物流体系可分为哪些子系统？
6. 物流工程主要解决物流体系的哪三大问题？

7. 在物流系统的规划和设计过程中，物流工程师应掌握哪几方面的常用技术？
8. 简述系统工程的三维结构。
9. 画出系统运作的一般模式框图。
10. 如何理解系统分析方法？什么是软系统方法？
11. 物流工程师应具备处理“二律悖反”的能力，具体要处理好哪几个方面的关系？
12. 物流系统规划设计的分析内容有哪些？
13. 简述物流系统规划与设计的步骤与主要任务。

第3章 物流系统规划

3.1 区域物流系统规划

3.1.1 区域物流系统规划工作展开的背景

物流是以客户满意为目标，根据顾客的要求条件，从生产地到销售地的实物、服务以及信息的流通过程。

首先，进入 20 世纪 80 年代以来，其发展趋势呈现几个值得关注的方面：第一，随着经济体制的逐步放松，物流领域内的竞争日趋激烈，为物流的进一步发展创造了动力和机会。第二，信息技术的发展，增强了部门之间、企业之间的联系纽带，为其经济一体化创造了技术基础。第三，经济结构的变化和市场竞争的加剧，要求物流系统必须具备以更低的成本提供较高的客户服务能力。第四，经济全球化的发展，要求物流服务不仅能够对于生产和销售提供有效的支持，而且需要具备在不同国家环境间充分发挥区域物流系统规划优势的能力。

其次，传统的运输需求逐步转变成为新的物流服务需求。主要体现在以下三点：第一，生产厂商力求降低库存、同时又能够对市场作出及时的反应。第二，生产和商业企业希望通过改进组织方式，以最大限度地降低物流费用。第三，城市居民需要与大型仓储式超市、电子商务等配合的新型物流服务。

最后，是传统交通运输行业改造的需要。为加快现代物流业的发展，必须对于传统交通运输产业进行改造和升级，加快构建区域物流系统，培育具有不同核心业务能力、有机协同的企业群体。而区域或枢纽城市物流系统规划，正是实现这一目标的重要前期工作。

对应于需求的多样化，增强选择的余地，伴随着技术革命，物流业通过信息共享，整合生产、流通、消费过程，寻求物资流动优化的趋势日益显著。通过竞争增强市场的活性化，与其他行业相同，由于新的更具效率的企业的加入、事业规模的拓展，提供更加公正的物流服务，物流业在竞争条件下将发展成为更加具有活力、更加多样化，从而更加具有国际竞争力的产业环境。

现代物流形成竞争优势急需系统规划，而一个区域物流系统的竞争优势取决于四项基本要素：产业发展环境（包括政府的产业政策、市场管理法规、部门协同工作机制等）、物流系统的生产要素（包括物流基础设施和物流信息平台）、企业组织与企业战略、市场需求情况。因此，在区域物流系统规划中，首先应明确社会物流系统的结构。

3.1.2 社会物流系统的结构

社会物流系统的结构可以有不同的表述方式，从研究规划等政府行为角度来看，可以归纳为三大服务领域、两个基础平台、一个产业宏观发展政策环境及一个企业群体。

1. 三大服务领域

全程物流中心城市物流业服务的三大领域为：国际物流，区域物流和市域物流。根据现代物流业发展趋势，三大领域的基本发展目标可以看作：①适应跨国公司全球经营战略需求的国际物流体系；②高时效性的区域运输服务体系；③提供快速、准时、多样化服务的市域配送服务体系。

2. 两大基础平台

（1）物流基础设施平台　物流基础设施平台的构成，主要包括以下几个组成部分，如图3-1所示。

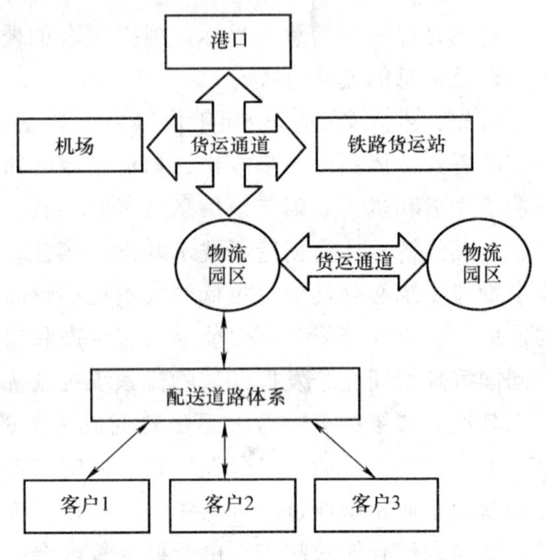

图3-1　物流基础设施平台的构成

1）物流园区：特征指标包括位置、规模、功能。

2）货运通道：连接主要物流节点的货运干线。特征指标包括连接端点、道路等级、可利用时段、饱和情况、通行能力瓶颈位置。

3）外部交通设施（含港口、机场、铁路）：特征指标为容量、航线航班等。

4）配送道路体系：特征指标包括分时段允许配送车辆通行区域、允许配送车辆停靠区域。

（2）物流基础信息平台　物流基础信息平台，不同于物流信息系统，它的任务是为企业的物流信息系统提供基础信息服务（交通状态信息、交通组织与管理信息、城市商务及经济地理信息等），承担供应链管理过程中不同企业间的信息交换枢纽支持，提供车辆跟踪、定位等共享功能服务，提供政府行业管理决策支持等，如图3-2所示。

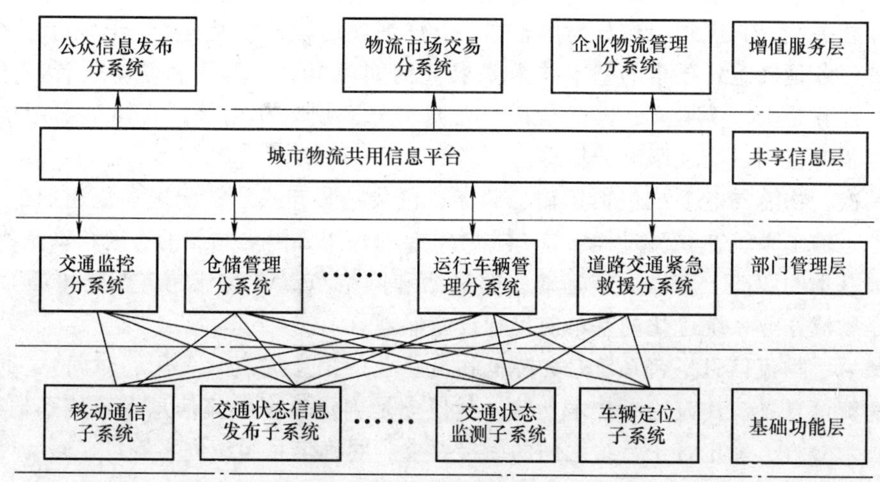

图3-2 物流基础信息平台示意图

3. 宏观环境的两大基础支柱

适应行业阶段性发展需要的政策环境；政府部门的协同工作机制。

分析国外物流政策演变过程可以看到，政策环境具有阶段性特点。例如市场管制，一般在市场不成熟的情况下采用较强的市场准入管制（管制方法为资格条件准入），当市场发育到一定阶段采用放松管制的原则。政府部门之间的协同工作机制一般包括：目标的分解与协调、协同组织方式、信息沟通协调、任务的协调明确等内容。

4. 具有相互补充的核心业务能力

现代物流业，是由具有不同核心业务能力的企业群体所构成，包括具有综合物流管理能力的第三方物流服务商、具有综合运输组织管理能力的多式联运服务商、提供多样化服务的货运代理、提供准时和快速服务的配送业服务商、具有先进运输管理能力承运企业等。我国物流产业要很快形成具有物流综合能力的大型企业是非常困难的，但通过企业间的战略协同构筑企业协作群体，将迅速提高整体产业水平。因此，具有相互补充的核心业务能力，将是构成物流行业主体的企业协作群体。

3.1.3 区域物流系统的规划工作

1. 区域物流系统的组成

在对物流系统进行规划时，只有综合考虑各组成部分，合理配置，才能实现物流系统的整体功效。根据物流系统各个组成部分的特点和相关性，可以将物流系统分为“基础设施系统”、“物流作业系统”和“物流信息平台系统”三大部分。

首先，物流系统的基础设施是物流系统高效运作的基本前提和条件。虽然各组成部分的功能和作用不同，但就物流系统的整体最优而言，各组成部分都具有不可或缺和相关性。其规划工作分为概念规划与详细规划。概念规划类似于城市总体规划，其任务是确定各要素的基本技术要求（例如规模、功能）和基本位置。详细规划的任务是要“落地”；也就是说，与城市分区规划相衔接，具体落实用地范围、容积率控制、交通影响分析等。

其次，物流作业系统包括运输、储存、包装、装卸搬运、配送和流通加工等。其中，运输子系统在物流过程中具有非常重要的作用，因为物品的有效移动是物流系统最基本的职能。所以区域运输线路网络和网络节点（物流园、配送中心）的规划是物流作业系统优化的基本前提和设施保障。

最后，物流信息平台系统是为降低物流企业的信息成本（费用、时间），通过公用物流信息系统建设给予技术支持。其任务是确定整个物流信息系统体系框架、进行技术分解、确定各子系统之间的衔接要求、明确信息组织方案等。

物流系统强调的是信息流与实物流的共同流通，由于物流信息系统建设的滞后会产生形成信息沟通鸿沟，降低区域吸引能力的影响。一般情况下，区域物流信息系统具有4层体系结构。在这4层体系中，共用信息平台发挥着关键性的作用，它对各企业的物流信息系统提供道路交通状况、城市地理信息等方面的基础信息支持，同时提供车辆跟踪、运行车辆监控等方面的技术支持。从技术上看，共用信息平台承担各分系统的信息交换支持，并为信息增值服务分系统提供基础信息。因此，共用信息平台可以看做一个信息交换、控制和技术支持中心，由区域物流信息服务中心承担其运行管理和数据维护任务。

2. 区位分析与系统目标的定位

现代物流是在市场经济的背景下进行发展的，因此在系统规划的指导思想是形成竞争优势。而一个区域物流系统的竞争优势取决于四项基本要素：产业发展环境（包括政府的产业政策、市场管理法规、部门协同工作机制等）、物流系统的生产要素（包括物流基础设施和物流信息平台）、企业组织与企业战略、市场需求情况。

区位分析是采用SWOT（Strengths实力、Weakness弱点、Opportunities机遇、Threats威胁）分析方法研究系统竞争能力和目标定位过程中的一个重要手段。

由于城市构成了区域经济的骨干，因此城市体系结构是区位分析的基础。所谓城市体系是指区域范围内不同规模的城市形成的结构关系。例如，长江三角洲的二级都市组团（苏锡常、宁镇扬、杭嘉湖等）构成了本地区城市体系的基础单元。

交通区位对于物流枢纽城市的确定具有重要的影响，评价交通区位需要考虑不可替代的重要交通设施的位置、城市节点与其他城市节点之间的联系便利程度等。

通过区位分析明确外部发展环境，从而确定不同物流枢纽城市的目标定位。例如某城市的目标定位为二级城市组团内的物流枢纽、两省之间物流转换枢纽、国际航运中心的辅助枢纽。这种目标定位将对社会物流系统的空间布局产生指导性的作用。

3. 区域物流系统的规划

区域物流的规划，是在一定区域范围内，对那些大规模、长时间的物流信息与资源开发总方向和大目标的设计蓝图，是一种战略性的全局部署方案，要求用系统思想，统筹全局和权衡利弊来编制的发展规划。它还有一种解释是：在宏观层面上，指国家或地区长远的物流发展计划，是对今后物流发展的一个较长时期的指导性纲要和组织实施方案策略。其包括了国家物流规划、省物流规划、市物流规划、县物流规划、集团物流规划、乡镇物流规划、企业物流规划等。

区域物流规划主要包括对一定区域内的物流中心、物流枢纽、物流园区、物流基地、物流市场、物流集散地、物流场地、物流用地等方面内容。物流规划主要解决六方面的问题：服务目标战略、选址战略、库存决策战略、增值战略、运输战略、绿色物流战略。其中服务目标决定着其他方面的战略设计。所以，区域物流规划是区域物流决策的关键因素。区域物流规划的重要性体现在以下几个方面：

第一，物流的涉及面非常广泛，需要有共同遵循的规划。物流涉及军事领域、生产领域、流通领域、消费及后消费领域，涵盖了几乎全部社会产品在社会上与企业中的运动过程，是一个非常庞大而且复杂的领域。仅以社会物流的共同基础设施而言，我国相关的管理部门，就有交通、铁道、航空、仓储、外贸、内贸六大领域，而且还涉及这些领域的更多的行业。

第二，物流过程本身存在“悖反”现象，需要有规划的协调。物流过程往往是很长的过程，一个过程经常由诸多环节组成，物流系统的一个重要特性，就是这些环节之间往往存在“效益悖反”现象。如果没有共同的规划可以遵循制约，各个环节各自独立去发展，就可能使“悖反”现象强化。

第三，物流领域容易出现更严重的低水平重复建设现象，需要有规划的制约。物流领域进入的门槛比较低，而发展的门槛比较高，这就使物流领域容易出现低水平层次的重复建设现象，尤其最近几年的“物流热”引发一定的“寻租”的问题，加剧了物流领域低水平的重复建设。

第四，物流领域的建设投资，尤其是基础建设的投资规模巨大，需要有规划的引导。物流领域大规模建设项目的规划尤其应当引起我们的重视。由于投资规模巨大，如果没有有效的规划，就不能有效地利用资源，就可能造成巨大损失。

3.1.4 我国区域物流系统规划注意事项

1. 坚持“政府搭台、企业唱戏”的原则

政府在推动物流现代化进程中，应考虑从政策上给予物流产业支持与鼓励。政策引导在现阶段是促进物流产业发展最行之有效的办法。例如，在资金来源上，依靠企业自有资金、政府支持以及社会资金是不能满足需求的。如果在明确政府投资主体地位的同时，政府采取一定优惠政策，吸引民间投资特别是外资向这一领域的流动无疑是有很大好处的。一方面可以减轻政府的财政压力及弥补因投资不足而造成的经济损失；另一方面可以在经济活动中培育和完善竞争机制，进而提高这一领域的运行效果。在技术方面，政策鼓励引进的好处更加明显。如果由我们自己开发，投入巨大、周期长、而且结果难以预料，很可能与发达国家的差距越来越大。将外资和国外先进技术引为中用，是发挥“后发优势”的捷径。在交易形式上，政府可以采取具体措施鼓励网上交易。例如对生产资料的政府采购，可以率先在网上运作，政府可以制定一系列有关网上采购的优惠政策。同时，政府完善现有法律法规，保证电子交易的合法性，建立电子商务安全认证的法律机制。此外，应为电子商务发展提供宽松的经济政策环境，遵循网上交易自由原则和不额外征税原则。

2. 整合资源，作为提升区域的综合竞争能力

破除行业、地区分割，对物流进行系统规划，虽然几经改革，但在我国物流领域中，部门分割的问题和地区分割的问题仍是阻碍包含综合物流中心在内的物流大系统得以建立和完善的重要原因。我国重要的大城市在制定未来的发展规划时，公路交通领域在规划自己的各级枢纽和物流中心，铁路部门也在规划自己的货运站、场及线路、编组站，而很少有统筹几个方面的综合规划。值得重视的是，如果交通、铁道都按各自的规划，投入巨资建成了独立运行的物流中心，而不事先综合规划，一旦建成之后，就会加快促使不同运输方式的分割，使不同运输方式的有效衔接更加困难；届时，再提出综合物流中心这样的“综合设施”或“综合枢纽”的问题便为时已晚。因此，对于建设综合物流中心，政府应该把物流作为一个系统，进行规划和研究，而不能仍按纵向分割的计划体制将物流系统人为地割裂成单一功能的部门。

从以上两点建议，我们可以在政府的政策支持下充分发挥区域物流系统规划的整合能力，利用政策上给予我们物流业的支持，加快区域一体化、区域规划合理化。在国家政策下进行科学的宏观调控，加快区域物流发展，转而上升到国家高度，对国家经济发展做出贡献。

3.2 企业物流规划

企业的物流规划主要是根据物流资源建设的国家规划、地区或行业规划，涉及如何使用这些资源、改造自身的业务流程、提高周转速度、降低物流成本。

就生产企业而言，在暴利时代结束之后，轻资产运行的新型企业需要改变过去大量投资于生产能力的旧的投资方式，而将大量制造业务外包，这样就必须建立诸如供应链之类的物流系统，形成新的以联盟为组织形式的、虚拟的企业。这就必须对物流系统进行新的构筑，或者对企业的整个流程从物流角度进行再造。所以，物流规划的问题对于生产企业也是非常重要的一件事情，它是在经济全球化背景下，在新的竞争格局的压迫下，生产企业转型求变以求生存、求发展的问题。社会上存在一种误解，以为物流规划问题是宏观的问题而不是企业的问题，这显然是低估了物流对于企业发展的重要意义。

对于企业来讲，物流规划已经不是理论上的东西，而应当变成切实的行动，为此，生产企业应该根据自己的战略发展要求把物流规划纳入议事日程，并且着手物流规划的落实工作。企业的物流规划应当着重于以物流支持营销的规划思路。生产企业，尤其是大型生产企业，从营销支持和流程再造角度进行物流的建设规划，会有效地提高企业的素质，增强企业的运营能力。

企业物流规划的重点在于现有物流资源的改造和利用。大型企业集团（如业务分布全国的企业集团）的物流类似于行业特点。一般企业的规划则主要是利用外部物流资源，改造自身的物流流程，而不要过多地进行物流资源的建设，无论是制造业还是传统物流企业，多数都不应该把重点放在物流资源的建设上，而是应该放在现有资源的改造和利用上。

3.2.1　企业物流规划目标

1. 物流管理与规划的目标

企业供应链物流系统规划试图解决做什么、何时做和如何做的问题，是一个围绕企业所涉及的物流活动进行详细设计的过程。为此，企业一般围绕以下三个战略目标而展开：

一是降低成本。降低成本是指在保持一定的客户服务水平的条件下，尽量将系统总成本降到最低。二是减少资本。其战略实施的目标是使系统的总投资最小化，其根本出发点是投资回报最大化，区别于高额投资的战略，这些战略虽然可能导致可变成本的增加，但投资回报率得以提高。三是改进服务战略。一般认为企业收入取决于所提供的客户服务水平。尽管提高客户服务水平将大幅度提高成本，但收入的增加可能会超过成本的上涨。

2. 物流目标的确立

战略性的规划，战略性的投资，战略性的技术开发是最近几年促进物流现代化发展的重要原因。企业经理人在做出物流决策时，应该把物流系统与营销战略以及企业的总体战略有机地结合起来，从战略高度去权衡物流运营成本与市场拓展需要、物流顾客服务的特殊要求之间的动态平衡，而不仅仅局限于解决流程再造、压缩成本、加强培训等投入产出的管理问题与有限资源的合理配置问题。

实践中，需要根据企业的不同特点、市场定位和企业战略发展要求，灵活地采用不同目标物流战略，主要有以下几个方面：

（1）确定客户服务目标　确定客户服务目标，即客户服务水平，是企业供应链物流系统规划的首要任务，企业提供的客户服务水平比任何其他因素对系统设计的影响都大。服务水平较低，可以在较少的存储地点集中存货，利用较廉价的运输方式，采用高的订单服务提前期。服务水平高，则恰恰相反。但当服务水平接近上限时，系统成本的上升比服务水平上升更快。

（2）科学设计物流网络与管理模式　物流网络与管理模式的设计构成了供应链物流规划的基本框架，主要包括确定设施的数量、地理位置、规模，并分配各个设施所服务市场（服务对象）的范围。这样就确定了产品到市场（服务对象）之间的线路。好的设施选址应考虑所有的产品移动策略及其相关成本。寻求总成本最低的需求分配方案或利润最高的需求分配方案是物流服务网络设计的核心所在。

物流管理模式的设计，主要包括企业物流服务组织体系的构建、业务职能和业务流程的分工、设计；有关企业物流组织和业务流程的规划应从企业供应链、价值链管理的全局角度出发进行系统、综合的考虑，关键是保障企业物流作业的顺畅、高效率，并保障企业总体物流成本最低，而非局部部门成本或单项物流活动成本最低。

（3）库存战略　库存战略是指库存管理方式，一般由企业的客户服务目标和客户服务水平决定。一般来说库存战略分为两种：直接将库存分配到存储点和通过补货自动拉动库存。

其他决策还包括，将不同品种的产品分别选在工厂、地区性仓库和基层仓库存放，运用各种方法来管理永久性存货的库存水平，产品的运输方式、运输批量和运输时间以及路线的选择。

随着企业业务规模的日益增大，企业必须将物流信息化纳入企业战略规划范畴，使得企业物流、商流、资金流和信息流能协调统一，提高各“流”的流动效率和质量。

3.2.2　企业物流规划的基本原则

1. 客户服务驱动原则

客户服务驱动原则要求企业在进行内部供应链物流规划设计时应以客户为中心，站在客户的立场看问题，而不是以自我为中心，以产品为中心。要考虑给客户提供时间、地点和交易上的方便，尽可能增大产品或服务的附加价值，从而提高客户的满意度和忠诚度。

2. 系统总成本最优原则

企业供应链物流管理在操作层面上出现的许多问题皆是因为公司系统中，没有把某项具体决策的所有影响都考虑进去，包括直接和间接的影响。在某个领域内所作的决策，常常会在其他的领域产生出乎意料的后果。例如：关于产品运输政策的调整，可能会影响产品库存持有成本；产品外包装设计的改变会对运输成本和产品的运输、保管、维护等产生直接的影响。各种物流活动成本的变化模式常常表现出相互冲突的特征（称为“成本悖反”）。在进行企业供应链物流规划时，应追求系统总成本最优，而不能是单项成本最优，不能只考虑到某个部门、某项物流活动的效益，而应该追求供应链系统整体的总效益。常见企业物流成本项见表3-1。

表3-1　常见企业物流成本一览表

明显费用	隐藏费用
运输费用	库存费用（机会成本、跌价损失、变质损失等）
仓储费用	订单处理成本（谈判费用、票据成本）
装卸搬运费用	信息系统成本（硬件降价、维护成本、软件升级费用）
退货与废物回收费用	缺货成本
人力费用	人工工资、资金等
保险费用	医疗险、工伤险、失业险等各种保障费用

3. 标准化原则

物流、供应链渠道中的多样化服务也有代价。产品品种的增加会提高库存，特别是原材料库存。据统计，即使总需求不变，在原有产品系列中增加一个与现有某品种类似的新品种也会使综合产品的总库存水平增加40%，甚至更多。标准化可以使企业在不使物流成本显著增加的前提下为市场提供多样化的产品以满足客户需求。生产中的标准化可以通过可替换的零备件、模块化的产品设计和生产以及给同样产品贴加不同品牌的标签等实现，这样可以有效控制供应渠道中必须处理的零备件、供给品和原材料的种类。通过延迟也可以控制分拨渠道中产品多样化的弊端。例如在家电产品的新品设计中，如果尽量做到零备件标准化，则可大大降低材料的采购成本和库存成本。

4. 大规模定制原则

大规模定制原则强调物流、供应链作业活动中的规模经济效益。主张将小批量运输合并为大批量运输；将早到达的客户订单与稍后到达的客户订单合在一起进行集中处理，如沿线配送等，这样可以降低单位货物的运输、配送成本。这是为了平衡由于运送时间延长而可能造成的客户服务水平下降与订单合并的成本节约之间的利害关系。

5. 延迟原则

延迟原则是指分拨过程中运输的时间和最终产品的加工时间应推迟到收到客户订单之后。这一思想避免了企业根据预测在需求没有实际产生的时候运输产品，以及根据最终产品形式的预测生产不同形式的产品。推迟也是当今企业大规模定制生产的主要原则之一，它极大地提高了企业资源的使用柔性，降低了企业生产风险和供应链管理成本，从而全面提高企业效益。

6. 多样化细分原则

不要对所有产品、不同类型客户的服务情况提供同样水平的客户服务，这是物流和供应链管理规划的另一基本原则。它要求企业针对自身产品的不同产品特征、不同销售水平等因素，制定不同的客户服务水平标准，即在同一产品系列中采用多种战略。

3.2.3 企业物流规划基本思路

1. 设定客户服务标准

客户和产品之间的获利性有显著的不同。不仅不同的客户购买不同数量的不同商品，而且服务于这些不同客户和不同产品的成本也会有相当大的波动。尽管向所有的客户提供他们所要求的服务水平是任何物流系统的目标，但在公司预算有限的情况，需要有服务优先次序。帕雷托定律告诉我们：80%的企业利润来自20%的客户和20%的产品。由于并非所有的客户具有同等的创利性，而且我们的产品的创利性也不尽相同。因此，基本的服务原则是：必须把最高水平的服务分配给关键的客户和关键的产品。

2. 重新规划物流运作网络，实行物流的专业化管理

在物流管理理论中有这样一条规则：每增加一个仓库，公司产品安全库存将以平方根的速度递增；同时仓库的增加还使得产品资源的共享度降低，管理成本增加。例如GE公司，通过建立现代化的物流配送管理体系，在全欧洲只设有3个仓库。

若想降低存货，加快资金周转，企业必须对现有的库存管理体系进行深度调整。其中，合并减少各地仓库数量，在销售的分片区建立集中的物流配送中心不失为一种较好的办法。通过建立集中的物流配送中心，实行片区内资源共享，并引入第三方物流管理，变“仓库”为“产品流动站”，可极大地降低公司的库存量，提高资源共享度和运输整合度，从而提高客户订单完成率，减少库存持有成本、产品调拨成本、运输成本、管理成本等综合物流成本。

3. 重新梳理和优化企业物流、供应链管理流程

企业物流活动的核心是向顾客提供及时且精确的产品递送。因此，客户服务质量是发展物流战略的关键要素。决定客户服务质量的一个最重要的企业业务领域，是被称为“配送或营销渠道”的结构。渠道是企业的竞技场，其间是一个自由市场体系，承担着产品和服务的所有权的交换。它是一个企业最终成败的业务战场。优越的渠道结构能够带来竞争优势。这就是为什么大量企业把各种能力综合起来进行渠道安排的原因。企业只有通过渠道范围内和其业务伙伴的合作，市场营销和物流的成功配送才能得到充分实现。所以，企业与供应商和客户的合作对供应链的安排是十分重要的。供应链管理的基本概念是建立在这样一个合作理念之上的，即它能够通过分享信息和共同计划使整体物流效率得到提高。供应链管理使渠道安排从一个松散地联结着的独立企业的群体，变为一种致力于提高效率和增加竞争力的合作力量。在本质上，它是从每一个独立参与者进行存货控制，变为一种渠道整合和管理。供应链管理的背后动机是增加渠道的竞争力。传统渠道中配置的大量存货构成了极大的风险，而分享信息和共同计划则可以排除或减少风险。

4. 企业物流分析流程

如图3-3所示，在具体分析企业物流作业流程过程中，首先要分析一些与之相

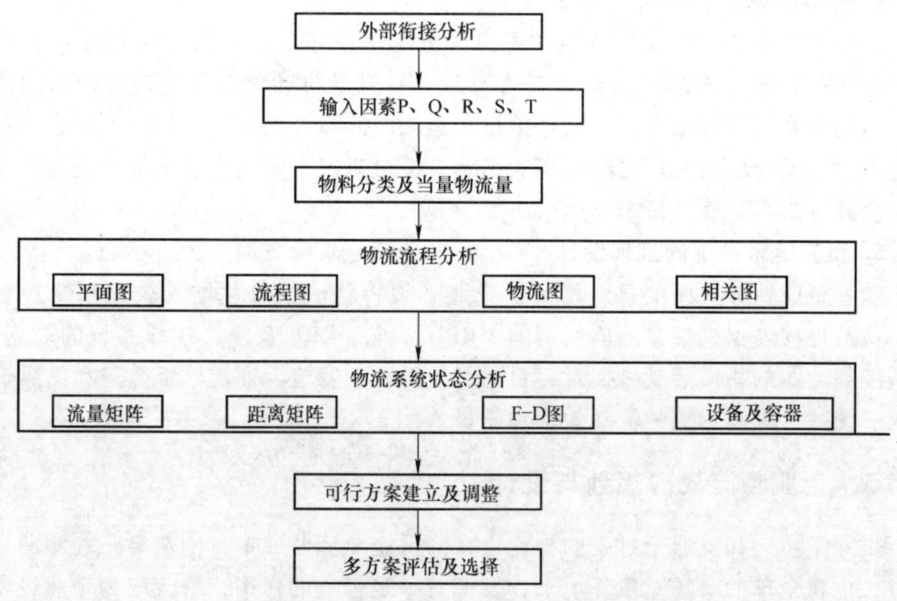

图 3-3　企业物流系统分析与评估

关的外部衔接因素，并输入基本的影响因素（即 P、Q、R、S、T 因素）；然后对相关物料进行分类；接下来对物流流程进行分析；进一步对物流系统状态进行分析；再对可行方案进行构建并进行调整，最后从中选择最优方案并进行评估。

3.2.4　企业物流规划的基本内容

1. 设定客户服务水平和服务成本分析

确定客户服务目标，即客户服务水平，是企业供应链物流系统规划的首要任务，企业提供的客户服务水平比任何其他因素对系统设计的影响都大。客户服务水平较低，可以在较少的存储地点集中存货，利用较廉价的运输方式，订单服务提前期比较长。

2. 物流服务网络设计

指存储点及供货点的地理分布，它构成了供应链物流规划的基本框架。好的设施选址应考虑所有的产品移动策略及其相关成本。寻求总成本最低的需求分配方案或利润最高的需求分配方案是物流服务网络设计的核心所在。

3. 物流管理模式与流程设计

这主要包括负责企业物流服务组织体系的构建、业务职能和业务流程的分工、设计，有关企业物流组织和业务流程的规划，应从企业供应链、价值链管理的全局角度出发进行系统、综合性考虑，关键是保障企业物流作业的顺畅，使总体物流成本最低。管理模式的规划是有关企业物流是自营还是外包的抉择。

4. 库存战略和运输战略设计

一般由企业的客户服务目标和客户服务水平决定。库存战略是指库存管理方式。将库存分配（推动）到存储点与通过补货自动拉动库存，代表两种不同的战略。运输战略包括运输方式、运输批量和运输时间以及路线的选择。这些决策受仓库与客户以及仓库与工厂之间距离的影响，反过来又会影响仓库选址决策。库存水平也会通过影响运输批量影响运输决策。

5. 物流信息系统的规划设计

随着企业业务规模的日益增大，企业必须将物流信息化纳入企业战略规划范畴，从某种程度上来说，当前所谓的 MRPII 系统、ERP 系统、SCM 系统的规划等，都是围绕企业的物流活动做文章，目的是使得企业物流、商流、资金流和信息流能协调、统一，提高物流的流动效率和质量。

3.2.5 企业物流战略规划与设计

贯穿于生产和流通全过程的物流，在降低企业经营成本，创造第三利润源泉的同时，也在全球的市场竞争环境下，发挥着举足轻重的作用，物流成为企业经营主角的时代已经到来。要获得高水平的物流绩效，创造顾客的买方价值和企业的战略价值，必须了解一个企业的物流系统的各构成部分如何协调运转与整合，并进行相应的物流战略规划与设计。一个企业物流战略通常表现在五个重要层次上，构成物流战略环形图，它确立了企业设计物流战略的框架。

1. 物流战略层

确立物流对企业战略的协助作用，建设两大平台和两大系统。物流首先是一种服务，企业建设物流系统的目的首先是为了实现企业的战略，所以企业发展物流必须首先确立物流规划与管理对企业总体战略的协助作用。同时，企业现代物流的发展必须建设两大平台和两大系统，即基础设施平台和信息平台，信息网络系统和物流配送系统。在进行企业物流规划管理的最初必须进行企业资源能力的分析，充分利用过去和现在的渠道、设施以及其他各种资源来完善企业的总体战略，并以最少的成本和最快的方式建设两大平台和两大系统。

2. 物流经营层

物流活动存在的唯一目的是要向内部和外部顾客提供及时准确的交货，无论交货是出于何种动机或目的，接受服务的顾客始终是形成物流需求的核心与动力。所以顾客服务是制定物流战略的关键。而且，要执行一项营销战略，必须要考察企业在与争取顾客和保持顾客有关的过程中的所有活动，而物流活动就是这些关键能力之一，可以被开发成核心战略。在某种程度上，企业一旦将其竞争优势建立在物流能力上，它就具有难以重复再现的特色。

3. 物流结构层

物流系统的结构部分，包括渠道设计和设施的网络战略。企业的物流系统首先应该满足顾客的服务需求，而物流系统的渠道结构和设施网络结构提供了满足这些需求的物质基础。物流渠道设计包括确定为达到期望的服务水平而需执行的活动与职能，以及渠道中的哪些成员将执行它们。渠道体系设计需要在渠道目标的制定、渠道长度和宽度的评价、市场、产品、企业以及中间商因素的研究、渠道成员的选择及职责、渠道合作等方面认真分析与判断，因为体系一旦实施，常常无法轻易地改变。随着顾客需求变化和竞争者的自我调整，渠道战略必须再评价以维持或增强市场地位。

4. 物流职能层

物流战略的职能部分，核心部分是体现在运输、仓储和物料管理的职能上。物流战略规划的职能部分主要是对企业物流作业管理的分析与优化。运输分析包括承运人选择、运输合理化、货物集并、装载计划、路线确定及安排、车辆管理、回程运输或承运绩效评定等方面的考虑；仓储方面的考虑包括设施布置、货物装卸搬运技术选择、生产效率、安全、规章制度的执行等；在物料管理中，分析可以着重于预测、库存控制、生产进度计划和采购上的最佳运作与提高。

5. 物流执行层

企业物流战略规划与管理的最后一层为执行层，包括支持物流的信息系统、指导日常物流运作的方针与程序、设施设备的配置与维护以及组织与人员问题。其中，物流信息系统和组织结构设计是最为重要的内容。物流信息系统是一体化物流思想的实现手段和现代物流作业的支柱。没有先进的信息系统，企业将无法有效地管理成本、提供优良的顾客服务和获得物流运作的高绩效。

3.2.6　企业物流规划的设计程序

企业物流规划在设计程序上，必须采用系统的设计方法，即对原有系统情况进行调查研究、分析，为制定目标和工作程序做准备；设计出能最大限度地满足系统要求和功能的各种具体方案；对设计出来的各种具体方案，用技术经济的观点来评

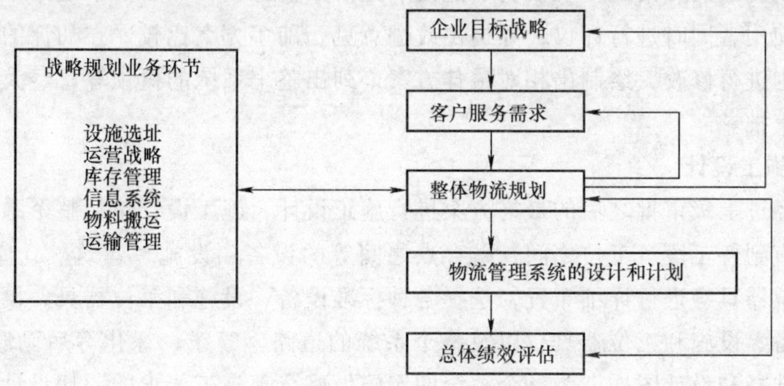

图 3-4　企业的物流规划设计流程

价其是否可行等。企业的物流规划设计流程如图 3-4 所示。

1. 企业物流规划的调查研究

对规划对象现实的物流和非物流情况进行调查，找出问题，为制订改进目标或提出新的目标做准备，调查内容包括以下若干主要方面：①物流情况的调查；②贮运方法的调查；③贮运情况的调查；④贮运工艺和生产工艺的调查；⑤外部衔接的调查；⑥非物流情况的调查。其中，非物流情况的调查是指除物流之外的一切关系，如生产管理、后勤服务，对外联系，规划区域的气象资料、建筑、朝向、总体布置、地质条件等情况，各作业单位之间的人事、组织、计划和业务方面联系的情况，以及它们之间的密切程度等。全部情况调查完毕后，绘制出整个系统的物流图和相互关系图，为规划设计分析做准备工作。

2. 实施调查情况分析

对所调查到的物流和非物流的情况，从整个规划系统的角度进行逐个分析，其分析的主要标准如下：①专业化组织生产；②合理批量；③环保绿化；④节约土地；⑤节约能源；⑥安全；⑦提高物料搬运“活性”；⑧集装单元化；⑨标准化；⑩工艺直线布置等。总之，必须从规划单元系统的实际情况出发，达到投资少、上马快、改善劳动强度、少占土地、好管理、收益大、使用方便、维修容易，便于发展和技术经济最佳的目的。

3. 物流规划的初步设计

根据对规划单元的现状调查和分析的结果，首先着手对规划内部各区域之间物流路线、方法、设备、设施和各种工位器具的类型进行综合比较。然后，进行物流工艺的设计，制订数个工艺方案，绘制方案流程框图。在此基础上，经过分析比较，绘制物流规划工艺初步设计图，完成从设想到制订方案的过程，一般需提出 2～3 个方案供比较选择，并同时绘出相互关系图。

4. 技术经济比较

对所提出的方案逐个从投资、建设、经济效益比较，然后要求使用单位、建设单位、使用者同时进行评议，并提出改进意见，即多方案比较。在初评的基础上对整个规划进行修改，绘制出相对最佳方案，列出整个系统的概预算，经大家认可后请上级审批。

5. 施工设计

对经过上级审批之后的最终方案进行施工设计，施工设计包括整个系统，各区域内，直到各工段、工位之间，贮存点之间等的设备、设施、建筑、仓库和场所，以及工位器具等进行详细布置，选择各种标准设备、设施和工位器具，设计各种非标准设备、设施和工位器具，以及整个系统的道路、管线、绿化等后勤服务设施、设备的选择和设计图样，为整个系统的实施做好全部施工要求的一切设计文件、图样等和详细的工程预算。

6. 规划的实施

根据施工图样和批准的文件要求，组织采购、订货、土建施工、加工制作、安装、调整、人员培训、后勤服务、企业管理等，同步进行检验，检查全部工作进度和要求，确认无误后即进入试运转阶段。如系统太大，可以分几期实施，同时在改造、扩建时，还要考虑到不影响目前的生产和原有设备、设施的利用和重新布置等。

全部土建施工、设备、设施和工位器具等制造、安装、施工完成后，对整个系统进行调整和试验，确认无误后即进行试运转。经过一定时期的试用后，再进行检验，找出存在的缺陷和问题，进一步改进必要的关键设施和方法，再对整个系统进行修改，进行必要的修改设计，直至达到系统的最佳目标为止。然后组织必要的单位、人员进行鉴定，经过认可后方可交付生产单位正式投入运转，使企业取得最佳经济效果。

有效的物流规划设计可以取得以下主要方面的效果：一是最充分地利用潜力和规模，节约土地。二是有效的布局规划，整个系统高效运转，节约能源。三是做到生产过程流畅，按节奏组织管理、提高质量、降低消耗。四是适应市场、生产、消费的变化，增加企业的灵活性。五是环保得到保证。

3.2.7 我国物流企业发展道路

1. 我国物流企业的专业化道路

从企业物流管理的演变史我们可以得出：我国物流必须从物流功能个别管理阶段向物流功能系统化管理阶段、管理领域扩大阶段转变。在过去，企业界视企业物流为洪水猛兽，物流增加了企业的经营成本，分散了企业对生产销售的关注度，限制了企业经营的地域范围，阻碍了企业生产和销售规模的扩大，延迟了企业产品投入市场的时间。事实上，人们对于物流的上述认识是基于这样的一种情况：物流运作的企业内部化以及低效率化，专业物流企业的功能缺位。

随着“第三利润源”和“冰山”学说从理论界向企业界的过渡，企业界人士开始慢慢把物流从成本负担的角度转向企业竞争力的角度考虑。所以，发展我国的物流企业，就要使企业的物流活动或物流业务专业化、社会化，把物流负担变为竞争优势，需要一个专业的成熟的现代物流市场作为基础，我国的物流企业要走专业化的道路。

首先是企业内的物流活动，必须由专门的物流管理部门或者是专业的物流企业来从事，如果企业内的物流活动企业本身不能提供专业化的优良的物流服务，就要考虑是否外包出去，由提供专业化优良服务的物流企业来从事。这样，我国的物流企业才会有市场需求，才会有持久发展的基础，也才会有服务水平的提高。

对于市场上的物流企业来说，要根据市场需求和自身优势，在市场细分的基础上进行战略定位，并根据战略定位制定战略目标、规划和措施。近年来，我国一些物流企业走专业化的道路，均取得了较好的效果。

2. 我国物流企业的整合化道路

由于多年来中国经济持续、快速、健康的发展，信息网络技术日益成熟，为我国物流企业的发展，提供了良好的机遇。我国的物流企业无论是在数量上、规模上、运行质量上，都有了很大的发展。但是，我国物流企业普遍存在着“小”、“少”、“弱”、“散”等方面的不足。“小”即经营规模小；“少”即市场份额少，服务功能少，高素质人才少；“弱”即竞争能力和财务能力弱；“散”即普遍存在可利用资源分散、缺乏网络或网络分散、经营秩序混乱等问题。而物流是一种网络经济，因此我国物流企业要做大做强，网络的整合建设将是一个关键。

经过加入世界贸易组织后几年的竞争、发展、磨合，目前国有物流企业、民营物流企业，中外合资与外商独资物流企业都在市场上各自定位，各有自己的客户，各有自己的地盘，而且三分天下的格局将维持相当一段时间。根据我国物流产业发展的特点，如何在竞争激烈的市场中，发展我国的物流企业，企业物流管理的演变史给我们的启示是：要从管理领域扩大阶段向企业内物流一体化管理阶段、供应链物流管理阶段迈进。即如何把分散的物流企业和各种资源加以整合、改造和提升，增强服务功能，形成具有国际竞争力的物流企业和企业群体，是我国物流发展的重要任务之一。

（1）我国物流企业的内部整合　物流企业的内部整合要加强流程管理，完善企业管理制度，不断提高管理水平。物流企业的业务流程是企业内连续的有规则的行动和行动系列。流程决定了企业的效率、效益和对企业提供服务的一致性。

加强物流企业流程管理，应树立以客户为中心，一切以方便客户为标准。为了提供给客户最大的服务价值并创造出更多的需求，物流企业在流程管理上要解决三个难题：第一个难题是信息化的基础；第二个难题是物流企业中的每个人都要有一个市场目标；第三个难题是每个人都要有市场经营成果表，就同企业损益表一样，每个人都要有他自己的损益表，把每个人当做是企业的老板来经营。

（2）我国物流企业的外部整合　我国的物流企业除不断整合自身现有资源，还应主要采取联盟合作的方式来加快对社会资源的整合。

1）企业合营方式：合营企业通常是两个以上的个人或企业联合投入生产要素进行第三方物流活动的组织。它的三个基本构成是共同投资、共同管理、共负盈亏。合营物流企业是物流企业之间进行合作的一种重要形式。它具有明确的产权和法律关系，可操作性强，合作各方的权利和义务可以根据各方的投入比例经过协商和谈判进行调整，具有较大的灵活性。这种形式被广泛采用。合营物流企业通常又分为股权式合营和非股权式合营。股权式合营是指合伙人要订立资本买卖的契约。合伙人在合营中要占有一定的股份，股份的多寡决定了合伙企业对合营企业的控制程度。非股份式合营是指合伙企业之间非资本性资源的互相交换，如技术服务合作、经营管理合作等。

2）企业集团方式：物流企业集团应该是物流行业中以多个具有独立法人资格，并有一个通过各种连接纽带对其成员企业实施控制和影响的核心，具有统一的发展、经营目标和战略，为了共同的利益而互相团结协作的企业组成的经济联合体。物流企业集团是由于经济利益而组建的，集团内的各个企业都是具有独立法人资格的，在法律上是平等的。它们之间又有着共同的利益，经济上是互利的。物流企业集团不是一个完整的经济实体或企业。企业集团中的成员企业之间相互关系的紧密程度有所不同，一般分为核心层、紧密层、半紧密层和松散层四个层次。企业集团这种方式，在日本企业界中有着大量的应用。在我国，如锦程国际物流集团，他们的经验具有重要的参考价值。

3）战略联盟方式：组成战略联盟的企业通过股权参与或契约联合，结成较为稳定的集约化物流合作伙伴关系，以达到共同拓展物流市场，降低物流成本，提高物流效益的目的。因此，物流企业的战略联盟既可以像企业并购一样，达到快速进入市场、实现企业间优势互补的目的，同时又可以保持原有企业的经营独立性，从而避免企业组织过大造成的组织失灵以及企业之间的文化冲突。日本的物流企业主要就是通过建立战略联盟的方式来整合物流市场，实现其国际化战略的。

我国物流企业还可以选择其他多种经营机制和合作模式，在全国范围内规划建设不同层次的物流网点，以形成合理的企业物流运作网络体系。此外，应积极加强与金融、生产制造业、商贸流通业合作，构筑新型战略联盟关系。与此同时，我国物流企业应在更大范围、更广领域和更高层次上开展与国际物流企业的联盟和合作。充分利用国际、国内两个市场、两种资源，优化资源配置，拓宽发展空间，实施“国际化”和“走出去”战略，积极融入世界物流体系中。

3.3 企业物流中心规划流程

3.3.1 企业物流中心规划

长期以来，受“重农轻商”思想的束缚，我国零售业发展并不迅速，商品价格通常取决于上游制造商。如何在新的市场规划中寻找商机，已成为制造商及流通行业经营者面临的最为重要的挑战与课题。处于商业活动的急剧转型期，企业竞争的战场已由生产竞争延伸到流通及商品信息上，而整合“物流、商流、资金流、信息流”等机能于一身的现代化物流中心应运而生。现代物流中心的功能构架如图3-5所示。

由于国内市场将掀起一场流通革命，新的业种、业态及新的流通与物流技术的不断引入，使得物流业受到极大的冲击，也促进了对经营效率提升的要求。物流中心则扮演了流通业经营的决定性角色，他将不再只是从事作业性功能的仓储、搬

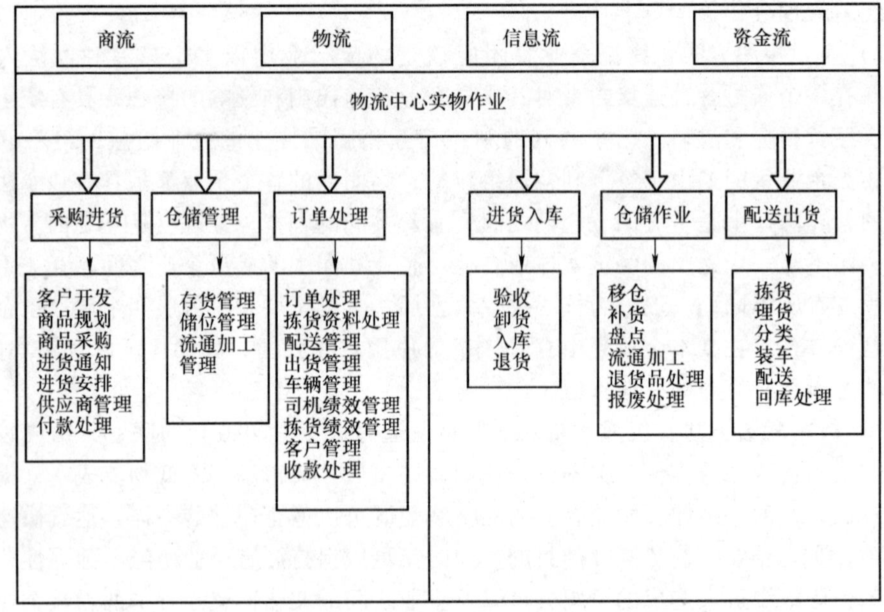

图 3-5　物流中心功能构架

运作业，而是提升到具有决策性使命的事业体。随着自动化搬运、储存设备的发展及信息网络应用的日益普及，物流中心在自动化程度上的需求也逐渐提高。由于系统规划与厂方选址的优势直接影响物流中心的营运成效，因此在初期规划与布置阶段，应做全盘的考虑规划，以发挥物流中心的最大效能。

3.3.2　物流中心形态分析

物流中心根据成立来源及经营形态的不同，可以分为以下几种形态，见表 3-2。

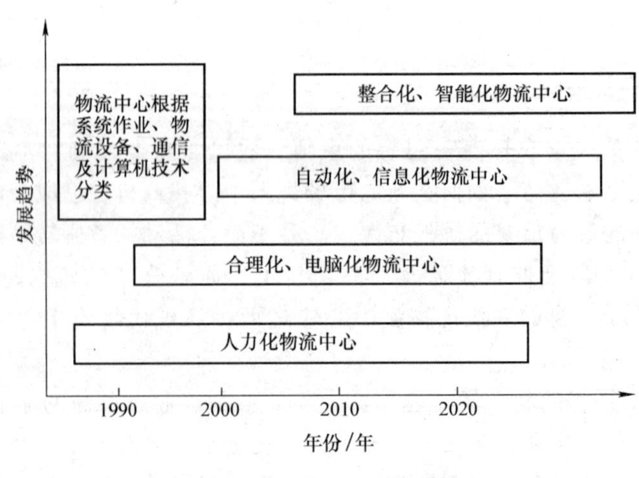

图 3-6　物流中心发展趋势

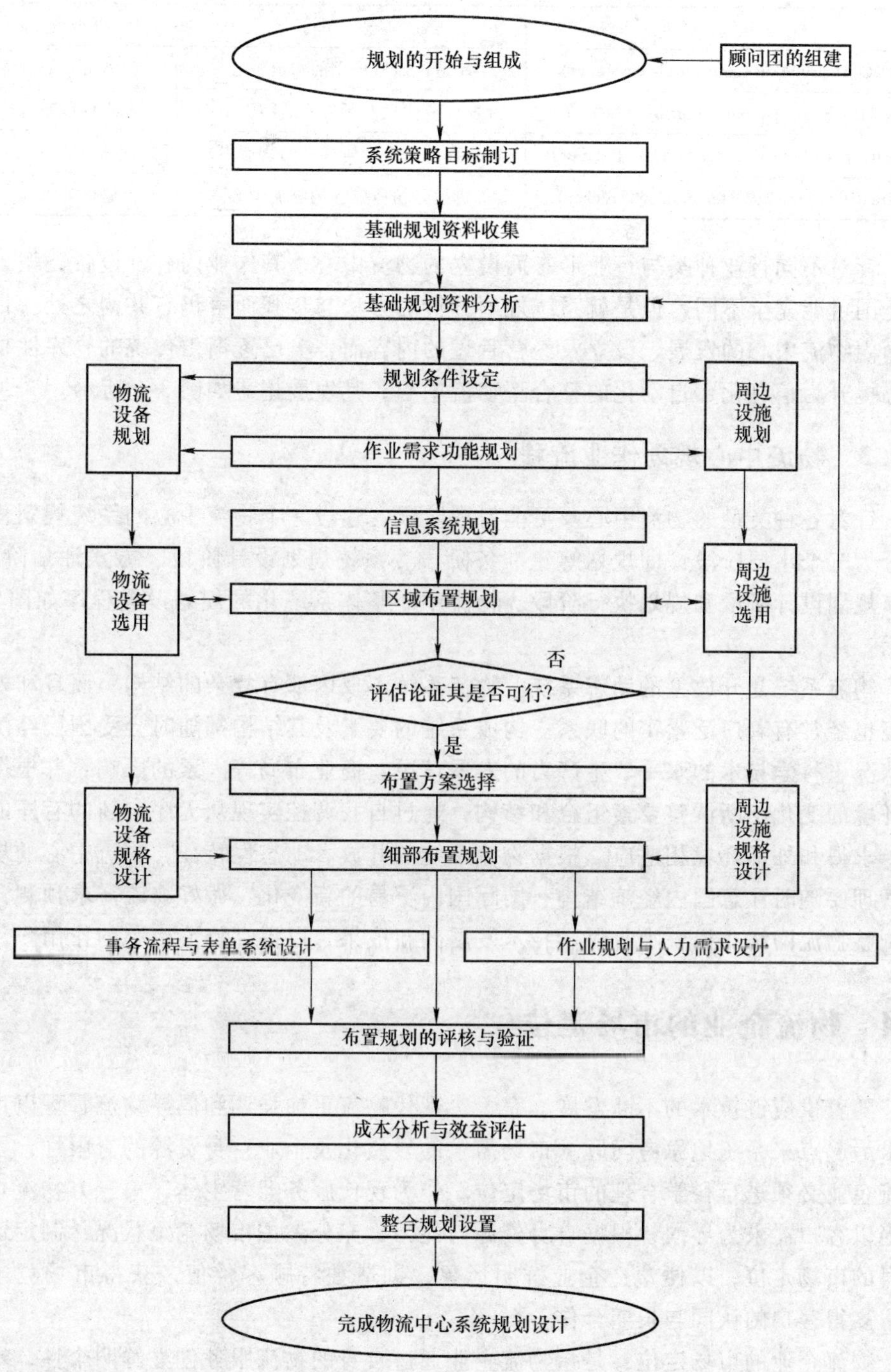

图 3-7　物流中心规划作业流程

表 3-2 物流中心类型表

分类名称	说 明	管理重点
MDC(Distribution Center built by Maker)	制造厂商所成立的物流中心	产品货物的管理
WDC(Distribution Center built by Wholesaler)	批发商或代理商所成立的物流中心	客户订单的管理
ReDC(Distribution Center built by Retailer)	零售商向上整合所成立的物流中心	销售点的管理
TDC(Distribution Center built by Trucker)	货运公司所成立的物流中心	储位的管理

针对不同行业种类与行业形态而设立的物流中心，其作业内容、设备类型、营运范围可能完全不同，但是就系统规划分析的方法与步骤而言仍有共同之处。目前就国内物流中心的发展、设立及经营管理的内容而言，已逐渐由传统的仓库性物流中心提升为信息化、自动化的整合型物流中心，其发展趋势如图 3-6 所示。

3.3.3 物流中心规划作业流程

针对各种类型的物流中心及可能发展阶段，建设一个物流中心的系统规划程序可分为五个主要阶段：即规划筹建准备阶段、系统规划设计阶段、方案评估阶段、细节规划设计阶段和规划执行阶段。物流中心整体系统化的规划设置程序如图 3-7 所示。

物流系统是开放型的动态系统。物流系统不仅内部有复杂的结构，而且和外部环境也经常有着广泛紧密的联系。构成系统的要素及其结构都随时会受国民经济发展状况、科学技术的水平、生产力的发展情况、商业布局等因素的影响，并根据外部环境的变化不断调整要素组合和结构，通过自我调控实现从无序向新的有序的转换，求得和外部环境相适应。根据物流系统的开放、动态性特征，物流中心的规划和管理要随时注意国内经济结构、国际国内贸易的新变化，做好物流需求预测，及时调整物流网络布局，吸收科学技术发展的新成果，以提高物流中心的作用。

3.4 物流企业的市场定位

随着供应链技术的不断发展、完善，现代物流更加强调和倡导物流管理以市场需求为起点来系统地思考问题。市场需求的异质化及企业自身资源的有限性，要求物流企业必须进行科学合理的市场定位。作为现代服务经营主体，第三方物流企业应当以客户需求为导向，根据自身资源与能力，充分考虑市场竞争状况，制定适合自身的市场定位，以便塑造企业鲜明形象，创造独特顾客价值，获得市场竞争优势，赢得客户的认同与长期合作。

物流企业的市场定位：是指物流企业通过自身的物流服务创立鲜明个性，塑造出与众不同的市场形象，使之在顾客心目中占据一定的位置，从而更好地抓住客户，赢得客户。

目前经济发展的趋势是，商品生产和销售活动不再是围绕着生产者来进行，而是围绕着消费者进行。生产者和流通者必须围绕消费者产生的市场需求信息来组织自己的经营活动，换句话说，物流活动已经从被动的载体转化为主动的载体，需要根据市场信息来合理地安排库存，进行资源的合理配置，为顾客提供高效率高水平的服务。

3.4.1　市场定位三要素

市场定位的主要任务就是在市场上，让你的企业和产品与竞争者的有所不同。要做到这一点，其实是极不容易的，让消费者从心里记住你，你大概要做以下三个方面的工作。

1. 确立产品的特色

市场定位的出发点和根本点就是要确定产品的特色。因此，首先要了解市场上竞争者的定位如何，他们要提供的产品或服务有什么特点。其次要了解顾客对某类产品各属性的重视程度。显然，费大力气去宣传那些与顾客关系并不密切的产品是多余的。最后，你还得考虑企业自身的条件。有些产品属性，虽然是顾客比较重视的，但如果企业力所不及，也不能成为你市场定位的目标。

例如，我国南方某电子仪器厂经过调查发现，各地的中小学及幼儿园教师迫切需要一种音色优于风琴的、功能较多、便于携带和维修的教学电子琴取代原有的老式风琴，因此，该厂决定进入这个市场。但是，在这个市场上已有几家企业生产电子琴了，竞争相当激烈。那么，怎样才能使自己的产品更具特色，更有吸引力呢？该厂通过进一步调查分析，中小学和幼儿园的音乐教师在购买电子琴时，除了关心其音色及质量外，由于单位财务条件的约束，更为关心的是乐器的价格。当时市场上已存在的厂家，虽然其产品在功能、音色方面都不错，但是普遍价格昂贵，因而销路不是十分好。根据这些信息，这家企业决定在价格上作为突破口，做出了“价格较低廉、结构较简单”的决策。要求产品在质量和性能上达到优于风琴的水平；功能简单，但至少有一个风琴音色和一个欣赏音色，弹奏方面要与风琴一样，以适应教师的弹奏习惯。在达到这几个条件的基础上，力求降低成本，保证商品零售价在 200 元以内。这个 200 元的价格界限，是该厂市场定位的又一个精彩之处。当时，市面上一台风琴的价格约在 200 元左右。所以，中小学校和幼儿园在将原来的老式风琴更新换代时就会遇到两种选择：风琴和电子琴。而电子琴在质量和性能上都超过了风琴，所以，电子琴的优势一下子就凸现出来了。该厂的另一个煞费苦心之处是，考虑到当时的财务规定，中小学和幼儿园的领导在财务审批方面的最高限额为 200 元。这样，买一台电子琴，完全可以由本单位领导自己做主，而不必要报上级审批。由此可见，在市场定位方面要考虑的方面实在是太多了。

2. 树立市场形象

企业所确定的产品特色，是企业有效参与市场竞争的优势，但这些优势不会自动地在市场上显示出来。要使这些独特的优势发挥作用，影响顾客的购买决策，需要以产品特色为基础树立鲜明的市场形象，通过积极主动而又巧妙地与顾客沟通，引起顾客的注意与兴趣，求得顾客的认同。有效的市场定位并不取决于企业是怎么想，关键在于顾客是怎么看。市场定位成功的最直接的反映就是顾客对企业及其产品所持的态度和看法。

麦当劳的创办人，美国最具传奇性的企业家罗克认为："麦当劳不是典型的消费事业，也不是一般所谓的餐厅，而在于它的快速服务，使得麦当劳兼具娱乐价值。"他经常提醒他的加盟者以及经理："麦当劳不是餐饮业，而是娱乐业。"

早在1959年，年收入不过245万美元的麦当劳公司就以每月500美元的费用聘请芝加哥的一家公关公司做广告。到1973年，麦当劳各店年平均营业额高达62.1万美元时，全国广告经销费已达到了每月2000美元，负责麦当劳广告的伊登广告公司拿着这笔巨资策划广告时，针对不同的市场——儿童、青少年、青年及中年，提出不同的销售主张，但在任何一项销售主张中，都以欢乐、温暖和亲切为广告设计的主题。

伊登为麦当劳策划了一整套的儿童故事："汉堡神偷"、"芝士汉堡市长"、"巨无霸警长"和"奶昔小精灵"。他们都成为麦当劳餐厅中最受欢迎的人物，也是许多麦当劳广告中的主角。在快餐业同行中建造儿童乐园亦为少见。自从20世纪60年代以来在美国国内推出"麦当劳儿童乐园"后，它已成为麦当劳餐厅中最主要的特色之一。现在全球30%的麦当劳餐厅中都设有"儿童乐园"。为了吸引儿童，员工们还自创小丑，这便有了现今世界各地都见得到的"麦当劳叔叔"。

麦当劳就通过这些手法为进餐者提供情趣和舞台，标榜自己是娱乐业，为自己塑造了一个"欢乐"的形象。

3. 巩固市场形象

顾客对企业的认识不是一成不变的。由于竞争者的干扰或沟通不畅，会引致市场形象模糊，顾客对企业的理解会出现偏差，态度发生转变。所以建立市场形象后，企业还应不断向顾客提供新的论据和观点，及时矫正与市场定位不一致的行为，巩固市场形象，维持和强化顾客对企业的看法和认识。

3.4.2 行业定位策略

不同行业的客户对第三方物流服务的需求存在较大的差异，具有鲜明的行业特征。与此相对应，为他们提供物流服务的运作模式也会有所不同，需要具有专业的物流运作体系和运作能力。例如，汽车行业利用第三方物流的主要关注点是减少库存，以作为汽车企业大批量定制化生产模式的重要支撑；服装行业的主要关注点是缩短产品生命周期，以应对时尚潮流的快速变化，赢得顾客；家电等消费电子行业使用第三方物流以降低物流成本和交易费用从而获得利润；食品饮料行业受自身产品特性的影响主要关注绿色物流、冷链物流。同时，由于自身资源和能力的有限性，即使实力雄厚的物流企业，也不可能为任何行业的客户提供满意服务，而是具有鲜明的行业特性。而且，物流企业专注于特定的行业，有利于形成行业细分市场，增强企业自身的竞争能力。通过发达市场经济国家物流产业的发展历程可以发现，随着物流服务市场逐渐走向成熟，物流服务产业内的专业化分工会不断深化，并逐步形成由不同的细分行业物流构成的物流产业体系。处于这些市场中的物流企业为了建立自己的竞争优势，一般将主营业务定位在特定的一个或几个行业。例如，TNT主要集中于电子产品、快速消费品零售业和汽车物流三大领域，UPS致力于汽车、电信与电子物流，三井物产以钢铁物流而著称，Ryder是世界上比较著名的汽车和公用事业物流服务商。

虽然我国的物流市场尚处于发展初期，客户对第三方物流需求的行业倾向性还不明显，大部分第三方物流企业还没有形成典型的行业供给特性，但随着我国经济逐步进入工业化发展中期，社会消费水平快速提高，物流服务专业化势在必行。按照主导行业定位，也是物流企业市场定位的必然选择。从近些年的统计结果看，在我国迅速成长并不断走向成熟的行业物流主要有家电、汽车、电子、零售、IT和烟草物流等，方兴未艾正在被不断开拓的如食品、医药、图书以及服装物流等。其中，发展速度快、物流费用高的行业是物流企业应当关注的未来“明星”领域，对于物流费用高、增长速度慢的行业，是支撑现阶段物流产业发展的“金牛”支柱领域。从物流需求规模看，家电、电子、食品、日化企业的物流量和发生的物流费用很大，在以规模求利润的物流行业中，他们是物流市场中绝对的大客户。从物流产品看，高利润物流服务对象包括电子、医药、食品、汽车及其零部件等产品，这些都为物流企业提供了巨大的市场机会。对于我国第三方物流企业来说，应当对拟进入的行业进行多方面综合分析，主要包括行业整体发展趋势、利润空间、物流规模、产品特征与物流服务要求、物流外包需求及所占比例、行业物流市场竞争状况等，根据自身实力，尽量选择那些附加值高、物流需求规模大、且相对成熟或外包物流增长较快的行业，创造顾客所需要的独特价值。

3.4.3 客户定位策略

不同类型的客户对物流服务在质量、功能、价格等方面存在不同的需求特征，对物流企业的服务能力也有不同的要求。物流企业需要根据自身技术、资金、服务能力等条件，根据客户的需求以及行业竞争状况等因素，选择自己的核心客户群体。物流企业可以在一定的行业和区域内为所有潜在客户提供普遍物流服务，也可以为特定的客户群体提供定制化、综合性现代物流服务。一般来说，第三方物流企业不可能为所有的客户提供深度物流服务，为了体现自己的服务优势，都会选择一定的核心客户群体并为其提供满意的物流服务。例如，宝供物流为全球500强中50多家大型跨国企业及国内一批大型制造企业提供供应链一体化综合物流服务，并与国内外近百家著名企业结成战略联盟，其中包括宝洁、通用电器、三星、壳牌、丰田、雀巢、纳爱斯、格力电器、上海家化等。2000年成立的德利得物流有限公司，定位外资与合资企业客户，通过不断创新，为客户提供高端物流服务，连续多年实现了高速增长。

物流企业在同客户的关系上，可以统称为合作伙伴关系。但根据伙伴关系的重要程度和合作的深入程度，可分为普通合作伙伴关系和战略合作伙伴关系。前者对应于较单纯的服务买卖关系，合作双方根据签订的物流外包合同进行业务往来，在合作过程中双方的职责有比较明确的界限。而在后者中双方职责不再有明确的边界，为了共同的利益，合作双方将在很大程度上参与对方的经营决策，如物流企业可以协助客户规划物流网络和建立客户关系网络，可以代替客户进行市场预测和库存控制决策，甚至可以协同客户共同制订生产计划。

【经典案例】

“王老吉”的成功市场定位

1. 案例概述

2002年以前，从表面看，红色罐装王老吉（以下简称“红罐王老吉”）是一个活得很不错的品牌，在广东、浙南地区销量稳定，盈利状况良好，有比较固定的消费群，红罐王老吉饮料的销售业绩连续几年维持在1亿多元。发展到这个规模后，加多宝的管理层发现，要把企业做大，要走向全国，就必须克服一连串的问题，甚至原本的一些优势也成为困扰企业继续成长的障碍，见表3-3。

表3-3 王老吉面临的市场抉择

面临问题	主要困境
难以定位	红罐王老吉当“凉茶”卖，还是当“饮料”卖？推广概念模糊
认知混乱	广东、浙南消费者对红罐王老吉认知混乱
地域受限	红罐王老吉无法走出广东、浙南

2. 重新定位

2002年年底，加多宝找到成美营销顾问公司（以下简称“成美”），初衷是想为红罐王老吉拍一条以赞助奥运会为主题的广告片，要以“体育、健康”的口号来进行宣传，以期推动销售。成美经初步研究后发现，红罐王老吉的销售问题不是通过简单的拍广告可以解决的——这种问题目前在中国企业中特别典型：一遇到销量受阻，最常采取的措施就是对广告片动手术，要么改得面目全非，要么赶快搞出一条“大创意”的新广告——红罐王老吉销售问题首要解决的是品牌定位。

红罐王老吉虽然销售了7年，其品牌却从未经过系统、严谨的定位，企业都无法回答红罐王老吉究竟是什么，消费者就更不用说了，完全不清楚为什么要买它——这是红罐王老吉缺乏品牌定位所致。这个根本问题不解决，拍什么“有创意"的广告片都无济于事。正如广告大师大卫·奥格威所说：一个广告运动的效果更多的是取决于你产品的定位，而不是你怎样写广告（创意）。经一轮深入沟通后，加多宝公司最后接受了建议，决定暂停拍广告片，委托成美先对红罐王老吉进行品牌定位。

按常规做法，品牌的建立都是以消费者需求为基础展开，因而大家的结论与做法亦大同小异，所以仅仅符合消费者的需求并不能让红罐王老吉形成差异。而品牌定位的制定，是在满足消费者需求的基础上，通过了解消费者认知，提出与竞争者不同的主张。又因为消费者的认知几乎不可改变，所以品牌定位只能顺应消费者的认知而不能与之冲突。如果人们心目中对红罐王老吉有了明确的看法，最好不要去尝试冒犯或挑战。就像消费者认为茅台不可能是一个好的"啤酒"一样。所以，红罐王老吉的品牌定位不能与广东、浙南消费者的现有认知发生冲突，才可能稳定现有销量，为企业创造生存以及扩张的机会。

为了了解消费者的认知，成美的研究人员一方面研究红罐王老吉、竞争者传播的信息，另一方面，与加多宝内部、经销商、零售商进行大量访谈，完成上述工作后，聘请市场调查公司对王老吉现有用户进行调查。以此基础，研究人员进行综合分析，理清红罐王老吉在消费者心智中的位置——即在哪个细分市场中参与竞争。

在调查、研究中发现，广东的消费者饮用红罐王老吉主要在烧烤、登山等场合。其原因不外乎"吃烧烤容易上火，喝一罐先预防一下"、"可能会上火，但这时候没有必要吃牛黄解毒片"。而在浙南，饮用场合主要集中在"外出就餐、聚会、家庭"。在对当地饮食文化的了解过程中，研究人员发现：该地区消费者对于"上火"的担忧比广东有过之而无不及，如消费者座谈会桌上的话梅蜜饯、可口可乐都被说成了"会上火"的危险品而无人问津。（后面的跟进研究也证实了这一点，发现可乐在温州等地销售始终低落，最后"两乐"几乎放弃了该市场，一般都不进行广告投放。）而他们对红罐王老吉的评价是"不会上火"，"健康，小孩老人都能喝，不会引起上火"。这些观念可能并没有科学依据，但这就是浙南消费者头脑中的观念，这是研究需要关注的"唯一的事实"。

消费者的这些认知和购买消费行为均表明，消费者对红罐王老吉并无"治疗"要求，而是作为一个功能饮料购买，购买红罐王老吉的真实动机是用于"预防上火"，如希望在品尝烧烤时减少上火情况发生等，真正上火以后可能会采用药物，如牛黄解毒片、传统凉茶类治疗。

再进一步研究消费者对竞争对手的看法，则发现红罐王老吉的直接竞争对手，如菊花茶、清凉茶等由于缺乏品牌推广，仅仅是低价渗透市场，并未占据"预防上火的饮料"的定位。而可乐、茶饮料、果汁饮料、水等明显不具备"预防上火"的功能，仅仅是间接的竞争。

同时，任何一个品牌定位的成立，都必须是该品牌最有能力占据的，即有据可依。如可口可乐说"正宗的可乐"，是因为它就是可乐的发明者，研究人员对于企业、产品自身在消费者心智中的认知进行了研究，结果表明，红罐王老吉的“凉茶始祖”身份、神秘中草药配方、175年的历史等，显然是有能力占据“预防上火的饮料”这一定位。

由于“预防上火”是消费者购买红罐王老吉的真实动机，自然有利于巩固加强原有市场。而能否满足企业对于新定位“进军全国市场”的期望，则成为研究的下一步工作。通过二手资料、专家访谈等研究表明，中国几千年的中医概念“清热祛火”在全国广为普及，“上火”的概念也在各地深入人心，这就使红罐王老吉突破了凉茶概念的地域局限。研究人员认为：“做好了这个宣传概念的转移，只要有中国人的地方，红罐王老吉就能活下去。”

至此，品牌定位的研究基本完成。在研究一个多月后，成美向加多宝提交了品牌定位研究报告，首先明确红罐王老吉是在“饮料”行业中竞争，竞争对手应是其他饮料；其品牌定位“预防上火的饮料”，独特的价值在于喝红罐王老吉能预防上火，让消费者无忧地尽情享受生活：吃煎炸、香辣美食，烧烤，通宵达旦看足球等。

这样定位红罐王老吉，是从现实格局通盘考虑，主要益处有四：①利于红罐王老吉走出广东、浙南；②避免红罐王老吉与国内外饮料巨头直接竞争，形成独特市场区隔；③成功地将红罐王老吉产品的劣势转化为优势；④利于加多宝企业与国内王老吉药业合作。

3. 推广效果

红罐王老吉成功的品牌定位和传播，给这个有175年历史的、带有浓厚岭南特色的产品带来了巨大的效益：2003年红罐王老吉的销售额比去年同期增长了近4倍，由2002年的1亿多元猛增至6亿元，并以迅雷不及掩耳之势冲出广东。2004年，尽管企业不断扩大产能，但仍供不应求，订单如雪片般纷至沓来，全年销量突破10亿元，以后几年持续高速增长，2008年销量突破100亿元大关。

4. 案例启示

红罐王老吉成功的市场定位告诉我们，市场需求的异质化及企业自身资源的有限性要求物流企业必须进行科学合理的市场定位。准确进行市场定位，是当前我国第三方物流企业面临的重大问题，直接关系到物流企业竞争优势和可持续发展。对于第三方物流企业而言，应该以市场需求为导向，结合物流企业自身资源与能力等因素，有选择地进入适于自身发展的、具有竞争实力并且有吸引力的目标细分市场，实现企业内部资源能力与外部市场需求的恰当匹配，并以此为出发点设计相应的营销组合策略，使自己在顾客心目中占据一个独特的位置，以获得市场竞争优势，赢得客户的长期合作和成功。

思考题

1. 简述区域物流系统规划工作展开的背景。

2. 从研究规划等政府行为角度来看，社会物流系统的结构如何划分？

3. 区域物流系统由哪三大部分组成？

4. 什么是区域物流规划？区域物流规划的重要性体现在哪几个方面？

5. 什么是企业物流规划？企业物流规划的重点是什么？

6. 企业物流规划的三大战略目标是什么？企业物流规划的基本原则有哪些？

7. 阐述企业物流规划的基本思路？

8. 企业物流规划的基本内容有哪些？

9. 简述企业物流规划的设计程序。

10. 对我国物流企业的发展道路你有哪些建议？

11. 物流中心根据成立来源及经营形态的不同，可以分为哪几种形态？

12. 物流中心规划作业流程主要分为哪几个阶段？

13. 什么是物流企业的市场定位？物流企业的市场定位包括哪三大要素？

第4章　物流园区规划

随着科技和科学管理理念的发展，企业通过采用机械化和自动化以及先进的管理方法，提高了劳动生产率，从而降低了劳动力耗费，增加了利润。但现如今，技术发展遇到了瓶颈，管理方法也没有多少提升的空间，于是一些企业把服务行业作为自身发展的另一重要途径，物流行业也就应运而生了。

物流园区是近年来现代物流发展的产物，它是物流节点之一。在物流系统中，物流园区居于重要的枢纽地位，起着承上启下的作用。物流园区是指在几种运输方式衔接地形成的物流节点活动的空间集聚体，是在政府规划指导下多种现代物流设施设备和多家物流组织机构在空间上集中布局的大型场所，是具有一定规模和多种服务功能的新型物流业务载体。

4.1　物流园区的功能及分类

在经济全球化的背景下，国内外实践证明，现代物流业发展已成为提升一个城市综合经济竞争能力的有效手段，物流服务水平和物流功能已经成为投资环境的重要影响因素。物流园区作为现代物流业发展中出现的新型业态，它通过产业的空间集聚、资源的有效整合、业务的流程优化、传统物流服务模式的改变，节约土地使用，减轻道路、环境和能源的压力，对于提高物流的组织化水平和集约化程度发展具有重要意义。自1999年我国引入物流园区以来，物流园区得到了蓬勃的发展，对我国物流产业的发展和提升产生了较为广泛和深刻的影响。

4.1.1　物流园区概念

1. 物流园区定义

物流园区（Logistics Park），也称物流基地，最早出现在日本东京，称为物流园地。在2006年新修订的中华人民共和国国家标准《物流术语》（GB/T 18354—2006）中，对物流园区的概念解释：物流园区是指为了实现物流设施集约化和物流运作共同化，或者出于城市物流设施空间布局合理化的目的而在城市周边等各区域，集中建设的物流设施群与众多物流业者在地域上的物理集结地。目前，我国物流业正处在一个蓬勃发展的时期，全国各大城市都在规划建设物流园区，形成了一股物流园区规划建设的热潮。物流园区的建设对本土物流企业的发展、本土物流人才的培养以及物流管理技术的快速提升起到了巨大的推动作用，但物流园区作为新生事物，其规划与建设能否真正成为经济发展的推动力，是发展现代物流的关键，也是社会化开放型高效物流体系的重要体现。

物流园区将众多物流企业聚集在一起，实行专业化和规模化经营，对物流企业发挥整体优势，促进物流技术和服务水平的提高，共享相关设施，降低运营成本，提高规模效益，将起到重要作用。物流园区的定义应包括以下几个方面的内容：

1）物流园区提供包括运输、物流和配送等所有服务；

2）运作者是物流及相关设施的拥有者和租赁者；

3）遵守自由竞争的原则；

4）物流园区必须具备完备的公共设施；

5）物流园区能够提供多样性的运输服务；

6）物流园区是单一的经营主体。

2. 建设物流园区的意义

1）物流园区由分布相对集中的物流组织设施和不同的专业物流企业构成，其功能除了一般的仓储、运输、加工（工业加工和流通加工）等功能外，还具有与之配套的信息、咨询、培训、维修、综合服务、信息处理等服务项目。物流园区的合理规划与建设，将对本地区整体利益的提高起到重要的推进作用。

2）合理规划的物流园区，将分布于市区及城郊的物流企业聚集起来，通过功能整合、技术创新、规模化运作、减少物流对城市的发展造成的负面影响；改善城市交通、生态环境、城市景观和优化城市的功能布局，增强城市的综合竞争力。

3）规划建设物流园区可以促进第三方物流的发展，给企业提供必要的停歇中转空间，减少物流在空间上的不合理流动，保证物流供应的顺畅和反应的快速，推进物流产业的社会化、现代化、集约化发展。

4）物流园区为物流产业的发展营造一个优良环境，园区具有系统性和综合性，也是现代物流技术，信息、设备、人才管理、资源、客户的集中地，使得物流技术的研究、开发、运用具有丰富的资源和实施的载体。

5）物流园区建成后，政府的职能部门工商、税务、海关、环保、交通等的进入并形成一条龙服务体系，有利于政府的宏观指导和企业的规范化运作。

4.1.2　物流园区的发展历程

1999 年，深圳平湖物流基地的提出，标志着中国开始引入物流园区的概念，并开始尝试中国物流园区的规划、建设和运营。如今，我国物流园区走过了 10 多年的风雨历程。

物流园区是区域经济和现代物流业发展到一定阶段的必然产物，既是区域经济产业集群的派生产物，也是产业集群空间聚集的一种表现。作为物流企业的载体，物流园区的产生、形成和发展有着极其深刻的内在规律性，是市场需求、产业关联、外部经济和比较优势等多种驱动力作用下的新兴物流业态。从系统论的角度来看，物流园区的演化、发展规律就是物流节点作为一个整体的系统而具有的演变和发展规律。从一般演化规律来看，物流园区的发展大致可以分为如下四个阶段：

1. 初始发展阶段

物流节点均衡布局。此时区域经济、交通状况、科技发展等外部环境处于较低水平，区域经济、商业贸易、物流密度不高，物流节点的所在腹地狭小，仅限于城市周边地区。

2. 地方性物流中心形成阶段

随着科技水平的提高，自然资源和劳动力资源在内的生产领域可挖掘的潜力越来越少，而物流资源以其巨大的潜力成为企业关注的焦点，地方性物流中心逐渐发展起来。此阶段，地方性物流中心主要为本地区社会经济发展服务或是依托本地的制造企业、商贸企业，起配送中心的作用，而地区之间的物流联系较少。

3. 区域竞争阶段

综合物流中心（物流园区）形成。随着经济的发展，区域间的商品交换日益增强，供需双方对及时供货要求不断提高，专业化物流服务商不断涌现并开始在区域聚集，综合物流园区应运而生。物流园区采用供应链一体化管理模式以满足区域物流发展、高效物流服务的需要。在空间上，物流中心（园区）腹地逐渐拓展到整个区域空间，物流中心（园区）之间的物流交换与联系不断增强。在功能上，物流园区服务发展为多样化、一体化的全程服务；在物流市场竞争中，具有经济、交通、政策等优势的物流中心（园区）逐渐发展壮大，而处于劣势的物流中心则逐渐萎缩。

4. “轴-辐”系统形成阶段

区域物流枢纽城市形成。随着经济全球化和区域经济一体化的发展，区域表现出旺盛的物流需求。区域物流已经成熟，物流政策、物流基础设施、物流信息平台不断完善，物流市场运作趋于规范，区域性物流园区在空间上科学布局，基本形成了以市场为导向的物流龙头企业，进而带动了整个区域的物流服务能力、增强了区域辐射范围以及经济拉动能力。

4.1.3　物流园区的功能定位与设置

1. 物流园区功能定位

如图4-1所示，物流园区的出现有利于促进城市功能分区的合理布局和效能的充分发挥，通过多家物流组织机构在空间聚集，公用

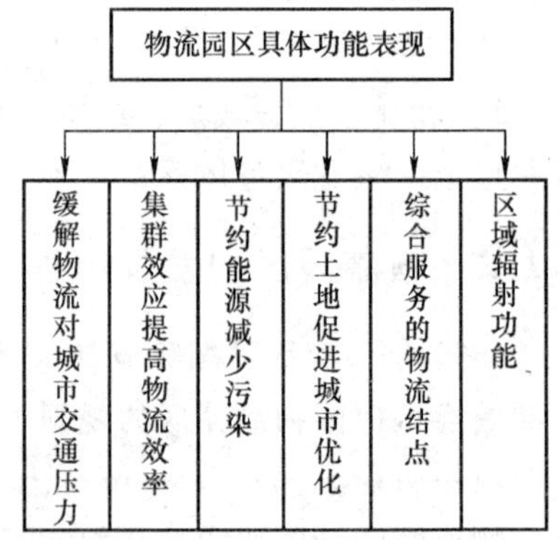

图4-1　物流园区具体功能方框图

配套设施建设的集约使用，从而有效节约稀缺的土地资源，促进土地资源的合理利用，缓解土地供给紧张的问题。

物流园区的建设也为各种物流资源的整合创造了条件，它将区域内外众多工商企业的物流需求信息和物流企业的服务信息汇集在一起，有利于搭建物流公共信息平台，从而实现对区域内货源的集散进行统一管理和调度、合理配载，有效衔接生产供应与市场需求，提高货车装载率，降低车辆空驶率，提高运输效率，节约能源，减少污染，缓解城市交通压力等。

物流园区的功能主要可以分为两个方面：社会功能和业务功能。不同物流园区具有不同的功能定位，所承担的物流业务也不尽相同。作为城市物流功能区，物流园区包括物流中心、配送中心、运输枢纽设施、运输组织及管理中心和物流信息中心，以及适应城市物流管理与运作需要的物流基础设施；作为经济功能区，其主要作用是开展满足城市居民消费、就近生产、区域生产组织所需要的企业生产和经营活动。因此，物流园区所完成的物流作业应根据物流园区的功能定位、需求特征、地理位置等因素综合规划，对各种物流功能进行组合配置。

（1）物流园区的宏观社会功能　物流园区具有很强的基础性、公共性和服务性的特点，属于基础设施建设类项目。物流园区对所在城市以及地区经济发展所表现出来的宏观社会功能主要有：发挥聚集功能、改善城市环境、促进区域经济发展、实现多种运输方式的有效衔接和多式联运以及提升物流服务水平。

（2）物流园区的微观业务功能　物流园区的业务功能是一种基础功能，表现在通过园区的设施设备、技术方法、组织管理等资源为客户提供各种物流服务的能力。物流园区的业务功能包括：存储、运输、配送、装卸、搬运、包装、流通加工、配载、拼箱、拆箱、分拣等，同时还包括与之配套的办公、金融、生活、综合服务等功能。

（3）物流园区的物流增值服务功能　随着经济全球化发展，企业竞争加剧，客户企业除了一般性服务外，还希望物流园区提供物流网络设计、需求分析、订货管理等一系列的增值服务。物流增值服务是现代物流业发展的一个趋势和新的利润增长点。

（4）主要的物流增值服务功能　结算和物流金融服务、需求预测、物流技术开发与系统设计、物流咨询与培训、供应链物流管理和信息服务功能。

2. 物流园区功能设置

（1）运输和配送功能　园区首先应该负责为客户提供所需要的运输方式，然后具体组织网络内部的运输作业，在规定的时间内将客户的商品运抵目的地。除了在交货时需要客户配合外，整个运输过程，包括最后的市内配送都应由园区负责组织，以尽可能方便客户。同时，还应具备转运功能，进行不同运输方式的转运。为此，园区需要拥有或租赁相应规模的运输工具，形成一个覆盖全国的网络。

（2）储存功能　园区需要有仓储设施，但客户需要的不是在园区储存商品，而是要通过仓储环节保证市场分销活动的开展，同时尽可能降低库存占压资金。因此，为此园区还需要配备高效率的传送、储存、拣选设备；有露天堆场、室内仓库以及提供常温及有温湿度要求的栈房。

（3）装卸搬运功能　园区应配备专业化的装载、卸载、提升、运送、码垛等装卸搬运机械，以提高装卸搬运作业效率，减少作业对商品造成的损毁。

（4）调送功能　根据各方的时间要求，及时调送各种货物。

（5）包装功能　园区的包装作业目标不是要改变商品的销售包装，而是要通过对销售包装进行组合、拼配、加固，形成适合于物流和配送的组合包装单元。

（6）流通加工功能　园区应与固定的制造商或分销商进行长期合作，为其完成一定的加工作业。园区必须具备的基本加工职能有贴标签、制作并粘贴条形码等，也可根据需要，分粗加工及精加工。

（7）物流信息处理功能　计算机应成为园区的主要工作手段，将物流作业中各个环节产生的信息进行实时采集、分析、传递，并向客户提供各种作业明细的咨询信息。这对现代物流园区是一项重要的功能。

（8）结算功能　这是园区对物流功能的一种延伸。不仅仅只是物流费用的结算，而且在从事代理、配送的情况下，还有代替货主向收货人结算货款等其他延伸服务功能。

（9）物流系统设计咨询功能　园区要充当货主的物流专家，必须为货主设计物流系统，代替货主选择和评价运输商、仓储商及其他物流服务供应商。

（10）物流教育与培训功能　园区的运作需要货主的支持与理解，通过向货主提供物流培训服务，可以培养货主与物流园区经营管理者的认同感，提高货主的物流管理水平，从而更好地协同一致提升物流功能。

4.1.4　物流园区分类

物流园区目前还没有一个明确的定义，同样其分类方法也不尽相同。根据2008年国家质量监督检验检疫总局和国家标准化管理委员会发布的《物流园区分类与基本要求》国家标准（GB/T 2133—2008），给出了我国物流园区的分类类型与基本要求。

1. 按照物流园区的依托对象划分

（1）货运枢纽型

1）货运枢纽型物流园区应满足的要求：一是依托空运或海运或陆运枢纽而规划，至少有两种不同的运输形式衔接；二是提供大批量货物转换的配套设施，实现不同运输形式的有效衔接；三是主要服务于国际性或区域性物流运输及转换。

2）货运枢纽型物流园区的特点。货运枢纽型物流园区的特点见表4-1。其中空港物流园区主要依托机场，以空运、快运为主，衔接航空与公路转运；海港物流园区依托港口，衔接海运与内河、铁路、公路转运；陆港物流园区依托公路或铁路

表 4-1　货运枢纽型物流园区的特点

指标	指标单位	指标值			备注
		空港型	海港型	陆港型	
投资强度	万元/亩①	≥100	≥120	≥80	推荐性要求
园区年物流强度	万 t/km^2	≥50	≥5000	≥500	
交通连接方式	至少有两种以上运输方式存在，可以实现多式联运				
物流信息平台	能为入驻物流企业提供符合海关监管要求的计算机管理系统				

① 1 亩 $=666.6m^2$。

枢纽，以公路干线运输为主，衔接公铁转运。

（2）生产服务型　生产服务型物流园区应符合以下要求：

一是依托经济开发区、高新技术园区等制造产业园区而规划；二是提供制造型企业一体化物流服务；三是主要服务于生产制造业物料供应与产品销售。其特点见表 4-2。

表 4-2　生产服务型物流园区特点

指　标	指标单位	指标值	备　注
投资强度	万元/亩	≥80	推荐性要求
园区物流强度	万 t/km^2 年	≥250	
交通连接方式	至少有两种以上运输方式存在，可以实现多式联运		
物流信息平台	能为入驻物流企业和工业园区提供公共信息平台和实时信息交换系统		

（3）贸易服务型　商贸服务型物流园区应符合以下要求：

一是依托各类大型商品贸易现货市场、专业市场而规划，为商贸市场服务；二是提供商品的集散、运输、配送、仓储、信息处理、流通加工等物流服务；三是主要服务于商贸流通业商品集散。其特点见表 4-3。

表 4-3　贸易服务型物流园区特点

指　标	指标单位	指标值	备　注
投资强度	万元/亩	≥60	推荐性要求
园区物流强度	万 t/km^2 年	≥150	
交通连接方式	至少有两种以上运输方式存在，可以实现多式联运		
物流信息平台	能为园区企业提供物流公共信息和在线交易服务		

（4）综合服务型　综合服务型物流园区应符合以下要求：

一是依托城市配送、生产制造业、商贸流通业等多元对象而规划；二是位于城市交通运输主要节点，提供综合物流功能服务；三是主要服务于城市配送与区域运输。其特点见表 4-4。

表 4-4　综合服务型物流园区特点

指　标	指标单位	指标值	备　注
投资强度	万元/亩	≥100	推荐性要求
园区物流强度	万 t/km² 年	≥300	
交通连接方式	至少有两种以上运输方式存在,可以实现多式联运		
物流信息平台	能为园区企业提供物流公共信息和在线交易服务		

2. 按服务对象和服务范围划分

（1）国际型物流园区　依托港口、陆路口岸，与集装箱运输和海关监管通道相结合的大型转运枢纽。

（2）区域型物流园区　跨区域的长途运输和城市配送体系之间的转换枢纽。

（3）市域配送型物流园区　支持商贸和城市生活的物流园区。

3. 根据开发主体和发起者划分

（1）公共投资型物流园区　这种类型的物流园区在德国较为多见，国内规划的也有相似实例，如国内深圳平湖物流基地，上海西北物流园区。

（2）私有投资型物流园区　没有公共机构的资金支持，完全或绝大部分由私有公司投资开发的物流园区为数较少，但投资这种回报率较低、回收期较长的大型基础设施项目的也大有人在。如法国的普洛罗吉斯公司创建并经营的九家物流园区以及其 1999 年兼并的位于巴黎附近奥尔列菲斯 - 波伊斯的加诺罗尔物流园区均属此范畴。

（3）公共—私人合资型物流园区　实际上，绝对的公共机构或绝对的私人财团独资相投物流园区这种大型公益性的物流基础设施的例子并不多见，国内外现行的物流园区大多均为公共机构主导、多渠道融资建设开发的。

4. 根据物流园区发展的行业导向划分

（1）专业型物流园区　专业型物流园区在行业导向上常以某个行业为主导。例如，德国的德累斯顿、沃尔夫斯特等物流园区，均是以汽车制造业为主的物流园区，埃姆斯兰则是以造纸业为主的物流园区。

（2）综合型物流园区　综合型物流园区在行业导向方面以混合行业导向为主，可以由零散的多个行业构成。例如，由石油产品制造业、汽车制造业、家电制造业、家具制造业等共同构成的物流园区。现有国外物流园区多数均为综合型物流园区。

5. 根据物流园区位置构成划分

（1）集中型物流园区　集中型物流园区主要特点表现在用地的集中连片上，连续用地规模较大，区内包含一套通达性较强的联合运输（公路、铁路、航空、水运等）转运系统，这套转运系统可以位于园区内部也可以位于附近，与园区本身在组织上是一体的。

在开发集中型物流园区时主要以规划发展新的场地为主，在行业导向上以发展、吸引专业物流企业为主旨，集中发展大型货运商和物流服务商，在开发运输载体方面最好能与两种或两种以上运输方式连接。

（2）非集中型物流园区　非集中型物流园区在表现形式上与集中型物流园区恰恰相反，它在空间上可以是数个被分开的区域的联合体，通过信息网络化的手段将这些分散的个体相互连接起来。它可以是多个公路运输站场、铁路枢纽站、航空港或水运港的松散联合体，区域内又可包含一些原有的物流密集型的企业基地或市场，通过信息网络的实体将它们组织在一起，以尽可能地发挥各自的功能与优势。

非集中型物流园区在场地开发时主要以发展现有物流企业的土地面积为主，在行业导向方面既可以物流企业为主，也可以混合行业导向为主，重要的是对原有基础设施的有效开发利用以及采取现代的物流技术对它们进行资源整合，由于个体分散和运输方式相对聚集的特点，非集中型物流园区中通常有多于两种以上的运输载体存在。

以上就是对物流园区功能和分类的总结，不同类型的物流园区具有不同的功能定位，其所承担的物流业务也不尽相同。物流园区的建设已经成为物流系统建设的一个重要环节，其功能设置的合理性直接影响物流园区的服务能力和经营运作效益。因此，规划物流园区的建设时一定要与基本的城市规划、产业规划、交通网络、地理位置等因素综合统筹，建设适合的物流园区。随着物流园区功能的健全和业务的增加，其园区的属性也不断增加，这必将引起分类模式的变化。通过对物流园区近些年发展的对比和分析发现，物流园区建设进程正在迅速加快，总体上看物流园区的规划建设正在逐步趋向合理化，发展开始走向健康的轨道，并向科学化方向发展。

4.2　物流园区功能布局与区位选择

物流园区的建设投资大、周期长、回收缓慢，且一经选定后就将长期运营。因此，物流园区的合理选址，无论是新建、改扩建或者是租用，就显得十分重要。它不仅与运营费用直接相关，而且会对工作效率和物流控制水平产生很大的影响。合理的物流园区选址能够减少货物运输成本，降低园区经营成本，对所在地区的经济与环境起到积极的带动作用。因此，有必要进行审慎论证，寻找出最优方案。

4.2.1　物流园区功能布局目标与原则

1. 物流园区功能区布局的目标

设计物流园区功能区时，在布局过程中应考虑以下六个方面：

1）最有效地利用空间，发挥土地利用最大价值，便于与外部交通设施衔接。

2）运输成本最小，使货物的运输路线尽量短捷，尽量避免运输的往返。

3）符合物流园区核心作业流程的要求，尽量使货物流动顺畅。

4）最大程度地方便各单位的业务与商务联系。

5）满足柔性要求，使之适应服务需求的变化。

6）重视人的因素，为职工提供方便、舒适、安全和卫生的工作环境，使之合乎生理、心理的要求，为提高生产效率和保证员工身心健康创造条件。

2. 物流园区功能布局规划过程中遵循的原则

物流园区功能布局规划应遵循以下原则：

（1）近距离原则　在条件允许的情况下，使货物在园区内流动的距离最短，以最少的运输与搬运量，使货物以最快的速度到达用户的手中，并满足客户的要求。例如，深圳机场航空物流园区在规划过程中就考虑将货站与货运代理人进行的各种物流作业场所组合在一个大型的连体楼内，以方便货运代理人进行进出港货物的加工、储存、交接、转运及地面代理运输等。这样，既方便了货运代理人，又提高了整个物流园区效率和园区整体运作的有序性。

（2）布置优化原则　在园区规划设计时，应尽量使彼此之间物流量大的功能区靠近，而物流量小的设施与设备可布置得远一些。同时尽量避免货物运输的迂回和倒流，迂回和倒流现象会严重影响物流园区的整体效率与效益，甚至会影响物流园区货物的流畅和环境。因此，必须将迂回和倒流减少到最低程度，使整个物流园区的功能区布置达到整体最优。

（3）系统优化原则　由于现代物流园区功能拓展，物流园区的功能远远超出了传统的仓储、运输等基本功能，随着商务、展示等联系的加强，在进行物流园区功能设计时应对物流园区进行准确的功能定位，合理考虑各种物流与非物流关系对物流园区功能布局的影响，从而确定合适的比例进行功能布局设计，使整个物流园区的效率达到最优。

（4）柔性化原则　随着社会经济的发展，货流量及货物的种类也会发生变化。因此，物流园区功能布局应该留有发展的空间和适应于变化的设计。物流园区的建设应随货流量的增加而逐步进行，国际经济形势的变化可能会使货流量迅猛增长，因此园区建设必须留有发展的空间。

（5）便于管理原则　物流园区的功能布局要有利于货畅其流，有利于生产和管理，有利于各环节的协调配合，使物流园区的整体功能得到充分的发挥并获得最好的经济效益，完善物流增值配套功能，加强与海关、检疫等监管部门的协作，改善通关环境等。

3. 物流园区规模设计与规划流程

（1）物流园区的规模设计　根据市场总容量、发展趋势以及领域竞争对手的状况，决定物流中心的规模。规模设定应注意两方面的问题：第一是要充分了解社会经济发展的大趋势，地区、全国乃至世界经济发展的预测，预测范围包含中、长期内容。第二是要充分了解竞争对手的状况，如：生产能力、市场占有份额、经营特点、发展规划等。因为市场总容量是相对固定的，不能正确地分析竞争形势就不能正确地估计出自身能占有的市场份额。如果预测发生大的偏差，将导致设计规模过大或过小。估计偏低，将失去市场机遇或不能产生规模效益；估计偏高，将造成多余投资，从而使企业效率低下，运营困难。

（2）物流园区的规划流程

1）市场分析。为了深入了解区域周边地区的经济发展状况、市场需求、基础设施、服务竞争等情况，必须对物流园区辐射地区的宏观经济、产业和微观环境情况进行全面调查和研究，根据长远和近期的物流量，确定物流园区长远和近期的建设规模。

2）战略定位。进行 SWTO 分析，帮助园区的高层经营决策者明晰内外部环境，提出发展物流园区的使命、远景目标和制胜策略，从而进行准确的战略定位，帮助实现其战略目标。

3）功能设计。基本功能：运输功能、仓储功能、物流信息处理功能、装卸搬运功能、包装功能、流通加工功能、配送功能、停车场功能。从发达国家的园区建设实际情况看，园区还具有以下增值性功能：结算功能、需求预测功能及物流系统设计咨询功能、物流教育培训功能。

4）布局设计。物流园区的设施规划与布局设计是根据物流园区的战略定位和经营目标，在已确认的空间场所内，按照从货物的进入、组装、加工等到货物运出的全过程，力争将人员、设备和物料所需要的空间作最适当的分配达到最有效的组合，以获得最大的经济效益。

5）商业计划。商业计划主要是让园区投资和经营管理者按照公司体制设计业务模式和管理模式，主要包括物流园区管理公司的组织架构和职责、物流园区业务模式、收益预测、客户分析、园区销售/市场推广策略、投资收益等财务概要分析。

4.2.2　物流园区的选址原则

由于物流园区是进行社会物流组织的重要节点，其运作模式的主要特点在于它不是从事具体商品生产的社会组织，只是从生产商的手中收集各种商品资源，再进行分类、加工、配送等集约化活动，以实现物流活动的规模经济性，有效地降低整个社会的物流成本。所以在商品资源分布、需求状况以及运输和其他自然条件的影响下，如果将物流园区规划在同一区域的各个地点，不同布局方案可能使整个物流系统的运作成本产生很大的差异。因此，在已有的客观条件下，如何设置物流园区，使得整个系统的物流费用最低、客户服务效果最好、社会效益最高，是物流园区选址的中心问题。

一般来说，物流园区选址和网点布局应以费用低、服务好、辐射强以及社会效益高为目标。费用低是指寻求物流园区包括建设费用和经营费用在内的总费用最低；服务好是指物流园区选择的地址应该能保证物品及时、完好地送达用户；辐射强以及社会效益高是指物流园区的选址应该从整个区域的物流大系统出发，使物流园区的地域分布与区域物流资源和需求分布相适应，适应相关地区的经济发展需求。

物流园区的选址要注意土地布局与功能布局结合的科学性，更要注重园区建设发展的基础条件规划，突出物流产业的特点以及相关产业发展的协调等要素规划。物流园区的选址过程应同时遵守适应性原则、协调性原则、经济性原则和战略性原则。

1. 适应性原则

物流园区的选址须与国家以及省市的经济发展方针、政策相适应，与社会主义市场经济体制改革的方向相适应，与我国物流资源分布和需求分布相适应，与国民经济和社会发展相适应。

2. 协调性原则

物流园区的选址应将国家的物流网络作为一个大系统来考虑，使物流园区的固定设施与活动设备之间、自有设备与公用设备之间，在地域分布、物流作业生产力、技术水平等方面相互协调。

3. 经济性原则

物流园区发展过程中，有关选址的费用，主要包括建设费用及物流费用（经营费用）两部分。物流园区的选址定在市区、近郊区或远郊区，其未来物流活动辅助设施的建设规模及建设费用，以及运费等物流费用是不同的，选址时应以总费用最低作为物流园区选址的经济性原则。

4. 战略性原则

物流园区的选址，应具有战略眼光。一是要考虑全局，二是要考虑长远。局部要服从全局，目前利益要服从长远利益，既要考虑目前的实际需要，又要考虑日后发展的可能。

4.2.3 物流园区选址须考虑的因素

物流园区的选址一般步骤为先根据城市的物流概况确认物流园区的功能定位，然后是区位选择，最后是根据物流强度对用地规模进行判断。

就物流园区的规划而言，首屈一指的便是物流中心的布局与选址。物流中心布局与选址是很复杂的问题，涉及法律、法规、规划、土地使用权、物流业务种类、物流设施、筹资能力、交通环境因素、自然条件等因素。因此，物流中心布局选址所涉及的一些关键因素，需要将定性分析和定量分析结合起来进行，或采用综合集成的方法进行选址工作。

1. 自然环境因素

（1）气象条件　物流园区选址过程中，主要考虑的气象条件有温度、风力、降水量、无霜期、冻土深度、年平均蒸发量等指标，如选址时要避开风口，因为在风口建设会加速露天堆放商品的老化，又如要避开多雨地区，因为这样不利于货物的储存，易引起货物的发霉变质。

（2）地质条件　物流园区是大量商品的集结地，某些容重很大的建筑材料堆码起来会对地面造成很大压力。如果物流园区地面以下存在着淤泥层、流砂层、松土层等不良地质条件，会在受压地段造成沉陷、翻浆等严重后果。为此，土壤承载力要高。

（3）水文条件　物流中心选址须远离容易泛滥的河川流域与上溢地下水的区域。要认真考察近年的水文资料，地下水位不能过高，洪泛区、内涝区、古河道等区域绝对禁止使用。但同时也要保证物流园区有充足的水量供应，避免出现火灾等紧急情况时的用水问题。

（4）地形条件　物流中心应地势高亢、地形平坦，且应具有适当的面积与外形，若选在完全平坦的地形上是最理想的；其次，选择稍有坡度或起伏的地方；对于山区陡坡地区则应该完全避开；在外形上可选长方形，不宜选择狭长或不规则形状。

2. 经营环境因素

（1）经营环境　物流中心所在地区的一些优惠政策将对物流区域的经济效益产生重要影响；数量充足和素质较高的劳动力条件也是物流中心选址考虑的因素之一。另外，该地区的支柱产品的特性也应该列为园区选址考虑的重要因素之一，园区定位是为本地区服务，本地区主要产品地与物流园区之间的交通状况是否满足需要等。

（2）商品特性　物流园区中经营不同类型商品的物流中心最好能布局在不同地域。如生产型物流中心的选址应与产业结构、产品结构、工业布局紧密结合进行考虑。

（3）物流费用　物流费用是物流园区选址的重要考虑因素之一，大多数物流中心选址接近物流服务需求地。例如，接近大型工业、商业区，以便缩短运距，降低运费等物流费用。

（4）服务水平　服务水平是物流中心选址的考虑重点。由于现代物流中能否实现准时运送是服务水平高低的重要指标，因此，在物流中心选址时，应保证客户可在任何时候向物流中心提出物流需求，都能获得快速满意的服务。

3. 基础设施条件

（1）交通条件　这是物流园区选址考虑的很重要的因素。物流中心必须具备方便的交通运输条件，最好靠近交通枢纽进行布局。如紧邻港口、交通主干道枢纽、铁路编组站或机场，有两种以上运输方式相连接等。否则，物流园区选址已不算成功。

（2）公共设施状况　物流中心的所在地，要求城市的道路、通讯等公共设施齐备，有充足的供电、水、热、燃气的能力，且场区周围要有污水、固体废物处理能力。

4. 其他影响因素

(1) 当地政府扶持情况　物流园区的建设大部分需要依靠地方政府的力量，仅仅单个企业是不够的，政策的优惠可以调动企业投资的积极性，促进市场竞争，加快物流行业的良性发展。

(2) 土地利用情况　物流中心的规划应贯彻节约用地、充分利用国土资源的原则。物流中心一般占地面积较大，周围还需留有足够的发展空间。为此，地价对布局规划有重要的影响。此外，物流中心的布局还要兼顾区域与城市规划用地的其他要素。

(3) 环境保护要求　物流中心的选址需要考虑保护自然环境与人文环境状况能够得到改善，城市的生态建设得以维持和增进。

(4) 周边状况　由于物流中心是火灾重点防护单位，不宜设在易散发火种的工业设施（如木材加工企业、冶金企业）附近，也不宜选择居民住宅区附近。

4.2.4 物流园区选址常采用的方法

在选址与布局过程中，常采用以下一些方法。

1. 解析技术

这是一种物流地理重心方法，它根据距离、重量或两者的结合，通过在坐标上显示，以物流节点位置为变量，用代数方法来求解物流节点的坐标。

2. 线性规划

这是一种最优化技巧，是一种广泛使用的战略和战术物流计划与设计工具，它一般是在一些特定的约束条件下，从许多可用的选择中挑选出一个最佳的方案。

3. 仿真技术

它通过模拟仿真（如电脑的三维显示技术）在选址与设计中的实际条件，来确定物流中心的选址与设计。物流园区选址主要确定设施的数量、地理位置、规模，并分配各设施所服务的市场范围。良好的物流园区选址规划，还应考虑所有产品的移动过程及相关成本，包括从工厂、供货商经中途库存点后到达客户所在地的产品移动过程及成本。如果是通过不同的渠道来满足客户要求，则会影响总的分拨成本。寻求成本最低的需求分配方案或利润最高的需求分配方案，是选址规划战略的核心所在。

4.2.5 物流园区选址用地规模的计算

1. 物流强度的计算

目前世界各国、各地区普遍认同采用物流强度作为估算用地规模的手段。物流强度可用单位物流量占地面积来表示。通过对物流强度的分析和预测，可粗略确定物流园区的未来用地规模。对物流强度指标，各国、各地区的统计口径不尽相同，有按吨计的，有按集装箱计的，也有按托盘计的。另外，影响物流园区规模的因素复杂不仅与物流需求有关，还与具体物流园区的性质类型、功能定位、物流职能有相当大关系。

2. 用地规模原则

在定量预测用地的基础上，还应该进一步明确确定规模的原则：与区域社会经济发展相适应的原则。物流园区规模确定以客观分析物流现状和未来发展趋势为依据，与城市和区域经济发展相适应。用社会各行业的统计数据对物流现状和未来发展进行定量、定性分析和预测，分析不同空间范围、不同功能类型的物流量，有助于对物流的分布、流量及结构形成客观的认识，从而为确定物流园区规模提供可靠依据。例如，日本和德国根据日均物流量的大小，作为确定物流园区的用地规模，见表 4-5。

表 4-5　根据日均物流量确定物流园区用地规模

项目名称	占地面积/km^2	日均物流量/t	每 1 000t 占地面积/km^2
日本安达园区(Adachi)	0.330	8 335	0.040
日本哈巴希园区(Habashi)	0.310	7 262	0.043
日本成彬园区(Keihin)	0.630	10 150	0.062
日本越谷园区(Koshigaya)	0.490	7 964	0.062
日本平和岛公路货物集散中心	0.223	5 500	0.041
德国奥格斯堡物流园区(Augsburg)	1.120	3 918	0.286
德国斯图加特物流园区	0.530	5 300	0.100

3. 内部和外部系统性原则

物流园区规划要坚持对内部的功能区进行合理的系统优化布局，在流线合理的前提下做到结构紧凑、减少土地占用。同时，要根据运输和配送距离、产品结构和货物种类来确定最佳的物流园区规模。

4. 适度超前原则

物流园区作为城市或区域内的基础设施，一旦建成则很难变动，因此应具有适当的超前性。物流园区建设超前于现有物流业发展阶段，其中一个主要目的就是引导物流（配送）中心的合理布局并为发展留有足够的用地。

5. 与市场需求相协调的原则

市场需求的大小直接决定了物流园区的规模。通过对需求层次和结构进行分析，确定相应类别的功能设施及规模，见表 4-6。

表 4-6　依据用地类别确定物流园区用地规模

用地类别	建筑密度	容积率	高层	备注
仓储设施	高(50% ~70%)	低(0.5 ~1.5)	低层	多功能仓储
货运、储运	低(<20%)	低(0.5 ~1.5)	低层、多层	货运、维修、养护
商贸	中(25% ~40%)	中(1.5 ~2.5)	多层	市场交易
物流商务服务	中(25% ~40%)	高(>2.5)	多层、高层	商务信息服务
包装加工	中(25% ~40%)	中(1.5 ~2.5)	低层	包装、加工、分解

4.2.6　物流园区选址流程及方法

1. 选址的流程

满足上述原则与要求后，剩下的就是园区位置的最终确定。物流园区选址的决策通常包括几个层次的筛选，是一个逐步缩小范围、更为具体的选择过程，如图4-2所示。

2. 物流园区选址方法

（1）层次分析法（AHP法）　层次分析法（Analytic Hierarchy Process，AHP）是由美国学者Saaty提出的多层次权重解析决策方法，它将决策者的经验判断给予量化，在目标（因素）结构复杂且缺乏必要的数据情况下更为实用，所以近几年来，此法在我国物流规划实际应用中发展较快。这种方法的特点在于对一个复杂的问题先把目标、准则、方案措施分层划分出来，再把方案两两比较进行评分，以解决无法定量分析的困难，然后进行综合评价，排出优劣先后次序。

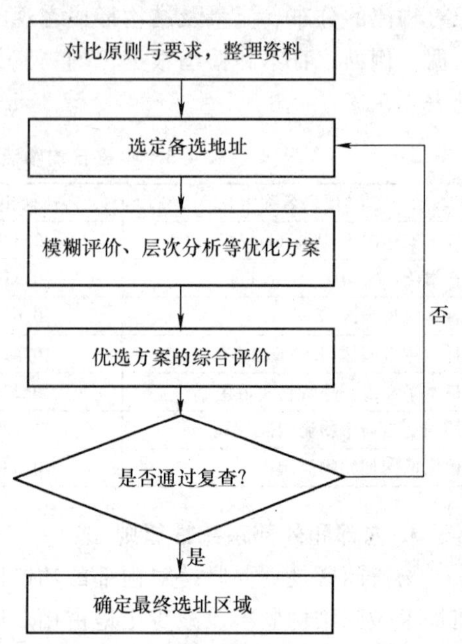

图4-2　物流园区选址的一般流程

应用AHP方法来解决物流园区选址决策问题一般有5个步骤，具体为：①明确问题：选择最优的物流园区地址。②建立层次结构：利用专家评价法得出关键评价指标，并建立目标与元素之间的层次结构。③建造判断矩阵：对每一层次各个准则的相对重要性进行两两比较，并给出判断。这些判断用数值表示出来，写成矩阵，即所谓的判断矩阵。④层次单排序：针对每一个准则给出各个备选的物流园区的评价值，构成一个备选物流园区对每个准则的判断矩阵，并求出其相应的权值。⑤层次总排序：计算每个备选物流园区的综合权重值，根据权值作为选择物流园区的依据。

（2）模糊评价法　模糊综合评价法是由我国学者汪培庄提出的，它是以模糊数学为基础，应用模糊关系合成的原理，将一些边界不清、不易定量的因素定量化，从多个因素对被评价事务隶属等级状况进行综合性评价的方法。物流园区选址规划涉及诸多约束条件，这些约束条件中往往难于描述或无法精确量化，如“预期经济效益”，而模糊评价指标集能够较好地解决这一问题，因此得到越来越多的使用。

模糊综合评价法的应用步骤：①确定模糊综合评价因素集；②建立综合评判的评价集；③进行单因素模糊评价，求得评判矩阵；④建立评判模型，进行综合评判；⑤评判指标处理，计算最终排序结果。

国内外多年物流园区选址规划的实践得出单一评价法存在这样一些问题：①没有一种十全十美的评价方法可以解决所有的需要，不同方法各有侧重；②选择何种评价方法受决策者主观影响较大，不同的人可能会运用不同方法得出不一致的结论，增加决策难度；③单一评价方法有时难以兼顾客观性目标与经济性目标，无法取得最佳的经济技术效益。因此在进行物流园区选址评价时有必要选用多种方法，取长补短。

学者们近来提出了许多“组合评价”的思路与方法，运用两到三种综合评价法解决复杂的多目标评价问题，收到了较好的效果。效果最好的组合为层次分析法与模糊综合评价法结合运用，即A-F法。

4.3 我国物流园区建设与运营模式

目前，我国物流业正处在一个蓬勃发展的时期，全国各大城市都在规划建设物流园区，形成了一股物流园区规划建设的热潮。但在物流园区的具体建设运营过程中出现了不少问题。

4.3.1 我国物流园区的划分

在我国，由于各地区与城市之间差异较大，不同地区物流园区类型不同，见表4-7。

表4-7 我国物流园区的划分

物流园区类型	依托条件	主要功能	示例
港口物流园区	港口	国际,国内分拨配送	青岛前湾港物流园区、宁波北仓港物流园区
空港物流园区	航空港	快运物流	上海东港物流园区、天津空港物流园区
公铁联运物流园区	公路、铁路运输枢纽	多式联运,分拨配送	北京良乡物流园区、郑州白庄物流园区
工业物流园区	经济开发区、工业园区、高新技术开发区	为生产提供物流服务	仪征石化物流园区、苏州工业区物流园区
保税物流园区	保税区	进出口保税加工物流	大连保税物流园区、青岛保税物流园区
综合物流园区	区位、交通、市场等优势条件	城市或区域综合物流中心	南京王家湾综合物流园区、深圳平湖物流基地

4.3.2　我国物流园区发展现状及问题

随着现代物流在我国的快速发展，作为现代物流系统高级节点的物流园区获得了较快的发展。国务院总理温家宝于 2009 年 2 月 25 日主持召开国务院常务会议，审议并原则通过物流业调整振兴规划，研究部署发挥科技支撑作用，促进经济平稳较快发展。会议确定了振兴物流业的九大重点工程，其中包括物流园区的建设，这就为我国物流园区发展提供了机遇和新的动力。但是，由于体系不完善和经济发展水平的制约，我国物流园区在规划和发展过程中存在诸多问题，主要体现在以下几个方面：

1）物流园区缺乏统一规划，重复建设严重。

2）物流园区的投资不合理，其规模和数量成为隐患。

3）物流园区的规划定位不明确，导致发展不理想。

4.3.3　我国物流园区规划和发展应把握的问题

1. 科学选址

（1）物流园区选址的基本原则

1）符合城市的总体发展规划。物流园区的选址必须与城市的总体规划相适应，因为在城市总体规划中已经确定了城市范围内用地的总体规划。

2）位于城市边缘地带，靠近货物转运枢纽。物流园区的用地规模通常很大，考虑地价因素，以及对环境和城市交通的负面影响，通常布置在城市边缘地带。为保证充足的货物需求及货物周转问题，物流园区应靠近货物转运枢纽。

3）靠近城市交通主干道的出入口处，对外交通便捷。物流园区内有大量的货物集散，为方便货物的出入，园区需要规划布局在交通便捷的干道进出口处。

4）充分利用现有的物流资源，预留足够的发展空间。为减少成本，避免重复建设，应优先考虑将现有仓储区、货场等改造成为适应现代物流业发展的物流园区。另外，物流园区的选址应预留发展空间，以适应经济发展要求。

（2）物流园区选址的影响因素

1）社会因素。物流园区选址要综合考虑以下社会效益：①能够较好地缓解对城市交通的压力；②尽可能减轻对城市居民的干扰，尤其要减轻或消除噪音干扰；③要尽量减少对大气的污染；④要考虑对生态环境景观的影响，有一定绿化覆盖率；⑤对候选地的气象、地质和水文条件等自然环境进行综合考虑。

2）经济因素。物流园区选址的经济效益因素包括：①因物流园区与工商业联系紧密，最好能靠近大型企业；②接近消费市场，一般位于城市边缘；③要求运输成本低，以便降低物流费用；④设计在地价较低的地方；⑤物流园区要能很好地带动区域经济的发展。

3）技术效能。物流园区的技术效能包括：①功能完备，既有综合性的配送中心设施，又有专业性的配送中心设施；②功能可靠，既能提供综合性的服务，又能提供专业性的服务；③多式联运协调、方便可达性较好；④靠近交通主干道，特别是靠近高等级公路主干道出入口，力求运输距离最短；⑤靠近公路货运集散中心。同时力求靠近铁路枢纽、港口和航空中心等。

（3）物流园区选址方案评价指标体系的建立　综合考虑已有的物流园区选址方案评价指标体系，结合实际情况，经分析得到：虽然影响物流园区选址的因素很多，但这些因素可概括为经济效益、社会效益和技术效能三个主要方面。

（4）应用层次分析法确定最优选址方案

1）对构成评价系统的目的、评价指标及替代方案等要素建立多级阶的结构模型，如图 4-3 所示。

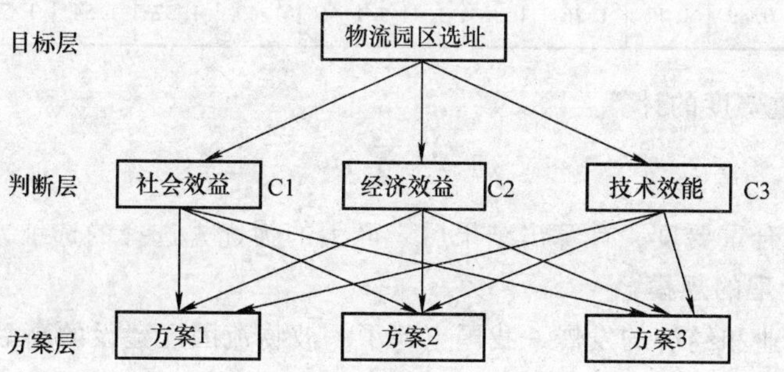

图 4-3　多级阶的结构模型

2）对同一级上的要素以上一级的要素为准则进行两两比较，根据评价尺度确定其相对重要度，据此建立判断矩阵。

$$A = \begin{pmatrix} a_{11} & a_{12} & a_{13} \\ a_{21} & a_{22} & a_{23} \\ a_{31} & a_{32} & a_{33} \end{pmatrix} \tag{4-1}$$

式中，$a_{ij} = \frac{a_{ik}}{a_{jk}}$为相对重要度；$a_{ik}$表示第 i 个方案第 k 个评价指标；a_{jk}表示第 j 个方案第 k 个评价指标。

3）确定各要素的相对重要度。

①将矩阵按行求：

$$v_i = \sqrt[n]{\prod_j a_{ij}} \tag{4-2}$$

②归一化：

$$w_{ij} = \frac{v_i}{\sum v_i},\ i = 1,\ 2,\ \cdots,\ n \tag{4-3}$$

4）一致性检验

定义计算一致性指标：

$$C.I. = \frac{\lambda_{max} - n}{n - 1} \tag{4-4}$$

式中，$\lambda_{max} = \frac{1}{n}\Sigma\left(\frac{(AW)_i}{w_i}\right)$；$n$ 为评价指标个数，显然随着 n 的增加，误差就会增加，因此使用一致性比值：

$$C.R. = \frac{C.I.}{R.I.} \tag{4-5}$$

式中，$R.I.$ 为平均随机一致性指标，表4-8为500样本平均值。

表4-8　平均随机一致性指标

阶数	3	4	5	6	7	8	9	10	11	12	13	14	15
R. I.	0.52	0.89	1.12	1.26	1.36	1.41	1.46	1.49	1.52	1.54	1.56	1.58	1.59

5）综合重要度的计算

$$W_i = \sum_j w_i v_{ij} \tag{4-6}$$

式中，W_i为综合重要度，计算出结果后，W_i大的为优先选择的选址方案。

2. 确定合理的规模

随着物流业和经济的发展，我国兴起了一波物流园区建设的高潮，然而，从当前的情况来看，结果却不尽如人意。许多地方一哄而上，导致很多地区的物流园区空置都很高。这就需要通过科学的需求分析，对物流园区的规模进行合理地确定。

（1）物流园区规模确定的步骤

1）划定物流园区的辐射范围。物流园区的辐射范围是指物流园区能够影响到的周边区域的大小，是以物流园区建设地为圆点，以规划的辐射距离为半径所画的圆，这个区域内的部分或者是全部物品会进入物流园区进行物流作业。

2）货运状况调查。对辐射范围内的货运情况进行调查：收集辐射范围内货运物品的名称、物品的类型、物品运输的起讫点，以及货运量的大小和物品的流向。在一个辐射区域内，物品的流向有两种，一为流入辐射区域，二为流出辐射区域。

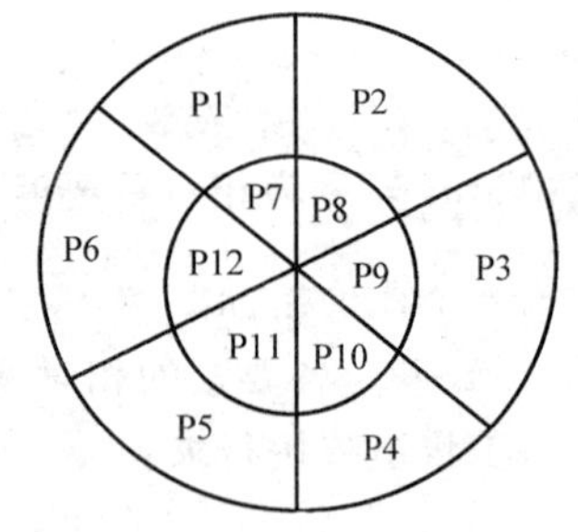

图4-4　辐射范围分区

3）辐射范围分区。物流园区对周边地区货运量的吸引力随距离增长而减小。如图4-4所示，为了计算方便，将物流园区辐射区域分为12个区。每个分区内都有从辐射范围外流入分区的货运量和从该分区流出辐射范围的货运量，该物流园区所吸引某分区的货运量与分区的中心距圆点的距离成反比。即离圆点中心近的地方吸引力大，和物流园区关系紧密，大部分物品都会被吸引进入物流同区内；

离圆点中心远的区域吸引力小，和物流园区的关系就小，物流园区能够吸引到的货运量所占的比例也小。

当然，具体分区的个数，应根据物流园区计划辐射的范围大小而定。如果范围很大就多分几个区，反之，则少分几个区。

4）进入物流园区仓库的货运量计算。由于有些比较特殊的物品，比如煤炭，很少会进入物流园区进行存储。在总的货运量里应该首先减去这些物品，剩下的是能够进入物流园区仓库的货运量，但是这部分货运量也仅仅是拥有了进入物流园区仓库的资格。由于存在吸引力随距离递减的原则，所以还要去掉一部分物流园区无法吸引到的货运量，得到的是物流园区能够吸引到的货运量。在物流园区能够吸引到的货运量中，再考虑物品的流向，当流向为流入辐射区域的情况时，流入物品都是要进入物流园区仓库进行存储的，则物流园区能够吸引到的货运量就是实际上进入园区仓库进行存储的货运量；当流向为流出辐射区域的情况时，流出的物品只有一部分会进入物流园区仓库，一部分物品不需要进行存储，一般情况下会选择直接运出辐射区域，这部分货运量称为直接运出货运量。在该流向上，物流园区能够吸引的货运量减去直接运出货运量才得到实际上进入物流园区仓库的货运量。

5）分区面积确定。物流园区内部的区域，分为主要区域和次要区域，主要区域包括仓储区、流通加工区、绿化区、交通道路，见表 4-9。

表 4-9　分区面积确定

仓储区面积	对物流园区的仓储区面积规划时，要按照设施设备能力计算出物流园区所能提供的仓储能力，对给定的物流量，如果设计能力高。较小的园区面积就可以处理，反之就需要足够大的面积来保证给定水平的物流能力
流通加工区面积	进入物流园区仓库的物品，有一定比例需要进行深加工，而流出辐射范围的物品也有一定比例要在物流园区进行深加工。这部分区域的面积的确定和仓储区相似，根据需要进行流通加工的货运量和流通加工能力来计算
绿化带和交通道路面积确定	绿化的面积一般是根据政府的要求来规划。如果当地政府没有明确规定，可通过各地绿化面积的平均比例来确定
次要区域面积确定	次要区域包括生活服务区、办公区、交易区、停车场和发展预留地，在保证主要区域的基础上，对次要区域的面积进行考虑。这些区域面积随着实际情况变化比较大。如果没有足够的使用面积，可以在物流园区规划时不设计该区域，或者缩减该区域的面积。总之，要对具体的情况进行分析，然后根据实际规划情况确定
总面积确定	将仓储区、流通加工区、绿化带、交通道路、生活服务区、办公区、交易区、停车场和发展预留地各区域的面积相加，就得到了物流园区的总面积

3. 选择合理的建设运营模式

（1）物流园区的建设运营模式分类　物流园区现有的建设运营模式大体上可以分为三类：建设运营相分离模式、建设运营一体化模式、建设运营交叉型模式。

1）建设运营相分离模式。建设运营相分离模式主要以“政府　企业”模式为主。该模式由政府负责物流园区的规划。政府财政拿出一部分资金用于物流园区的重大基础设施建设；而物流园区的其他配套设施建设及运营管理则完全是由股份公司来完成，政府所扮演的只是物流园区建设投资者的角色，并不参与物流园区的运营管理，物流园区的日常经济活动及各项管理都由企业来完成。

2）建设运营一体化模式。建设运营一体化模式又可分为“政府　政府”模式、“企业　企业”模式。这两种模式虽然都是建设运营一体化，但是在实践中还是有很多不同之处，两者最大的区别就在于一个是由政府完全负责，而另一个是企业完全负责。

3）建设运营交叉型模式。建设运营交叉型模式主要有“政府企业合作　企业”、“政府　政府企业合作”和“政府企业合作　政府企业合作”三种模式。它们的共同特点是由政府单独投资或者与企业按合适的比例共同投资建设物流园区的重大基础设施及其他配套设施，然后企业单独运营或者与政府合作共同运营。

（2）选择合理的物流园区建设运营模式　建设运营一体化模式共同的特点是建设与运营的主体相同，并且在建设与运营过程中单独承担的风险较大。

“政府　政府”模式的特点是有充足的资金来源及相关政策支持，但易造成政府承担风险过大现象，一般建议在地区物流需求量较大，区域优势明显等情况下采用。

“企业　企业”模式的特点是能形成项目筹资、建设、运营、还贷等责任完整和科学的项目管理体制及机制。但与前一种模式相比，没有政府大比例投资的有力支持，项目法人对于建设和运营的巨额资金筹集有较大的难度。建设运营相分离模式的主要优点是可以规范化运作物流园区，即使入驻方与建设方重叠也不会导致不正当竞争。缺点是企业在物流园区的经营管理中需要单独承担风险。

“政府企业合作　企业”模式的主要特点是在物流园区的建设过程中能够保证充足的资金来源和相关的政策支持，这种模式可以缓解建设主体对物流园区管理企业的干扰。

“政府　政府企业合作”模式的主要特点是可以享受政府的相关政策支持，但政府在物流园区的建设过程中需要单独承担风险。

“政府企业合作　政府企业合作”模式的主要特点是有充足的资金来源及相关政策支持，在物流园区建设与运营过程中的风险可以共担，收益可以共享，符合市场竞争的需要。结合国外 PPP（Public　Private Pannership 公共与私人共同参与）模式成功建设运营的经验，以及我国物流园区建设运营的情况，应该选择“政府企业合作　政府企业合作”的模式。

4.4　我国物流园区的发展分析

物流园区是近年来我国现代物流发展中出现的新事物，在已经制定物流发展规划（或纲要）的省区市和经济中心城市都提出物流园区的规划建设问题。据粗略估算，列入各地规划的园区（或物流基地、物流中心等）已超过 200 个；有的已经开工建设，有的陆续投入运营，还有的仍然停留在“纸面”上。有的物流园区虽然建起来了，但却出现园区无人入驻的现象。据调查，我国目前物流园区的空置率高达 60%。面对全国各地如火如荼的物流园区建设，我们应冷静思考，对于具体城市物流园区应如何建设？应该采取什么样的发展模式？对我国城市物流园区模式进行分析，或许能得到一些有益的启发。

4.4.1　我国城市物流园区的空间布局模式

物流园区是对物流组织管理节点进行相对集中建设与发展的具有经济开发性质的城市物流功能区域。同时，也是依托相关物流服务设施进行与降低物流成本、提高物流运作效率和改善企业服务有关的流通加工、原材料采购和便于与消费地直接联系的生产等活动的、具有产业发展性质的经济功能区。我国既有物流园区在空间布局上主要具有以下特点。

1. 依托运输组织枢纽进行布局

物流园区往往伴随着枢纽港口、机场、铁路货站（场）、公路运输主枢纽进行布局，或直接与运输枢纽合而为一，最大限度地利用运输组织枢纽在货源集中和运输便利上的优势，以减少装卸和搬运作业环节和降低相关环节的费用，提高物流作业效率。以交通运输方式直接冠名的物流园区，均属于此种布局。

2. 依托交通枢纽进行布局

此类物流园区在空间布局上的突出特点是位于两种运输方式的线路交叉点，或不同方向的同一种运输方式的干线网络节点上，目的是在物流组织时具有各个方向上的干线大运量、快捷运输组织条件，也便于降低运输成本和减少迂回运输。区域型的物流园区和商贸流通型物流园区，多采用此种空间布局方式。

3. 依托制造业基地进行布局

经过十多年的发展，我国相当数量的经济开发区、工业开发区、产业园区、保税区等形成了规模。逐步成为自身具有配套生产能力，或者成为进出口加工工业的制造中心，对规模化的物流服务与组织需求较大。因此，许多物流园区依托这些产业集中地进行布局，以便为制造业的原材料采购、产品生产、产品销售等的物流组织与管理提供便捷的服务。如苏州现代综合物流园区、浙江传化物流基地、顺德保税物流基地等。

4.4.2　我国物流园区开发模式

各国物流园区的建设离不开政府和物流企业这两大主体。作为两大主体，政府和物流企业在物流园区的开发建设中各尽其职，各取所需。从我国物流园区的开发模式来看，主要也是这两种，即以政府为主导的自上而下建立的模式和以企业为主导的自下而上模式。

1. 自上而下模式

物流园区作为重要的基础设施建设项目，投资规模一般较大。它作为一种以降低社会总成本为终极目的的基础产业，政府在给予必需资金支持的同时，还需要在政策的制订，运作秩序的建立和维护方面发挥不可取代的作用。也就是说，政府在物流园区的开发建设中既是基础条件的创造者，又是运作秩序的维护者。政府在物流园区的建设中始终起关键作用，这种园区一般实行自上而下模式，由政府牵头成立专门的公司或委托专业的物流公司进行运作。

2. 自下而上模式

随着我国物流经济的不断发展，一些传统的运输、包装、配送、设备制造等企业日臻成熟，一些地区的物流市场需求已经达到一定成熟阶段。在这种情况下，一些在行业中较有影响力的物流公司或独立或联合成立物流园区，通过积聚的形式把众多物流资源进行有效的整合，充当第三方或第四方物流的角色。这种模式大多是企业自行发起成立，但他们大多需要得到政府在各种政策上的支持，这些物流园区一般具有很强的市场操作经验。

从目前来看，我国物流园区大多是自上而下模式，但从发展趋势来看，随着各地物流基础设施建设的不断完善和物流市场的不断成熟，自下而上模式将会不断增加。

4.4.3 我国城市物流园区发展模式分析

国内的物流园区的规划和建设应该着眼于拟建园区的实际，包括交通、市场、需求、环境、政策、规模、园区的整体定位等综合因素。考虑到我国的经济发展特点和对发展物流的需求，总体上来讲，我国中心城市物流园区在发展模式上可能的选择有四种，即经济开发区模式、主体企业引导模式、工业地产商模式和综合运作模式。

我国的现阶段的物流园区的开发是对经济开发区模式、主体企业引导模式、工业地产商模式等进行综合使用。具体开发方式主要有：

1. 政府规划，物流企业主导

政府统筹安排物流园区用地，通过招商引资把企业吸引进来，企业征得土地后自行开发建设。该模式由于各企业从自身利益出发，各自为政。因此，园区整体布局比较混乱，与政府最初设想相差甚远。目前，广州花都、白云等地区均采用这一开发模式。

2. 政府规划，工业地产商主导

政府对物流园区进行统一规划，然后由工业地产商进行统一开发建设。建成后，物流企业通过租赁或出让的方式进入到物流园区，工业地产商负责园区的物业管理。该模式要求投资量很大，但统一建设可以使园区布局合理。能够采用这种模式的往往是那些占有战略性资源的物流园区，如依靠空港、海港的物流园区。

3. 物流企业自主开发

物流企业根据市场需求，自行征用土地、自行开发建设企业物流中心。广州市黄埔区和经济技术开发区目前采用这一模式，如信义物流。

这种模式是先规划好园区（确定用地），然后把场地批给企业开发建设；或是由政府在已有物流企业聚集的地区规划物流园区后，再引导更多的物流企业进园来参与开发建设。但是，这种模式由于缺少有效的政府引导，物流企业往往从自身利益出发，在征用的土地内独立开发建设。政府在采取这一模式时，应加强对这一模式引导，加强园区规划管理的力度，通过一定的方式使物流企业从整个园区的角度来开发建设征用的土地，严格按照土地使用性质进行开发，避免园区土地利用的混乱。此外，在港口型的物流园区，由于其对战略性资源的垄断使其处于供方市场，一般使用第一种开发模式，即“政府规划，工业地产商主导”的模式。

4.4.4　我国城市物流园区管理模式

物流园区的管理模式是指物流园区为实现发展目标而采取的决策、组织、管理形式。从本质上来看，园区管理就是协调各方面的利益关系，包括政府、投资人、物流企业、客户和消费者。

一个组织采取哪种管理模式，取决于组织目标、组织历史、内外部环境等诸多要素。具体说来，物流园区的管理模式受物流园区的建设目标、投资主体、政府与行业协会的作用、园区功能这几个因素影响。

物流园区作为一个特殊的组织，其管理模式可以有 5 种类型：管理委员会制、股份公司制、协会制、业主委员会制和房东制，见表 4-10。

表 4-10　物流园区管理模式

管理模式	管理特点
管理委员会制	政府仿照开发区的管理模式，组建管理委员会对物流园区进行管理，提供企业登记、土地使用、人事代理等服务，物业管理等具体工作则委托专业公司来做。这种形式适合规模很大的物流园区
股份公司制	采取公司制管理园区，设立董事会、总经理、监事会与相关部门，按照责权利相结合的原则对园区进行管理。如果开发商是物流龙头企业，采用这种模式的可能性比较大
协会制	由物流行业协会负责整个园区的经营管理，组织、协调园区企业开展物流服务。这种形式和业主委员会制的不同在于，协会所代表的物流企业更加广泛，协会只是组织者，并没有对园区进行直接投资
业主委员会制	参与园区开发建设的物流企业组成业主委员会，成为园区决策机构，组建管理部门负责具体的经营
房东制	投资商完成土地开发、基础物流设施建设之后，把土地、仓库、办公楼、信息平台等设施出租给物流公司，投资商自己成为“房东”，只收取租金，不参与经营。园区为企业提供的服务职能则由政府有关部门提供，或者委托给专业公司

这几种模式很大程度上是园区投资主体决定的，各有优劣。管理委员会制行政色彩比较强，能较好体现政府规划的意图；股份公司制运营效率较高，但可能片面追求效益；业主委员会制和协会制决策层比较松散，难于取得一致意见，效率较低；房东制纯属投资行为，对整个园区的开拓能力较差。

究竟采取哪种管理模式较好，需要围绕园区的发展目标，充分发挥园区的综合物流功能，体现高效、公平的原则。园区的综合物流功能的发挥需要众多物流企业的参与、企业之间进行良好的分工协作，共同为客户提供全方位的物流服务，满足城市生产与消费物流的需求；高效是指园区管理能够对市场做出快速反应，各项业务能在尽可能短的时间内完成。市场经济条件下，任何一个组织都面临市场问题，而运营效率是在市场上制胜的关键；公平则是指园区管理机构应该对园区内不同规模、不同类型的企业一视同仁，鼓励公平竞争，防止垄断、恶性竞争的发生。

4.4.5 我国城市物流园区赢利模式分析

根据国外物流园区的发展经验，其投资回收期大约为 15 年。主要原因是物流园区投资大，赢利途径有限，投资回报缓慢。在我国，由于地价相对更为低廉，同时物流园区大多利用了原来的仓储设施存量。因此，理论上来说，应该更为看好其赢利前景。由于投资主体的不同（有的以政府为主，有的以企业为主），以及物流园区功能上的不一样，各园区投资者有着不同的赢利能力，回报率也不一样。本节仅仅只对物流园区的赢利模式进行概括性的分析。总的来说，物流园区的赢利主要来自五个方面，即土地增值、出租收入、服务费用、项目投资收益及其他收益。

1. 土地增值

对于园区所有者与经营者来说，均将从土地增值中获取巨大收益。所有者（即初期投资者）从政府手中以低价购得土地，等完成初期基础设施建设后，地价将会有一定的升值，而到物流园区正式运营后，还将大幅上涨。对于经营者（即物流运营商）来说，土地的增值将能提高其土地、仓库、房屋等出租收入。在日本，运作最为成功的东京物流园区，其物流园区的主要赢利即来自土地价值的增长。

2. 出租收入

园区所有者与经营者按一定比例对出租收入进行分配。

（1）仓库租赁费用　经营者将园区内所修建的大型现代化仓储设施租给一些第三方物流商、生产型企业等，从中收取租金，这是出租收入主要来源之一。

（2）设备租赁费用　将园区内一些主要的交通设施如铁路专用线、物流设备如装卸、运输设备等租给园区内企业使用，收取租金。

（3）房屋租赁费用　主要包括园区里面一些办公大楼及用作各种其他用途的房屋租金。以浙江传化物流基地为例，该基地的交易中心总建筑面积 10758m^2，营业用房总面积 7476m^2，交易大厅近 600m^2，共三层，有 300 多间商务用房，建成不到一年，该基地已吸引逾 200 家第三方物流企业和 93 家第三产业的企业入住，仅房屋租金就可以收回除土地外的一半支出。

（4）停车场收费　物流园区凭借强大的信息功能，吸引众多运输企业入驻，园区内修建现代化的停车场，也将收取一定的停车费用。

（5）其他管理费用　主要包括物业管理费、园区示范参观费等其他费用。

3. 服务费用

（1）信息服务费用　这是最主要的服务费用之一。一是提供车辆配载信息，帮助用户提高车辆的满载率和降低成本，并从节约的成本中按比例收取一定的服务费。二是提供商品供求信息，可以为园区内的商户服务，从本地和周边地市配送他们所要进的各种商品，以降低他们的经营成本；同时可以专门为社会上大的商场、批发市场和广大客户服务，为他们从全国各地集中配送他们所需要的各种商品。在收费方式上采取按成交额提取一定比例的中介费的方式。

（2）培训服务费用　利用物流园区运作的成功经验及相关的物流发展资讯优势，开展物流人才培训业务，从中收取培训费用。

4. 项目投资收益

对于园区所有者来说，还可以根据自己看好的物流项目，如加工项目、配送业务等进行投资，从中获取收益。

5. 其他收益

园区运营商还可以通过增资扩股、融资中介、上市等方式获取收益，也包括技术服务、系统设计等服务费用。

在国外，一个经济发达的区域也至多不过几家物流园区，而在我国某些城市动不动就是几家，甚至十几家物流园区；而这些物流园区往往缺乏规划，布局不合理，缺乏有效的开发、管理及盈利模式。我国现在缺的不是物流园区，而是物流园区规划、开发、管理及盈利的思路，让物流园区真正发挥功能的模式。

【经典案例】

太阳桥物流园的成功运作

1. 基本情况

太阳桥物流园是由湖南和立东升置业投资有限公司按照世界先进的现代“四维立体物流经营模式”进行科学规划并投巨资兴建的，是湖南省发改委批准立项的重点项目，已被列入湖南省“十一五”现代物流发展规划。物流园位于107国道、岳阳大道、白石岭路、畈嘴路四大交通要道的中心，与京珠高速、武广高速铁路比肩而立，占地面积680亩。

2. 案例介绍

湖南岳阳太阳桥物流园区信息化系统是在天骄物流公共信息平台的基础上扩展研发而成的，既充分继承了天骄物流公共信息平台的系统特色，又融入了物流园区的专业化需求。体现了建立在信息技术高度发达、现代供应链思想一体化基础上的设计思想。

该系统包含了园区通关电子监管子系统、供应商管理库存子系统（VMI）、园区作业管理子系统（WMS/TMS/DMS）、园区门户及电子商务平台子系统（E-Portal/EC）、供应链数据交换及集成子系统（EDI/EAI）及客户服务及计费子系统几个重要组成部分。

一方面，园区受益。岳阳太阳桥物流园区通过对本系统的使用，使得通关速度加快，提升企业物流服务效率；操作简易，信息录入量少，减少企业操作成本；物流增值服务能力提升，增加了物流利润；加强行业“多赢”合作，提高企业核心业务能力；提升企业的供应链整合能力，使物流跟踪和电子商务更有意义。

另一方面，园区企业受益。货物托运企业能及时托运货物，降低时间成本；物流运输企业大大提高了货物运输的满载率，使得运输车辆往返均不放空，节省了油料的使用，同时减少了尾气的排放，适应目前工业节能环保方向的发展趋势。

3. 案例分析

（1）企业背景　天骄坚定目标：打造中国物流公共服务第一品牌！公司是一家横跨电子商务和现代物流两个领域，并专注于物流行业公共信息服务系统建设及互联网增值业务开发的高科技企业。也是湖南省唯一一家专业从事物流公共服务系统的龙头企业。

公司成立于1995年，注册于长沙高新技术产业开发区，注册资本1000万元。

天骄团队倡导以客户为中心，以成果为导向的核心价值观；营造尊重、学习、融合、快乐的文化氛围；核心管理团队拥有多年的行业经验以及对产业发展的深入理解。公司现有员工148人，其中博士1人，硕士研究生6人，本科以上学历的员工占公司总人数的40%，其余均为大专以上学历。天骄团队以特有的颠覆传统、敢为人先、勇于面对、求真务实的天骄精神在行业中抒写着传奇。

天骄公司现为中国物流与采购联合会常务理事单位；湘物联常务理事会员单位。2007年获得了湖南省通信管理局颁发的中华人民共和国增值电信业务经营许可证；08年通过了湖南省电子信息产业厅的“双软”认证。

目前公司开发的主要产品有：物流信息服务共享系统、物流行业数据资料系统、诚信保障系统、电子支付系统等。至今已承担起湖南省物流行业信息化建设的重任。

物流信息服务共享系统（天骄快车）在行业影响极大。目前每天的有效信息量有1万多条，网站日点击率达到1万多次，客户端用户平均在线时间为6h左右，服务客户覆盖湖南、湖北、四川、贵州、云南、重庆、江西七个省市。

天骄快车的推广使用，为流通领域物流效率的提升，起到了关键作用：货物因为物流配载的原因占用的流转时间大大缩短。经济效益、社会效益、生态效益十分明显，有力地促进了现代物流的科学健康发展。

（2）需求分析　物流园区是整个物流系统的集中信息汇集地和指挥地。综合性、大规模的物流园区，同时也是指挥、管理和信息的中心，通过园区将信息集中，达到指挥调度的功能。现代物流企业面向的是供应链管理环境，没有良好的管理信息系统的支持几乎无法展开在市场中的竞争，但是信息化的风险和巨额的投资又使一些中小物流企业观望不前。物流园区通过引入技术较为成熟的信息系统，同时也将这些物流企业在能力和管理上整合起来，通过整合园区内各企业的信息系统，形成一个统一的指挥管理中心，提高了整个园区工作的效率。而通过信息技术的运用也让中小物流企业获得了信息化管理带来的优势，逐步建立起具备现代管理水平的企业制度和文化，从而推动了整个产业管理的信息化。

（3）解决方案　公司从物流园区的实际需求出发，凭借多年来在物流行业积累的实战经验，天骄物流信息科技有限公司为各物流园区精心打造了一套物流园区信息化建设的完全解决方案。使部分办公业务活动物化于设备之中，信息在部门内部和部门之间传递效率极大提高，信息传递过程的耗费降到最低，从而大幅度提高办公效率和核心竞争力，完善企业的日常管理，避免人为的疏忽漏洞，给企业传统的工作方式和手段带来深刻变革，实现司机、经营户的快捷、高效配载，物流园区的科学经营和管理，极力将企业打造成标志性龙头企业。

物流园区信息平台的总体功能包括，进行各种物流数据的采集、整理、传输、储存、统计和分析；物流服务全过程的电子化管理；全方位的客户关系管理；智能化实时事务处理和紧急事件处理；物流服务全过程监控、调度和管理；为各个物流企业提供一定标准的接口，并提供可重新组合的功能模块；信息充分交互和共享，减少因信息不对称造成的时间延误和其他损失；合理整合和调度区域内一切物流资源，提高设备使用率等。

（4）系统架构　系统由三层或多层结构组成，支持大用户量并发访问。从物理结构上讲系统由 WEB 服务器、应用服务器、数据库服务器组成。系统的架构体系解决了物流行业现行“信息孤岛”问题，充分利用各个物流园区的信息，并将这些信息过滤、清洗，转换、整合到综合数据库中，从而达到互联互通和信息共享，并且通过对数据的分析统计为以后物流行业战略化发展提供数据依据。系统总体结构采用 BWD 和多层 C/S 相结合的方式，系统流程分为两路：一路是通过浏览器访问 WEB 服务器，再通过 WEB 服务器访问应用服务器；另一路是通过前端应用访问应用服务器，再通过应用访问数据库。一般地讲，查询、比对、统计等可通过浏览器/WEB 服务器进行处理；系统管理、系统维护可通过多层 C/S 方式进行处理。

（5）功能设计

1）智能停车场管理。传统停车场管理存在着管理成本高、劳动强度大、服务效率低、资金流失和车辆失窃严重等各种弊端，无法保障投资者的收益及停放车辆的安全，因而严重制约了停车场事业的发展。图像型感应卡停车场管理系统借鉴了国际上发达国家同行业的先进管理模式，采用了国际上最先进的感应式 IC 卡、单片机及微型计算机技术，结合我国实际情况开发了具有完全自主知识产权及核心技术的停车场管理系统。

该系统采用非接触式 IC 卡为车辆出入停车场凭证、以车辆图像对比管理为核心的多媒体综合车辆收费管理系统。该系统将先进的 IC 卡识别技术和高速的视频图像存储比较相结合，通过计算机的图像处理自动调出，人工进行对比，对车辆进出停车场的收费、保安和管理等进行全方位管理，具有方便快捷、收费准确、稳定可靠、适合国情、安全性好、形式灵活、功能强大等众多优点。该系统自开发使用以来，经众多用户的使用证明，该系列产品能够有效地解决人工管理停车场所存在的问题，深受来场司机与园内经营户双方的好评，其有效解决了以下问题：停车场内车辆丢失；未经授权的车辆擅自进入车场；收费漏洞太大，无法避免人情车的进入；停车场管理人员太多，成本过高；提高物业管理的车辆管理水平；与电子大屏幕系统业务协同，将来场车辆及来场目的实时发布，达到快速配载的目的，给来场司机朋友节省停留时间，并带来了直接的经济效益。

2）经营户管理。物流园区是将众多物流经营户聚集在一起，实行专业化和规模化经营，发挥整体优势，促进物流技术和服务水平的提高，共享相关设施，降低运营成本，提高规模效益，作为园区内的核心组成部分，有效地管理好经营户将达到事半功倍的效果。

主要功能包括经营户信息登记、经营户信息查询、经营户缴费向导、经营户历史缴费查询等。

3）园区内资产管理。固定资产管理信息系统将实现对于物流园区中所有固定资产的管理功能。系统实现固定资产的网上申请、实时统计、实时分析，及时掌握资产的各项情况，信息反馈及时、准确，能够辅助全局宏观调控，缩短决策周期，实现对于固定资产使用的审核、监督，形成先进的管理模式。

系统实施以后，用户随时可以进行资产的盘盈、报废、盘亏、处置、保险、出租、出借、租入、调拨等业务申请，固定资产相关负责人可以随时进行审批，申请单位可以尽快地获得审批的结果。这样既提高了工作效率，又缓解了财务资产处各科室的工作压力。

系统实行之后，各单位使用系统中所生成的报表进行数据统计，统计后形成的报表格式、内容均比较灵活多变、层层深入，其立体性、全面性、可分析性都将得到很大的提高。财务资产处和管理局领导将可以查看到所有单位的所有数据，系统报表形式的多样化、可分析性将帮助领导更好地监控各二级单位的各项资产使用、报废等情况。

系统的投入使用减少浪费，提高资产的利用率，直接降低企业运行成本。可以使企业的固定资产管理工作更加规范化、制度化、科学化，提高固定资产的利用率、完好率，使其发挥更大效益。

4）电子大屏幕系统。为更好的服务进场司机，在物流园区的货运交易大厅内安装一块大型 LED 显示屏，用来给司机朋友浏览本物流园的最新有效的货运信息；以及穿插播放一些物流园区广告、经营户广告、相关通知、司机问候语；当抽奖活动启动时，用来直播抽奖全部过程；这样司机不用挨家挨户地寻找货源信息，使得配载更有目的性，效率更高，更快捷。其主要作用如下：发布园区内重要公告及投放经营户广告；与天骄快车公共信息服务平台相结合，了解最新的配载资讯；实时播放园区内车辆入场出场信息、来场目的，实现园区内快速配载。

5）财务报表。园区内财务报表主要对以下三种进行分类统计。

①经营户续费：经营户与园区门面采用合同租赁方式，经营户续费针对合同到期的进行续费。②资产借出收费：对各经营户借用园区内资产进行收费。③LED 广告收费：指客户在物流园区大厅内 LED 投放广告的费用。

报表形式多样化，层层深入，高效直观地展示了园区内的财务状况，为园区内科学化管理提供了有力的数据保障。

6）内部办公自动化。

①工作计划模块：园区内部管理人员工作计划管理；②工作报告模块：工作总结情况，周总结、月总结等；③文档管理模块：园区相关文档、合同、档案进行备份；④公告通知模块：下发内部通知，节日问候等。

7）企业形象网站。在当今市场越来越激烈的竞争环境下，产品与技术趋于同质化，企业的发展壮大必须依靠品牌和规模，实施品牌策略已经成为众多企业加强竞争力的方式，品牌信息的传播需要高效媒体，互联网是新兴的媒体，通过网站建立品牌形象已经成为企业营销工作中的重要内容。

8）技术支持服务承诺。作为在业内享有良好声誉的系统研制与开发单位，公司将对系统采用和安装的设备提供一年的免费保修和升级服务。公司有一支经验丰富，技术精湛的技术顾问队伍作为重要项目的技术支持，这些顾问将帮助一线的技术队伍分析处理疑难问题。

（6）方案实施 完成实施周期大约 15 个工作日。

1）实施需求调研。

2）信息采集：物流园区联系人，园区内网络环境，与原有系统数据交换标准、数据接入方式。

3）园区内经营户信息：经营户数量，经营户名称，联系人，联系电话。

4）培训计划。为拟实施该项目的物流园区和园区内经营户提供免费的集中培训。

① 培训目标：使参加培训的学员了解物流园信息化系统，具备自行使用、操作系统的能力。周期为半天。

② 实施数据与培训材料：《物流园区信息化管理系统用户使用手册》；《物流园区信息化管理系统简介》；《物流园区信息化管理系统培训教程》。

③ 实施信息归档。《阶段性实施日志》、《实施工作报告》。

(7) 效益评估　目前，中国物流正处于蓬勃发展时期，全社会物流产业的发展动力既有来自市场物流需求的推动力，也有来自社会物流产业规划的驱动发展能力。物流园区的建设作为社会物流产业整体规划的一个重要组成部分，也被提到了中国物流产业发展的战略高度。物流园区信息化的建设可以使货运交通更有序，有利于缓解城市交通压力；减少了城市由于不合理的物资流动而造成的交通混乱、物流效率低下，减小物流对城市天南地北的种种不利影响，废弃物的集中处理问题；有利于集约资源和统一管理，提高物流经营的规模效益。园区还可以共享此基础设施和配套服务设施，降低运营成本和费用支出，获得规模效益。

4. 案例小结

我国物流行业起步较晚，随着国民经济的飞速发展，物流业的市场需求持续扩大。进入21世纪以来，在国家继续加强和改善宏观调控政策的影响下，中国物流行业保持较快增长速度，物流体系不断完善，行业运行日益成熟和规范。

今后，中国物流产业将进入更高层次的发展阶段，并呈现一些新的发展趋势与特征。第一，伴随着国民经济的快速稳定发展，物流产业规模将继续快速扩张。第二，与经济结构和产业布局调整相适应。物流产业的集中度进一步提升。第三，随着物流市场的进一步扩大，物流产业内的分工将越来越细。第四，物流服务方式日益多样化。以现代信息技术、运输技术、管理技术为基础的集成化、一体化物流服务将得到更为广泛的应用。第五，物流产业技术进步与创新步伐加快，现代化水平进一步提升。第六，合作互动将成为物流产业实现规模扩张、协调发展的重要途径。第七，物流产业发展的制度环境日趋规范，市场秩序与环境条件进一步优化。

思　考　题

1. 什么是物流园区？它应该包括哪几个方面的内容？
2. 物流园区的发展经历了哪几个阶段？
3. 物流园区的功能定位有哪些？具体的物流园区功能设置包括哪些方面？
4. 物流园区有哪些分类方法？
5. 物流园区功能布局目标有哪些？物流园区功能布局规划过程中遵循的原则有哪些？
6. 物流园区的选址原则有哪些？物流园区选址须考虑的因素有哪些？
7. 物流园区选址用地规模的计算的原则有哪些？
8. 我国的物流园区有哪些类型？我国物流园区的发展存在哪些问题？
9. 我国物流园区规划和发展应把握的哪些问题？
10. 我国城市物流园区的空间布局模式有哪些？我国物流园区开发模式有哪些？
11. 简单分析我国城市物流园区发展模式和管理模式。

第5章　配送中心规划与设计

随着我国物流业的发展，配送中心在我国物流业中的作用显得越来越重要。配送中心作为一种先进的物流活动组织形式，其目的是通过组织集货、加工、包装和配货，并以最经济的运输方式送达客户的活动，以期最大限度地降低流通时间和流通费用，实现少库存甚至零库存，使社会生产总成本最小。而物流配送中心的规模、选址等方面将决定配送中心的作用。属于物资集散类型的如大型物资仓库，它主要在物流系统中起调节和缓冲作用，解决供需节奏或批量不平衡的矛盾。属于转运类型如港口码头、空港等，其作用是实现运输方式的转换（海—陆、空—陆）。同时物流配送中心的布局位置、功能规划、规模设施、运营体制的合理确定，对于城市的发展也具有决定性的意义。随着我国经济的发展，配送中心的作用会越来越大，它的规划设计考虑的因素也会越来越多，我们在对配送中心规划时，一定要按照规划的内容和程序严格办事，全方位考虑各方面的因素，综合评价各个预选方案，选择适合企业营运目标、适合当地经济发展要求、满足当地物流业发展要求的方案，来确定配送中心的规划和建设。

5.1　配送中心的功能与作用

5.1.1　配送中心概念

1. 配送中心的定义

（1）配送　在经济合理区域范围内，根据用户要求，对物品进行拣选、加工、包装、分割、组配等作业，并按时送达指定地点的物流活动。配送是一种特殊的、综合的物流活动形式，它将商流与物流紧密结合起来，既包含商流活动，也包含物流活动中若干功能要素，是物流的一个缩影或在较小范围内的物流活动。一般情况下，配送活动包括7个环节：进货→储存→分拣→配货→分放→配装→送货。

（2）配送中心　配送中心是根据用户的订单和销售预测，进行规模化采购、进货、保管，并按客户订单所需商品种类及数量，从事货物配备（集货、加工、分货、拣选、配货）和组织对用户的送货，以实现销售和供应服务的现代的物流场所。在国家标准GB/T 18354—2006《物流术语》中将配送中心定义为“从事配送业务的场所或组织”，并规定了其基本要求：主要为特定的用户服务，配送功能健全，完善的信息网络，辐射范围小，多品种、小批量；以配送为主，存储为辅。

配送中心就是从事货物配备（集货、加工、分货、拣选、配货）和组织对用户的送货，以高水平实现销售和供应服务的现代流通设施。配送中心是基于物流合理化和发展市场两个需要而发展的，是以组织配送式销售和供应，执行实物配送为主要功能的流通型物流节点。它很好地解决了用户多样化需求和厂商大批量专业化生产的矛盾，因此逐渐成为现代化物流的标志。

配送中心不仅是物品配送的场所或组织，也是整个流通过程的“中心”。国外配送中心的定义是广义的配送中心，英语是“Distribution Center”，也是物流中心的意思。而国内配送中心的定义是具体执行末端物流，即以配送方式执行末端物流的基地，是狭义的配送中心，英语是“Delivery Center”，而不是“Distribution Center”。物流中心和配送中心是不完全相同的设施，物流中心更综合一些、更概括一些、更宏观一些，而配送中心只是物流中心的一种主要形式，更专业、更具体、更微观一些。为了更好地满足用户在商品处理的内容上、时间上和服务水平上的更高要求，必须引进先进的分拣设施和配送设备，建立正确、迅速、安全、廉价的作业体制。

2. 配送中心的分类

配送中心是一种新兴的经营管理模式，具有满足多量、少样的市场需求及降低流通成本的作用。但是，由于建造企业的背景不同，其配送中心的功能、构成和运营方式就有很大区别。因此，在配送中心规划时，应充分注意配送中心的类别及其特点。配送中心的具体分类方式如下。

（1）根据配送中心运营主体不同分类　根据配送中心主体不同，可分制造商型配送中心、批发商型配送中心、零售商型配送中心、专业物流配送中心和公共服务业为主体的配送中心。

1）制造商型配送中心 M. D. C（Distribution Center built by Maker）。制造商配送中心是以制造商为主体的配送中心。这种配送中心里的物品 100% 是由自己生产制造，用以降低流通费用、提高售后服务质量和及时将预先配齐的成组元器件运送到规定的加工和装配工位。从物品制造到生产出来后条码和包装的配合等多方面都较易控制，所以按照现代化、自动化的配送中心设计比较容易，但不具备社会化的要求。例如，海尔物流中心就有采购件和制成品两个自动化仓库，共有 14 个巷道、19536 个库存货位。采购件自动化仓库负责向装配线工位准时地配送零部件；制成品自动化仓库负责向全国 42 个分销配送中心准时地配送制成品。

2）批发商型配送中心 W. D. C（Distribution Center built by Wholesaler）。批发商型配送中心是由批发商或代理商所成立的配送中心，以批发商为主体的配送中心。批发是物品从制造者到消费者手中的传统流通环节之一，一般是按部门或物品类别的不同，把每个制造厂的物品集中起来，然后以单一品种或多种搭配向消费地的零售商进行配送。这种配送中心的物品来自各个制造商，它所进行的一项重要的活动是对物品进行汇总和再销售，而它的全部进货和出货都是社会配送的，社会化程度高。例如，保加利亚索菲服装配送中心，由样品陈列室、批发洽谈室和保管多家服装制造厂的各种服装的高层自动化仓库等组成，客户在陈列室看样品，在洽谈室进行商务谈判后，配送中心就负责准时地把所需服装送达客户，集贸易和配送于一体。

3）零售商型配送中心 Re. D. C（Distribution Center built by Retailer）。零售商型配送中心由零售商向上整合所成立的配送中心，以零售业为主体的配送中心。零售商发展到一定规模后，就可以考虑建立自己的配送中心，为专业物品零售店、超级市场、百货商店、建材商场、粮油食品商店、宾馆饭店等服务，其社会化程度介于前两者之间。例如，北京食品配送中心，它储存各种各样的冷冻食品，如各种鱼、虾、肉类等，每天接受各大宾馆、饭店的订货，并准时迅速配送、到达。

4）专业物流配送中心 T. D. C（Distribution Center built by TPL）。专业物流配送中心是以第三方物流企业（包括传统的仓储企业和运输企业）为主体的配送中心。这种配送中心有很强的运输配送能力，地理位置优越，可迅速将到达的货物配送给用户。它为制造商或供应商提供物流服务，而配送中心的货物仍属于制造商或供应商所有，配送中心只是提供仓储管理和运输配送服务。这种配送中心的现代化程度往往较高。

5）公共服务业为主体的配送中心。例如，各主要城市的中心邮局和港湾、铁路、公路各枢纽，十分需要将到达的货物迅速地配送给用户。例如，各主要城市中心邮局的配送中心，必须将随机、无序收集到的包裹、邮件，通过高速分拣装置进行按目的地不同的分拣，并按航班、车次进行配送。相反，从国内外到达的包裹、邮件，也要通过高速分拣装置进行按城市街区不同的分拣，并向收件人配送。又如，各铁路货场、公路货场，过去往往是等待用户自行提取。如果根据路程的方向和远近进行拣选和分类，将若干用户的货物，使用一辆卡车，一次分别送达用户，这将降低货场的仓库面积，提高车辆装载率，降低物流费用。

（2）根据配送模式分类　根据配送模式不同，可分为直达配送中心和中转配送中心（图5-1）。

（3）根据服务范围分类　根据服务范围不同，可分为城市配送中心和区域配送中心。

1）城市配送中心。城市配送中心是以城市为配送范围的配送中心，由于城市范围一般处于汽车运输的经济里程，这种配送中心可直接配送到最终用户，且采用汽车进行配送。所以，这种配送中心往往和零售经营相结合，由于运距短，反应能力强，因而从事多品种、少批量、多用户的配送较有优势。

2）区域配送中心 R. D. C（Regional Distribution Center）。区域配送中心以较强的辐射能力和库存准备，向省（州）际、全国乃至国际范围的用户配送。这种配

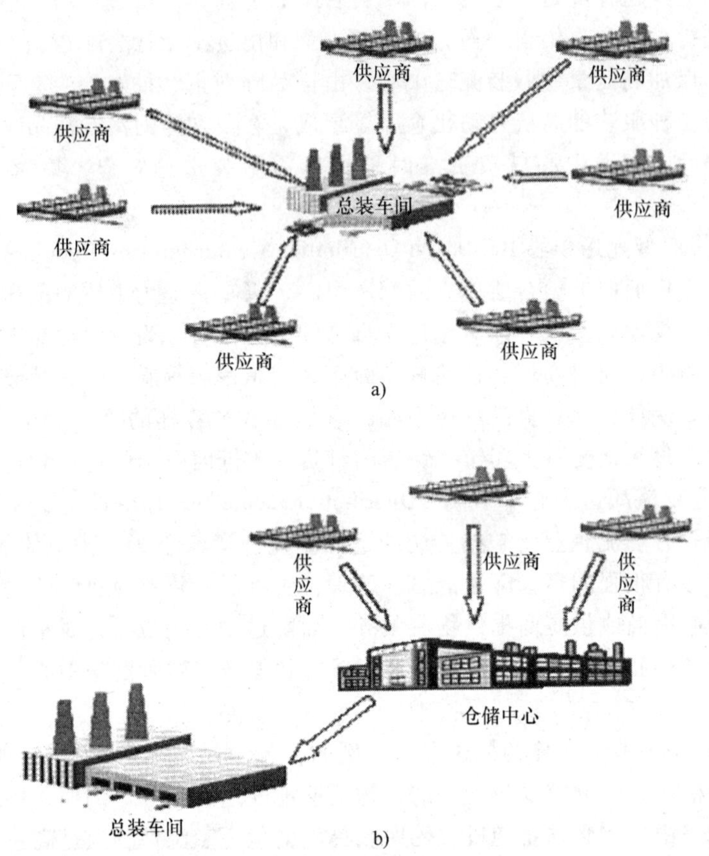

图 5-1　两类配送中心示意图

a）直达配送中心示意图　b）中转配送中心示意图

送中心配送规模较大，一般而言，用户也较多，配送批量也较大，而且往往是配送给下一级的城市配送中心，也配送给营业所、商店、批发商和企业用户，虽然也从事零星的配送，但不是主体形式。

（4）按配送中心的功能分类　根据配送中心功能的不同，可分为储存型、加工型和流通型的配送中心。

1）储存型配送中心。有很强的储存功能。例如，美国赫马克配送中心的储存区可储存 16.3 万托盘。我国目前建设的配送中心，多为储存型配送中心，库存量较大。

2）加工型配送中心。以流通加工为主要业务的配送中心。

3）流通型配送中心。包括通过型或转运型配送中心，基本上没有长期储存的功能，仅以暂存或随进随出的方式进行配货和送货的配送中心。典型方式为：大量货物整批进入，按一定批量零出。一般采用大型分货机，其进货直接进入分货机传送带，分送到各用户货位或直接分送到配送汽车上。

（5）按配送货物的属性分类　根据配送货物的属性，可以分为食品配送中心、日用品配送中心、医药品配送中心、化妆品配送中心、家电产品配送中心、电子（3C）产品配送中心、书籍产品配送中心、服饰产品配送中心、汽车零件配送中心以及生鲜处理中心等。

5.1.2　配送中心的功能

配送是一种特殊的、综合物流的活动形式，包含了商流和物流活动，也包含了物流活动中若干功能要素的一种形式。它的主要功能还是运输，它的延伸功能则具有存储保管功能、送货功能、拣选功能、集散功能、衔接功能、流通加工功能以及其他功能等，如图 5-2 所示。

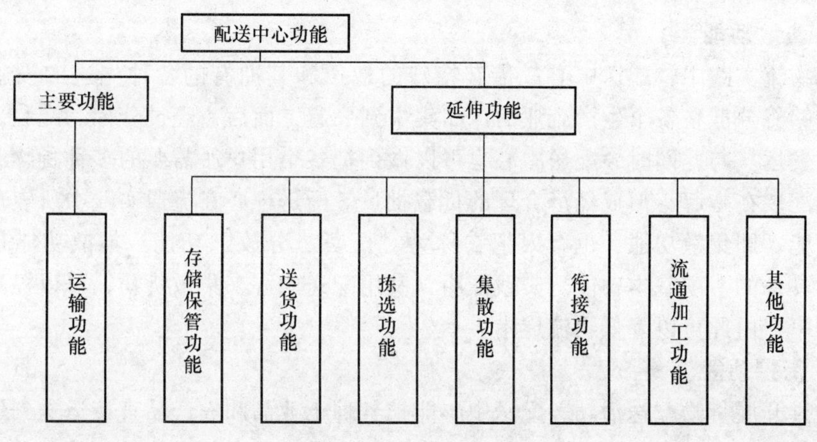

图 5-2　配送中心功能框图

1. 存储保管功能

储存，一是为了解决季节性货物生产计划与销售季节性的时间差问题。二是为了解决生产与消费之间的平衡问题，为保证正常配送的需要，满足用户的随机需求，在配送中心不仅应保持一定量的商品储备，而且要对储存的商品进行保管保养，以保证储备商品的数量，确保质量完好。配送中心的服务对象是为数众多的生产企业和商业网点（如连锁店和超级市场），配送中心需要按照用户的要求及时将各种配装好的货物送交到用户手中，满足生产和消费需要。为了顺利有序地完成向用户配送商品的任务，而且为了能够更好地发挥保障生产和消费需要的作用，配送中心通常要兴建现代化的仓库并配备一定数量的仓储设备，存储一定数量的商品。某些区域性的大型配送中心和开展“代理交货”配送业务的配送中心，不但要在配送货物的过程中存储货物，而且它所存储的货物数量更大，品种更多。由于配送中心所拥有的存储货物的能力使得存储功能成为仅次于集散功能的一个重要功能之一。

2. 送货功能

将配好的货物按到达地点或到达路线进行送货。运输车辆可以租用社会运输力量或自己的专业运输车队，按时按点地准确送达，优化采购方与生产方的需求与服务关系。

3. 拣选功能

作为物流节点的配送中心，其服务对象即客户是为数众多的企业。在这些为数众多的客户中，彼此之间存在着很多差别：不仅各自的性质不尽相同，而且其经营规模也不一样。据此，为了有效地进行配送，配送中心必须采取适当的方式对组织进来或接收到的货物进行拣选，并且在此基础上，按照配送计划分装和配装货物。这样，在商品流通实践中，配送中心除了具有储存功能外，还有分拣货物的功能，能发挥分拣中心的作用。

4. 集散功能

在物流实践中，配送中心凭借其特殊的地位和其拥有的各种先进的设施和设备，能够将分散在各个生产企业的产品集中到一起，而后，经过分拣、配装，向多家用户发运。与此同时，配送中心也可以做到把各个用户所需要的多种货物有效地组合或配装在一起，形成经济合理的货载批量。配送中心在流通实践中所表现出的这种功能，即集散功能，也有人把它称为“配货、分放”功能。集散功能是配送中心所具备的一项基本功能。实践证明，利用配送中心来集散货物，可以提高卡车的满载率，由此可以降低物流成本。

5. 衔接功能

通过开展货物配送活动，配送中心能把各种工业品和农产品直接运送到用户手中，客观上可以起到媒介生产和消费的作用，这是配送中心衔接功能的一种重要表现。此外，通过集货和储存货物，配送中心又有平衡供求的作用，由此能有效地解决季节性货物的产需衔接问题，这是配送中心衔接功能的另一种表现。在人类社会中，生产和消费并非总是等幅度增长的。有很多工业品如煤炭、水泥产品，都是按照计划批量、均衡生产的，而其消费则带有很强的季节性；另有一些产品恰恰相反，其消费是连续进行的，而其生产确是季节性的。这种现象说明，就某些产品而言，生产和消费存在着一定的时间差。由于配送中心有吞吐货物的能力和具备储存物资的功能，因此它能调节产品供求关系，进而能解决生产与消费之间的时间差和矛盾。从这个意义上说，配送中心是衔接生产和消费的中介组织。

6. 流通加工功能

为了扩大经营范围和提高配送水平，目前，国内外许多配送中心都配备了各种加工设备，由此形成了一定的加工能力。这些配送中心能够按照用户提出的要求和根据合理配送商品的原则，将组织进来的货物加工成一定的规格、尺寸和形状，由此而形成了加工功能。加工货物是某些配送中心的重要活动。配送中心积极开展加工业务，不但大大方便了用户，省却了后者不少繁琐劳动，而且也有利于提高物质资源的利用效率和配送效率。此外，对于配送活动本身来说，客观上则起着强化其整体功能的作用。配送过程中，为解决生产中大批量、少规格和消费中的小批量、多样化要求的矛盾，按照用户对货物的不同要求而对商品进行分装、配装等加工活动，达到按需供货的要求。

7. 其他功能

（1）信息传递与汇总功能　配送中心作为连接中心环，它从向用户采集信息数据为管理者提出更加准确、及时的配送信息，使管理者能根据此，做出最优化的决策，并将信息传递给他的下属机构或合作机构，按要求供货。同时这也是用户与配送中心联系的渠道（图 5-3）。

（2）商品展示与交易功能　商品展示交流与交易是现代物流配送中心的一个重要功能。在互联网时代，许多直销商通过网站进行营销，并通过物流配送中心完成交易，从而降低经营成本。同时中心也是实物商品展览的场所，可以进行常年展览与定期展览。在日本东京的和平岛物流（配送）中心就专门设立了商品展示与贸易大楼。

（3）分装功能　从配送中心的角度来看，它往往希望采用大批量的进货来降低进货价格和进货费用，但是用户企业为了降低库存、加快资金周转、减少资金占用，则往往要采用小批量进货的方法。为了满足用户的要求，即用户的小批量、多批次进货，配送中心就必须进行分装。

（4）配组功能　由于每个用户企业对商品的品种、规格、型号、数量、质量、送达时间和地点等要求的不同，配送中心就必须按用户的要求对商品进行分拣和配组。配送中心的这一功能是其与传统的仓储企业的明显区别之一。这也是配送中心的最重要的特征之一，可以说，没有配组功能，就无所谓配送中心。

（5）集货转运功能　此功能主要是将分散的、小批量的货物集中起来，便于集中处理与中转。生产型物流中心往往需要从各地采购原材料、零部件，在进入生产组装线之前进行集货处理；同时对产成品集中保管、统一配送。商业型物流中心也需要采购上万种商品进行集货处埋，统一配送与补货。而社会公共物流中心则要实现转运、换载、配载与配送等功能。

（6）采购功能　配送中心必须首先采购所要供应配送的商品，才能及时准确无误地为其用户即生产企业或商业企业供应物资。配送中心应根据市场的供求变化情况，制订并及时调整统一的、周全的采购计划，并由专门的人员与部门组织实施。

（7）服务功能　以顾客需要为导向，为满足顾客需要而开展配送服务。总的来说，它就是一个服务机构。作为第三产业，根据对其中某一功能的重视程度不同，决定着该配送中心的性质，而且它的选址、房室构造、规模和设施等也随之变化。

这些功能决定着配送中心的根本作用在于通过高度集中的采购与配送行为，使

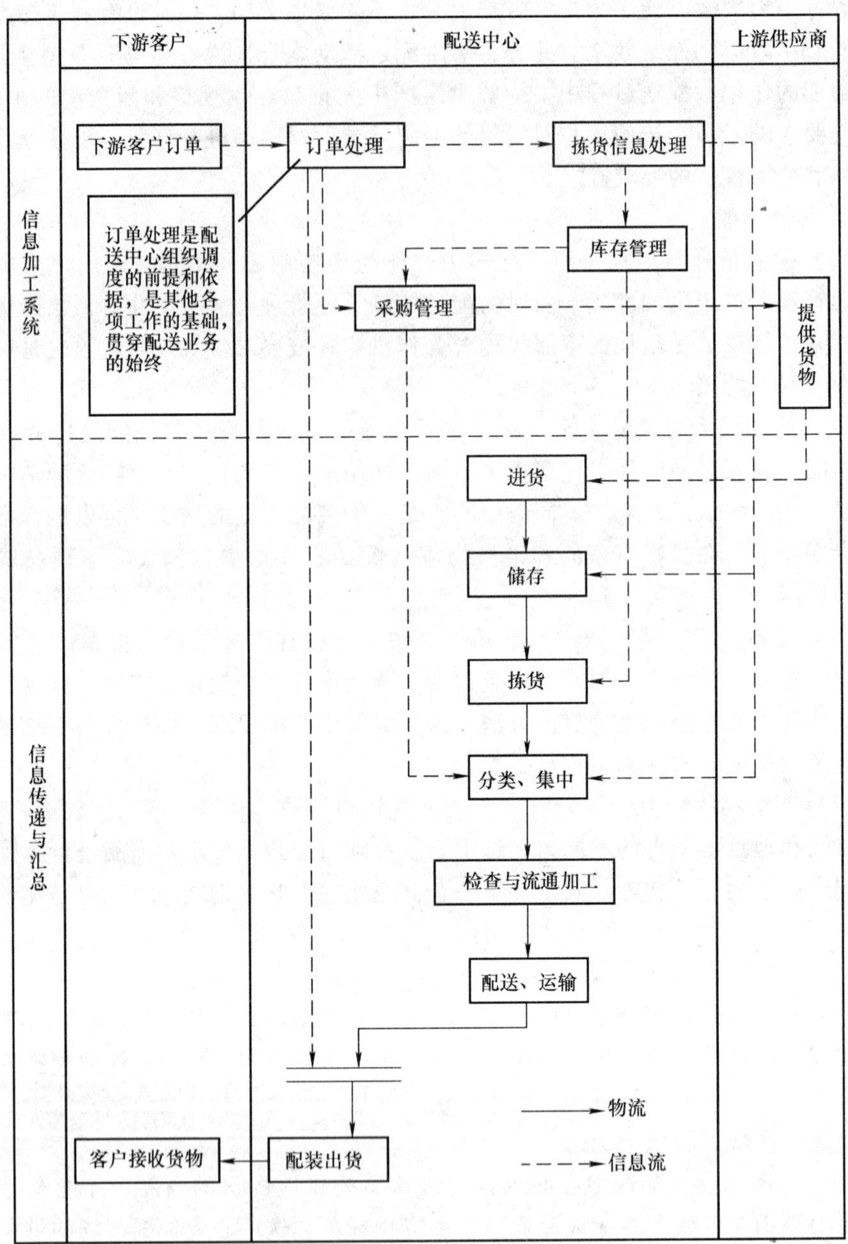

图 5-3　信息传递与汇总功能

流通规模扩大，实现理想的经济效益。

5.1.3　配送中心的作用

对应于配送中心的功能，在物流过程中，配送中心具有以下作用。

1. 商品周转中心的作用

在市场半径较小、经营规模较窄的状况下，由于商品消费的数量少、距离近，加之消费行为单一，商品的输送完全可以由生产企业自己承担，相应的交易费和管理费用也较为低廉。但是随着市场经营规模的扩大，生产地和消费地之间不仅距离越来越远，而且流通渠道也越来越复杂，特别是营销服务的广泛开展，更使商品输送呈现出多频度、少量化的趋势。这样从整个运输过程看，就必然分化为大量商品统一输送的干线运输和都市内终端配送，这两者在输送管理的方法和手段上都有差异，如此多样、复杂的物流体系显然是生产企业自身无法完全控制和管理的。

2. 商品分拣中心的作用

随着流通体系的不断发展和市场营销渠道的细分化，无论在商品、原材料进货或商品发货方面，愈加呈现出多样化、差异化的倾向。在这种情况下，商品的分拣职能显得日益重要，可以说它对保证商品或物质的顺利流动、建立合理的流通网络系统具有积极的意义。而配送中心正是发挥商品分拣职能的机构。诸如在厂商的物流中心内，将在不同的工厂生产的商品调达物流中心，再通过中心向各类批发商和零售商发货，大大节约了商品分拣作业的工作量，同时也保证了商品发运、调拨的及时性和正确性。同样，对于连锁形式的零售业来讲，利用物流中心的分拣职能将从各批发商或厂商处进来的商品进行分拣，再发运到各店铺，一是节约了各店铺单独进货所生产的经济费用，二是由于能够对各店铺进行统一管理和业务计划安排，有利于实施企业整体的经营发展战略。配送中心的分拣职能，除了对企业的经济利益产生影响外，从宏观角度讲，也符合社会及产业的利益。这是因为商品到各配送中心的输送通常是以整箱为单位开展的，具体商品的挑选、分销是在配送中心内进行，所以既实现了商品配送的集约化，又有效地防止了交错运输等不合理的运输方式。从这个意义上讲，配送中心是十分必要的。

3. 商品保管中心的作用

在现代经济社会中，商品的生产和消费之间由于时间、空间和其他因素的影响，往往会出现暂时的分离，配送中心为了发挥时空的调节机能和价格的调整功能，需要具备保管职能，如某些季节性产品需要在配送中心长期保管后再向用户发货，因此配送中心需具有保管中心的作用。应当指出的是，配送中心所具有的保管作用与仓库保管是有区别的：配送中心的保管职能与企业经营战略紧密相连，可以说是一种企业管理职能；仓库保管只是一种简单的商品储存活动，它本身并不具有经营管理活动的性质。

4. 消除交叉运输的作用

如图 5-4 所示，配送中心担负起了生产企业与客户之间的运输责任，消除了过去那种交叉运输的结构形式。

5. 商品在仓库管理中心的作用

配送中心商品保管职能中经营管理的特性主要表现在，为了能在用户要求的发

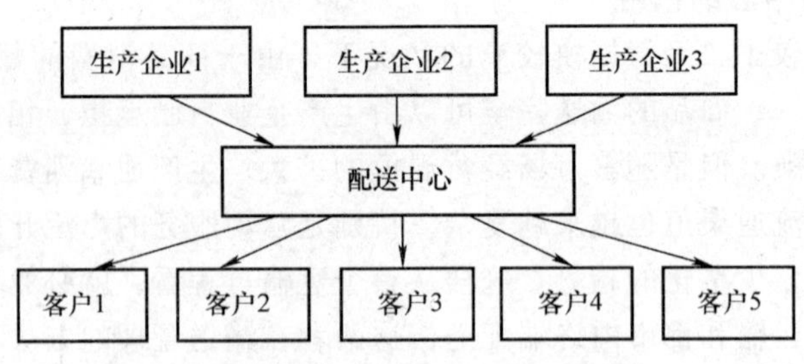

图 5-4 消除交叉运输的作用

货时间迅速、有效地发货而从事在库商品的管理。具体讲，这种管理的性质主要是因为，在商品再生产、输送等补充时间比用户规定抵达时间更长的情况下，为了消除这种时间上的差异，防止用户出现缺货现象，而实施商品、原材料的安全在库管理。此外，为了缩短用户商品的配送时间并实现输送的常规化，也需要在用户进货地附近设立在库管理的配送中心。近几年来，为了削减在库量并彻底实现在库管理，先进企业纷纷建立各种能实现在库集约化的配送中心，这种配送中心在削减本企业在库量的同时，也具有帮助用户压缩在库的机能。近年来，24 小时便民店已成为零售业现代物流管理的典范，其库存削减的倾向十分明显，出现这种倾向的背景表现为作为 24 小时便民店商品进货来源的厂商、批发商、零售商，在他们的物流中心都彻底实现了在库管理。

6. 流通加工中心的作用

商品从生产地到消费地往往要经过很多流通加工作业，特别是在开展共同配送后，在消费地附近需要对大批量运抵的商品进行细分、小件包装以及贴附标签、条形码等操作，这些都需要在配送中心内进行。随着流通领域中零售业的发展，特别是 24 小时便民店的飞速发展和普及化，配送中心的流通加工机能也得到进一步的扩充，这表现在配送中心逐渐具有蔬菜调理、食品冷冻加工、食品保鲜等中心食品加工站的功能。另外，在将商品从生产地高效地运抵消费地之后，在配送中心内就地进行商品的货架配置、上架等原来属于店铺作业的活动，从而大大提高了商品作业的效率，降低了店铺管理的费用，并利于实现企业的管理及企业形象的建立。由此可见，在现代零售业飞速发展的今天，配送中心的流通加工机能已经变得越来越重要，可以说已成为现代流通系统的必要组成部分。

如果更加细化的话，配送中心的作用可以具体到如下几个方面：第一是完善整个物流系统，使其成为从产地到消费地的完整链。第二是降低了物流的成本，因为降低成本是物流活动最根本的目的。通过建立具有枢纽功能的大型配送中心，不仅可以使资源、人员得到统筹利用，而且可以通过越库直运、选择最佳配送路线等方式，实现了低库存或零库存（军事仓库除外），缩短配送路线，从而降低库存和运输配送费用，提高作业效率。第三是改善了物流服务质量。第四是提高了物流的效益。

配送中心作为一种先进的物流活动组织形式，其目的是通过组织备货、加工包装和配货，并以最经济的运输方式送达客户的活动，以期最大限度地降低流通时间和流通费用，实现少库存甚至零库存，使社会生产总成本达到最小。物流配送中心是社会物流网络中处于主要位置的节点，但不是所有物流节点都能称为物流中心。物流配送中心必须是具有较大规模的物资集散或转运地点。属于物资集散类型的如大型物资仓库，它主要在物流系统中起调节和缓冲作用，解决供需节奏或批量不平衡的矛盾。其次，商业连锁系统的配送中心，主要是为了降低物流系统的成本，提高服务水平，提高物资输送末端系统效率等。属于转运类型的如港口码头、空港等，其作用是实现运输方式的转换，如海—陆、空—陆的转换。再者如铁道货车编组站和汽车货运终端站，其作用是将货物重新组合，进入下一阶段的输送。也有一种大规模的仓库群，形成以存储功能为主的物流配送中心。可以说，配送中心这一环节已经渗透到了物流运转的各个环节和时段。缺少它的加入，现代物流必将出现严重的滞留或者瘫痪，并将带来严重的经济损失。

5.2　配送中心规划的特点与程序

随着我国物流业的发展，配送中心的作用已经越来越重要。配送中心是以组织配送式销售和供应，执行实物配送为主要机能的物流节点。配送中心是根据用户的订单和销售预测，进行规模化采购、进货、保管；然后按客户订单所需商品种类及其数量，在规定的时间准时送达客户的物流场所。建立配送中心的目的在于提高物流服务水平，降低物流成本。为了满足上述目的，同时也为满足物流业的发展需要，配送中心的规划便显得更加重要。因此，我们必须对物流配送中心的位置、规模、形式等从供应保障时间、速度等进行研究和分析，从而建立一个适合当地经济发展的，满足物流业发展的配送中心。然而，对于配送中心的规划存在着许多特点，只有掌握这些特点，才能更好地对配送中心进行规划，建立一个合理的配送中心。

5.2.1　配送中心规划的概念

1. 配送中心规划的概念

配送中心规划是指从空间和时间上对配送中心的新建、改建和扩建进行全面系统的规划。对物流配送中心的位置、规模、形式，从供应保障时间、速度等进行研究和分析。配送中心规划是一个十分复杂的过程。

2. 配送中心规划的内容

配送中心规划是一个系统工程，其规划包括许多方面的内容，考虑的内容也是多方面的，它主要包括：

1）配送中心规模及服务范围的确定。

2）配送中心地址的确定。

3）配送中心库区平面的规划设计。

4）配送中心建筑类型及规模的确定。

5）配送中心设备类型及数量的确定。

6）配送中心技术作业流程的确定。

7）配送中心建设投资及运行费用的预测。

3. 配送中心规划的设计要点

在明确了配送中心的功能及其类型，决定建设配送中心后，在规划设计阶段应十分慎重，因为配送中心投资大，功能多，设计难度大，一旦建成之后就难以改造。因此在配送中心规划设计时，除应在详细调查、分析的基础上，严格按照设计程序进行外，尚需注意以下几点：

1）在规划设计阶段，配送中心的管理、使用者（客户）和设计单位必须紧密结合。有经验的设计单位能对配送中心的方案，提出丰富的建设性意见，并要求客户提供所需的基础性数据；配送中心的建设目的、用途、规模、基础数据及其相关性，工艺作业流程、外部环境、可投资额及其可调整性等都有所不同，只有客户最了解，并有权进行必要的调整。规划设计是至关重要的，它已决定了配送中心的实用性、先进性、可扩性、投资额和建设周期。而详细设计、制造、施工、调试等完全由承建单位负责，客户仅需按合同（规划设计是其附件的一部分）验收。

2）设计时，必须注意系统的整体性、均衡性、流畅性。系统的各个环节在技术上有其复杂、简单之分，但从系统的观点，任何一个环节都同等重要。系统的某个环节增加了作业内容、增加了投资，都为整个系统的作业流畅创造了条件，提高了综合效益。

3）集装单元运输是现代运输的重大改革，集装单元器具形式、规格的确定也是配送中心设计的重要内容。集装单元器具的形式必须有利于保管、拣选的作业和效率。集装单元器具的形式不但要考虑配送中心的使用，必要时还需考虑与下位配送中心、各零售店、专卖店等的通用性和可交换性。要尽量减少规格，使其便于作业，便于管理，便于交换。配送中心各个环节的机械设备，包括运输、装卸、保管、拣选机械，都要以规定的集装单元器具的形式和尺寸来设计。商品千姿百态，但集装单元化后就为物流的机械化、自动化作业奠定了基础。

4）配送中心地址位置的选择。配送中心地址位置的选择必须从配送中心综合效益来考虑，既要有利于上游的采购、进货，也要有利于对下游各分配送中心、专卖店、连锁店或最终用户的配送。应优先选择公路运输方便的地点，确定合理的配送路线及其送达时间，因为只有汽车运输才能实现“门到门”运输，避免中间保管和重复装卸，降低流通费用，缩短配送时间。

4. 配送中心管理系统

配送中心管理系统（PMS）是企业资源计划（ERP）和供应链管理（SCM）的重要组部分。而且配送中心要降低库存，提高服务质量，关键也是计算机管理技术和互联网技术的运用。但企业规模有大小，企业各部门的计算机管理建设也有先后，因此如何规划设计 PMS 的构架和内容，是配送中心规划设计的重要内容。

配送中心管理系统（PMS）要比全自动化仓库的仓库管理系统（WMS）复杂得多。因为保管区有若干个，作业方式有全自动、机械化和手工操作，拣选方式有整出和零星出等。因此在配送中心管理过程中，如何保持物料流和信息流同步和统一，这给信息的及时录入、更改、修补带来了新的挑战。

配送中心管理系统（PMS）是利用企业 MRP-2 或 ERP 中的配送中心管理模块，还是建立独立的配送中心管理系统（PMS），通过中间件，再与相关的上位、下位管理系统连接。这也是争论之一。

5.2.2　配送中心规划的程序

由于所配送的产品不同，配送中心的规划方向就完全不同。例如生鲜品配送中心主要处理的物品为蔬菜、水果与鱼肉等生鲜产品，属于低温型的配送中心。是由冷冻库、冷藏库、鱼虾包装处理场、肉品包装处理场、蔬菜包装处理场及进出货暂存区等组成的，冷冻库为 -25℃，而冷藏库为 0℃ ~5℃，又称为湿货配送中心；而书籍产品的配送中心，由于书籍有新版、再版及补书等特性，尤其是新出版的书籍或杂志，其中的 80% 不上架，直接理货配送到各书店去，剩下的 20% 左右库存在配送中心等待客户的再订货；另外，书籍或杂志的退货率非常高，约有 3 ~4 成，因此在书籍产品的配送中心规划时，就不能与食品与日用品的配送中心一样；服饰产品的配送中心，也有淡旺季及流行性等特性，而且较高级的服饰必须使用衣架悬挂，其配送中心的规划也有特殊性。

对于不同种类与行业形态的配送中心，其作业内容、设备类型、营运范围可能完全不同，但是系统规划分析的方法与步骤有其共通之处。配送中心的规划程序可以分为五个阶段，主要包括筹划准备阶段、总体规划设计阶段、方案评估阶段、详细设计阶段、系统实施阶段，如图 5-5 所示。

1. 筹划准备阶段

在配送中心规划的筹划准备阶段，首先需要对配送中心建设的必要性和可行性进行分析和论证。配送中心的筹划准备阶段的主要任务包括两个方面：一是确定建设配送中心的定位及目标；二是确定配送中心的选址。

首先，我们应根据企业经营决策的目标，确认配送中心建设的必要性，确定配送中心的定位，例如配送中心和生产工厂以及仓库的关系，配送中心的规模以及配送中心的服务水平基本标准。在规划之前一定要明确这几方面，在此基础上合理地确定配送中心地址。

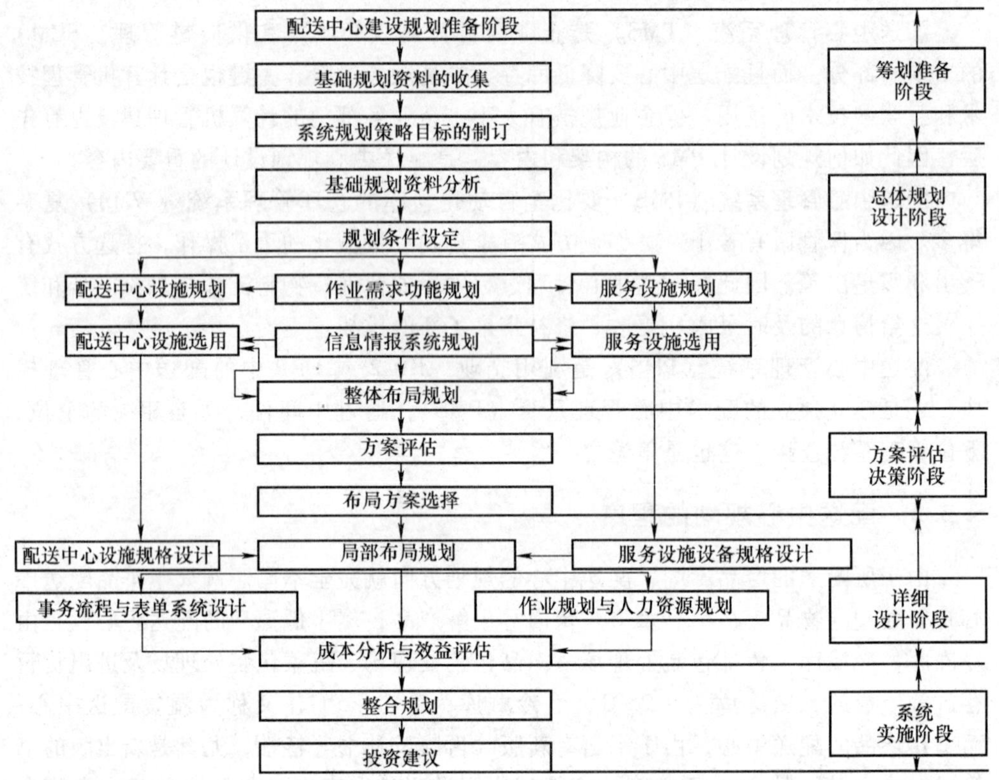

图 5-5　配送中心建设规划流程

其次有关配送中心地址的选择，将显著影响实际营运的效率与成本，以及日后仓储规模的扩充与发展。因此企业在决定配送中心的位置方案时，必须谨慎参考多方面的相关因素。配送中心地址的选择要考虑两个方面：

1）选址的决策。选址包括两个方面的含义：地理区域的选择和具体地址的选择。

配送中心的选址首先要选择合适的地理区域：对各地理区域进行评估，选择一个适当范围为考虑的区域，如华南地区、华北地区等。同时还须配合配送中心的物品特性、服务范围及企业的运营目标而定。还需确定具体的建设地点，如果是制造商型的配送中心，应以接近上游生产厂或进口港为宜；如果是日常消费品的配送，则宜接近居民生活社区。一般应以进货与出货产品类型特征及交通运输的复杂度，来选择配送中心的地址。

2）选址的主要考虑因素。任何一个生产系统或服务系统都存在于一定的环境之中，配送中心也不例外，外界环境对配送中心输入原材料、资金、人力、能源和其他社会化因素等，配送中心又向外输出其产品、劳务、服务等。这就说明，配送中心所在的地区条件对配送中心的运营与发展是非常重要的。特别是物流中心这样服务性的系统，它的存在几乎完全取决于外界环境。因此，配送中心选址时应该考虑客户的分布、供应商的分布、交通条件、土地的条件、自然的条件、行政的条件等几种主要因素。

① 客户的分布。配送中心选址时首先要考虑的就是所服务客户的分布，对于零售商型配送中心，其主要客户是超市和零售店，这些客户大部分是分布在人口密集的地方或大城市，配送中心为了提高服务水准及降低配送成本，配送中心多建在城市边缘接近客户分布的地区。

② 供应商的分布。配送中心的选址应该考虑的另一个重要因素是供应商的分布地区。因为配送中心的物品几乎全部由供应商所提供，选址越接近供应商，则运输费用越低，库存成本也会越低。

③ 交通条件。物流配送中心的主要活动是物资的集散和进出，在进行设施规划时，交通条件是影响物流配送成本及效率的重要因素之一，交通运输的不便将直接影响车辆配送的进行。相邻的道路交通、站点设置、港口和机场的位置等因素，如何与配送中心内的道路、物流路线相衔接，形成内外一体的物流通道，这一点至关重要。配送中心宜紧邻重要的运输线路，以方便配送运输作业的进行。一般配送中心应尽量选择在交通方便的高速公路、国道及快速道路附近的地方，如果以铁路及轮船来充当运输工具，则要考虑靠近火车编组站、港口等。

④ 自然条件。在物流配送中心用地的评估当中，自然条件也是必须考虑的，事先了解当地自然环境有助于降低建设的风险。例如在自然环境中有湿度、盐分、降雨量、台风、地震、河川等几种自然现象，有的地方靠近山边湿度比较高，有的地方湿度比较低，有的地方靠近海边盐分比较高，这些都会影响商品的储存品质。

⑤ 人力资源条件。在仓储配送作业中，最主要的资源需求为人力资源。由于一般物流作业仍然属于劳力密集的作业，在配送中心内部必须要有足够的人力，因此在决定配送中心选址时必须考虑劳动力的来源、技术水准、工作习惯、工资水准等因素。

⑥ 政策环境条件。政策环境条件也是物流选址评估的重点之一，尤其是物流用地取得困难的现在，如果有政府政策的支持，则更有助于物流业的发展。政策环境条件包括企业优惠措施（土地提供，减税）、城市规划（土地开发，道路建设计划）、地区产业政策等。这样有助于降低物流业者的营运成本。

2. 总体规划阶段

在配送中心的总体规划阶段，需要对配送中心的基础资料进行详细的分析，确定配送中心的规划条件，在此基础上进行基本功能和流程的规划、区域布置规划和信息系统的规划，根据规划方案制定项目进度计划、投资预算和经济效益分析等。

配送中心总体规划阶段的主要任务包括：

1）配送中心规划的基础资料分析。

2）配送中心的规划条件。配送中心的规划条件包括配送中心的运转能力、物流单位、自动化水平等。

3）配送中心的功能流程。根据配送中心的规划条件和基础资料的分析结果，确定配送中心的功能和作业流程。如进货、保管、流通加工、拣取、分货、配货等按顺序做成流程图，而且初步设定各作业环节的相关作业方法。例如进货环节是用铁路专用线或卡车进货，还是用人力或机械进行卸货，机械卸货又要考虑用传送带或叉车，再根据卸货点到仓库的距离，确定搬运作业方法。再如保管环节，在库内和保管设施相适应的作业方法等，是用巷道堆垛机或自动高架仓库还是普通货架以人力搬运车进行人工存取，或是采用高架叉车作业配合中高货架存放等。

4）配送中心的平面布置。确定各业务要素所需要的占地面积及其相互关系，考虑到物流量、搬运手段、货物状态等因素。

5）运营设计。包括作业程序与标准，管理方法和各项规章制度，对各种票据处理及各种作业指示图，设备的维修制度与系统异常事故的对策设计以及其他有关配送中心的业务规划与设计等。

6）建设成本的概算。以基本设计为基础，对于设计研制费、建设费、试运转费、正式运转后所需作业人员的劳务费等做出费用概算。

3. 方案评估阶段

在基本设计阶段往往产生几个可行的系统方案，应该根据各方案的特点，采用各种系统评价方法或计算机仿真的方法，对各方案进行比较和评估，从中选择一个最优的方案进行详细设计。

4. 详细设计阶段

在详细设计阶段，在对总体方案进行完善设计的基础上，决定作业场所的详细配置，对配送中心所使用的各种设备、能力等进行详细设计，并对办公及信息系统、运营系统进行详细设计等。

5. 系统实施阶段

为了保证系统的统一性和系统目标与功能的完整性，应对参与设计施工各方所设计的内容从性能、操作、安全性、可靠性、可维护性等方面进行评价和审查，在确定承包工厂前应深入现场，对该厂生产环境、质量管理体制等进行考察，如发现问题应提出改善要求，以确保施工的质量。

5.2.3 配送中心规划方案的选择

在配送中心规划基本程序中的方案评估决策阶段，我们可以用系统工程中的模糊评价法对方案进行决策，选择最优的方案。选择方案，必须用一个系统化的方法确定一个总体最优方案。对规划方案的评价与选优，往往是通过几个方案的比较进行的。就不同的方案而言，每个方案都有许多影响因素，同时，由于各影响因素的重要程度不一样，不能同等对待，这就需要给每个影响因素设定一定的权数来表示其重要性。例如，在运用定量分析方法时，它是将原则和要求用一系列的指标来表示，各项指标表示为一定的量。就不同的方案而言，每项指标的值不一样，每个方案有长处也有短处，这时我们可以通过计算每个方案各项的总值来判定好坏。同时还要想到，各项指标的重要程度不同，要分清主次，给每个指标确定一定的权系数，其越重要，权系数越大，全部各项指标的全系数和为 1。选择最优的方案，就是选择各指标合计值最大的那个方案。

1. 配送中心规划注意事项

物流配送中心的规划是一项非常重要的技术工作，规划时必须贯彻“严肃、科学、适用、经济、可行、预见”的原则，具体做到以下几点：

一是要做到严肃认真，一丝不苟，绝不能草率从事；二是规划时，必须符合科学原理，必须通过分析、计算、比较，提出最优方案；三是规划时，必须从实际出发，满足实际需要，适合货物配送作业流程的要求；四是规划物流配送中心时，必须精打细算，节省投资，节省各种费用，做到成本最低；五是规划物流配送中心时，必须考虑可行性，包括资金、物资、人员、技术、管理等各方面的信息；六是规划物流配送中心时，还要有预见性，既要满足目前的需要，又要考虑到将来发展的可能，既要满足平时的需要，又要满足应急的需要。

2. 配送中心规划指标项目的确立

如表 5-1 所示，首先根据配送中心规划的要求，建立不同的指标项目并给出权重。指标权重根据指标项目的重要程度不同而不同，指标项目越重要其指标权重值越大，然后请相关的专家对不同的方案打分。

表 5-1　配送中心规划指标及权重

指标项目	选址的成本		满足平时货物配送的作用		满足应急货物配送的作用		配送中心作业环境		配送中心的安全性与可靠性	
指标权重	a		b		c		d		e	
评价尺度	方案一	方案二	方案一	方案二	方案一	方案二	方案一	方案二	方案一	方案二
100	6	5	4	0	0	3	0	4	2	5
70	2	3	4	7	3	5	3	4	6	2
40	0	0	0	1	5	0	5	0	0	1

注：其中 $a+b+c+d+e=1$。

方案一的评价矩阵：

$$
\boldsymbol{R}_1 = \begin{pmatrix} 6\div 8 & 2\div 8 & 0 \\ 4\div 8 & 4\div 8 & 0 \\ 0 & 3\div 8 & 5\div 8 \\ 0 & 3\div 8 & 5\div 8 \\ 2\div 8 & 6\div 8 & 0 \end{pmatrix} \tag{5-1}
$$

方案二的评价矩阵：

$$R_2 = \begin{pmatrix} 5 \div 8 & 3 \div 8 & 0 \\ 0 & 7 \div 8 & 1 \div 8 \\ 3 \div 8 & 5 \div 8 & 0 \\ 4 \div 8 & 4 \div 8 & 0 \\ 5 \div 8 & 2 \div 8 & 1 \div 8 \end{pmatrix} \tag{5-2}$$

方案一的综合评价：

$$S_1 = (a,\ b,\ c,\ d,\ e) \times R_1 \tag{5-3}$$

方案二的综合评价：

$$S_2 = (a,\ b,\ c,\ d,\ e) \times R_2 \tag{5-4}$$

方案二还要进行归一化处理。

最后计算优先度，方案一的优先度：

$$A = S_1 \times \begin{pmatrix} 100 \\ 70 \\ 40 \end{pmatrix} \tag{5-5}$$

方案二的优先度：

$$B = S_2 \times \begin{pmatrix} 100 \\ 70 \\ 40 \end{pmatrix} \tag{5-6}$$

如果 $A > B$ ，我们选择方案一。如果 $A < B$，我们选择方案二。

5.2.4 配送中心规划的特点

由配送中心规划指标项目的选择，我们可以总结出配送中心规划的一些特点：

（1）严肃性和预见性　仓库建设规划是对仓库建设方面的重大问题进行决策，一旦付诸实施，则很难加以改变。由于规划不合理带来的后遗症将长期对仓库所在地区的物流合理化产生影响。所以，在进行规划时决不能草率行事，既要满足当前的需要，又要考虑到整个企业、地区今后的发展需要。预测如果发生大的偏差，将导致配送中心的设计规模过大或过小。当然，我们不希望由于估计偏低，发生失去市场机遇或是不能产生规模效益的问题；也不应由于估计偏高而造成多余投资，从而使企业效率低下，运营困难。

（2）适用性和经济性　配送中心仓库建设规划需要投入大量资金，所以在建设时必须从实际出发、满足实际需要、适合中转供应和仓储作业的要求，节省投资和运行费用。用最少的投资，发挥配送中心最大的作用。同时，也为当地的经济建设发挥一定的作用。

（3）科学性和可行性　要符合科学原理，就必须通过分析、计算、比较，选择最优方案，同时还要考虑资金、人员、技术、管理等各方面的可行性。用系统工程中的模糊评价法等方法对各个方案进行综合评价，选出最优的可行的建设规划方案。

（4）综合性　配送中心建设规划是一个非常复杂的问题，它受多种因素的影响和制约，如环境、经济、社会等多方面的因素。因此对规划的评价应是全面综合的评价，在评价时需要考虑多方面的因素。

配送中心在我国尚属起步阶段，但发展迅速，可借鉴的经验并不多。如何根据我国的特点，尤其是自身的用途和规模，建设实用的、经济的、有效率的配送中心，避免不必要的浪费，也许是我们应该共同探讨的问题。

5.3　配送中心的选址和布局

物流配送中心是社会物流网络中处于主要位置的节点，但不是所有物流节点都能称为物流配送中心。物流配送中心必须是具有较大规模的物资集散或转运地点，应该兼有转运和集散功能，也可以扩展至配送和流通加工的功能。在现代社会经济高度发展的条件下，配送中心作为现代物流业的载体和实际承担者，扮演着调节供需、活跃市场和繁荣经济的重要角色，发挥不可替代的功能，因而物流配送中心的布点位置、功能规划、规模设施的合理确定，对于城市的发展具有决定性的意义。对于经济中心城市来说，这些问题的处理正确与否，也将深刻影响所涉及地区经济的发展。但当前我国各地的配送中心良莠不齐，有的不仅没有起到促进经济发展的作用，反而因为投资大、占地广、规划不合理成为了一些地方经济发展的鸡肋。

5.3.1　当前我国配送中心的选址与布局现状

改革开放以来，随着我国经济的繁荣与活跃，大宗物资的流动日益频繁，为适应这种物资集散与流通需要，在沿海城市和内陆中心城市，大型的配送中心如雨后春笋般出现。但是我们也应当看到，目前我国许多配送中心的选址与布局并不是十分科学。在全国许多城市一些新建的配送中心，其大小规模参差不齐，有的成了政绩工程而不是为经济发展服务的配套工程，以至一些已经大量闲置甚至被低价变卖；有的是因为人量配送中心盲目上马，导致闲置多年，成为了当地政府的负担，最后资不抵债按土地价格低价卖给其他企业。

当然，很多配送中心的选址与布局是比较科学、合理的。例如，深圳平湖物流基地配送中心在选址与布局时就充分考虑了各方面的因素：由于深圳是华南地区的经济中心城市，它是我国改革开放示范城市，又紧邻香港，是我国物资进出口最重要的口岸之一，因此深圳地区物流中心的规划与建设具有全国性的影响。对于它的选址问题，由于任何一个生产系统或服务系统都存在于一定的环境之中，外界环境对系统输入原材料、资金、人力、能源和其他社会化因素，系统又向外输出其产品、劳务、服务和废弃物等。因此，生产或服务系统必然不断地受到外界环境的影响而调整自身的活动，同时系统的输出结果也不断改变其周围环境。这就说明，生产或服务系统所在的地区条件对系统的运营与发展是非常重要的。特别是物流配送中心这样服务性的系统，它的存在几乎完全取决于外界环境，同时它还注意到了以下要点：

1）深圳及周边地区的制造业的需求。它们的原材料供应物流和产品销售物流的合理组织，形成生产资料的供应和配送基地。

2）深圳及周边地区的商业系统的需求。它们的供应物流的合理组织，形成商业系统共同的货品储存基地和综合配送中心。

3）加强国际物流的需要。深圳紧邻香港，有皇岗、文锦渡等众多口岸，是我国国际物流主要通道之一。平湖地区可否成为出境物资集货基地、进口物资的转运基地，并可考虑和海关合作，组织好出、入境物流以减轻海关负担。

4）物资转运的需要。深圳有盐田港、蛇口港等大型港口，有京九、广深等铁路线，有深惠高速、深汕高速等公路干线，海陆、公路 铁路之间的转运量巨大。

5）由于是综合性、地区性物流中心，为了增强服务性，是否需要流通加工能力，如包装器材的生产、重新包装、钢板剪切等功能。

6）为了增强商业对物流的导引功能，物流中心可以而且应该具有一定的商业活动，但是这些活动要服从于物流配送中心的总体规划，根据物流中心外部环境的具体条件来设定。

因此这样的选址与布局，有效地利用空间、设备、人员和能源，最大限度地减少了物料搬运，简化了作业流程，缩短了生产周期，力求投资最低，为职工提供方便、舒适、安全和卫生的工作环境，从而代表了目前我国物流配送中心的最高水平。

5.3.2 配送中心在选址与布局方面存在的问题

1. 选址和布局方面存在的主要问题

我国的配送中心建设，经过近 10 年的探索实践，虽然已建成了一批集加工、存储、配送、信息传递等多功能于一体的现代化物流配送中心。但总体而言，我国配送中心的发展明显滞后于西方发达国家，许多方面还在摸索与改革之中，在选址和布局方面还存在很多问题，主要表现在以下几方面：

（1）宏观上政府相关决策机制不健全　整体环境不尽如人意，相关的法律制度不健全，行业内没有建立统一选址布局标准，不能对物流配送中心的经营状况进行统一测评，这些使得配送中心的建设发展处在盲目自由状态，一定程度上造成资源浪费，物流市场混乱。我们可以看到，建设配送中心的审批权因项目大小不同而机构不同，一些处在交通便利位置的小城市甚至小乡镇为经济利益，在进行了简单的可行性调查后便盲目上马了所谓的配送中心，甚至大搞重复建设。导致一些配送中心建设的现状成了小而散、杂而乱的集散市场。

（2）主观上对配送中心的认识不足　多数企业建立的配送中心与传统的零售店或仓库在功能、布局、作业流程方式、管理办法上无明显差别。配送中心只充当着仓库与运输中转站的角色，甚至某些单位将配送中心功能理解为“送货上门”。因此，决策者在对配送中心的布局上就没有进行宏观的考虑，对中心内部的生活设施、生产设施、运输设施、能源设施等的建设不进行合理规划，杂乱布局导致配送中心运行混乱。

（3）追求片面利益而忽视长远利益　一些地方政府在上马配送中心项目时，考虑到其占地广、土地消耗量大，便将其选择在土地较为便宜的城市偏远地区，与交通网线产生距离，配送中心建设得很“漂亮”，但其发挥的经济效益却大打折扣。

（4）因地制宜的科学决策能力欠缺　沿海港口中心城市与内地铁路、公路中心城市的配送中心在选址与布局的建设方面肯定是不同的，但盲目取经、照搬套路，偏离了本地区的现实情况，导致选址布局的失误，使得其作用的发挥受到了严重限制。

2. 选址和布局决策科学性与专业性

从以上问题来看，产生这些问题的原因综合起来有很多，但主要表现在两个方面：一个是决策者的决策科学性，另一个是对配送中心选址布局研究的专业性。

1）从决策者来看，说到决策的科学性，那就是对于配送中心的选址与布局，一定要从整体考虑，多方论证，充分调研，谨慎再谨慎，而且要多部门联席探讨，力求长远规划，否则就会出现多种问题。

首先，现在有的地方政府都把配送中心作为城市向现代化都市发展的一个重要内容进行规划，但却对本地的经济、市场、产业布局没有深入研究。现代物流是市场高度发展、产业布局调整升级后自然形成的，但许多地方并不具备这种经济发展的水平。因此，虽然政府规划有热情，但就是没有企业愿意参加，即使勉强被拉了去，企业也只能是负债经营，无法开展业务。

其次，就是当前基础设施规划由某个部门或行业牵头完成，往往造成基础设施带有明显的行业和部门色彩，缺乏一定区域物流设施整体角度的考虑，仅仅对物流基础设施的发展问题进行规划，缺乏全局的考虑，因而缺乏对物流市场需求的培育。

最后，由于相关行业或地区政府部门认为投资建设大规模、专门化物流配送中心基础设施可以获得投资拉动效应，可以增加就业等好处。因此，在进行规划的过程中，不是从本地区的实际情况和未来市场需求出发，而是为了争夺利益而硬要在本地建设，这在一定程度上造成了物流园区规模和数量的失控。

2）从专业性来看，就是当地政府切莫凭主观判断进行布局。因为往往人为确定在省、中心城市范围内的物流园区、物流中心和配送中心，缺乏需求的配合以及与物流企业和企业物流发展的衔接。表面上看显得豪华大气，实则是华而不实，劳民伤财。所以应当请科研专业机构或者相关院校科研机构进行大量专业、详实地调查。再结合当地的具体情况，制订出符合实际的规划方案。在具体的布局中，想要真正地做到合理规划，不仅要考虑到配送的一般流程（图 5-6），还要考虑到配送的典型流程（图 5-7）或实际流程。

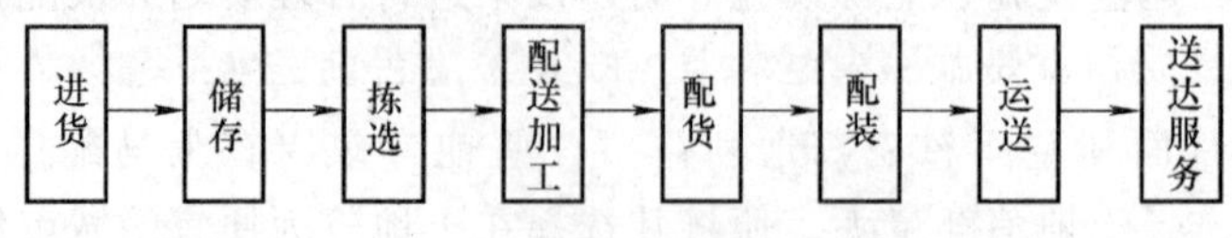

图 5-6　配送中心的一般流程

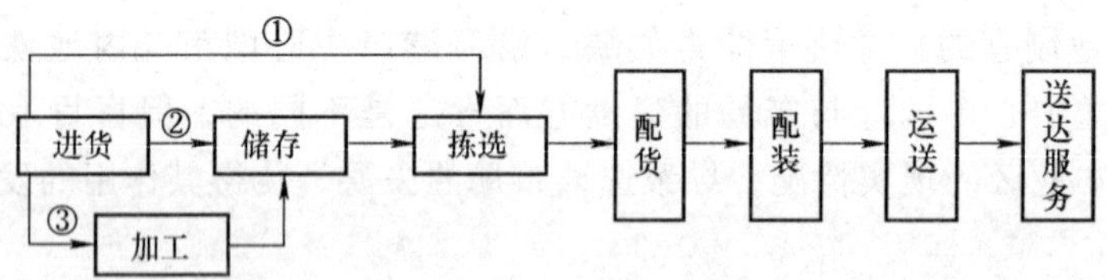

图 5-7　配送中心的典型流程

通过总结问题与原因分析，总的来看，我国大部分物流配送企业处于起步或转型阶段，更不具备应对跨国竞争的能力。为此，一方面只有通过资产重组，整合行业资源，才能追求利益最大化。另一方面，充分利用现代信息技术、可视技术，提高配送的精准化程度。可以这样说，配送中心的发展在很大程度上受到企业规模的制约，当企业的规模不断做大时，配送中心的建设就必然随之得到发展。在当前我国绝大部分配送中心处于“多、小、少、弱、散、慢”状态的情况下，从配送中心的选址和布局的源头把关，不仅是节省资金发展经济的问题，而且对我国的配送中心未来做大做强都有着深远的意义。

5.3.3　配送中心选址与布局的注意事项

配送中心的选址首先要遵循科学的原则，即适应性原则、协调性原则、经济性原则和战略性原则。

1. 适应性原则

配送中心的选址必须与国家以及省市的区域经济发展方针、政策相适应，与国家物流资源分布和需求分布相适应，与国民经济和社会发展相适应。

2. 协调性原则

配送中心的选址应将国家的物流网络作为一个大系统来考虑，使配送中心的设施设备在地域分布、物流作业生产力、技术水平等方面互相协调。

3. 经济性原则

在配送中心的发展过程当中，有关选址的费用，主要包括建设费用以及经营费用两个部分，配送中心的选址定在市区还是郊区，其未来物流辅助设施的建设规模以及建设费用、物流运输费用等是不同的，选址应当以总的费用最低作为配送中心选址的经济性原则。

4. 战略性原则

配送中心的选址，应具有战略眼光。一是要考虑全局，二是要考虑长远。局部要服从全局，目前利益要服从长远利益，既要考虑目前的实际需要，又要考虑日后发展的可能。

从这些原则可以看出，配送中心的建设不是一朝一夕就能尽善尽美的。需要研究的地方有很多，目前关于配送中心的研究主要集中在以下三方面：配送中心的选址问题、配送中心总体布局、配送中心运输路径的选择。其中，配送中心的选址是研究后两个问题的前提，只有在确定配送中心选址的基础上，才能讨论配送中心布局及运输路径的选择。因此对配送中心选址问题的研究是物流系统优化的一个具有战略意义的问题。所谓配送中心选址，是指在一个具有若干供应点及若干需求点的经济区域内，选一个或多个地址设置配送中心的规划过程，较佳的配送中心选址方案可使商品通过配送中心的汇集、中转、分发、直至输送到需求点的全过程的效益最好。同时还要加大国家扶持力度和政府联动机制，由于物流配送中心的建设、运营涉及社会多个方面，还需要工商、税务、海关、交通运输等多方面的合作监管，以此进一步完善配送中心运营的整体环境。

鉴于配送中心的选址与布局涉及面广、专业层次高，而地方政府财力有限，因此配送中心的建设可以参考房地产开发模式，即按期进行建设。一期工程可以作为对前期选址与布局研究论证的实践，规模不宜很大，因为尽管前期分析得再详实、再全面，但任何事物都是发展变化的，实践中还是会出现许多问题，这样问题的出现并反映在一期的建设上，通过及时的修正，使后期的工程更加完善。同时为下一期的大规模建设积累了宝贵经验，这样的改进及时且必要。因而在今后的大规模建设中一直不断改进，进而使配送中心的布局不断完善。

在专业人才的培养上，我国当前非常缺乏在配送中心选址与布局方面理论性与实践性研究全面的专业人才。这就需要国家在专业课程设置上加大关注力度和扶持力度，并且在这些毕业生的实习和实践方面提供有力保障和财力支持。

总之，配送中心的选址与布局作为中心建设的龙头工程，必须引起各方面的足够重视，切不可一时大脑发热便盲目上马。要仔细分析，严格论证、结合实际，发展适合本地情况的配送工程。

5.4　物流配送中心内部布置规划与设计

物流配送中心等设施的内部布置规划与设计应遵循一般设施规划设计的理论与方法。设施规划理论起源于早期制造业的“工厂设计”的研究，最初主要解决操作法工程、工厂布置和物料搬运。在此期间，主要凭设计者个人的主观判断、经验积累或其他定性分析方法开展工厂布局设计。随着研究的深入，运筹学、统计数学、概率论广泛应用到生产建设领域，同时系统工程理论、电子计算机技术也得到普遍应用，工厂设计和物流分析逐渐运用系统工程的概念和系统分析方法，“工厂设计”也逐渐被“设施规划”、“设施设计”所涵盖。管理科学、工程数学、系统分析的应用为布置规划设计由定性分析转向定量分析创造条件。

当然，随着应用数学与计算机技术的发展，人们越来越多地利用先进的数学建模或是计算机仿真等技术来解决物流设施平面布置问题。

5.4.1 物流配送中心的功能与作业区域结构

物流配送中心的作业区域结构一般由如下工作区组成：

1. 管理指挥区（办公区）

这个区域既可集中于物流中心某一位置，也可分散设置于其他区域中。主要包括营业事务处理场所、内部指挥管理场所、信息处理与发布场所、商品展览展销场所等，其职责是对外负责收集、汇总和发布各种信息，对内负责协调、组织各种活动，指挥调度各种资源，共同完成物流中心的各种功能。

2. 接货区

该区域完成接货及入库前的工作。如接货、卸货、清点、检验、分类等各项准备工作。接货区的主要设施包括进货铁路或公路，装、卸货站台，暂存验收检查区域。

3. 储存区

在该工作区域内，存储或分类存储经过检验的货物。进货在该工作区域要有一定时间，并且占据一定的位置。该工作区域和进出的接货区相比，该区域所占面积较大，在许多物流（配送）中心里往往占总面积的一半左右。对于某些特殊物流配送中心（如水泥、煤炭），其面积占总面积的一半以上。

4. 理货与备货区

在该区域内，主要进行货物的分货、拣货、配货作业，目的是为送货做准备。区域面积随物流配送中心的不同而有较大变化，如对多用户、多品种、少批量、多批次处理的物流配送中心，分货、拣货、配货工作复杂，该区域所占面积很大。而在另一些中心里，该区域面积却较小。

5. 分放与配装区

在这一工作区内，按用户需求，将配好的货暂放、暂存等待外运，或根据每一个用户货物状况决定配送方式，然后直接装车或运到发货站台装车。该区域的货物是暂存，时间短，周转快，所占面积相对较小。

6. 发货区

在这个区域内将准备好的货物装入外运车辆发出。该工作区结构与接货区类似，有站台、外运线路等设施。发货区一般位于整个工作区域的末端。

7. 加工区

许多物流配送中心都设有加工区，在该作业区内，进行分装、包装、切裁、下料、混配等各种类型的流通加工。加工区在物流配送中心所占面积较大，但设施设备随加工种类不同有所区别。

除了以上主要工作区外，物流配送中心还包括其他一些附属区域，如停车场、生活区、区内道路等。

5.4.2　内部布置规划与设计的主要内容

物流配送中心内部布置规划与设计的主要内容包括物流作业区布置、辅助作业区布置和建筑外围区域布置。

1. 物流作业区的布置

以物流作业为主，仅考虑物流相关作业区域的配置形式，由于物流配送中心内的基本作业形态大部分为流程式作业，不同订单具有相同的作业程序，因此适合以生产线式的布置方法进行配置规划。若是订单种类、货物特性或拣取方法有很大的差别，则可以考虑将物流作业区分为多个不同形态的作业线，以区分处理订单内容，再经由集货作业予以合并，如此可有效率地处理不同性质的物流作业，这有些类似于传统制造工厂中的成组布置。

2. 辅助作业区的布置

除了物流作业以外，物流配送中心还包括一些行政管理、信息服务等内容的辅助作业区域，这些区域与物流作业区之间无直接流程性的关系，因此适合以关系型的布置模式作为区域布置的规划方法。这种配置模式有两种参考方法：

1）可视物流作业区为一个整体性的活动区域，分析各辅助作业区域与物流作业区之间的相关活动的紧密关系，来决定各区域之间相邻的程度。

2）将各物流作业区分别独立出来，与各辅助作业区一起综合分析其活动的相关性，来决定各区域的配置。

采用第一种方法较为普遍，也较为简便，可以减少相关分析阶段各区域间的复杂度，但也会增加配置空间的限制。因此在规划时，要配合规划人员的一些经验判断，作适当的人工调整。

3. 建筑外围区域的布置

除了各作业区的布置规划外，还需对建筑外围的相关区域进行布置。如内部通道、对外出入大门及外围道路形式等，在进行建筑外围区域布置时需要特别注意未来可能的扩充方向及经营规模变动等因素，以保留适当的变动弹性。

在一般情况下，整个区域布置规划是按上述顺序进行的，如果在实际道路形式、大门位置等条件已有初步方案或已确定的情况下，则需要先规划建筑外围区域的布置形式，再进行物流作业区与辅助作业区的规划，这样可以减少不必要的修正调整工作，以适应实际的地理空间限制。

5.4.3 内部布置规划与设计的目标和方法

1. 物流配送中心内部布置规划与设计的目标

在物流配送中心内部布置规划与设计时，合理地布置各个功能区的相对位置非常重要，物流配送中心内部布置规划与设计要达到的目标有：

1）有效地利用空间、设备、人员和能源。

2）最大限度地减少物料搬运，力求投资最低。

3）简化作业流程，缩短生产周期。

4）为员工提供方便、舒适、安全和卫生的工作环境。

2. 物流配送中心内部布置的方法

物流配送中心内部布置的方法总结起来可以分为以下几类：

(1) 摆样法 这是一种最早的布局方法。利用二维平面比例模拟方法，按一定比例制成的样片在同一比例的平面图上表示设施的组成、设施、设备或活动，通过相互关系分析，调整样片位置可得到较好的布置方案。这种方法适用于简单的布局设计，对复杂的系统就不能十分准确，而且花费的时间较多。

(2) 图解法 图解法产生于20世纪50年代，有螺线规划法、简化布置规划法以及运输行程图等。其优点在于将摆样法与数学模型结合起来，但现在应用较少。

(3) 系统布置方法（SLP） SLP是最具代表性的布局方法，它使工厂布局设计从定性阶段发展到定量阶段。它以大量的图表分析和图形模型为手段，把量的概念引入设计分析的全过程，通过引入量化的关系密级的概念，建立各作业单元之间的物流相关关系与非物流的作业单元相关关系图表，从而构成布置设计的模型，是当前布置设计的主流方法。图5-8是SLP的流程示例，图中E：订单Entry；I：商品的种类Item；Q：商品的数量或库存量Quantity；R：物流路径Route；S：服务Service；T：交货时间Time；C：物流配送成本Cost。

(4) 教学模型法 把物流系统抽象为一种数学表达式，通过求解数学表达式找到最优解，运用运筹学、系统工程中的模型优化技术研究最优布局方案，用数学模型提高系统布置的精确性和效率。常用的运筹学方法有最短路径法、最小费用最大流量法、线性规划法、随机规划法、多目标规划法、模糊评价法等。

但是数学模型的求解往往很困难，可以利用计算机的强大功能，帮助人们解决设施布置的复杂任务。计算机辅助求解的布置方法很多，根据算法可分为两大类：

1）构建法。这类方法根据SLP理论由物流、非物流信息出发，逐一设施进行选择和放置决策，从无到有，生成比较好的（可能是最优的）平面布置图。

2）改进算法。对初始布局方案改进，交代待布置部门的位置，通过对布置对象间有规律的交换，保留新的优化方案，寻找一个成本最小的布局方案。

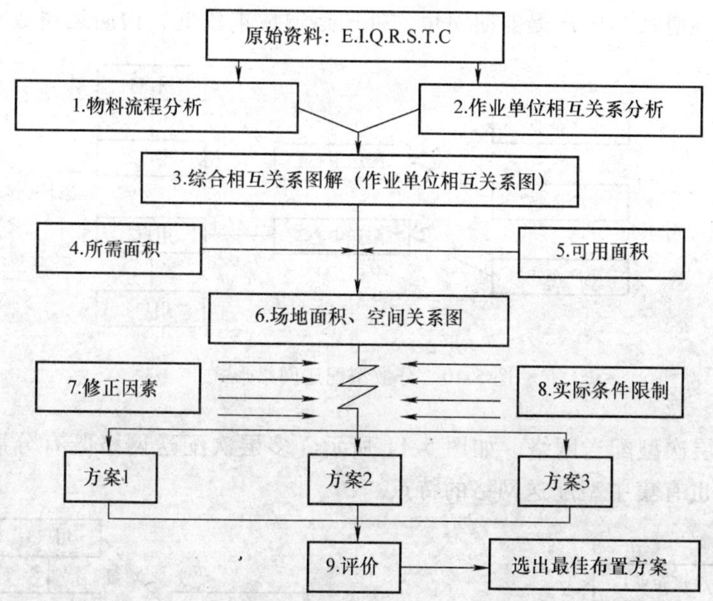

图 5-8　系统布置设计 SLP 流程示例

近十几年来，人工智能技术（AI）的发展为平面布置提供了功能强大的算法。由于平面布置是典型的 NP（nondeterministic polynomial）问题，人工智能技术成为在有效时间内寻找满意解的可行算法。它们应用快速并行处理，可以同时得到多个解，丰富了被选方案；并且它们允许代价更高的解出现，从而可以跳出局部最优点，解决对初始解敏感的问题。

3. 配送网络的设计

（1）配送网络的组成　配送网络主要由物流节点和具体的配送线路组成，不同类型的节点和不同类型的网络结构决定配送模式和配送方法，产生不同的配送效果。

（2）配送网络的设计形式

1）集中型配送网络形式。如图 5-9 所示，集中型配送网络形式的特点是：管理费用少，安全库存降低，用户提前期长，外向（配送中心至用户）运输成本较高，内向（厂家至配送中心）运输成本较低。

2）分散型配送网络形式。如图 5-10 所示，分散型配送网络的特点是：库存分

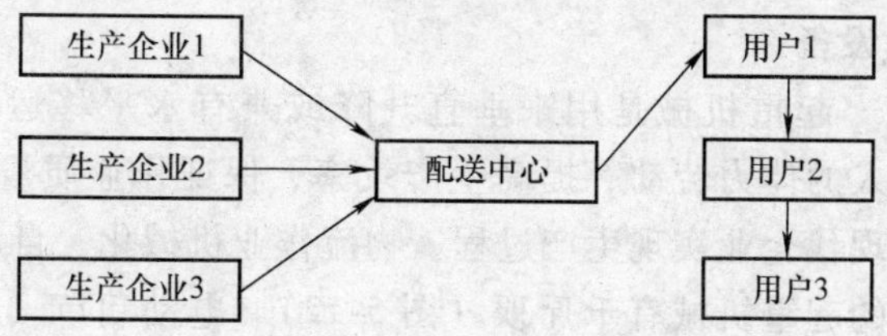

图 5-9　集中型配送网络形式

散，安全库存增大，用户提前期缩短，外向运输成本较低，内向运输成本较高。

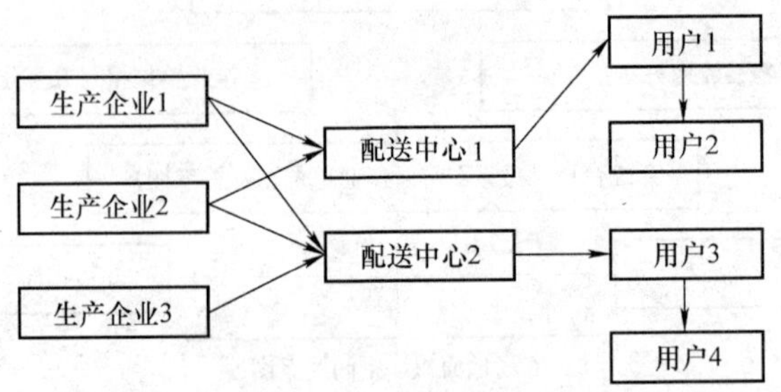

图 5-10　分散型配送网络形式

3）多层次型配送网络。如图 5-11 所示，多层次配送网络既有分散型配送网络的特点，也有集中型配送网络的特点。

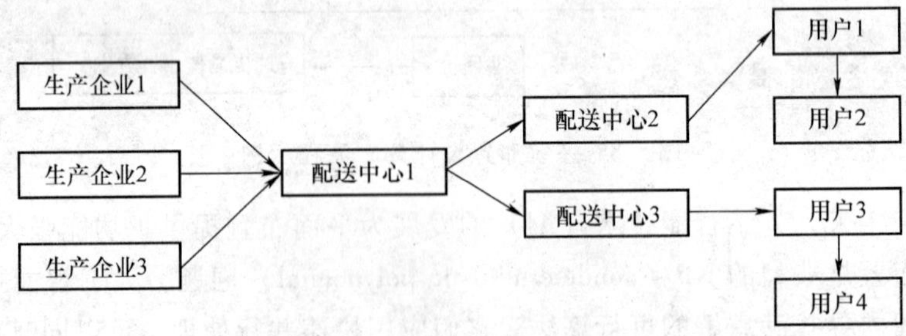

图 5-11　多层次型配送网络形式

5.5　配送中心的设施与设备规划

配送中心的设立主要是为了实现物流中的配送行为，因此配送中心是位于物流节点上，专门从事货物配送活动的经营组织或经营实体。配送中心的设施与设备是保证配送中心正常运作的必要条件，设施与设备规划是配送中心规划的重要工作，涉及建筑模式、空间布局、设备安置等多方面问题。

5.5.1　配送中心设施与设备的分类

1. 装卸与搬运设备

（1）起重机械　起重机械是用来垂直升降或兼有水平移运货物的机械设备。它可以减轻或代替人的体力劳动、提高生产效率、保证作业质量、降低作业成本、改善劳动条件，是现代企业实现生产过程、物流作业机械化、自动化必不可少的重要机械设备。常见的起重机械有千斤顶（图 5-12）、电动葫芦（图 5-13）、电动桥式起重机（图 5-14）、龙门起重机（图 5-15）、装卸桥（图 5-16）、浮式起重机

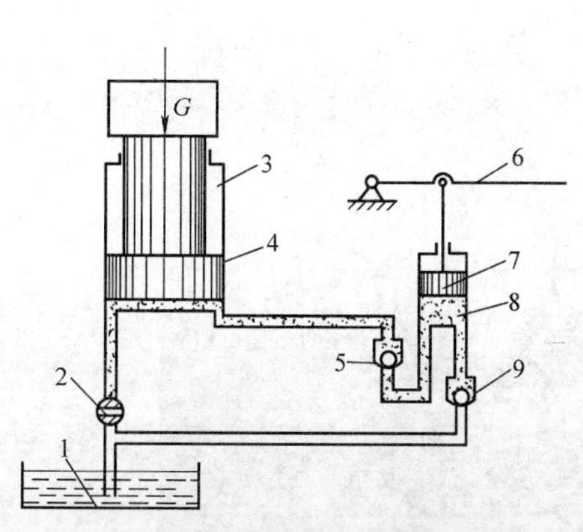

图 5-12　液压千斤顶原理图

1—油箱　2—放油阀　3—大缸　4—大活塞　5—单向阀　6—杠杆手柄　7—小活塞　8—小缸体　9—单向阀

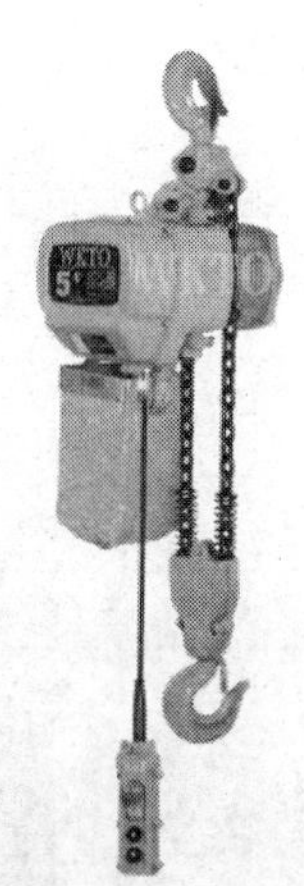

图 5-13　电动葫芦

图 5-14　电动桥式起重机

图 5-15　龙门起重机

图 5-16　装卸桥

图 5-17　浮式起重机

（图 5-17）等。

（2）叉车　叉车又称铲车、叉式取货机，是物流领域中最常用的具有装卸、搬运双重功能的机械，并享有万能装卸机的美称。它由自行的轮胎底盘和垂直升降的、前后倾斜的货叉和门架等组成。常见的叉车有：平衡重式叉车、门架前移式叉

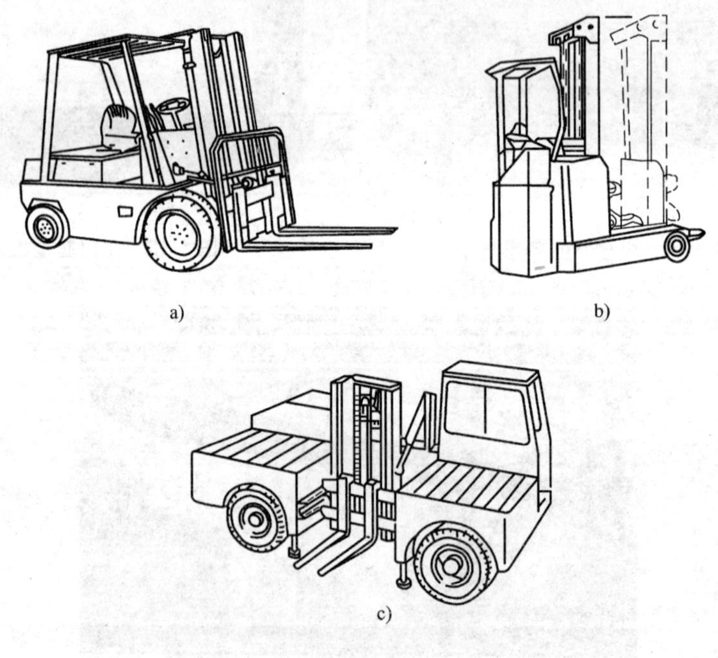

图 5-18　叉车

a）平衡重式叉车　b）门架前移式叉车　c）侧面式叉车

车、侧面式叉车等，如图5-18所示。

（3）自动导引搬运车 自动导引搬运车是指具有电磁或光学导引装置，能够按照预定的导引路线行走，具有小车运行和停车装置、安全保护装置以及具有移载功能的运输小车，如图5-19所示。自动导引搬运又称AGV。自动导引搬运车可以分为固定路径导引和自由路径导引。

（4）牵引车 牵引车是指具有牵引装置，专门用于牵引载货挂车进行水平搬运的车辆。牵引车没有取物装置，不能装卸货物，也不能单独搬运货物。牵引车根据动力的大小可分为普通牵引车和集装箱牵引车，如图5-20所示。

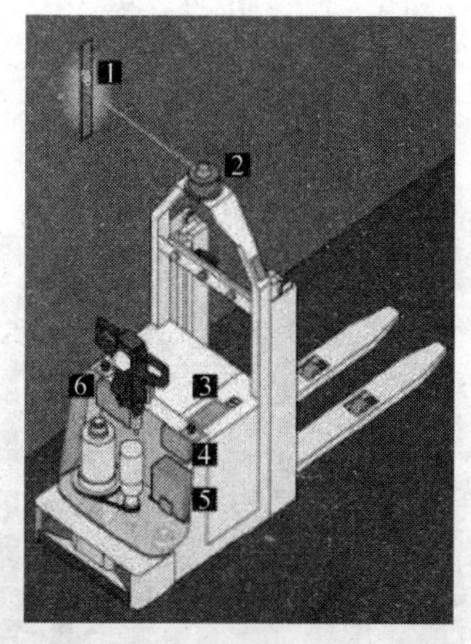

图5-19 激光式自动导引搬运车

1—反射片 2—激光扫描器 3—车上控制面板
4、6—伺服控制器 5—微计算机控制

a)

b)

图5-20 牵引车

a）座驾式电动牵引车 b）集装箱牵引车

2. 仓储设施与设备

（1）货架 货架泛指存放货物的架子。在仓储设备中，货架是指专门存放成件物品的保管设备。为了实现仓库的现代化管理，改善仓库的功能，不仅要求货架的数量多，而且具有多功能，并能实现机械化、自动化要求。图5-21、图5-22是常用的几种类型的货架。

（2）输送设备 输送机是配送中心必不可少的重要搬运设备，它有水平和垂直搬运之分，也有整箱和托盘搬运之分。无论什么形式，决定输送机主要参数的是运送物的最大宽度、长度及最大重量。输送机按动力源不同可以分为动力式和重力式两种。图5-23是常见的三种类型的输送机。

（3）巷道堆垛起重机 巷道式堆垛机是立体仓库中最重要的设备。它的主要

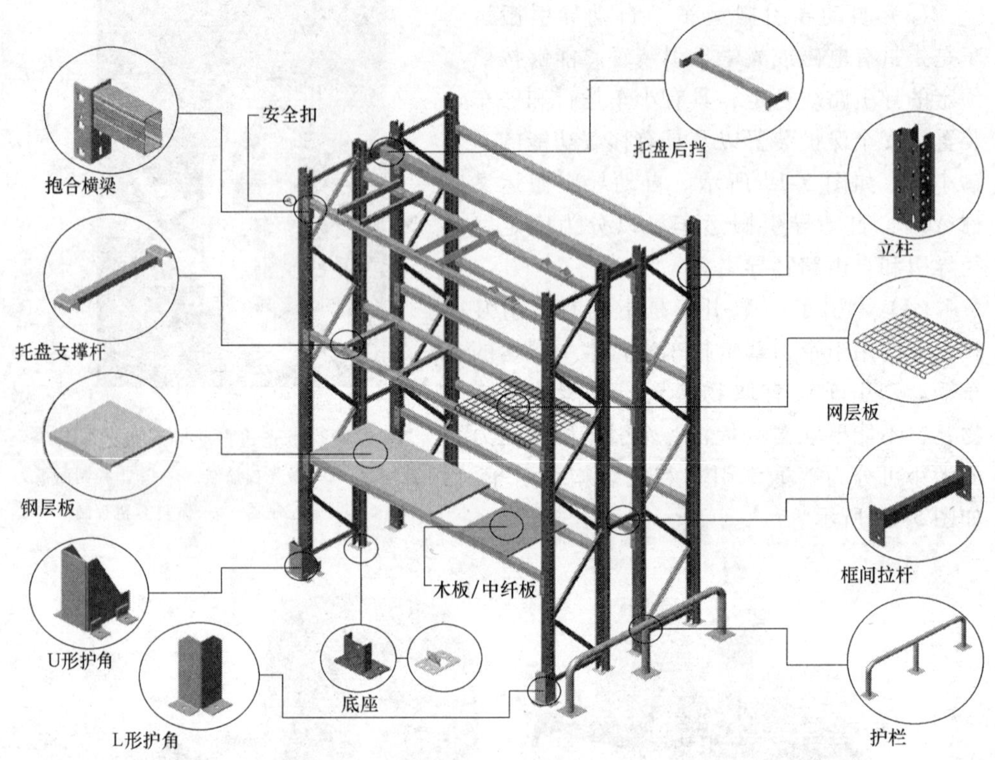

图 5-21　横梁托盘货架

任务是在高层货架的巷道内来回穿梭运行，将位于巷道口的货物存入货格；或者相反，取出存于货格内的物品到巷道口。图 5-24 是有轨堆垛起重机。

(4) 计量设备　仓库中使用的计量装置很多，从计量方法角度可以分为：重量计量设备，包括各种磅秤、地下衡及轨道衡、电子秤等；流体容积计量设备，包括流量计、液面液位计；长度计量设备，包括检尺器、自动长度计量仪等；还有综合的多功能计量设备，如计量装置等。

5.5.2　配送中心设施与设备的规划原则

1. 配送中心设施与设备规划目的

1) 降低库存水平。

2) 降低物流成本。

3) 缩短物流作业周期。

4) 降低物流作业差错率。

5) 提高客户服务水平。

6) 提高物流服务竞争力。

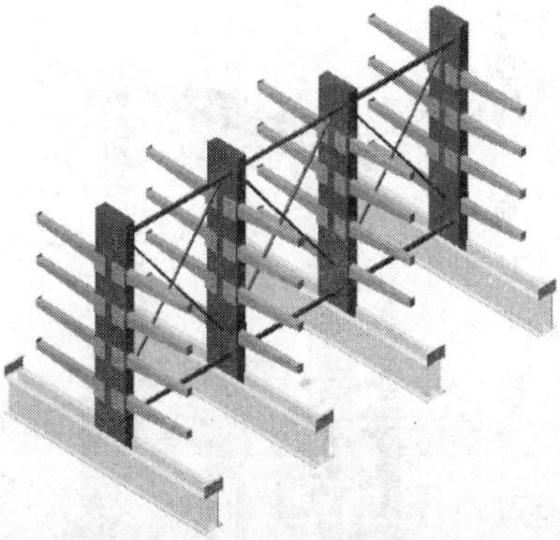

a) 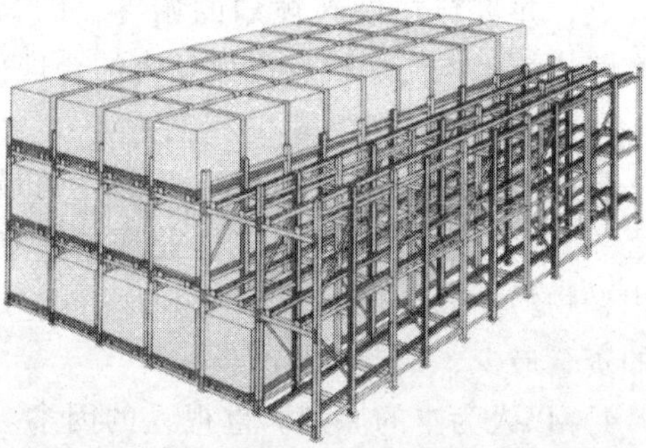　　b)

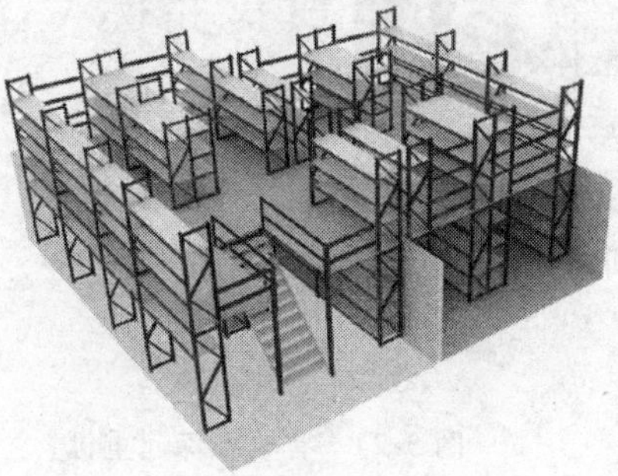

c) 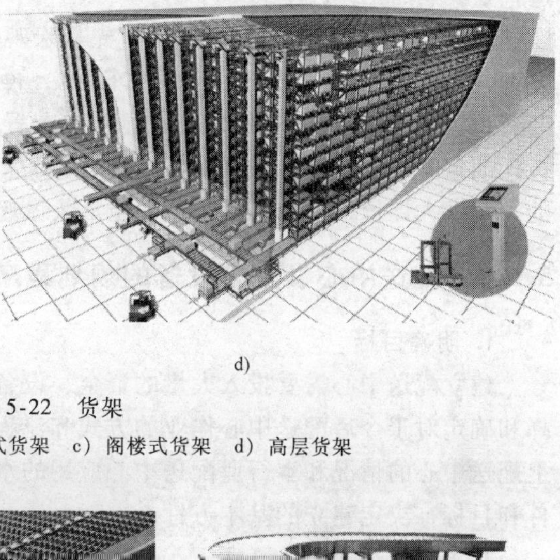　　d)

图 5-22　货架

a）悬臂式货架　b）重力式货架　c）阁楼式货架　d）高层货架

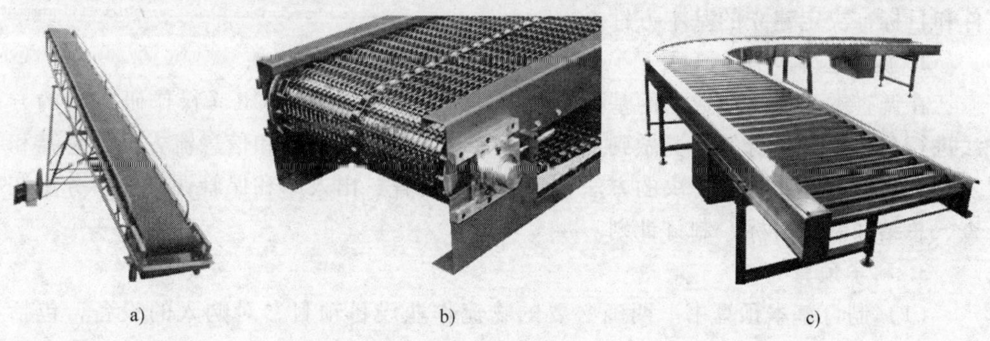

a) 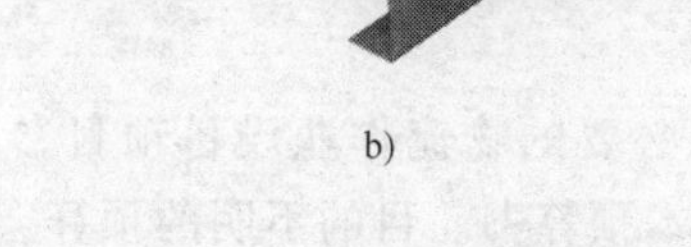　　b)　　c)

图 5-23　常见的三种类型的输送机

a）带式输送机　b）链式输送机　c）辊道输送机

2. 配送中心设施与设备规划原则

1）系统分析的原则。根据系统的概念，运用系统分析的方法，求得整体优化，同时也要把定性分析、定量分析和个人经验结合起来。

2）动态的原则。以动态的观点作为设施规划的出发点，并贯穿在设施规划的始终，因为企业的有效运营依赖于人流、物流、信息流的合理化。

3）精简的原则。减少和消除不必要的作业流程，是提高企业生产效率和减少消耗的最有效的方法之一。只有在时间上缩短作业周期，空间上减少面积，物料上减少停留、搬运和库存，才能保证投入的资金最少、生产成本最低。

4）以人为本的原则。重视人的因素。作业地点的规划，实际是人机环境的综合协调，要为员工创造一个良好的工作环境。

5）宏观与微观相结合的原则。先从宏观（整体方案）到微观（每个部门、库房、车间），再从微观到宏观。例如，布置设计要先进行总体布置，再进行详细布置，而详细布置方案又要反馈到总体布置的方案中去评价，再加以修正，甚至从头做起。

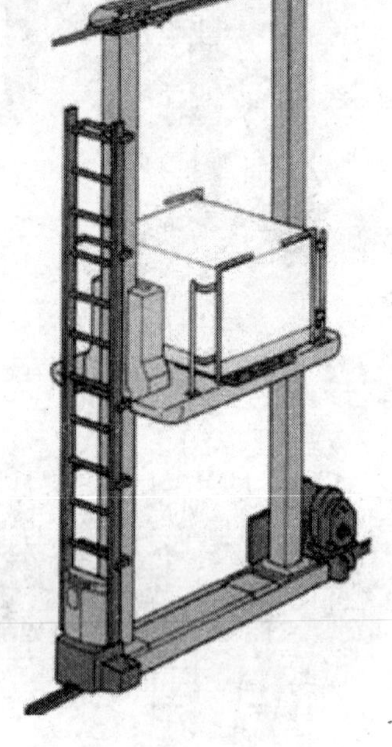

图 5-24　有轨堆垛起重机

5.5.3　配送中心设施与设备的规划程序

1. 明确目标

建立配送中心需要投入大量的资金，设备的资金投入占有很大的比例，它的选择和确定对于今后配送中心作业的方式和流程起着决定性的作用。首先要根据社会上配送中心的情况和本行业配送中心应用的水平，明确自己所建立的配送中心的条件和目标，决定建立的基本方针。

2. 提出基本构想

在调查本企业具体数据的基础上分析现状，使用统计和 OR（操作研究）的方法进行分析，对自身的情况做到充分的了解和认识。从物流和信息流方面，总结和发现存在的问题，寻求解决的方法，包括物流调查、出入库和保管调查、事务量调查、总结和制定目标、制订计划。

3. 科学预算

（1）制订基本预算书　明确必要的物流作业设备项目，对购入的设备，包括支持物流的信息系统设备制订基本预算书。目的不明的预算会浪费资金，也会造成计划进度的延迟和事后的费用追加，也会造成资金的紧张和预算膨胀。

（2）制定全体的时间进度　用管理工程的方法对设备购入及施工项目进行分析，明确应管理的项目，做出时间进度计划，并按计划完成。

（3）设备订货　从许多供货商中进行对比选择，在考察的基础上，通过设备性能、性价比等指标，并对用户情况及其业绩进行评价，特别是对售后服务等做充分的调查后再选择最佳的供货商。

(4) 设备使用

1) 操作培训：设备订货最终确认之后，需要对操作人员进行培训。选择合适的人选，由厂家或供货商对操作人员进行技术指导，了解设备的性能和操作知识并熟练掌握操作技巧。

2) 设备维护培训：如果设立设备科或设备维护部门，还需要有计划地对维修保养人员进行设备维护的培训。还可以通过厂家的代理商等提供设备维护的公司，签订契约委托进行设备的维护与保养。

3) 日常、定期的检查：作业前需要进行设备的安全检查，对设备出现的异常要尽快进行处理，以保证作业者的安全。

5.5.4　配送中心设施规划的内容与作用

配送中心按功能可分为进货区、存储区、分拣区及其他功能区，在预定的空间内合理布置各个功能块的相应位置是非常重要的。

据统计，在制造企业的总成本中，用于物料搬运的费用占到 20% ~50%，如果设施规划合理，则可降低到 10% ~30%。配送中心是大批物资集散的场所，物料搬运是最主要的活动，进行合理的设施规划，其经济效果将更为显著。

1. 配送中心设施与设备规划的主要项目

对配送中心设施与设备规划的项目主要有：

(1) 作业区设施　容器设施、存储设备、订单拣取设备、物料搬运设备、流通加工设备、物流附属设备。

(2) 辅助作业区设施　办公设备、信息处理设施、网络通信设施、卫生医疗设施和劳务设施。

(3) 建筑周边设施　水电、交通、动力、安全保卫及消防等与建筑相关的周边设施。

2. 配送中心设施规划的作用

(1) 配送中心建设中对原有设备与设施的利用

1) 配送中心对仓库职能的要求。物流企业原有设施中，仓库以其庞大的规模和资产比率，实际上已经成为主体部分。因此，充分利用好现有的仓库及内部设施，可基本解决原有设施再利用及优化资本结构的问题。

仓库最原始的功能是保存货物的使用价值，使其不受或尽可能少受损害。在很长的历史阶段内仓库都发挥着这一功能。然而，随着生产力的发展，社会分工日趋复杂，社会协作日趋严密，仓库原有的功能已远远不能满足现代流通的需要。

在许多经济发达国家，仓库已经成为配送中心。现代物流中，仓库的作用已由储存、保管和保护商品的使用价值，转为商品的流转中心，向着集散商品、加速商品流通的方向发展。这一转变包括：商品由静态存储变为动态存储，仓储业由存储型变为流通型，仓储业服务由被动服务变为主动服务，仓储业的仓储技术由传统型变为现代型，仓储业工作者的知识水平从低层次变为高层次。

我国仓储因长期以来经济体制不完善、设备陈旧、流通加工能力差等问题，进一步发展受到了阻碍。针对这些情况，仓储业者应认清形势，立足现实，努力实践，总结经验，逐步提高。

2）配送中心建设中对原有储运设备的利用。在储运仓储向配送中心转变过程中，除新增设施外，原有设备的改造利用是一个重要问题。配送中心应根据所在物流企业的具体情况，充分利用现有的人力、场地、设备组织开展套裁、剪切、改包装等业务，为进一步开展配送业务创造条件。

对仓库建筑物来说，如果没有太多的特殊要求，可以在适应内部改造基础上，充分加以利用。例如，为适应配送要求，在库房地面硬化的基础上，可以铺设走行导轨，以安装活动货架和轨道搬运车；对原有库房、场地重新划分，确定加工区、理货区、配货区，建立高层货架，提高空间利用率。

现有仓库的机械设备大都简单、陈旧，但仍有部分有可用价值。对仍有利用价值的，可以通过增加附属器具、改善作业条件等途径，提高其作业能力和范围。例如，为叉车配置多种叉具，以便叉取不同尺寸的货物；配置尺寸适宜的托盘和货架；对输送机械进行改造，增加拣选装置。

从储运仓库到配送中心的转变，对原有设施的改造和利用是一方面，更主要的是完善经营体制、改变管理思想、应用现代技术。只有这样，才能实现真正意义上的向配送中心的转变。

（2）配送中心建设中的设施改造

1）设施改造的意义。对现有企业进行技术改造，是我国经济建设的主要方针之一，是加速国家经济现代化的基本途径。发展国民经济，不能单靠扩大基本建设规模，而是要充分发挥现有企业的作用，逐步由外延为主转向以内涵为主。

随着国民经济的发展，物资流通量不断增长，物资存储业务逐年增加，要充分发挥配送中心的功能，丰富配送中心的内容，要从仓库改造做起，始终把改造仓储设施设备作为重点工作，扩大仓储能力，改善仓储条件。因此，对现有仓库的改造是一项重要任务。

2）我国现有物资仓储设施的现状：

① 仓库建筑标准低、条件差，相当一部分是新中国成立前建成的老库。这些仓库大都是砖木结构，跨度小、净空低、门窗小，无固定装卸搬运设备，物资保管条件和作业条件都比较差。

② 一些新建的仓库，虽然大部分采用了钢筋混凝土框架结构，跨度大、净空高，有的安装了桥式起重机，但在管理条件等方面仍然不太好。

③ 近几年新建的一些库楼，装卸搬运机械化的问题没有得到很好的解决，运用效果也不理想。

④ 从仓库设备来看，数量不足，不能满足要求，现有设备中相当一部分陈旧落后，超期服役，质量低、性能差、效率低。

3）物资仓储设施技术改造的要求：

① 仓储设施技术改造要有统一的规划。对于配送中心的建设来说，进行技术改造，必须经过周密、深入的调查，查找大量资料，通过分析研究，制订出近期和长期计划，明确任务和要求达到的目标，分阶段逐步实施，使技术改造有目的、有计划、有步骤地进行。

② 仓储设施改造应尽量采用新技术。当今世界科学技术飞速发展，技术老化周期越来越短，一些先进技术，过几年后可能变为落后技术，不搞技术进步，就跟不上科技发展的步伐。当然，采用新技术要从实际出发，要根据需求和可能，经过充分的技术论证后做出正确的决策。

③ 仓储设施改造必须以提高经济效果作为出发点。我国正在进行经济体制改革，扩大了企业的自主权，加强了经济核算，对如何提高经济效果比较重视。物资仓库的技术改造，应少花钱多办事，投入少见效快，经济效果明显。当然还要处理好微观经济效果和宏观经济效果之间的关系。

④ 仓储设施改造要充分重视人的作用。对技术改造应有一个全面理解，不仅包括改造库房、革新设备、改进技术、修订作业规程等，而且还应包括培训技术和管理人才、提高职工业务素质等内容。人是生产三要素中最积极、最活跃的因素，任何先进的设备都要人去运用和维护，任何先进的技术也要人去掌握。因此，在仓库技术改造过程中必须充分重视人的作用，不能只在物质基础上下工夫，而忽视对各种人员的培养和提高。

4）仓储设施技术改造的依据。就物资仓库，或者物资配送中心而言，近期内的技术依据是：

① 老仓储设施设备的技术改造，应以改善保管条件、扩大存储能力和提高作业效率为主要目的。

② 仓库作业应以实现机械化为主要目标，并尝试实现自动化，运用自动化技术实现设施设备自动化管理。

③ 注重现有设备的配套，改善薄弱环节，提高综合作业能力。

④ 重点引进现代电子技术和信息技术，广泛采用电子计算机。

⑤ 仓库设施和技术作业过程实行标准化。

（3）仓储设施技术改造的内容

作为仓库改造的重要内容，仓储设施技术改造的内容主要取决于仓库整体技术改造的目的。技术改造的总目的是多、快、好、省地完成物资存储的任务，具体来讲主要包括：扩大仓库规模，增加仓储能力；提高库房标准，改善保管条件；挖掘设备潜力，提高机械化水平；提高作业效率，改善作业质量；改进信息处理，提高积极效益等。

以上几个方面的目的，不可能同时达到，不应齐头并进。应根据不同时期、不同部门、不同单位的不同情况，确定主攻目标和技术改造的方向。从我国实际情况出发，仓储技术改造的内容包括以下几个方面：

1）对现有库房的技术改造。

① 为了改善旧库的保管条件，可以改为混凝土地坪（原来为土砖地），加厚或新砌库墙，更换屋顶，加装库内顶棚，改造门窗，增设取暖、通风等附属装置等。

② 为了扩大仓库的存储能力，可拆除隔墙、仓库办公室外迁，采用高层料架、使用巷道堆垛机、设置架上平台等。

③ 为了加速物资的收发，提高机械化作业水平，可在库内安装桥式或龙门式起重机，扩大库门使装卸运输设备进库作业，加宽站台方便叉车运行等。

2）更新或改造陈旧设备。

① 仓库装卸搬运设备占重要地位，应逐步把性能差、效率低、耗能高、故障多的老设备淘汰掉或加以改造，选用性能好、耗能少、安全可靠、效率高的新型设备。要使各种装卸搬运设备配套、索具齐全，保证作业的连续性。

② 物资存储设备直接关系着物资保管质量、作业效率和仓库利用率。要改木质料架为钢制料架，改固定料架为组合料架，改低层料架为中层或高层料架，改通用料架为专用料架，大力推广料仓和托盘。

③ 物资仓库检斤作业相当繁琐，目前主要使用机械式台秤，费工费时，效率低。今后应积极推广电子秤，对检斤作业量大的仓库，还可采用地衡。

④ 仓储的主要运输工具是汽车。对现有汽车必须进行更新改造，选用技术性能先进、耗油少的车型，同时应该增加一些专用车辆，如水泥罐车、集装箱车等。

3）应用电子与信息技术。随着科学技术的进步，电子与信息技术得到了广泛的应用，其突出表现是电子计算机在各个领域发挥越来越重要的作用。物资仓库的技术作业过程是物流和信息流的结合，而信息流的准确、及时、畅通，直接影响到仓库各方面的工作。采用电子计算机，对大量信息进行收集、整理、加工、传输、编辑和转换，具有重要的意义。在物资仓库除采用计算机外，还应根据需要与可能，安装自动监测和报警系统和自动控湿、控温系统等。

5.5.5　配送中心设施与设备的发展趋势

配送中心的设施与设备是组织实施配送活动的重要手段，是配送活动的基础。近年来，伴随着用户需求的变化以及自动控制技术和信息技术的应用，我国在大力吸收国外的先进技术和发展国有机械制造业的基础上，建立了比较完善的物流设备制造体系，物流装备技术水平有了较大提高。现代物流装备向大型化、高速化、信息化、多样化、标准化、系统化、智能化、实用化和绿色环保化方向发展。配送作为物流活动中的一个重要环节，配送中心的设施与设备也有了很大的发展。

5.6　输配送作业系统的规划与设计

以流通的观念来看，输配送是指将被订购的物品，使用卡车从制造厂或生产地送至顾客手中的活动，主要目的在于克服供应者与消费者之间空间上的距离。而其间可能是从制造厂仓库直接运给客户，也可能再透过批发商、经销商或由物流中心转送至客户。

1. 输配送的意义

输配送的定义前面已提及，在此处所要区别的是输送与配送的不同。

(1) 输送　输送是作长距离大量货物的移动；输送是与距离无关的据点间货物的移动；输送是区域间货物的移动。以货车而言，一台货车对一个送货地点作一次往返者称为输送。

(2) 配送　配送是作短距离少量货物的移动；配送是从企业送达顾客处的移动；配送是区域内货物的移动。以货车而言，一台货车对多处客户点作巡回送货称为配送。

综上所述，货物的移动我们可总称为输送，而其中短距离的少量输送我们称为配送，以日本的研究来看，一般配送的有效距离最好在 50km 半径以内。若以物流中心做据点划分，由工厂将货物送至物流中心的过程是输送，属于少品种、大量、长距离的运送；而由物流中心将货品送到客户手中的活动是配送，属于多频率、短距离、多样少量的运送。当然，两者若能兼顾效率、服务原则将可得最佳绩效，但若无法兼顾，则输送较重视效率，即尽可能以装载率优先，希望每次越多载越有利；而配送则多以服务为目标，在许可能力下以满足客户服务要求为优先。

2. 输配送管理的重要性

输配送作业管理的困难在于其可变因素太多，且因素与因素间往往又相互影响，因而很容易遭遇以下状况：

1) 从接受订货至出货非常费时，无法按时配送，交货配送效率低下。

2) 配送路径的选择不顺利，配送计划难以制订。

3) 配送业务的评价基准不明确。

4) 货品输配送过程的损毁与遗失。

5) 驾驶员的工作时间不均，产生抱怨等。

如何有效管理输配送是非常重要的，一旦未能妥善管理，除以上几点状况可能发生外，最直接的影响必会反映在输配送的费用上。

概略来说，物流费包括包装费、搬运费、输配送费、保管费及其他费用，其中输配送费比例最高，约占 35%～60%。因而若能降低输配送费，对物流中心的收益具有极大贡献。

进一步划分输配送费用，可归纳出以下十一种费用：人事费、车辆税、轮胎费、折旧费及过路费、燃料费、修理费、车检费、保险费、事故费、奖金福利等，而这些费用的发生起源于每天对货品的运送，而其花费的多寡则由输配送的频率、时间、客户点的远近及车辆的损耗状况来决定。因而要控制输配送费用，我们就要从影响因素着手管理，不仅需对输配送人员的工作时间、作业情况作管理，对于车辆的利用，像是出动率、装载率、空车率等的掌握，也要特别注意。

3. 车辆输配送服务要点

车辆输配送是物流中心作业最终及最具体直接的服务表征，其服务要点有下列各项：

(1) 可靠性　指将货品完好无缺地送达目的地，此点在于配送人员的质量。以输配送而言，要达成可靠性目标其关键原则在于：装卸货时的细心程度、运送过程对货品的保护、客户地点及作业环境的了解、配送人员的操守。若输配送人员能随时注意这几项原则，货品必能以最好的质量送到客户手中。

(2) 时效性　时效应是流通业客户最重视的因素，也就是要确保能在指定的时间内交货。由于输配送是从客户订货至交货各阶段中的最后一个阶段。也是最容易无计划性延误时程的阶段（物流中心内部作业的延迟较易掌握，可随时与客户调整），一旦延误便无法弥补。且即使内部阶段稍稍延迟，若能规划一个良好的配送计划则仍可能补救延迟的时间，因而输配送作业可以说是掌控时效的关键点。

一般未能掌握输配送时效性的原因，除司机本身问题外，不外乎所选择的配送路径路况不良，或中途客户点下货不易以及客户未能及时配合等所引起。因此，往往需慎选配送路径，或加派助理辅助每点的卸货，才能让每位客户皆在期望时间收到期望之货。

(3) 沟通性　由于配送人员算是将货品交于客户手中的负责人，也是客户最直接接触的人员，因而其表现出的态度、反应会给予客户深刻的印象，无形中便成为公司形象的表征，因而配送人员应能与顾客做相对的沟通，且具备良好的服务态度，如此必能维护公司的形象，并巩固客户的忠诚度。

(4) 便利性　输配送最主要便是要让顾客觉得方便，因而对于客户点的送货计划，应采取较弹性的系统，才能够随时提供便利的服务。例如紧急送货、信息传送、顺道退货、辅助资源回收等。

(5) 经济性　满足客户的服务需求，不仅质量要好，价格也是客户重视的要项。因而若能让物流中心本身运作有效率，成本控制得当，自然对客户的收费也能较低廉，也就更能以经济性来抓住客户了。

4. 输配送运行效率

在日本交通拥挤不堪的城市中，制造商渐渐改用机车来运货，以达到准时生产（Just In Time）的目标。因此，预计在不久的将来必由运输业掌握经济动脉。另外，由于产品包装、托盘容器及运货卡车皆未标准化，致使产品配送变得更为困难。为简化配送难度，如今将产品配合卡车的尺寸制造，而非卡车迁就产品已成为未来的趋势。再则，由于都市中的高楼大厦越来越多，客户交货点也渐往高楼层延伸，小包包装必逐渐增加，以适合司机搬运至高处；如此司机劳力的与日俱增也导致司机的来源成为问题。所以产品既然须依卡车大小及驾驶员搬送意愿来决定配送车，为减低风险，许多日本公司除了将一部分产品交由运输公司配送外，自己亦成立另一家运输公司来配合，尤其类似化学仪器等的搬运，一定须由具专门知识技术的搬运公司负责，因此随着交通环境变动及安全的需求，以专门知识配合产品形状类别来配送的时代已经来临。以日本 YAMATO 运输公司为例，为提高服务质量及企业竞争力，即提出全国统一价格、全国各地 24 小时送达及配送人员为专业人员的三大特点。

美国自 1960 年起，运费即不断地上升，尤其 1980 年晚期，运送公司的配送倾向变得明显，配送成本升高许多，致使工商界更是集中心力希望提高运配效率。以美国的福特汽车公司而言，其目标即：在生产区域的任何时间购买零件及供给都不超过八小时，同时，尽量做到最大的物流效率及弹性，但绝不向产品寿命及质量妥协。

综上所述，“距离最短”、“时间最少”、“成本最小”可说是达成输配送效率化的三大诉求。而在此三大诉求目标之下，最基本的方向应由提高每次输配送量、提高车辆运行速率、缩短输配送距离、削减车辆使用台数、适当缩短配置物流设施据点等方面着手考虑。但在考虑的同时，仍须注意下列几点限制：①满足顾客的需求；②各配送路线的货量不能超过车辆的能力；③不可超过车辆的配送时间；④不可超过配送点的收货时间。

因而为达距离、时间、成本最小化，其采用手段可包括：①消除交错输送；②回程车之利用；③直接运送；④输配送工具之变换选用；⑤信息系统之完整建立；⑥运行车辆之通信改善；⑦控制出货量；⑧共同配送。

（1）共同配送　所谓“共同配送”，是指多家企业共同参与只由一定运输公司独自进行的配送作业。共同配送的型态很多，最常见者如表 5-2 的六种，其中在批发商店及代理商店之间进行的是一种水平式的共同配送，相对来说，由制造商主导来汇整批发业的配送，或由连锁店总部主导来汇整供货厂商的配送，则属于垂直式的共同配送。以往大型制造商、零售商或批发商自行建立物流中心，执行配送作业，目的不外是降低物流成本，掌握配送时效。然而，当物流费用逐渐提高，为应对多频度少量的交货方式，同时也让信赖的运输公司成长（或厂商可自己成立配送公司），日本开始致力于共同配送来降低成本，如日本 SONY 及三洋电动机的共同配送。共同配送是一种共存共荣的两利发展策略，但这种模式的形成要点在于参与配送者要能认清自身的条件、定位、需求及成长的目标，并加强各自体系的经营管理与物流设备。否则，共同配送可能成为彼此的阻碍。

表 5-2　共同配送的主要形式

	仓库中心型	物流中心型	往复输送型
型态	多数的同行业者委托一家业者保管、配送,在批发商周围的路径上配送	小卖店的采购透过物流中心统一处理,物流中心的营运委托批发商	两家制造商有效利用主要都市间的输送,确保回程时不致空车
适用情况	大型批发商	偏大型制造商、大盘商的型态	要能掌握彼此厂商信息,才能保证回程不空车,即愿帮竞争厂商降低物流成本
	百货店型	运输业者型	组合型
型态	多数的同业者每一配送地区的物流中心共同利用	输送业者把制造商、批发商的货一贯集货配送	多数的批发商共同组合设立新公司,物流中心配送作业一体化
适用情况	帮对手处理物品的观念很难被接受,所以此型态必视区域而定	此型态多偏纸厂、家具业	此型态多偏优势互补型,或较小企业

(2) 直配、直送　美国由于大型零售店很多，所以厂商多与零售商做直接交易。以加工食品而言，厂商将产品直接送至零售商的比例约占 68%，透过一次批发作业者占 32%。

而在日本，传统的商业流通系统大多采取从厂商经总代理商，二次批发，三次批发才到零售店的型态。其中，总代理和批发商中又分为全国性，地区性，全部承销或部分承销，专属某一特定厂商或同时销售不同厂商产品等不同型态，因此据统计，日本批发业者约达四十四万家之多。

以往商品是由各工厂汇总到地区性物流中心，再根据代理店与销售公司的订单，交货到各自的物流中心，然后依二次批发，三次批发的订单顺序交货至指定地点。现今由于“商物可分离”，所以即使在日本对账还需经由传统的多层次系统，但订购单仍可透过信息网络直接传给厂商，因此各工厂的产品可从厂商的物流中心直接交货到各零售店，这种利用直配、直送的方式可大幅简化物流的层次，使得中间的代理商和批发商不需存货，下游信息也能很快的传达到上游，让整体联系收到“速度化”的效果，所以，如今改采此方式的企业正在增加中。

(3) 消除交错输送　在消除交错输送上，可采取缓和交错输送的方式。例如，将原直接由各工厂送至各客户的零散路线以物流中心来做整合并调配转送，如此可舒缓交通网络的复杂程度，且大大地缩短了输配送距离。

(4) 信息系统的完整性　物流信息系统一般是由订单处理、库存管理、出货计划管理、输配送管理等四个子系统所构成。其中出货计划管理及输配送管理两系统直接关系到输配送业务的效率化问题，因而最好能具有以下功能：

1) 最佳输送手段的自动检索：依交货配送时间、车辆最大运载量、客户的订货量、个数、重量来选出一个最经济的输配送方法。

2）配车计划自动完成：依货物的形状、容积、重量及车辆的能力等，由计算机自动安排车辆，甚至装载方式。

3）配送路线自动完成：在信息系统中输入每一客户点的位置，则计算机便会依最短距离找出最便捷路径。

除此之外，人工智能专家系统伴随配送需求应运而生。

（5）运行车辆的通信改善 由于人手不足，日本在海外设厂的机率越来越高，因此现正对国际间输送问题寻求对策。以船运来说，日本已能利用无线电传输做到临时得知某港口罢工，总公司马上电传通知商船绕道，避免延误行程的阶段；至于铁路运输，货物归属哪一班火车哪一节车厢都早已在计算机中决定，以节省时间及人力。事实上，对于此种移动体的通信传输，不仅对海外生产重要，就算是对于在国内或区域内的移动通信亦很重要。因此，移动体的通信设置必须要能具备并掌握以下的信息及状况：把握车辆及司机的状况、传达道路信息或气象信息、把握车辆作业状况及装载状况、进行作业指示、传达紧急的信息、提高运行效率及安全运转、把握运行车辆的所在地。

如此不论何时何地，只要有什么特殊状况或特别需求，即使是短距离的配送司机也能及时与总公司保持联系，同样，总公司也能够随时把紧急讯息透过通信装置来通知司机。

如今移动体通信方式包括：公用电话、呼叫器（振动型、音响型、数字显示型、文字显示型）、汽车行动电话、手持行动电话、车载或携带型收音机、无线电通信等方式。而其中车辆（移动体）情报的搭载设备包括两个系统单元：声音情报（无线机汽车电话）；资料传送（无线机汽车电话 + 手提式计算机、印表机、传真机、掌上型计算机）。

（6）控制出货量 若能有效控制顾客的出货量，将其尽量平均化，则整个输配送效率更能提高。此策略的采行方式有以下四种：给予大量订货客户折扣、制订最低订货量、调整交货时间、对于季节性的变动尽可宣导客户提早预约。

5. 输配送规划

输配送作业在物流中心的物流成本中占有重要地位，因而输配送规划良否将直接影响运输成本与效率。

在实际输配送的分派过程中，包括许多动态与静态的影响因素，静态者如配送客户的分布区域、道路交通网络、车辆通行限制（单行道、禁止转弯、禁止货车进入等）、送达时间的要求等，而动态者如车流量变化、道路施工、配送客户的变动、可供调度车辆的变动等因素，使得配送规划的决定愈加困难。实际上配送规划所能运用的前置时间仅有 1 ~ 2h 而已，必须依赖计算机系统的辅助。

因此，最好的方式应能发展一套以人判断为主，计算机辅助配合的配送规划决策支援系统，目标在于取得一及时可用的可行性配送手段及路线（图 5-25）。而此决策支援系统主要的决策项目应包含：配送区域划分、车辆安排、每辆车负责客

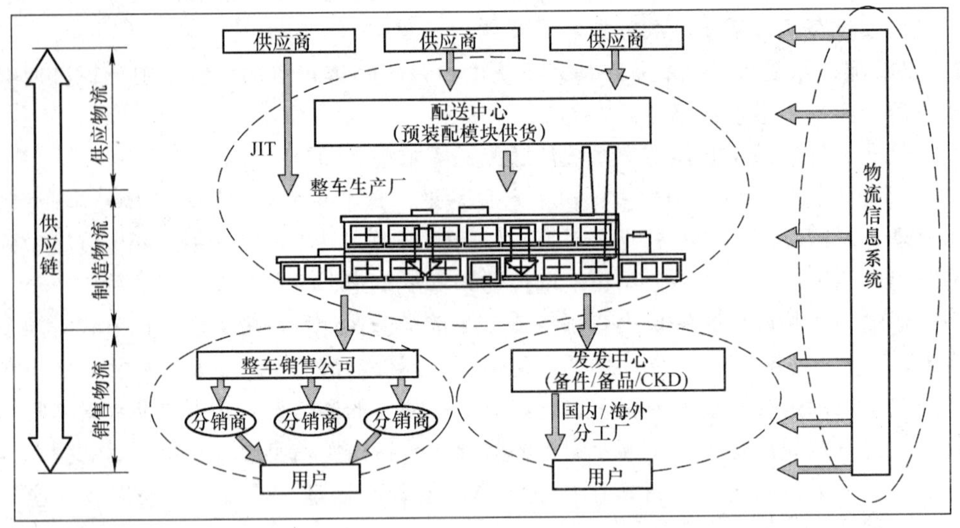

图 5-25　借助信息技术实现配送

户、配送路径选择、配送顺序决定、车辆装载方式。而各决策项目的影响动因很多，这也是在配送规划进行中最需要去做分析与整合的部分。

(1) 基本配送区域划分　为让整个配送有一个可循的基础，物流中心通常会先依客户所在地点的远近、关联状况作一区域上的基本划分，例如：台北市的北区、东区、南区，或者是大安区、万华区等等。当然，若遇突发情况，此基本分区亦应能弹性调整。

(2) 配送批次决定　当物流中心的货品性质差异很大，有必要分别配送时，则须依每单的货品特性作优先的划分，例如生鲜食品与一般食品的运送工具不同，须分批配送；还有化学物品与日常用品其配送条件有差异，亦须将之分开配送。

(3) 配送先后次序暂定　信用是创造后续客源的仙丹，因而能在客户要求的时间准时送货非常必要，所以在考虑其他因素做出确定的配送顺序前，我们应先依“各客户的叫货时间”将配送的先后次序作一概略的掌握。

(4) 车辆安排　究竟要安排什么形式、种类的配送车，是要使用自用车好呢？或是外雇车好？我们要由客户面、车辆面及成本面来共同考量。在客户面，我们必须依各客户的订货量、订货体积、重量，以及客户点的下货特性限制；在车辆方面，我们要知道到底有哪些车辆可供调派，以及这些车辆的运载量与重量限制；在成本面，我们就必须依自用车的成本结构及外雇车的计价方式来考量选择何者较划算。由此三方面的信息配合，才能作出最合适的车辆安排。

(5) 每辆车负责客户决定　既然已作好配送车辆的安排，对于每辆车所负责的客户点数自然也已有了决定。

(6) 路径选择　知道了每辆车须负责的客户点后，如何以最快的速度完成这些客户点的配送，即需根据“各客户点的位置关联性”及“交通状况”来作路径的选择。除此之外，对于有些客户或所在环境有其送达时间的限制亦参与考量，像是有些客户不愿中午收货，或是有些巷道在尖峰时间不准卡车进入等，都必须尽量在选择路径时将之避开。

（7）配送顺序　作好车辆的调配安排及配送路径的选择后，依据各车辆的配送路径先后即可将客户的配送顺序确定。

（8）车辆装载方式　决定了客户的配送顺序，接下来就是如何将货品装车，以什么次序上车的问题。原则上，知道了客户的配送顺序先后，只要将货品依“后送达先上车”的顺序装车即可；但有时为妥善利用空间，可能还需考虑货物的性质（怕振、怕撞、怕湿）、形状、容积及重量来做弹性置放。此外，对于这些出货品的装卸方式也有必要依货品的性质、形状等来决定。

而在上述规划考量过程中，必须注意的要点在于：订单内容的检查，订单紧急程度确认，送货处所确认，配送路径如何顺路，货品送至客户手中时间的估计，考虑装卸货时间以作调整，出发时刻调整，输配送手段的选定，路径不同之重量、个数、体积确认，输配送费用。

尤其，配送路径如何顺路以决定最佳配送顺序的问题，往往会影响整个配送作业的效率，因而 IBM 公司开发了一套 VSP（Vehicle Scheduling System）系统，可以利用数值计算的方式由计算机来寻找最短运行路径，此系统原则为：以循环配送来产生缩短值。

6. 配送计划业务

（1）一般配送计划业务　影响配送好坏的因素非常多，且其中又包含许多不可预期的状况，因而为使内部配送计划能够周详，且能掌握外部难以直接控制的情况，有关配送业务的表单很多。

尤其对于外部驾驶过程中也常会有突发状况发生，我们通常由表 5-3、表 5-4、

表 5-3　配送状况日报表

日期：　年　月　日　　　星期：　　　天气：　　　温度：　　　单位：

<table>
<tr><th rowspan="2">卡车号码</th><th rowspan="2">驾驶员</th><th rowspan="2">运送内容</th><th colspan="4">作业时间/h</th><th colspan="2">行程/km</th><th rowspan="2">燃料/L</th><th rowspan="2">输送量/t</th><th rowspan="2">同乘者/名字</th><th rowspan="2">运费/元</th><th colspan="4">收款人运费计算/元</th><th rowspan="2">其他</th></tr>
<tr><th>开始</th><th>终了</th><th>移动时间</th><th>合计</th><th>实际</th><th>空</th><th>收款人</th><th>运费</th><th>人事费用</th><th>合计</th></tr>
<tr><td></td><td></td><td></td><td></td><td></td><td></td><td></td><td></td><td></td><td></td><td></td><td></td><td></td><td></td><td></td><td></td><td></td><td></td></tr>
<tr><td></td><td></td><td></td><td></td><td></td><td></td><td></td><td></td><td></td><td></td><td></td><td></td><td></td><td></td><td></td><td></td><td></td><td></td></tr>
<tr><td></td><td></td><td></td><td></td><td></td><td></td><td></td><td></td><td></td><td></td><td></td><td></td><td></td><td></td><td></td><td></td><td></td><td></td></tr>
</table>

<table>
<tr><td rowspan="4">合计值</td><th colspan="2">作业时间/h</th><th colspan="2">行程/km</th><th colspan="2">输送吨数/t</th><th colspan="2">燃料/L</th><th colspan="2">人事费用/元</th><th colspan="2">支付费用/元</th></tr>
<tr><th>本日</th><th>累积</th><th>本日</th><th>累积</th><th>本日</th><th>累积</th><th>本日</th><th>累积</th><th>本日</th><th>累积</th><th>本日</th><th>累积</th></tr>
<tr><td></td><td></td><td></td><td></td><td></td><td></td><td></td><td></td><td></td><td></td><td></td><td></td></tr>
<tr><td></td><td></td><td></td><td></td><td></td><td></td><td></td><td></td><td></td><td></td><td></td><td></td></tr>
</table>

表 5-5 的表单来对于驾驶情况作记录，除了能随时对车辆与驾驶员的质量及负担作评估调整外，也能反映出事前配送规划的效果，供作后续营运配送的参考。

表 5-4　配送成绩报告书

日期：　　年　　月　　日　　　　　　　　　　　　单位：

车辆号码	工作日数/日	总车辆数/辆	行走距离/km	输送数量	燃料/L	其　他
合计						

表 5-5　配送人员出勤日报表

趟次编号：			车号：		使用回数：		车种　　张		
驾驶姓名：			助理姓名：			年　　月　　日			
报到、交货地点	计划时间	到达时间	离开时间	经过时间	里程数	冷冻、冷藏温度	卸货箱数	送货单据号码	备注（延迟送达原因）

然而针对上表如何作出正确有效的记录，目前国内外已有采用随车使用“温度记录器”及“行车记录器”的方式，来对车辆配送情况作即时详细地掌握。

1）温度记录器——随时监控车内温度状况。温度记录器多设置在货品温度须有效控制的配送上，例如冷冻、冷藏食品的配送，温度记录器可提供随时监控管理的功能，一旦货柜温度过高或过低，温度记录器即会马上发出警讯提醒配送人员注意，以采取必要措施。且这些资料的记录数据可供事后管理人员检查之用。

2）行车记录器。行车记录器的用途很广，只要是牵涉到货品配送且想要好好管理的业者，都可将之运用在车辆行车配送上。然而如今国内业者所使用的行车记录器多由国外引进，国内还未自行研发。

行车记录器最主要的功能就是能掌握车辆配送过程中的行驶数据，包括时间、里程数、行车速度等，其功能目的如下：

① 记录车辆行驶及交货时间。对于时间的记录，需要掌握的时间点很多，包括：

a）由物流中心出发至各客户点的经过时间，以及各客户点相互间的路程时间，以判断此路程的配送有无阻碍，是否应改换路线。

b）到达每一客户点的时间，以观察有无延迟交货发生。

c）离开客户点时间，检讨司机交货作业手续的完成速度。

d）返回物流中心的时间，以观察整趟配送的时间耗费，可依此来做往后调配车辆的计划。

② 记录车辆行驶的里程数。对于里程的记录，也可分为两方面来掌握：

a）物流中心至各客户点及各客户点间的里程，观察配送顺序及路径是否合理。

b）空车返回物流中心的里程，以检讨空车走行的里程会不会过高，未达车辆运行效益。

③ 记录车辆运行速度。对于速度的掌握，可由两方面来观察记录：

a）行车速度与平均速度。其目的是随时记录车辆的运行速度，观察是否常受红绿灯影响，或是否会受塞车阻扰，以评估所选择路径的顺畅程度，且检讨应否掌握某时段来配送较佳。

b）超速次数：可由此来衡量驾驶员的质量，是否会为公司带来不当的多余费用。

④ 记录耗油量与平均耗油量。市区开太慢容易耗油，车辆负载过重容易耗油，司机操纵不当也亦耗油，因而对于车辆行驶的耗油量也须特别观察，如此对运费的节省才能发挥实际的效果。

⑤ 记录引擎转速。由车辆引擎转速是否正常可看出车辆本身的状况，状况不良的车辆易发生意外且将延误交货时间，因而由行车记录器的记录来观察引擎转速，可确保车辆的配送质量。

由以上行车记录器的功能，可归结出行车记录器所能提供给业者的五项最主要效益：

① 便于统计及分析车辆使用状况，让管理人员能随时调整改善。

② 取代原来人工记录的方式，提高驾驶员工作效率。

③ 简化报表作业程序，提升管理效率及效益。

④ 掌握每一配送时间点，提高对客户的服务质量。

⑤ 节省油量消耗及车辆的保养费用，确实降低配送成本。

（2）驾驶员特殊配送任务　在如今配送计划业务中，驾驶员也在时势所趋下被要求更多的责任义务，除了运送、装卸、搬运的劳力负担，如今许多公司的驾驶员也必须兼具业务员的工作，不只送货还要带着目录顺便推销，将新的信息传给客户，即使 1～2 分钟亦可宣传，如此利用送货机会顺道推销，较刻意登门拜访可能更具效果。此外，驾驶员在送货的机会中也可顺道与客户沟通了解抱怨缘由，并趁机观察客户居家或营业的状况，像是电视机使用哪一品牌？店主（家庭）还缺少什么等？将客户的资料记录后交给公司，也就是担任类似调查员的工作，如此公司不但可针对客户的抱怨作改善，也可根据客户店面或家庭的情况，选择适合的产品对其介绍，甚至针对需求拓展新产品，此点对公司营运的扩展非常有利。

7. 车辆调度

配送车辆的使用主要分为自用车（公司车）及外租车（签约车），而车队的组合方式又可区分为以下四种：

（1）公司车—公司人　车辆及司机皆为公司所有。这是最常见的组合，优点在于配送质量易掌握、短期成本低、企业形象佳且可配合公司政策；但缺点是长期粗重工作致使司机流动率大、风险不小，且长期成本相对较高，公司车辆损耗亦大。

（2）签约车—签约人　俗称“外包”，车辆及司机皆与其他公司（如货运公司）签约，亦即车辆及司机皆为他公司所拥有。此情形已渐被企业采用，其优点在于可将风险转嫁，无车辆维修问题，且外包公司配送效率高，较愿接受高难度工作；但缺点是配送质量较难控制，且外包公司易斤斤计较，也会使得管理成本增加。

（3）公司车—签约人　车辆为公司的自车，司机是向其他公司签约聘雇。此方式为社会多元化的产物，签约人等于是兼职人员，其代配费用以“计时”、“计次”或“计件”来计算。主要优点为可部分转嫁风险，配送效率高，也可接受较高难度工作，且其性质较类似员工，管理成本较低；但缺点仍是配送质量较难控制。

（4）签约车—公司人　车辆是向其他公司签约租借，但司机为公司内的员工。此方式系属季节性或偶发性的需求，当运量突增或不可预测因素造成车辆不足时，公司即会考虑以租车方式来应对。

而为风险考量，外租签约车又有以下两种形式供作选择：

1）个人型（扶老携幼型）。全家出动协助配送，此形式的外租车并不订合约，因而风险较大，但费用上较便宜。

2）公司型。为较有制度的租车公司，因而可与之制订契约，合作上风险小，但费用较个人型高。

综合上述特性，一般使用外租签约车或签约人的考量原因可归纳出以下三点：

1）避免资源浪费。应对调节季节品、节庆品的需求（淡旺季），若使用公司车或公司人容易造成车辆、人员在淡季闲置的情形，造成资源浪费。

2）为避免罢工的风险。对于如今劳工意识抬头，罢工、抗议事件时有发生的情形下，使用签约人来配合作业未尝不是一解决之道。

3）输送能效好。因外租签约车可应对日子及季节的变动，因而车辆的输送能效必定较好。

然而现今坚持采用公司车与公司人的公司仍不少，其主要原因是：

1）司机是公司内员工，其与公司的配合较好，且配送错误率也必能减少。

2）由公司人对公司状况的了解，也能够兼顾与客户沟通及推销事宜，这是签约人所无法取代的好处。

3）一般外租签约车的管理水准较低，对质量的要求较不严密，虽其对货品的维护有契约的索赔保障，但仍会影响到客户对公司的信赖度。

事实上，使用外租签约车、签约人亦有管理上的困难及临时解约的风险，因此究竟要使用公司车或签约车，要使用公司人或签约人，其相互比例应如何？须按照公司的需求来做决策。

由上述公司车与签约车的使用情况，我们可归纳："一般大企业较常使用签约车，而中小企业较常使用公司车来输配送"。而表 5-6 是我们访谈过的一些物流中心在车辆调度上的采用方式。

表 5-6　各物流中心车辆调度采用方式

	公司车 公司人	签约车 签约人	公司车 签约人	签约车 公司人	说明
和盟	√				
资生堂		√			
捷盟	√	√			以公司车、公司人为主
德记	√	√			两者并重
康国	√	√			以公司车、公司人为主
全台	√				
环纬	√	√	√	√	以公司车、公司人为主
安丽		√			
彬泰	√				
陵阳	√				
三商行		√			
大统	√				
裕利	√	√			

由表 5-6 可看出，如今大多厂商是使用本身自己的车，一方面调度容易，另一方面为保证服务质量。而三家全使用外车的厂家包括委托签约公司或多家没有合约的货运行，主要原因是：①其货品淡旺季销售量相差大，车子的排班量不稳，若使用自车，出动率可能不均匀，所以采用需要时再联络货运行的方式较符合经济效益；②比较委托外面公司运输的成本，结果认为使用外车较划算。至于多数混合采用自外车的公司，当初的考虑在于：一是全使用自车，怕罢工，风险大；二是全使用外车，管理不易，风险亦大；三是自外车混合使用，可视费用及风险情况做弹性调整。

而究竟外租签约车配送费用的计算方式是什么？一般委托外车的运费计算方式

可有以下几种：①以配送重量计算；②以配送量（体积）计算；③以配送车次计算；④以距离（客户点）计算；⑤以配送品价值计算。

而除了配送品价值外，其余四因素对自用车配送的效果亦有不同影响，因此我们可由每吨重、每配送体积、每车次、每公里距离的配送成本来评估使用自用车或外租车的效益。同时，当外租车费用有过高倾向时，也可由此四因素着手探讨，看是否如今的计价方式已不适合目前的营运状况，应改以其他方式计价，或与委托商重新调整费率，甚至考虑需不需要更换配送委托商。

通常，若以外租车为主要配送车辆的厂商，其对外租车的选择必须非常审慎，因外租车的种类形式很多，即使同一形式的车辆不同的租车公司其价格上的差异也很大。因而若欲以较低廉的费用来从事配送，除了在调度时要选择车辆运送形式外，即使同一种运送形式也应有多家选择，所以若能随时将所有接洽过的外租车详细资料及当初计价协商结果建立于计算机，将公司与各租车（货运）公司议定的运费计价模式输入计算机，之后每天确定出货品项及数量后，只要将其体积、重量或公里数输入，则计算机很快就能将每种外租车的效益计算出来，管理者只需作最后的决定即可。如此车辆调度的处理速度将更快，同时选择的层面也将更广，效益也会更高。同时，使用计算机作选择的另一项好处在于货运月结时亦能将租车（货运）公司计算出的货款与计算机原先计算数值比对，查核租车（货运）公司索款资料的正确性，若有差异立即追究，能够确实防止弊端产生。

不论是选用自用车或外租车，也不论是采用何种计价方式，我们都应尽量从输配送合理化的角度来节省配送费用。表 5-7 即为车辆输配送合理化的基本想法。

表 5-7　车辆输配送合理化的基本想法

<table>
<tr><th colspan="4">目 标←→作 法</th></tr>
<tr><td rowspan="5">削减车辆的输配送费用</td><td rowspan="3">降低输配送单价</td><td>提高出动率</td><td rowspan="5">设置车辆管理中心
建立全盘输配送管理体制</td></tr>
<tr><td>增加每次搬运量</td></tr>
<tr><td>减少周期中的等待</td></tr>
<tr><td rowspan="2">减少输配送工作量</td><td>减少搬运量</td></tr>
<tr><td>码头月台最优规划</td></tr>
</table>

【经典案例】

应对恶劣天气的烟草配送预案

烟草配送活动中，路线长、品种多、数量少、时效性强。以订单处理为中心的配送系统还要应对突发事件，如分拣设备与运输车辆故障、需求大幅波动、恶劣天气等的影响，致使烟草配送的订单处理系统要灵活多变。为此，要建立各种订单处理预案保障机制，如图 5-26 所示，烟草公司应对恶劣天气的配送预案。

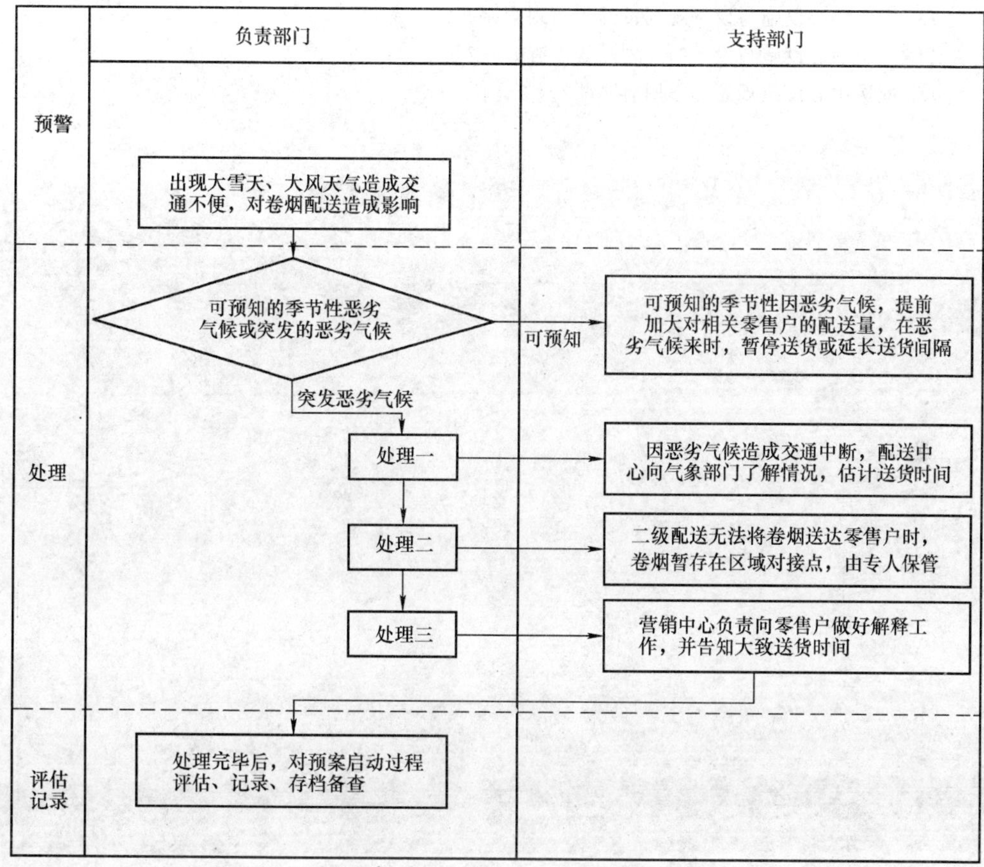

图 5-26　应对恶劣天气的配送预案

思　考　题

1. 配送包括哪几个环节？什么是配送中心？
2. 配送中心有哪些分类方法？
3. 配送中心的功能包括哪些内容？配送中心具有哪些作用？
4. 配送中心规划的内容包括哪些？配送中心规划的设计要点有哪些？
5. 简述配送中心规划的程序
6. 配送中心规划有哪些特点？
7. 我国配送中心在选址与布局方面存在哪些问题？
8. 配送中心选址与布局须注意哪些原则？
9. 物流配送中心的作业区域结构一般由哪些工作区组成？

10. 物流配送中心内部布置规划设计的主要内容包括哪些？
11. 物流配送中心内部布置规划设计的目标和方法有哪些？
12. 配送中心设施与设备有哪几类？
13. 配送中心设施与设备规划目的和原则有哪些？
14. 配送中心设施与设备的规划的程序有哪些？
15. 配送中心设施规划的作用有哪些？

第6章 物流运输系统规划与设计

交通运输是国民经济和社会发展的重要基础设施和基础产业，运输是物流系统的重要环节。运输通常是物流成本中最大的单项成本，货物运输费用占物流总成本的1/3～2/3，合理的物流运输系统规划和设计，对于提高物流系统效率和效益具有重要意义。

6.1 物流运输系统规划与设计概述

运输是指用设备和工具，将物品从某一地点向另一地点运送的物流活动。其中包括集货、分配、搬运、中转、装卸、分散等一系列操作。

物流运输系统由运输基础设施、运输设备、运输工作人员组成。其中，运输基础设施包括道路、公路、桥梁、货场、信号、隧道、河道和码头等；运输设备包括集装箱、汽车、牵引机车、拖车、飞机和船只等；运输工作人员包括驾驶人员、装卸人员、维修人员、操作人员及其他管理人员等。

6.1.1 物流运输系统的功能

物流运输系统主要实现货物的转移，从而创造空间和时间价值，其功能包括货物移动、短期储存等。运输的发展影响着社会生产、流通、分配和消费的各个环节，是保证国民经济正常运作的重要基础之一。

1. 货物的空间移动

随着社会分工迅速发展，生产与供应的关系日趋紧密。现代生产的基本要求是生产过程平稳、生产各环节节奏一致，而生产、供应、消费等社会行为在空间上的联系却日趋分离。因此，运输的作用显得空前突出。任何正常运转的企业，每天都有大量物资进出。某些重要的交通线路如果不能正常运转，将对国民经济产生重大影响。运输实现货物的空间位移，创造“场所价值”。物流是物品在时空上的移动，运输主要承担改变物品空间位置的作用，是物品改变空间位置的主要技术手段，是物品实现价值增值的主要原因。运输是物流的主要功能要素之一，决定了物流的速度。

2. 货物的短期储存

将运输车辆作为临时的储存设施，对产品进行短期库存是运输的职能之一。如果转移中的产品需要储存，而短时间内又要重新转移，卸货和装货的成本也许会超过储存在运输工具中的费用，此时可以将运输工具作为临时的储存工具。另外，产品在运输途中也是短期储存的过程。

6.1.2 物流运输系统的结构

1. 物流运输系统的结构

铁路、公路、航空、水运和管道是最基本的五种运输方式，形成运输五个子系统。建立合理的运输结构，不仅要科学地确定各种运输方式在物流运输系统中的地位和作用，还必须在全国范围内根据运输方式的合理分工和社会经济发展要求，做到宜铁则铁、宜公则公、宜水则水、宜空则空，建立一个科学发展、协调合理的综合物流运输系统。综合物流运输系统的结构主要有以下三种形式。

(1) 并联结构　各个运输子系统间为一个并联关系，即在满足客货运输需求过程中，铁路、公路、航空、水运和管道等子系统间是并列、平行的发展关系，如图 6-1 所示。

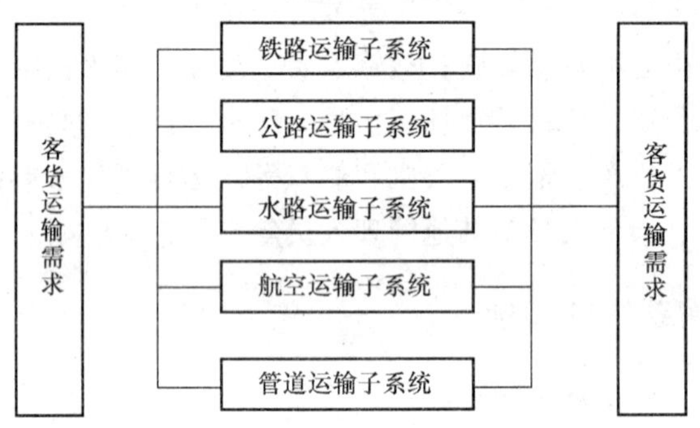

图 6-1　物流运输系统并联结构

(2) 串联结构　各个运输子系统间为一个串联关系，即在满足客货运输需求过程中，铁路、公路、航空、水运和管道等子系统表现得是一个首尾相接的串联模式。

(3) 串并联结合的网络型结构　根据运输需要，各个运输子系统间采取串联、并联相结合的运输模式，如图 6-2 所示。

2. 物流运输系统的特点

(1) 物流运输系统具有多环节和多功能特点　结构复杂的物流运输系统，其运输生产过程表现为多个环节之间的联合作业，如货物装载、运输、卸载等，各个环节间要协调适应。

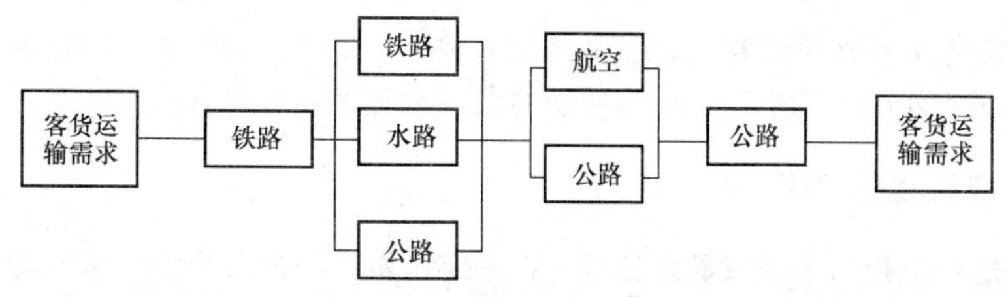

图 6-2　物流运输系统串并联结构

物流运输系统具有多种功能，如运输功能、生产功能、服务功能、工业功能、城市功能以及国防功能等，完成物流运输系统的功能就意味着要实现物流运输系统的多种功能。

另外，运输服务可以通过多种运输方式进行，不同的运输方式与其技术特征相适应，决定了各自不同的运输服务质量，而一个完整的运输过程往往需要多种运输方式联合运用，实行联合运输。

（2）物流运输系统是一个连续特性　运输生产是在流通过程中完成的，它的连续性表现为运输生产过程的连续性和运输生产时间的连续性。在货物运输生产过程中，包括了集、装、运、卸、散诸环节所组成的生产全过程，诸过程单元是通过旅客和货物位移相互连接的。在完整的运输过程系统中，任何一个单元出现故障都直接影响系统功能的实现。为了保证过程系统的正常运转，就要不断地解决和协调各个过程单元和单元间所形成的“结合部”。由于物流运输系统是一个过程系统，在作业过程的诸多环节间形成“结合部”，对其管理问题就具有特别重要的意义。

物流运输系统生产的连续性，还表现在时间上的连续，这个系统必须全年、全月、全日地运转，而不能发生任何中断，如果发生运输中断，就破坏了运输的正常生产。

（3）物流运输系统具有网络特性　良好的物流运输系统要有合理的布局与结构，要建设成与内部外部协调的交通运输网。在科学合理的交通运输网上，通过科学的运输组织才能实现运输需求，加速货物和车船的周转，压缩旅客和货物的在途时间，加速国民经济的发展。

运输网络是一个赋权的连通图，由节点和弧线组成。网中的节点是各种运输方式的车站、枢纽或多种运输方式的结合部，如城市、地区中心、街道交叉口等；弧线是网络中车站之间、枢纽点之间或各种运输方式结合点之间的区间线路，如公路线、铁路线、航空线、水运航道及运输管道等。物流运输系统的建设与发展，首先要从完善、加强、扩展交通运输网着手，不断地提高交通运输网的数量与质量，是发展物流运输系统的基本措施。

（4）物流运输系统具有动态特点　运输不产生新的实物形态产品，不改变劳动对象的属性和形态，只是改变它的位置，运输生产所创造的价值附加在其劳动对象上。劳动对象（货物）的位置转移是一个动态过程，即物流运输系统中的人流、物流、车流等本身就是经常处在一个流动的状况。另外，运输生产活动通常处在十分复杂多变的外部环境中，使运输活动的组织和管理具有动态性。

6.1.3 物流运输系统规划

运输规划是指为了完成确定目标，在一定区域范围内对物流运输系统进行总体战略部署，即根据社会经济发展的要求，从当地具体的自然条件和经济条件出发，通过综合平衡和多方案比较，确定交通运输发展方向和地域空间分布等。

1. 物流运输系统规划的原则

在进行交通物流运输系统规划时，一般须遵循以下原则。

（1）近期与远期相结合原则　一个合理的物流运输系统规划应包括远期发展战略规划、中期建设规划、近期项目建设规划三个层次，并满足“近期宜细、中期有准备、远期有设想”的要求。

（2）理论与实践相结合原则　物流运输系统规划是一个复杂的系统工程，必须利用系统工程的理论方法，理论与实践相结合，对其进行分析、预测、规划及评价，才能获得总体效益最佳的物流运输系统规划方案。

（3）经济发展原则　物流运输系统发展布局必须服从于社会经济发展的总体战略、总目标，服从于生产力分布的大格局。物流运输系统建设必须与所在区域的社会经济发展各个阶段目标相一致，为当地社会经济发展服务。

（4）局部服从整体原则　某一层次的物流运输系统规划必须服从于上一层次交通物流运输系统总体布局的要求，如省级规划必须以国家级规划为前提，市级规划必须以国家级和省级规划为前提。

（5）协调发展原则　在进行物流运输系统规划时，必须综合考虑所在区域的铁路、公路、水路、航空和管道五大运输方式的特点，形成优势互补、协调发展的综合运输网络。

（6）需要与可能相结合原则　物流运输系统规划既要考虑社会经济发展对运输的要求，建设尽可能与社会经济发展相协调的综合物流运输系统，以促进社会经济的发展，又要充分考虑人力、物力、财力等建设条件的可能性，实事求是地进行物流运输系统的规划和实施。

2. 物流运输系统规划的内容

（1）区域性物流运输系统规划内容　对于区域性物流运输系统规划，其主体内容一般包括以下方面。

1）物流运输系统运输需求量发展预测。

2）物流运输系统规划方案设计与优化。

3）物流运输系统现状调查；物流运输系统存在的问题诊断。

4）物流运输系统规划方案的分期实施计划；物流运输系统规划方案综合

评价。

（2）运输子系统规划与设计内容　对于物流系统重要组成部分的运输子系统规划与设计主要包括以下几个方面。

1）运输业务模式的选择。企业根据运输费用、服务质量、风险等因素分析，确定采用自营运输模式或者外包运输模式。

2）运输方式的选择。根据各运输方式的优势和特点，选择公路、铁路、水路、航空、管道五种运输方式中的一种或几种联合运输方式。

3）运输批量和运输时间的确定。运输批量和运输时间对运输质量和运输费用会产生重大影响。大批量运输成本低，但大批量运输又与运输方式相关。另外，运输期限必须保证交货时间，不同运输方式所需的时间和成本均不同。

4）运输线路的规划与选择。不同的运输线路各有优缺点，企业在选择运输线路时，必须结合自己的经营特点和要求、产品性能、市场需求和缓解程度等，并综合考虑各种运输方式的特点之后合理选择。运输线路的规划与选择一般可分为点点之间运输问题、多点之间运输问题及回路运输问题等。

5）运输流量的分析。即对于线路上的车辆流量大小进行分析和规划。

6）车辆的配载与调度问题。在对运输车辆的配载与调度分析时，需要考虑各种货物装卸的先后次序、货物品种的相容性，如何能够尽可能利用运输车辆的最大运力等问题。

6.2　物流运输方式的选择

目前，物流基本运输方式有五种，即铁路运输、公路运输、水路运输、航空运输和管道运输，各种运输方式的系统组成、所能承载的货类及运输特点不同。各种运输方式提供的运输服务，各有其特点和优势，也各有所短，彼此之间既存在着竞争的关系，也有着取长补短的互补协作关系。

不同的运输方式适用于不同的运输货类和具体要求。但是，各种运输方式之间存在一定的可替代性，因此，根据实际情况选择适当的运输方式是运输规划中非常重要的内容。

6.2.1　物流运输方式的特点

1. 公路运输

公路运输是指利用一定载运工具（汽车、拖拉机、人力车等）沿公路实现旅客或货物空间位移过程，从狭义来讲，公路运输就指汽车运输。

公路运输可以直接运进和运出货物，是车站、港口、机场、码头货物集散的重要手段。公路运输的特点是速度较快、范围广，在运输时间和线路安排上有较大的灵活性，可直达仓库、码头、车站等地直接装卸，其他运输方式最终或多或少都要依靠公路运输来完成运输任务。公路运输的缺点是运输费用较高、载运量较小，不适宜装卸大件、重件物品，也不适宜长途运输；在路况较差的情况下，很容易造成货损、货差事故。而且公路建设需要占用大量土地，运输车辆排放的尾气对生态环境会造成较大破坏。

由于公路运输具有更高的可达性、货物批量适应性、货物安全性和缩短输送时间等特点，在短途运输及区域配送方面发挥着重要作用。如图 6-3 所示，公路货物运输作业规划与流程设计。

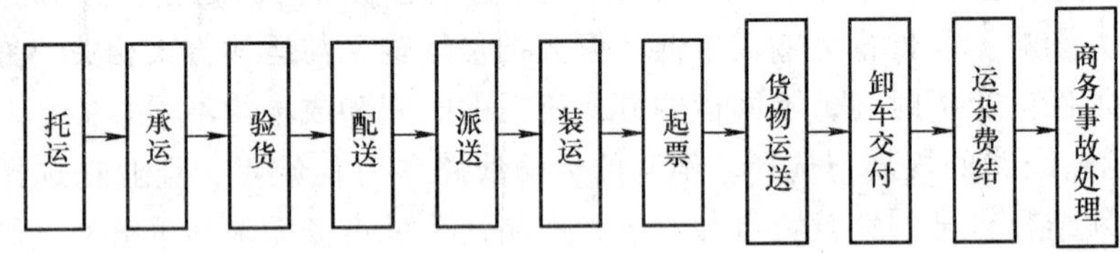

图 6-3　公路货物运输作业规划与流程设计

2. 铁路运输

铁路运输是指利用机车、车辆等技术设备沿铺设轨道运行的运输方式。铁路运输具有运输能力大、单车装载量大、运输成本低、速度快、安全可靠等优点，加上多种类型的车辆，使它几乎能承运任何商品，几乎可以不受重量和容积的限制；车速较高，平均车速在五种基本运输方式中排在第二位，仅次于航空运输；铁路运输受气候条件和自然条件影响较小，在运输的经常性方面有优势；铁路运输可以方便地实现集装箱运输及多式联运。同时，铁路运输也有其局限性，主要是线路固定、成本很高、原始投资较大、建设周期长，列车的编组、解体和中转改编等作业环节占用时间较长，货物损毁或丢失事件也比其他运输方式多等，而且不能实现“门到门”运输，通常要依靠其他运输方式配合，才能完成运输的任务。

根据其特点，铁路运输主要担负大宗低值货物的中长距离运输，也较为适合运输散装货物（如煤炭、金属、矿石、谷物等）和罐装货物（如化工产品、石油产品等）。铁路货物运输作业流程如图 6-4 所示。

3. 水路运输

水路运输是指利用船舶、排筏和其他浮运工具，在江、河、湖泊、人工水道及海洋上运送旅客和货物的一种运输方式。

水路运输按其航行的区域，大体上可划分为远洋运输、沿海运输和内河运输三种类型。远洋运输通常是指除沿海运输以外所有的海上运输，在实际工作中又有“远洋”和“近洋”之分，主要以船舶航程的长短和周转的快慢为依据。沿海运输是指利用船舶在我国沿海区域各港之间的运输，其范围包括我国沿海地区，以及所属的诸岛屿沿海及其与内陆间的全部水域内的运输。内河运输是指利用船舶、舟筏等其他浮运工具，在江、河、湖泊、水库及人工水道上从事的运输。航行于内河的

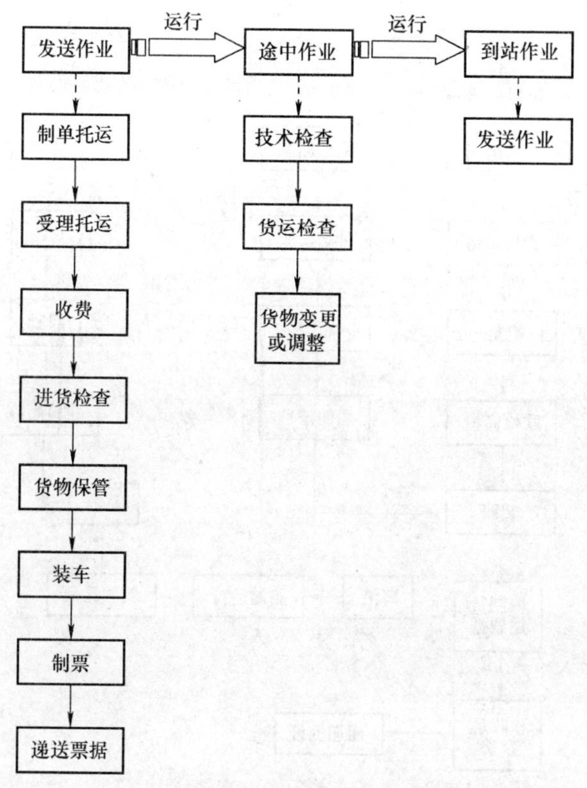

图 6-4　铁路货物运输作业规划与流程设计

船舶，除客货轮、拖轮、驳船以外，还有一定数量的木帆船、水泥船、机帆船。

水路运输利用天然水道，线路投资少，且节省土地资源；船舶沿水道浮动运行，可实现大吨位运输，降低运输成本；江、河、湖、海相互贯通，沿水道可以实现长距离运输。但水运也存在着一些缺点，诸如船舶平均航速较低、船舶航行受气候条件影响较大、可达性较差等，而且如果托运人或收货人不在航道上，就要依靠汽车或铁路运输进行转运，同其他运输方式相比，水运（尤其海洋运输）对货物的载运和搬运有更高的要求。

水路运输主要承担大批量货物，特别是散装货物的运输；承担原料、成品等低价货物的运输，如建材、石油、煤炭、矿石、粮食等；承担国际贸易运输，是国际商品贸易的主要运输工具之一。图 6-5 为水路运输作业规划与流程设计。

4. 航空运输

航空运输是指使用飞机或航空器进行货物运送的运输方式。航空运输具有速度快，运输路程长，舒适、灵活、安全等优点。但是其载运能力低，单位运输成本高，受气候条件限制，可达性差。一般情况下，航空运输很难实现客货的“门到门”运输，必须借助其他运输工具（主要为汽车）转运。

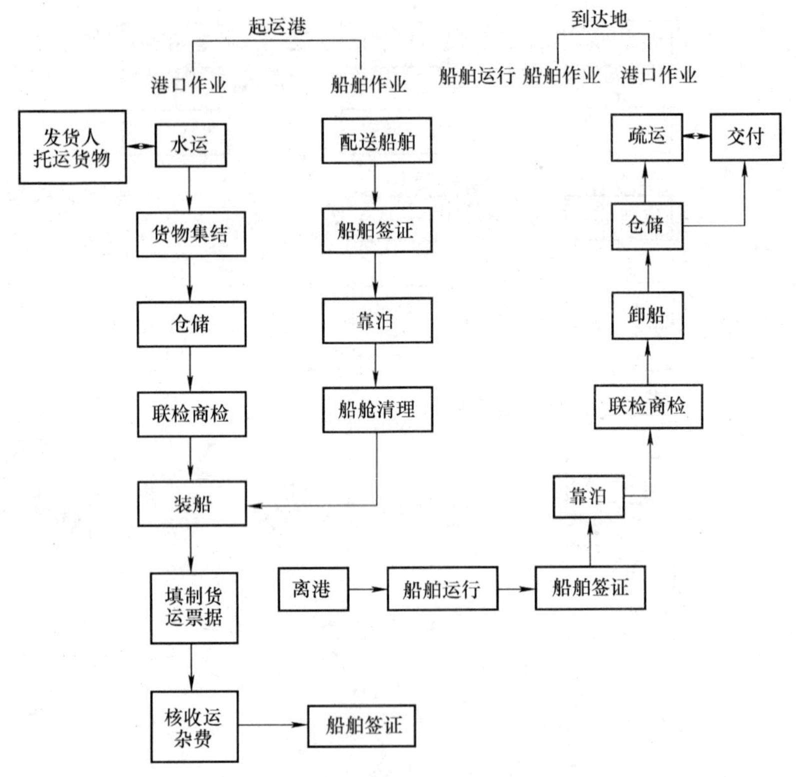

图 6-5　水路运输作业规划与流程设计

基于上述特点，航空运输一般用于中长途旅客运输，以及那些体积小、价值高的贵重物品和鲜活商品、要求迅速交货且长距离运输的产品运输。图 6-6 为航空运输作业规划与流程设计。

5. 管道运输

管道运输是指主要利用埋藏在地下的运输管道，通过一定的压力差而完成的商品（多为液体货物）运输的一种现代运输方式。管道运输与其他运输方式是相辅相成的，而且有其独特的优势，适宜管道运输的货物采用管道运输后，可以为其他运输提供运力，以承运更多的更经济更安全的货物。作为流体物质运输的主要方式，管道运输有其显著优点，主要表现在以下几个方面：运输成本低，能耗和损耗少；运输量大，劳动生产率高；建设投资低，占地面积少；受外界影响小，可以连续运行，安全性高；油气损耗低，有利于环境和生态保护。管道运输也有其不足之处，它只适用于定点、量大的流体物质运输，不如车、船运输灵活。

管道运输主要担负单向、定向、量大的流体货物（如石油、油气、煤浆、某些化学制品原料等）运输，且大多是由管道所有者用来运输自有产品，不提供给其他发货人使用。

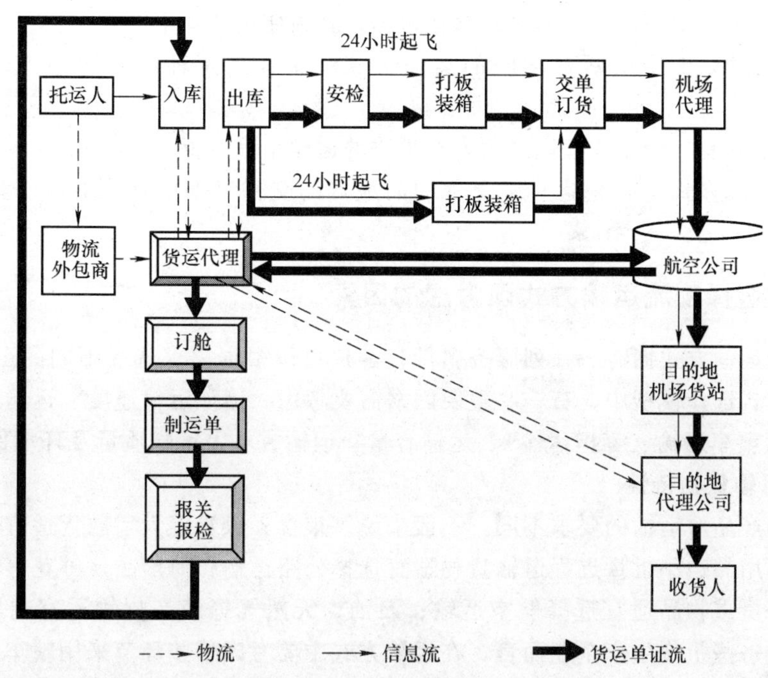

图6-6　航空运输作业规划与流程设计

6. 多式联运

货物从起运地到最终目的地的完整运输过程一般不是一种运输方式就能完成的，多数情况下需要两种或者两种以上的运输方式。传统的货物分段运输组织形式下，运输组织中的大部分工作都是由货主及其代理人安排和完成的。货主为了完成货物的全程运输，需要与各区段的承运人分别订立运输合同，多次结算费用，多次办理保险并负责各段间的运输衔接工作。各种方式的承运人仅负责组织、完成该区段的货物运输。这种运输组织形式，不仅货主需要付出足够多的人力、时间和费用，而且可能由于对承运人营运线路、班次安排及全程运输中涉及的各个环节、各种手续不够熟悉而造成运输时间过长和运输费用增大，甚至造成不合理运输。

针对传统的全程运输组织形式存在的问题，基于现代运输经营思想，一种新的货物全程运输组织形式——联合运输被提了出来。联合运输组织方式由一个机构或一个运输经营人对货物运输全程负责、处理运输衔接和运输服务业务。货主只要与这个机构或经营人订立一份全程运输合同，一次交付费用，办理一次保险就可以实现货物的全程运输。经营联合运输业务的运输企业，一般称为联合经营人。

多式联运是联运经营人根据单一的联运合同，使用两种或两种以上的运输方式，负责将货物从指定发送地点运抵交付地点的运输，一般来讲，多式联运需要具备以下主要条件：

1）必须具有一个多式联运合同。

2）必须使用一份全程的多式联运单据；必须使用全程单一费率。

3）必须至少使用两种不同的运输方式，而且是两种以上运输方式的连续运输。

4）必须有一个多式联运经营人对货物的运输全程负责。

5）国际多式联运经营人接受货物的地点与交付货物的地点必须分属于两个国家。

6.2.2　选择物流运输方式须考虑的因素

各种运输方式拥有一系列服务属性，客户可以根据需求选择不同的运输方式。在运输方式选择模型中，有一些重要因素需要考虑，诸如运输速度、运输路线、运输方式（整车运输、零担运输）、运输容量、运输成本、运输质量及环境保护等。

1. 运输货物特性

不同产品对运输的要求不同。一般来说，粮食、煤炭等大宗散货适宜选择水路运输；日用品、小批量近程运输货物适宜选择公路运输；海产品、鲜花等鲜活货品及宝石等贵重物品适宜选择航空运输；石油、天然气等液态货物适宜选用管道运输。对于一些干货生产企业而言，在运输方式主要考虑哪些环节采用整车运输，哪些环节采用零担运输，如图 6-7 所示。

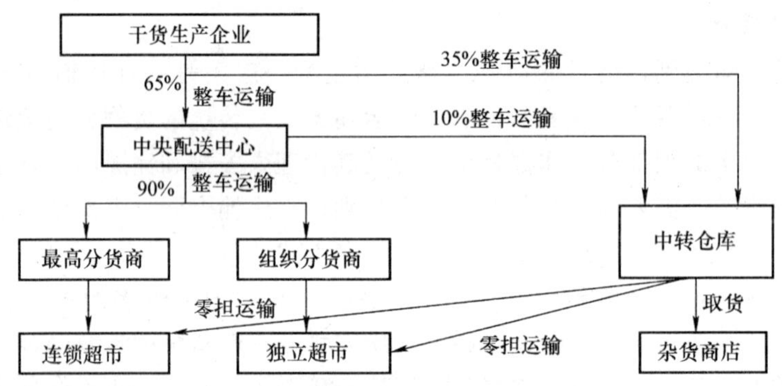

图 6-7　干货生产企业常用运输模式

2. 运输成本因素

运输成本包括运输过程需要支出的财力、物力和人力费用。企业在进行运输决策时，要受到经济实力以及运输费用的制约。如果企业经济实力弱，就不能使用运输费用高的运输工具，诸如航空运输。

3. 运输速度和运距因素

运输速度的快慢、运输路程的远近决定了货物运输时间的长短，在途运输货物会形成资金占用。因此，运输时间的长短对能否及时满足销售需要、减少资金占用有重要影响。运输速度和路程是选择运输方式时应考虑的一个重要因素。一般来说，批量大、价值低、运距短的商品适宜选择水路或铁路运输；批量小、价值高、运距长的商品适宜选择航空运输；批量小、距离近的适宜公路运输。

4. 运输容量因素

运输容量，即运输能力，以能够应付某一时期的最大业务量为标准。运输能力的大小对企业分销影响很大，特别是一些季节性商品，旺季时会使运输达到高峰状态。若运输能力小，不能合理、高效率地安排运输，就会造成货物积压，商品不能及时运往销地，使企业错失销售机会。运量与运输密度也有关，运输密度对于商品能否及时运送、使其在客户需要的时间内到达客户手中，争取客户、及时满足客户需要和扩大销售至关重要。

5. 运输质量因素

运输质量包括可到达性、运输时间的可靠性、运输安全性、货差货损以及客户服务水平等方面，用户根据运输质量要求选择相应的运输方式。

6. 运输污染因素

运输业动力装置排出的废气是空气主要污染源，特别是在人口稠密的城市，汽车废气已经严重影响到了空气质量。比较各种运输方式对环境的影响，就单位运输产品的废气排放量，航空最多；其次是公路；较低的是铁路；水运对空气的污染相对较小；而管道运输几乎不会对空气产生污染。公路和铁路线路建设会占用大量土地，从而对生态平衡产生影响，使得人类的生存环境恶化；水路运输基本上是在自然河道和广阔的海域中进行，不会占用土地。但是，任何事情都是相对的，若水路运输油船或管道运输出现泄漏等问题，同样也会造成巨大的污染。因此，在物流运输方式选择上，要综合考虑各个因素，灵活选择运输方式。

6.2.3　国际货物多式联运的特点

国际货物多式联运是多式联运发展的最高形式。目前的国际多式联运基本上是国际集装货物多式联运，其运输优点包括以下几个方面。

1. 手续简便化

多式联运的统一化和简单化主要表现在不论运输全程有多远，不论由几种方式完成货物运输，也不论全程分为几个运输区段，经过几次转换，所有运输事项均由多式联运经营人负责办理，货主只需办理一次托运、订立一份运输合同、办理一次保险。多式联运通过一张单证，采用单一费率，大大简化了运输与结算手续。

2. 提高运输质量

多式联运以集装箱为运输单元，可以实现门到门运输，尽管运输途中可能有多次换装、过关，但由于不需倒箱、装箱、逐件理货，只要保证集装箱外表状况良好，铅封完整即可免检放行，从而减少了中间环节。尽管货物运输全程中要进行多次装卸作业，但由于使用专用机械设备，不直接涉及箱内货物。

3. 扩大运输范围

多式联运突破了各种运输方式自成体系、独立运输、经营范围和运输规模的局限，多式联运经营人或作为多式联运参加者的经营业务范围大大扩展，从理论上讲可以扩大到全世界。除运输经营人外，其他与运输有关的行业及机构，如仓储、港口、代理、保险等都可通过参加多式联运得到好处，扩大业务。多式联运经营人对世界运输网，各类承运人、代理人，相关行业和机构及有关业务都有较深的了解和较为密切的关系，可以选择最佳的运输路线，使用合理的运输方式，选择合适的承运人，实现最佳的运输衔接和配合，实现合理运输。

4. 实行单一费率

采用单一费率是多式联运的基本特征和必要条件。多式联运全程运输成本的计算必须考虑国内不同运输方式的运价体系，了解国际海运、空运和国外内陆运输的运价体系以及各种市场竞争因素。由于多式联运全程运输采用一张单证，实行单一费率，从而简化了制单和结算的手续，节约了货主的人力和物力。

5. 降低运输成本

多式联运经营人通过对运输路线的合理选择和运输方式的合理使用，可以降低全程运输成本，提高利润。对于货主来讲，可以得到优惠的运价。一般将货物交给第一（实际）承运人后即可取得运输单证并据此结汇，结汇时间提前，有利于货物占有资金的周转。此外，由于采用集装箱运输，可节省货物的运输费用和保险费用。

6.3　现代物流运输方式的优化组合

随着国民经济的跨速增长和社会需求的增加，原来从事大量存储、运输的物流管理活动在产品多样化和小批量化及客户网点数增多的情况下变得复杂起来。物流是一个网络系统，是一个由物流路线和物流节点组成的实体网络。其中，物流路线承担着商品运输的重要作用，是物流运输问题的核心部分。物流线路优化问题是物流系统研究中一项重要内容。选取合适的运输路线，可以加快对客户需求的响应速度，提高服务质量，增强客户对物流系统的满意度，降低服务商运营成本，从而促进经济发展。图 6-8 为运输方式优化组合流程结构图。

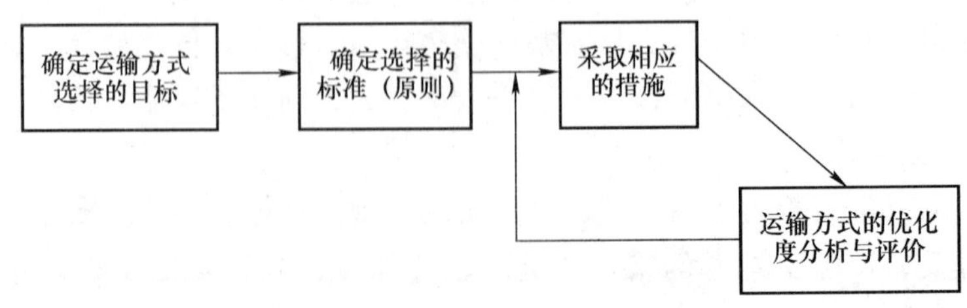

图 6-8　运输方式优化组合流程结构图

现代经济发展使得物流问题成为企业提高竞争力的重要手段之一，合理规划运输车辆的行驶线路以降低企业运输成本成为企业要解决的重要问题。由此可见，物流运输线路的优化决策起着重要的作用。

6.3.1 物流运输现代化实施要素

实现物流现代化的基本要素包括：思想要素、基础要素、技术及管理要素和社会协调要素。

1. 思想要素

思想要素，主要包括物流运输的概念、含义、内容、作用和设计观念等。如果在思想上不重视物流的重要性，当然在行动上也就不会引起对物流的重视。因此，应广泛宣传物流运输的重要性，使人们从思想上高度重视物流运输的作用，以及物流运输在国民经济中的意义和价值。行动往往取决于认识，认识则取决于学习和教育。因此，物流的启蒙宣传和教育，应该是实现物流现代化的首要因素和基本条件。

2. 基础要素

物流现代化的基础要素包括：公路、铁路、港口、码头、仓库、物流中心、配送中心等物流基础设施的建设；物流相关法律、法规的制订；物流基础配套设施和网络的构筑。主要是物流的整体布局，全面设计，避免或减少重复建设和人为浪费；托盘、代码、用语、包装的标准化、统一化、规范化；信息功能的充分利用和共享，计算机网络、物联网的建设和形成，还有人才培养以及经济发展、资金实力等基础要素。

基础要素对于物流现代化至关重要，基础不牢，就无法向更高层次发展；基础工作在规划时没搞好，在发展中就会不断暴露出新问题，中途很难修正。

3. 技术要素

物流现代化的技术要素范围很广，如物流信息技术中 EDI（电子数据交换）、RF（射频技术）、GIS（地理信息系统）、GPS（全球定位系统）、ITS（智能交通系统）、物联网等信息技术的重要性将会愈发突出。机械化、自动化企业、立体自动化仓库、多功能配送中心、机器人搬运装卸、托盘联营、单元化堆码、自动分拣机械、条码识别、电子扫描、自动化包装作业等物流技术，均是物流现代化所不可缺少的组成部分。

4. 社会协调要素

要完成一项大的物流工程项目，要实现全社会的物流现代化，必须有政府及各相关部门的重视和支持。没有各部门、各行业以及理论界、教育界等上下一致、协调贯通的共同努力是办不到的。例如，国家综合计划部门、各级政府的计划部门、城市建设部门先要制订一个具有战略意义和长远目标的规划，将物流合理化、现代化作为重要的组成部分来设计、构思。有了科学的规划后，在实施过程中，国家财政应适当给予补贴，税收方面应给予照顾；在用地申请上，建设部门、国土规划和审批部门也应给予优先考虑。这些关键问题，不是企业力所能及的，只能靠国家高度重视，积极促进，否则，物流现代化就是一句空话。此外，更重要的是，国家需要在法律、法规方面给物流产业一定的地位，在政策方面予以适当的倾斜；同时还应加强相应的管理力度，如物流财务管理、物流成本分析、物流组织机构设置、物流人才使用、供应链物流管理等。

6.3.2 物流运输合理化实施要素

1. 物流运输线路基本情况

物流运输线路是供运输工具定向移动的通道，是运输工具赖以运行的物质基础。在现代物流系统中，主要的运输路线有铁路、公路、航线和管道。其中铁路和公路为陆上运输线路，需承受运输工具及其装载物（人）的质量，并主要或部分地引导运输工具的行进方向；航线分为水运区航线和航空航线，主要是起引导这些工具定位定向行驶的作用，不必承受来自运输工具及其装载物的质量，船舶等浮动器和飞机等航空器及其装载物和人的质量由水和空气浮力来支撑；管道是一种相对特殊的运输路线，由于其密封的封闭性，使之部分地承担了运输工具的功能。

2. 物流运输合理化的要素

影响物流运输合理化的因素很多，起决定作用的有五个方面，称作合理运输的“五要素”。

（1）运输距离　运输过程中，运输时间、运输费用等若干技术经济指标都与运输距离有一定的关系，运距长短是运输是否合理的一个最基本的因素。图 6-9 为某宅急送物流公司在运输距离上的合理布局。

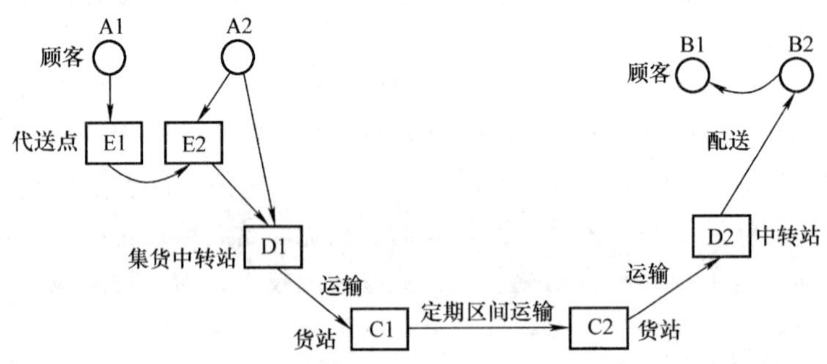

图 6-9　宅急送物流公司运输线路的优化

（2）运输环节　每增加一个运输环节，势必要增加运输的附属活动，如装卸，包装等，各项技术经济指标也会因此发生变化，因此减少运输环节有一定的促进作用。

（3）运输工具　各种运输工具都有其优势领域，对运输工具进行优化选择最大限度地发挥运输工具的特点和作用，是运输合理化的重要的一环。

(4) 运输时间 在全部物流时间中运输时间占绝大部分，尤其是远程运输。因此，运输时间的缩短对整个流通时间的缩短起决定性的作用。此外，运输时间缩短，还有利于加速运输工具的周转，充分发挥运力效能，提高运输线路通过能力。

(5) 运输费用 运费在全部物流费用中占很大的比例，运费的高低在很大程度上决定整个物流系统的竞争能力。实际上，运费的相对高低，无论对货主还是对物流企业都是运输合理化的一个重要的标志。运费的高低也是各种合理化措施是否行之有效的最终判断依据之一。

3. 物流运输合理化的意义

(1) 物流运输合理化内涵 物流过程的合理运输，是指从物流系统的总体目标出发，选择合理的运输方式和运输路线，即运用系统理论和系统工程原理和方法，选择合理的运输工具和优化运输路线，以最短的路径、最少的环节、最快的速度和最少的劳动消耗，组织好运输活动。

(2) 物流运输合理化的意义 随着现代物流概念的提出，对物流运输技术水平提出了更高的要求，它要求在原有运输概念的基础上更加合理地选择运输工具、运输方式和运输线路，组织货物运输，力求做到运力省、速度快、费用低，以实现物流运输合理化，从而更大程度地实现物流的合理化。

物流是物质资料从供给者到需求者的物理性运动，这种运动改变物质的时间和空间状态。运输在此过程中承担了改变空间状态的主要任务。没有运输，物流就无法实现，即运输是物流活动中最主要的功能要素之一。运输和保管不同，它是在运动中进行的，具有点多、面广、线长、流动性强、易分散等特点，费用较高。在全部物流费用中所占比重最大。一般综合分析计算社会物流费用，运输费接近 50%。因此运输成了降低物流费用的最具潜力的领域。

由于运输是物流中最重要的功能要素之一，物流合理化在很大程度上依赖于运输合理化。

6.3.3 物流运输节点的选址决策

物流运输节点是物流运输系统的基础，它是不同运输方式的连接点，也是整个物流系统的信息处理中心的基本单位，是建立物流系统的前提条件。

物流运输节点的衔接功能、信息功能、管理功能为整个物流系统的有序、正常运作提供了保证。各种类型的节点也为不同的运输方式使用相应运输工具在赖以运行的物质基础——物流运输线路上提供了保证。

1. 运输节点把握原则和考虑因素

节点选址应把握的原则：经济性原则、整体性原则、协调性原则、战略性原则、反复性原则。节点选址考虑的因素主要有：客户条件、自然地理条件、运输条件、用地条件、法规制度等。

2. 运输节点选址的决策模型

（1）成本分析法　成本分析法是一个在已经具有一个运输节点位置选择集的前提下，以物流系统的总成本为最小目标，通过简单的财务计算，比较、选择最佳位置。

（2）重心法　把现有各个供应点（资源点）或需求点（用户点）看成是分布在某一平面内的物流运输系统的节点，将它们的资源数量看成是这些节点的重量，利用几何重心的方法来找到距现在节点的距离、供应量、运输费率乘积总和为最小的节点，即新的运输节点的最佳位置。

（3）运输规划法　对于多个备选地址的选址问题，如一个公司设有多个工厂、多个销售点（或仓库）的选址问题。也可采用运输规划法求解，使得所有节点总运费最小。

（4）混合整数规划选址　应用混合整数规划法选址的步骤是，首先要对待选址的总费用以及一些限制条件进行分析和抽样，转化为整数规划模型，然后求解模型，找出最佳位置。

（5）多因素评价法　多因素评价法的基本程序是：首先在全面考虑选址影响因素的基础上，粗选出若干个可选的地点（或选址方案），然后借助专家评价法、层次分析法、模糊综合评价等数学方法进行量化比较，最终得出较优的选址地点（或方案）。

3. 物流运输承担商的选择决策

物流运输承担商的选择步骤和方法见表 6-1。

表 6-1　物流运输承担商的选择步骤和方法

<table>
<tr><th>物流运输承担商的选择步骤</th><th>物流运输承担商的选择方法</th></tr>
<tr><td>确定运输服务商的选择原则</td><td>服务质量比较法</td></tr>
<tr><td>初步选定运输服务商的选择范围</td><td>运输价格比较法</td></tr>
<tr><td>与运输服务商进行洽谈</td><td>综合评价选择法。同时考虑许多对运输业务有影响的因素，如服务商的服务质量、运输价格、服务商的品牌、服务商的经济实力以及服务商的运输网点数量等</td></tr>
<tr><td>初步筛选</td><td rowspan="3">合理化的评价。运输的合理化，就是保证货物运量、运距、流向和中转环节合理的前提下，在整个运输过程中确保运输质量，能以适宜的运输工具、最少的运输环节、最佳的运输路线、最低的运输成本，将货物从始发地运送至目的地</td></tr>
<tr><td>评价经初步筛选的运输服务商</td></tr>
<tr><td>确定运输服务商</td></tr>
</table>

运输合理化可以使运输方式合理分工，提高效率，降低成本，增加收益。避免出现：对流运输、倒流运输、迂回运输、过远运输、重复运输、无效运输、返程或起程空驶等不合理现象。

6.3.4　物流作业场址规划与设计

物流设施规划与设计是物流工程的一个重要组成部分。设施规划与设计的第一步，就是面临物流作业场址的选择，即对新建、扩建或改建的物流节点（如仓库、货场、配送中心、物流中心等）选择合适的地点。在地点选定之后，进行设施的平面布置设计，包括工厂布置、物料搬运系统设计、建筑设计、公用工程设计、信息通信系统设计等，然后按照物流、人员流、信息流的合理需要，进行有机组合和合理配置，图 6-10 是物流作业场址规划与设计的一般流程。

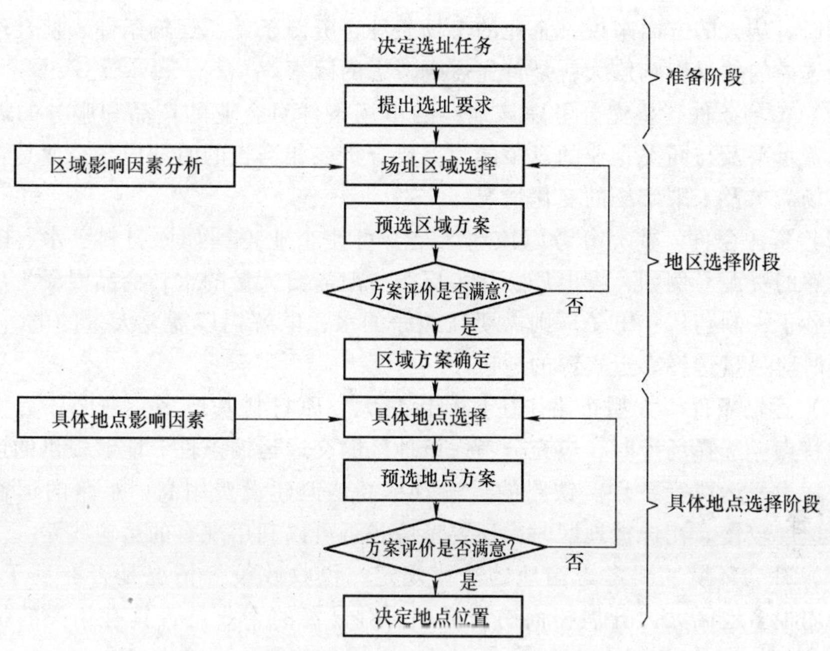

图 6-10　物流作业场址规划与设计的一般流程

1. 选择物流作业场址的意义简化说明

物流作业场址选择的好坏，对于生产力布局、城镇建设、企业投资、建设速度及建成后的物流系统经营好坏都具有重大意义。如果先天不足，会造成很大损失。因为场址一旦确定，设施建设完工，一般就无法轻易改动。

物流作业场址的选择是一个非常复杂的问题，它的好坏常常随时间和空间的变化而发生改变，有时很难判断。目前看起来能够满足物流作业需要，几年或十几年后是否还好就不确定了。所以，随着规模经济的发展，城镇建设的进一步拓展，重点工程的实施等多方面外部因素和系统自身内部的变化，使得有些场址也不得不改变。例如：天津市的海河改造工程、城市地铁的发展、个人住房选址问题、某些企业造成的环境污染问题等。

如今，网络设计和场址选择决策对未来有着深远的意义。今天的经济、竞争和技术都处于动态变化的环境，目前定位的设施和即将制订的场址选择决策，将在物流、营销、制造和财务等领域对未来的成本产生巨大的影响。所以场址选择应注意要进行充分的调查研究与勘察，要科学分析，不能凭主观意愿决定，不能过于仓促；要考虑自身设施、产品的特点，注意自然条件、市场条件、运输等条件；要有长远考虑的观点，慎重考虑预计的商业环境，同时也要重视灵活性和不断满足顾客需求的适应性。

2. 选择物流作业场址应考虑的因素

选择物流作业场址时，需要考虑众多的、复杂的因素，涉及企业及物流系统的方方面面。从大的方面来说，企业的市场条件、资源条件、运输条件、社会环境等对场址选择的效果影响巨大，是首先需要考虑的因素。

（1）市场条件　要充分考虑该地区的市场条件对企业的产品和服务的需求情况、消费水平及与同类企业的竞争能力。要分析在相当长的时期内，企业是否有稳定的市场需求及未来市场的变化情况。

（2）资源条件　要充分考虑该地区是否可使企业得到如原材料、水、电、燃料等足够的资源。例如，发电厂、化工厂等一般需要大量的水；商品混凝土厂需要大量的砂子；制药厂、电子厂则需要高纯净的水；电解铝厂需要大量的电。因此，在选址时应尽量选择靠近资源的地区。

（3）运输条件　大型企业往往具有运量大、原材料基地多、进出厂货物品种复杂的特点。选择场址时，应充分考虑该地区的交通运输条件、能够提供的运输途径以及运力、运费等条件。铁路的运输效率高，但建设费用高；水路的运输费用低，但速度较慢。在选择地区时，还要考虑是否可以利用现有的运输线路。

（4）社会环境　要考虑当地的法律规定、税收政策等情况是否有利于投资。当前国内很多地区大力开展招商引资活动，对投资的企业是否具有相关的优惠政策等。

另外，对于影响设施选址的因素，可根据它们与成本的关系进行分类。与成本有直接关系的因素，称为成本因素，可以用货币单位来表示各可行位置的实际成本值；与成本无直接关系，但能间接影响产品成本和未来企业发展的因素，称为非成本因素，见表6-2。

3. 场址选择的任务

（1）新建设施　新建设施，必须选择适当的场址。场址选择就是要对可供选择的地区和地点的因素进行分析评价，力争达到场址的最优化。它不仅存在于工业领域，而且在服务性行业也同样存在，尤其是处于当前服务业蓬勃发展的时期。

（2）重建设施　当企业寻求降低成本和改善服务的新方法时，将物流和制造设施放置何处就变得非常重要。重新设计企业的物流网络，除了改善物流作业的效率和效果外，还可以在市场上对企业进行划分。如某企业物流网络中的配送中心的

表 6-2　选择物流作业场址应考虑的因素

成 本 因 素	非成本因素
原料供应	政治稳定性
劳动力素质	社区情况
水源供应	环境保护
运输成本	文化习俗
建筑和土地成本	扩展机会
税费,保险和利率	当地政府政策
各类服务和保养费用	气候和地理环境
动力和能源的供应量和成本	当地竞争者
财务供应:资本及贷款的机会	公众对工商业的态度
其他影响因素	

削减，大大改善了物流服务水平。另外，场址选择根据设施之间的相关性也可以分为两种情况：

1）单一设施的场址选择。根据确定的产品（或服务）、规模等目标为一个独立的设施确定一个合理的位置。

2）复合设施的场址选择。即要为某个企业（或服务业）的若干个下属工厂、仓库、销售点、配送中心等选择各自的位置，并使设施的数目、规模和位置达到最佳化。特别是在物流网络设计中，考虑一些关键的选址决定因素，重点确定物流区域的划分和具体位置。

场址选择包括地区选择和地点选择两项内容。这两项内容的实施有时是先选择建设的地区，后进一步确定适宜的地点；有时这两项选择相互结合起来进行。

需要注意的是，场址选择常常需要其他有关人员（如地区城市规划人员、勘测人员），甚至还需要环保部门的人员参与，而不能由设计人员单独完成。

6.4　智能化交通的运用

智能交通系统（ITS）是将先进的信息技术、数据通信传输技术、电子控制技术以及计算机处理技术等有效地综合应用于交通运输的新一代管理系统，使交通系统实现“智能化”。本节将从智能化系统及智能交通系统的概念出发，通过阐述ITS 发展背景和其工作原理，最后谈谈其在一些领域的具体运用，并结合 ITS 发挥的主要作用对它将来的发展做出美好的期望与预测。

6.4.1　智能化交通系统定义

智能化系统是由现代通信与信息技术、计算机网络技术、行业技术、智能控制技术汇集而成的针对某一个方面的应用的智能集合，随着信息技术的不断发展，其技术含量及复杂程度也越来越高，智能化的感念开始逐渐渗透到各行各业以及我们生活中的方方面面，相继出现了智能住宅小区，智能医院，也包括智能交通等。下面我们来具体就智能化系统在现代交通中的应用现状做以下介绍。

智能交通系统（Intelligent Transport System，简称 ITS）将先进的信息技术、数据通信传输技术、电子传感技术、电子控制技术以及计算机处理技术等有效地集成运用于整个交通运输管理体系，而建立起的一种在大范围内、全方位发挥作用的，实时、准确、高效的综合运输和管理系统。

6.4.2 智能化交通系统内容

1. 先进的交通信息服务系统

实时向交通参与者提供道路交通信息，如：公共交通乘换车信息、停车场信息、交通气象信息，以及车上装备的自动定位和导航系统等。

2. 先进的交通管理系统

主要是给交通管理者使用的信息，如：信号灯控制、道路管制、事故处理与救援等。

3. 先进的公共交通管理系统

便捷、经济、运量大的公交系统。

4. 先进的车辆控制系统

也就是车辆辅助驾驶系统和自动驾驶系统，美国从 1992 年开始研究，目前还处于研究试验阶段。2015 年左右日本准备在全国的主要干线上实现智能道路。

5. 货运管理系统

是指以高速公路网和信息管理系统为基础，利用物流理论进行管理的智能化物流管理系统。

6. 电子收费系统

主要应用在高速公路和收费站上，不仅可以提高收费效率，还可以减少差错。

7. 紧急救援系统

通过将交通监控中心与职业的救援机构联成有机整体，为道路使用者提供车辆故障的紧急处置、拖车、现场救护等服务。

6.4.3 ITS 发展的背景与动因

1. 汽车发展的社会化

工业化国家在市场经济的指导下，大都经历了经济的发展促进汽车的发展，而汽车产业的发展又刺激经济发展的过程，从而这些国家尽早实现了汽车化的时代。汽车化社会带来的诸如交通阻塞、交通事故、能源消费和环境污染等社会问题日趋恶化，交通阻塞造成的经济损失巨大，使道路设施十分发达的美国、日本等也不得不从以往只靠供给来满足需求的思维模式转向采取供需两方面共同管理的技术和方法，以改善日益尖锐的交通问题。这些建立在汽车轮子上的工业国家，在探索既维护汽车化社会，又要缓解交通拥挤问题的办法中，旨在借助现代化科技改善交通状况达到“保障安全，提高效率、改善环境、节约能源”目的的 ITS 概念便逐步形成。

2. 人类环境的可续化

工业化国家在工业化、城市化发展的进程中面临着日益严重的资源短缺与环境恶化问题，这一问题在发展中国家同样存在。20 世纪 50 年代以来，生存与发展问题成为人类社会面临的最紧迫的任务，1972 年联合国人类环境会议上通过了《人类环境宣言》。

城市化生产力发展的一个必然结果，按世界经济发展的规律，城市化水平达到 30% 以上，将出现经济的飞速发展阶段，美国、日本、英国等发达国家，在 1990 年城市化水平达到了 75%、77%、89%，这些国家针对交通发展对资源和环境的影响，逐步调整交通运输体系与结构。这些国家都经历了为满足车辆发展的需求，而大力开发建设交通基础设施（如美国 1944 年规划的 7 万 km 高速公路规划，经过 50 年基本完成，但仍产生拥挤和阻塞），在大量土地、燃油等资源占用和消耗的同时，不但交通需求没有完全满足，而且还由于道路拥挤造成汽车尾气排放量剧增，不仅对经济造成巨大损失，而且给环境带来恶劣影响。

20 世纪 60、70 年代以来，由于石油危机及环境恶化，工业化国家开始采取以提高效益和节约能源为目的的交通系统管理（TSM）和交通需求管理（TDM），同时大力发展大运量轨道及实施公交优先政策。在社会可持续化发展的目标下调整运输结构，建立对能源均衡利用和环境保护最优化的交通运输体系。ITS 作为综合解决交通问题，保护社会经济可持续发展和与环境相协调的新一代交通运输系统，随着信息技术的迅速在发达国家孕育发展，20 世纪 90 年代以后，成为世界范围内的重要发展趋势。

3. 信息技术智能化

交通管理的科学化、现代化，一直是人们综合治理、解决交通问题而追寻的目标。早期的交通信号控制系统装置，采用了电子、传感、传输等技术实现科学管理，随着科学技术的发展，尤其是计算机技术科学以及 GPS、信息通信的普及和应用。交通监视控制系统、交通诱导系统、信息采集系统等在交通管理中发挥了很大作用。但这些技术单纯是对车辆或道路实施科学化管理，范围单一，局限性、系统性不强。

20 世纪 80 年代后期以来，世界范围内的冷战结束，工业化国家用于军事和国防领域的卫星导航系统，信息采集与提供系统，计算机控制与管理系统，电子与电子通信技术等高新技术转向民用化，军事上的投入也大部分转移到民用技术的开发和应用上。与此同时，包括我国在内的广大发展中国家借助和平、稳定的国际环境加快本国的经济发展，发展中国家经济的迅速发展促进了世界范围内产业结构发生巨大的变化，工业化国家的传统工业领域由于劳动力密集型的产业向发展中国家集中而失去明显竞争优势，开始酝酿开辟高新技术含量的产业市场。在这种国际环境背景下，代表一场信息革命到来的信号，引起全球的极大关注，这就是“信息高速公路”信息技术得到飞速发展。尤其是国际信息网络“Internet”建立，加快了全球经济一体化的进程。1994 年开始，世界经济逐步进入信息革命阶段。信息产业应运而生，ITS 以信息技术为先导，其他相关技术应用到交通运输智能管理上有其广大市场，工业化国家和民营企业纷纷投入到这一新兴的产业。美国政府于 1991 年开始投资对 ITS 的开发研究，仅美国高速公路安全局 1993 年的投资预算就达 2010 万美元；欧洲 19 个国家投资 50 亿美元到 EUREKA 项目。

6.4.4 ITS 工作基本原理

智能交通系统，也就是一种先进的交通管理系统（Advanced Traffic Management System，简称 ATMS），就是应用先进的计算机、通信技术、传感技术、数据管理和融合技术，将车辆、道路和交通管理系统连接为一体，通过对道路交通设施及其运营状况的实时参数的测定来把握交通状况。

1. 系统架构

此种系统一般采用三层架构模式：

（1）接入终端层　该层主要完成交通管理系统各子系统和操作人员的信息交换。具体为：

1）与子系统完成接入控制，按规定的通信协议和通信格式交换信息；

2）终端层用于完成与操作人员的接口，对于交通管理人员，采用基于 GIS 的终端界面。

（2）应用处理层　系统的各项业务处理统一归于应用服务层，随着系统的发展，系统的业务种类和应用内容会逐渐增多，对每项应用的处理深度要求也会不断深化。因此，系统建设中要考虑如下两个方面，一是由于增加新功能（或新应用）导致系统的扩容，另一方面是现有应用的处理要求深化而导致系统更强的处理能力来支持。

（3）数据存储（数据库）和存取管理层　该层即系统的数据库管理系统，是集成系统核心。三层架构模型下，当一个用户接入层的实体需要多个应用服务层实体为之服务时（如同时调用视频图像和显示实时交通状态），可以从不同应用服务层实体取得数据和交换指令以请求服务；同样，一个应用服务器也可以同时为多个用户接入层实体服务（如同时向多个终端提供统一路段的交通状态）。处在应用服务层的各个实体之间通过数据库服务器交换数据。

2. 系统硬件平台

（1）交通指挥集成系统计算机网络　交通管理系统计算机网络系统与交警支队信息中心采用千兆以太网通信，其总体结构采用以 Cisco Catalyst 3750 主干交换机为骨干构成的局域网结构，连接综合处理平台网络的设备（数据库服务器、主要应用服务器等），并对这些设备提供冗余的网络链路连接。

（2）终端层设备　系统终端层主要是交通信息采集系统报表统计工作终端和系统运行管理工作终端，这些终端集中配置在业务处理室内，通过分支交换机接入主干交换机，还配置了网络打印机、扫描仪等设备。此外还有系统开发工作终端、GIS 实时控制终端、指挥调度终端、网络管理终端等。

（3）应用层服务器　应用服务器层提供业务服务和其他“中间层”服务，根据综合处理平台业务的不同，综合处理平台具有的应用服务包括：通信服务、交通信息预处理、交通信息分析处理及交通信息发布。

（4）数据库存储层服务器　数据库服务器是交通管理集成系统的集中处理单元，接收处理大吞吐量的实时数据流，对各应用服务器的数据访问请求进行及时的处理应答，对集成系统数据库进行有效的管理，因此决定了该数据库服务器对系统资源具有极高的性能和 RAS（Reliability 可靠性、Availability 可用性、Serviceability 可服务性）要求，应具有很高的吞吐量、负载平衡和快速响应能力。

交通管理集成系统配置高端服务器作为数据库服务器。其处理能力及性能满足交通信息采集系统的应用需求，同时应用集群技术，以提高系统可用性，同时也便于系统横向扩展。

数据存储系统主要存储以下数据：交通状况数据，GIS 系统数据，交通设备、设施信息，交警警力分布信息，系统设备管理数据，交通信息统计数据，交通违法黑名单数据，交通违法综合录入数据，交警警务管理数据，日志数据等。

3. 系统软件平台

（1）消息服务中间件　消息服务中间件基于消息总线结构，子系统之间通过消息总线进行通信。消息总线是系统的连接中间件，负责消息的分派、传递和过滤，以及处理结果的返回；各个子系统挂接在消息总线上，向总线登记感兴趣的消息类型；构件根据需要发出消息，由消息总线负责将该消息分派到系统中所有对此消息感兴趣的子系统；子系统接收到消息后，根据自身状态对消息进行响应，并通过总线返回处理结果。由于子系统通过总线进行连接，并不要求各个子系统具有相同的地址空间或局限在一台机器上。

（2）地理信息平台　地理信息系统（GIS）是交通管理系统的基础支撑技术之一，通过 GIS 平台将公安交通管理过程中各种与地点相关联的信息进行可视化处理，从而为指挥人员提供简洁、直观的可视化信息界面。

6.4.5　智能交通的具体运用

1. 北京汉王智能化交通管理系统的研究开发与应用

北京汉王科技公司开发了智能交通管理系统，把公路建设与实施智能化现代交通管理有机结合起来，采用自动化的管理手段，有效地解决了高速公路和城市交通安全问题。这对提高城市、公路交通科学管理水平，对全面实现交通管理现代化，减少各种交通违章事故，保障人们的生命财产安全，将会起到积极的作用。

"汉王眼"是智能交通管理系统的核心，它是由 CMOS 摄像头 + DSP + MPU 组成。因 CMOS 摄像头直接输出数字信号，可方便地与 DSP 连接；用 DSP + MPU 代替工控机，可充分利用 DSP 在图像处理方面的速度优势和单片机工作可靠的优点，使图像处理成为一个完整的系统。在摄像时采用主动方式的红外摄像，避免逆光、反光、光线不足、夜间摄像困难等问题。系统可用于高速路超速车辆的自动监测及计费、违章车辆的布控、拦截等。为交通执法部门提供了科学依据，可及时对违章超速司机进行处罚，利用新闻媒体宣传、曝光。同时，可对广大驾驶员起到教育作用，增强遵守交通法规的自觉性，达到减少以致杜绝超速行为，压缩交通事故。

"汉王眼"设置在交通路口，通过摄像机拍摄目标车辆，对捕获的图像中的各种车辆的车牌进行识别，并结合其他检测手段对车辆类型自动分类。适合于城市交通、高速路汽车超载、超速监控、公路计费、停车场管理、交通违章记录、被盗车辆的侦破等应用。"汉王眼"对所拍的图像进行规范化处理，然后从整个车辆图像中把最具该车特征的车牌图像提取出来，再经过一系列控制算法，把车牌上的汉字、数字、字母等进行分割和识别，获得字符形式的车牌号，然后将字符信息送入计算机网络系统。由于车牌识别要求有较高的识别率和严格的实时性，因此，从图像拍摄，到图像处理以至文字识别等过程中，采用了一系列的硬件措施和 OCR 识别技术，保证了车牌识别的准确性及实时性。

车牌自动识别系统，是交通智能化管理的重要组成部分，在国际上已广泛应用于高速公路收费系统；停车场管理系统、道路监控系统等。车牌识别系统，其识别速度从车牌原始图像输入到识别字符输出的时间在 0.3s 至 1s，因车牌原始图像大小不同，颜色数不同而略有差异；图像输入设备可以是普通的图像采集卡；图像要求方面对图像的大小颜色无严格要求，但车牌部分图像过小会影响识别的正确率；位置要求方面由系统自动搜索车牌图像；识别效果可对图像清楚的车牌识别正确率达 98% 以上，可为前端（图像输入端）和后端（数据库端）提供接口。

闯红灯自动监测系统"闯红灯自动监测系统"是新推出的新一代"电子警察"，系统设置在无人值班的交通路口，是对夜间闯红灯的车辆自动进行监控、车牌记录，以实施处罚的重要手段。除具备闯红灯自动监测功能外，还具备布控、拦截等功能，以实现对违章、犯罪车辆（人）、重点车辆的自动监控，有利于开展侦破工作。与现有的移动硬盘方式相比，该系统只需将车牌号码与车型信息传递到控制中心，其传输量小，采用一般的有线或无线信道即可。因此，系统响应速度快，可及时有效地实现监控功能。

2. 梅赛德斯—奔驰安全辅助系统作用

另外，这里再扩充一点起辅助作用的智能交通系统。交通安全方面的专家表示，人的因素向来被认为是不可计算的，具有避免事故发生的可靠技术和尽可能完美的乘客安全保护系统的汽车，在各个级别的车型上也都可以提供，但有一点却是永远难以实现的，那就是“不犯错误的驾驶者”。事实也证明，有超过 85% 的驾驶员造成的交通事故都是因为“人为失误”。例如车速过快，车距过近，转向错误，掉头或者倒车，忽视道路优先权和酒后驾驶等。

汽车安全技术方面的专家更愿意帮助人们相信车辆工程技术对交通安全的贡献，因为在关键时刻，汽车安全辅助系统不会像驾驶者那样惊慌失措，理论上是绝对安全，且无误的。目前来看，对乘客最安全、最有效的技术只有一个，那就是由梅赛德斯—奔驰 40 年前发明的安全带，它至今仍是救助生命的最佳保障。在 2007 梅赛德斯—奔驰安全技术全球巡演活动现场，缓冲溃缩区、安全带收紧器、防抱死系统（ABS）、电控车辆稳定行驶系统（ESP）、安全气囊等基础安全装备，这些看似普通的安全技术开始被充分展示出来。预防性安全系统是其旗下车型中被广泛使用的最新安全技术之一，该系统通过安装在车前保险杠和隔栅上的雷达系统对即将发生的危险做出迅速判断，当系统判定即将发生危险时，车辆安全带会迅速收紧，前排座椅迅速调整至最佳位置，充气座椅迅速膨胀，车辆就像有了条件反射，对危险做出积极应对。关于未来的汽车安全技术，在梅赛德斯—奔驰的开发计划中，“会认路”的循迹道路辅助系统依靠立体摄像机计算危险的路口辅助系统，能“阅读”限速标志的交通标志识别系统和时刻观察、监控驾驶员疲劳状况的防范疲劳驾驶系统等多项安全技术，目前正处于大量数值采集、分析及测试阶段。技术专家们相信，未来的安全汽车，将会是一辆会观察、能理解并能做出解释、发出预告的汽车。

总体来说，智能化的安全辅助系统使驾驶者的轻松驾驶成为可能，奔驰的汽车安全部门这样描述它的未来——实现无事故驾驶。但记者也担心，由于驾驶状态过于放松，并且长时间依赖种种日益完备的汽车驾驶安全辅助系统，一旦这些系统失灵或出现程序错误，灾难性的后果将更为可怕。而来自德国梅赛德斯—奔驰总部的高级安全经理们在回应这一问题时，态度都极为肯定：“这些耗费巨大的系统设备，在车辆报废前，都不可能出现任何意外的状况。它们是绝对安全的。”当然，我们也必须杜绝因为信任这种绝对安全的行车辅助系统而导致新危险状况的出现。例如，在干燥路面上，如果没有使用制动辅助系统，大多数驾驶者最多需要 73m 的制动距离，才能把速度为 100km/h 的汽车完全停下。而利用制动辅助系统，仅仅经过 40m 后汽车就完全停下了，制动距离缩短大约 45%。然而，统计显示，有五分之一的重大交通事故都是因为驾驶者对车辆失控造成的。所以，我们在充分认识了更加先进的汽车技术和交通工具，更为现代的道路交通设施之外，为驾驶员提供更加全面的培训和教育、普及道路交通安全知识、帮助人们认识到那些危险的不良交通习惯等方面的活动更是必不可少的。珍爱生命，才是解决交通安全问题的终极之道。

交通智能化不是梦，智能交通系统已成为 21 世纪道路交通的发展趋势和现代化交通的先进标志。它将给 21 世纪人们出行、运输带来更安全、准时、高效的保障。将人、车、路和环境因素综合起来解决交通问题，这是研究、开发“ITS”的初衷，并将此初衷永远保持下去。

3. 日本的经验

日本是个岛国，在狭长的国土上，人口 1 亿 2 千万，机动车约 7900 万辆。由于人口密度大，机动车辆多，全日本每年约有 4500 人在交通事故中丧生，交通堵塞给国民带来约 11 兆日元的损失，所有这些，都制约着社会经济的全面发展。

为了保证畅通，减少事故，方便出行，日本在道路建设、改善交通环境、研究和利用新技术、发展智能化交通方面付出了不懈的努力。目前的日本，交通便利，基础设施完善，管理手段先进。

（1）道路交通信息提供方面　在日本，我们参观了财团法人道路交通信息通信系统中心。VICS 即道路交通信息通信系统，能及时、准确地传送各种各样的交通信息。一是收集道路管理者及都道府县警察提供的各种道路交通信息。二是对所收集的信息进行处理和编辑。三是将处理和编辑的信息通过 VICS 中心系统向电波信标、光信标、现有广播设施进行传播。四是驾驶员能够根据电波信标、光信标、调频多种广播及时获得高速公路各出入口及附近一般道路的交通堵塞信息和道路分流指南、交通事故信息、车道限制信息、停车区域和停车场车位空置状况等信息，并加以利用，从而为加大道路通行能力、节省乘客时间、提高交通客货运效率奠定了良好的基础。据财团法人道路交通信息通信系统中心的越元良武先生介绍，在日本，道路交通情报系统已覆盖全国 80% 的地区，所有高速公路及主干道均能收到 VICS 信息报道。

（2）车载设备应用方面　新型 ITS 车载设备的运用，对解决交通堵塞、预防事故、保护环境起到了良好的效果。我们在首都高速道路株式会社了解到，ITS（Intelligent Transport Systems）运用最先进的情报通信技术，把道路和车辆间的通信系统、各种感应装置、光电缆统合在一起，人们根据 VICS 提供的情报，作出正确决策。

驾驶员不熟悉路线时，无论在哪儿，只要输入目的地名称，就能在地图上迅速地显示出推荐路线、迂回路线、最短路线供驾驶者自由选择。如果不清楚地址，只知道电话号码，也可以迅速找到目的地。在途中遇到纵横交错的立交桥、高速公路出入口时，ITS 会自动显示立交桥的立体图，快速指示正确的行车路线。在高速公路收费口前 300m 左右，便会告知收费数目。

据介绍，在以前，首都高速道路年发生事故 13000 起，阪神高速道路 7000 起。而这些事故，由于驾驶员未及时反应的要占 47%。也就是说，驾驶员反应及时，首都高速道路每年可避免事故 6110 起，阪神高速道路可避免 3290 起。新型 ITS 车载设备应用后，大大增加了驾驶员的反应率。因为，驾驶员对于传统的信息牌的反应率只有 50%，而对汽车导航系统所提供的信息的反应率达到 90%。

VICS也是支持ITS的一项重要技术，特别是当系统接收到VICS信息报告预定线路上有堵车或事故发生时，车载机更会迅速告知驾驶者并及时再选择其他路线。并且停车的问题也会迎刃而解。

（3）道口电子收费系统方面　日本建立了机动车信息和通信系统的网络，主要是解决道路建设和道路交通事故有关的设施，其中也包括机动车导航系统，还有运用收费道路自动支付的ETS（电子收费系统），可以在不停车的情况下进行实时收费。

这个技术在日本得到了全面的推广，已经建立了1700万个ETS的收费点，截至目前，几乎在所有的收费站得到了普及。通过使用电子收费系统，在收费站出现拥堵的状况已经得到解决。全国每年减少二氧化碳排放14万吨。因此，ETS的推广和使用，既避免了收费站的堵塞，节省了交通出行人的时间，又减少了汽车尾气对环境的污染。

（4）停车场建设和运营方面　日本的城市硬件建设到位，基础设施完善，无任何动态占道现象，主要体现在车辆停放场（点）满足需要。日本的汽车数量很多，摩托车、自行车却非常少。由于土地资源严重匮乏，所以日本的道路与我国相比较，要窄得多，而且城市道路没有慢车道，但却较好地解决了车辆停放问题。主要是驻车场整备推进机构发挥了很大的作用。我们在东京的财团法人驻车场整备推进机构了解到，他们从都市停车场整合计划的设定到具体的设计、施工、运营管理提供着广泛的支持。充分利用地下空间。如赤坂公共驻车场，该处在官府集中地霞关、繁华街六本木、青山附近，周边有赤坂皇家酒店、Capital东急酒店、大谷酒店、迎宾馆等。当时由于见附路口周围区域停车场不足，为了防止路面停车引起交通堵塞和交通事故，故在赤坂见附路口的一般国道的246号的地下建造了赤坂公共驻车场。又如银座停车场，昭和39（1964）年，为举办东京奥运会，同时缓解银座地区停车难问题，于1960年作为国策的一环，和新干线、首都高速道路　并进行投资建设，于奥运会开幕前的一个月落成。这个停车场全部建在地下，4层全为钢筋水泥结构，每层的面积有10758m^2，通道一层、贮水槽一层、车库两层，车辆入口3个、出口2个，里面休息室6间、厕所8间、洗车场1个，另外中央办公室设在地下一层的中心，并24h值班。

停车场自动化程度高。要将车辆停到停车场，驾驶员只要把ETC（电子不停车收费系统）卡插入ETC车载器，车库的门就会自动打开，车开到指定的传板上，车辆就能乘升降装置，降入地下停车场。取车时，驾驶员可以选择停车场提供的EMAIL服务。车辆入库、出库非常方便。

（5）道路管理方面　以首都高速为例，它全长286.8km，以东京为中心，延伸至神奈川县、千叶县、埼玉县的高速公路，交通流量日均115万辆，为确保安全、畅通，管理方面多管齐下，效果明显。

建立全天候的监视体系。交通管制系统主要由情报的收集、处理和提供三方面组成，能在一分钟内处理所收集到的情报。全段分为三个管辖区，即西东京管理局、东东京管理局、神奈川管理局。三个管理局的情报系统之间经常进行情报交换，客观上形成了一体化的交通管制系统，为提供服务、及时处置各种情况提供交通情报。

果断处理各种事故。根据交通管制系统的情报，派出首都高速巡回车，通知交警、消防、修理公司，急速赶到现场，配合交警、消防进行事故处理，排除故障、回收落下物，进行交通整理，确保高速道路畅通。

依法取缔违章车辆。对于超长、超高、超宽、超重和禁止或限制载运危险品在隧道内通行的车辆，从保全道路的结构、预防事故出发，则以道路法为基准，配合交警，进行取缔。

视情况及时调整。有时，在特定的时间、特定的交通段，进行适当的交通调整，进行道路改良，封闭入口，以达到利用有限的空间、高效率地利用首都高速道路。此外，他们还通过定期道路巡回（24h 巡回 12 次），及时发现情况，现场处理各种问题。

(6) 道路、交通枢纽站建设方面　交通是国民经济的命脉，作为群岛之国的日本，全境由本州、四国、九州、北海道四大主岛及 3900 多个小岛组成，沟通四大主岛间的交通联系是日本经济发展的前提之一。1988 年开通的濑户中央自动车道，是本州联络四国的交通要道，它分为上下两层，上层汽车、下层铁路，全长 37.3km，铁道为 32.4km，横跨海峡部分约 9.4km 的 6 座桥梁全称濑户大桥，其中有 3 座悬索桥、2 座斜拉桥、1 座桁架桥。濑户中央自动车道建成通车，结束了本州四国之间千百年来靠船摆渡的历史。

神户淡路鸣门自动车道，全长 89km，是横跨两大海峡、连接四国与关西地区的大动脉，这里有两座悬索桥。1998 年 4 月 5 日建成的世界最长的悬索桥“明石海峡大桥”连接着神户与淡路岛，过了桥就是淡路岛。沿着美丽的海岸线来到淡路岛的另一端，跨越“大鸣门桥”即可到达四国地区德岛县的鸣门。

东京湾横断道路总长 15.1km，横穿东京湾的中部，从东京湾的东部到西部，连接千叶县的木更津市和神奈川县的工业城市川崎。东京湾横断道路的建成，大大缩短了东京湾东西部的交通里程和时间。过去，川崎到木更津为 110km，而现在只有 30km，行车时间只需要原来的 1/4。东京湾横断道路的建成舒缓了大东京圈逐年增长的交通压力，完善了 3 条环状线、9 条放射线的公路网的构架。它与东京湾环路、首都高速、东京外环路以及其他一些道路构成了东京圈重要的交通通道，起到了通向全国干线道路的中枢作用。

新宿，素有东京副都心之称，随着东京都厅（政府）的迁入，已成为东京的重要商业和办公中心。位于新宿中心的新宿车站，是汇集了 JR（旧国铁）电车、地铁（营团）、私铁共十数条电车的日本最大的枢纽站，每天集散客流量多达 320 万人次，超过池袋、涉谷、横滨、关西的梅田站，成为全国第一。站内进出口非常多，与地上商业设施结为一体。庞大的客流量，促进了新宿交通、商业、金融、文化等产业的发展，造就了商业日营业额 1 兆日元的繁荣。

6.4.6 我国交通智能发展现状及改进措施

我国交通的信息化、智能化事业起步晚，但实现了跨越式发展。目前我国的交通信息化智能化应用主要集中于交通控制、交通信息发布等方面，有效构建起交通信息采集与应用体系，大大提高了交通信息化和交通管理的智能化水平。但是，我国交通信息化智能化事业蓬勃发展的同时仍存在一些需要进一步解决的问题，如信息资源开发意识淡薄、信息共享机制不健全、商业运营模式考虑欠缺等。

我们建议，第一，运用多种科技手段，实现交通信息“资源化”，构建交通信息资源开发利用体系。从“资源化”应用的角度来统筹规划、开发利用交通领域的信息资源，运用 RFID 等多种先进科技手段，构建交通信源的身份认证体系，结合传统的交通信息采集技术，实现交通信息的精准化采集。第二，加强管理部门之间的沟通协调，建立有效的信息共享机制和信息资源平台。成立专门的交通信息资源管理部门，编制《交通信息资源目录》和《交通信息共享交换实施办法》，作为交通信息共享的依据，制定统一的信息共享标准，协调各相关部门之间的信息需求，融合集成已有的交通信息系统，建立统一的交通信息资源共享平台。第三，深化交通信息资源的开发利用，建立行之有效的交通信息服务商业模式。从交通信息资源开发利用的角度出发，充分挖掘交通信息资源的增值服务空间，引入新的融资和经营模式，联合银行、交通管理部门、信息运营部门和交通服务商，建立有效信息资源开发利用商业模式。第四，试点应用，推广成功模式。在交通信息化智能化建设已具有一定规模的城市，开展交通信息资源开发利用应用试点，以期建立有效的交通信息资源开发利用商业模式和交通信息增值服务模式，制定有利于保障交通信息资源商业化运作的政策和机制。

发达国家公路交通运输占有十分重要的地位。20 世纪 80 年代以来，公路交通运输工程智能化已成为国际公路运输科技进步的主导方向，并采用了许多先进技术，如高速公路自动监控系统、不停车自动收费系统、车辆导航系统等，对提高公路网交通运输效率和改善车辆运行状况发挥了重要作用。进入 20 世纪 90 年代，美国、日本、欧洲等开展了大规模“智能运输系统”研发，将信息、通信、电子、计算机、控制等先进技术综合应用于公路交通运输领域，建成实时、准确、高效的交通运输系统，目前已成功地推出一批研发成果，得到了广泛的应用。图 6-11 是配货自动出入库系统。

我国正处在公路运输高速发展时期，目前高速公路总里程已超过 2 万 km，居世界第二位。机动车持有量迅速增长，交通运输基础设施建设发展也较快，但公路运输业的总体水平与发达国家相比仍然存在较大的差距。已建成的高速公路中，配备较完善的安全、通信信息、监控和智能化服务系统的为数很少。由于交通拥挤、

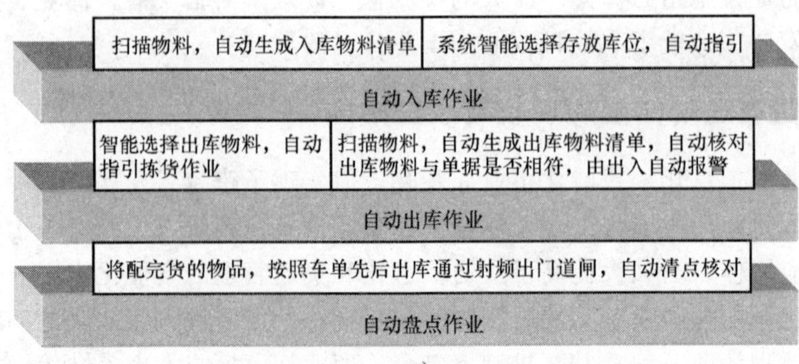

a)

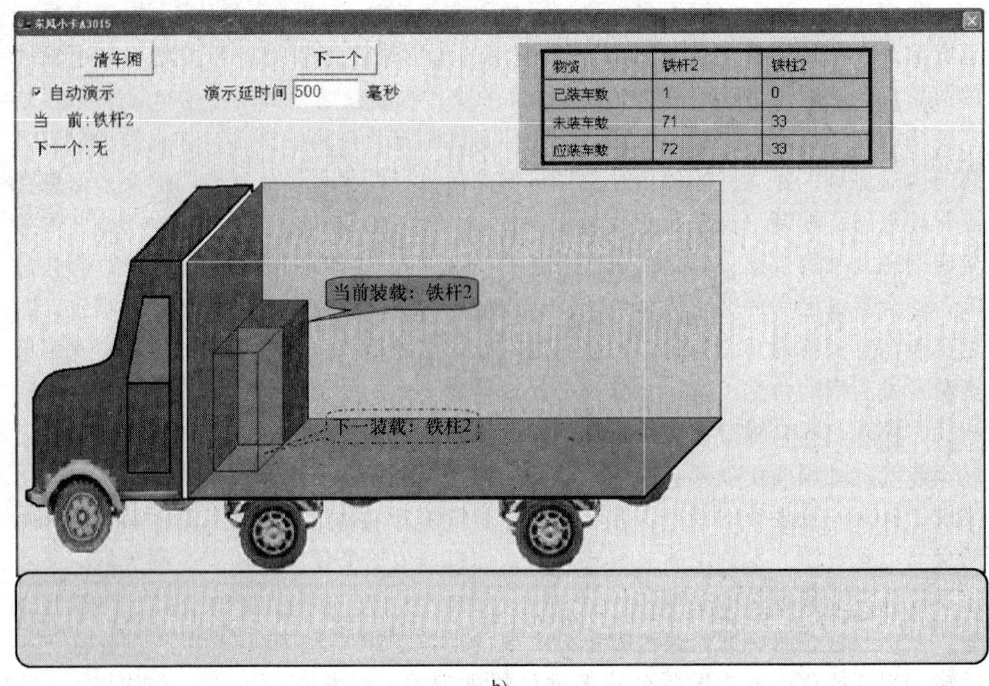

b)

图 6-11　配货自动出入库系统

a）出入库流程　b）出库清单

管理落后等因素，公路运输存在效率低、污染严重、交通事故率高等问题。如公路网平均车速仅为发达国家的30% ~40%，而万车死亡率是发达国家的十几倍。

在科技方面，近年来引进了国外一批先进技术，同时开展了多领域的科技攻关。在公路交通运输领域，取得了诸如自动收费系统、监控系统、汽车不解体诊断技术、公路运输系统网络规划理论与方法、道路交通环境影响模拟等一批重要成果。科技水平的差距主要表现在车辆卫星定位系统、车辆导航系统、信息服务系统、专用短程通信系统等前沿领域的研究起步较晚。

【经典案例】

某烟草公司综合物流运输调度系统设计

近两年，中国烟草工业公司物流已逐渐成为行业开展物流工作的重点，国家高度重视工业企业的物流建设工作，要求工业企业要认真学习和把握国务院有关文件精神，在新一轮联合重组中推进物流建设。烟草公司要适应多点生产、集中采购、集中销售的新业务模式，研究物流体系和组织体系问题，在企业内部系统整合物流资源。而只有建设统一的物流运输调度系统，才能建立起真正的大企业物流、现代物流，降低工业公司的物流成本，提高工业公司的物流响应速度，切实提高我国烟草行业的竞争力。

1. 某省中烟公司物流运输调度系统存在的问题

某省中烟工业公司下辖两个独立法人的生产企业，生产企业分布在三个城市，经过整合，该省中烟公司的采购中心，技术中心，营销中心，生产中心的模式初步建立，并对原来企业的相关职能进行了上划，对供应物流、生产物流、销售物流进行了初步整合，实行统一管理。

经过前期的深入调研以及与某省中烟公司各个部门的沟通，可以得知目前某省中烟公司的运输调度存在如下问题：

（1）车辆管理分散　目前各个分厂车辆管理已经集中到物流中心集中管理，但是还属于各个分厂自行管理，同时车辆的调度分属于不同的生产环节，物流中心只是起到了车辆基本管理，并没有从根本上掌握车辆具体的行驶状况。

（2）运输计划不合理　目前运输的规划已满足生产为主，按照不同的运输功能设定不同运输小组，如成品运输专门安排成品运输组，还没有到达按需制订车辆运输计划，极大地造成了运输的浪费。

（3）车辆空载严重　由于缺少统一的管理调度，原材料的运输还以各个厂为主，缺少信息的沟通，造成车辆的返程空载普遍，随着业务量的增加，必然会增加车辆运输工作量，如不能统一调配，必然造成物流成本的不断增加和浪费。

（4）物流信息系统缺乏有效的集成　公司和各直属企业各自均具有较高的信息化水平，但物流信息系统的功能不够完善，数字化仓储、GPS 运输调度等经典物流软件还没有使用；同时，各分厂很多信息系统为不同厂家开发，各系统间相对独立，缺乏有效集成。

（5）车辆考核标准不统一　各个分厂的运输考核标准方式不统一，每个分厂的运输人员的考核标准不统一，基本是按照里程制订，但是最终形式不同，必然为将来的车辆统一管理造成难度，因此需要结合各分厂情况制订相关标准和规范。

2. 解决思路提出

构建设计某省中烟公司综合运输调度系统可以有效地解决以上诸多问题，通过优化任务发运计划，使运输任务最大限度地衔接起来，达到整个运输网络中的任务可以协调排程。由此实现对运输工作的合理组织和对运输车辆的合理调配，提高整个运输网络的统筹调度水平，可以最大限度地减少对流、迂回等不合理运输现象的发生，降低车辆空载率，从而可以达到以最少的运输成本获取最大的运输收益的目的，同时可以提高用户满意度、提高某省中烟公司的综合竞争力。

3. 综合物流运输调度系统的总体设计原则

按照行业信息化建设统一平台、统一标准、统一网络、统一数据库的“四统一”要求构建某省中烟公司物流运输调度系统，如图 6-12 所示。

(1) 统一平台　硬件方面，重用某省中烟已建立的网络，每个分厂采用 Web 浏览；软件方面，面向服务架构 SOA 来降低 IT 环境的复杂性，SOA 可以促进模块化业务服务的开发，而这些服务可以轻松地实现集成和重用，从而创建一个真正灵活和适应性强的 IT 架构，同时融合商业智能 BI。

(2) 统一标准　系统建设将统一按照 SOA 标准进行应用原则不仅可以减少 IT 费用、提高 IT 服务质量、提高参与伙伴的合作程度，还可以提供面向业务、客户和用户需求的服务。

(3) 统一网络　系统建设基于省公司已经建立的行业数据传输通道。

(4) 统一数据库　系统建设统一采用 Oracle 数据库，建立基于 SOA 架构建立的数据交换标准和数据库交换平台。

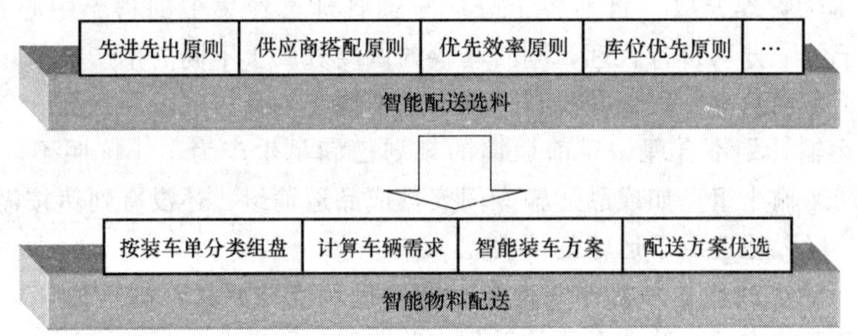

图 6-12　物流运输调度系统

4. 综合物流运输调度系统建设内容

综合物流运输调度系统主要包含运输管理调度系统、车辆监控系统、运输网络优化系统，监控大厅的设计等。

各个系统设计如下：

(1) 搭建综合物流运输管理平台　随着物流整合的步伐加快，物流服务对象趋向多元化，业务类型趋向多样化，为了在提高物流服务的基础上，降低物流成本，需要建立一个全省范围的高效的运输调度系统，建立统一的物流车辆运输管理平台，进行全省资源运输的管理和调度，避免了分厂运输空载的浪费，节约物流运输成本，提高物流运输效率。

(2) 建立车辆 GPS 监控平台　随着信息化的不断发展，传统车辆管理的方法中存在的问题，给车辆的调度管理带来了极大的难题，借助于GPS、GIS、GPRS技术的不断完善，某省中烟公司建设车辆GPS运输监控平台，可以实时监控车辆的位置、状态，为运输车辆的调度、指挥提供技术支撑，同时为成品运输车辆加装电子锁，保障成品运输的安全性，最终要提高车辆安全系数、服务质量和物流效率，降低物流成本。

（3）建设某省中烟公司运输优化系统　随着运输业务的不断增加，单纯的人工排定运输计划，存在大量的问题，尤其是中烟公司统一进行车辆调度和管理后，如何借助信息化的手段，进行全局的车辆运输计划的制订和物流运输网络的优化，迫切需要研究开发满足某省中烟公司内部生产运输排班和全省原料以及成品运输计划的核心算法，并能够最大化节约物流运输成本。

（4）监控调度大厅设计　大屏幕监控调度大厅建设是为了建立一个具有数据采集整合、处理、调度、反馈等功能的管理指挥运行机制，提供一个可靠稳定、快速响应的综合显示平台建设思路，最终是为了提高工作效率和体现某省中烟公司物流运输管理的现代化形象。

5. 案例小结与启示

某省中烟公司综合物流运输调度系统的构建，可以大大提高企业安全管理水平，最大限度地控制行车事故，每年减少经济损失10%；全部实行车辆运输管理后，企业可以实现超常规发展，物流快速实现规范化，车辆运用效率大幅度提高，预计每年费用节约在15%左右，提升应急事件反应能力，提高工作效率，大大节约物流运输费用，同时提高运输安全效率；同时，综合运输调度系统的构建，可以促进建立某省中烟公司敏捷供应物流系统，从而最大限度地发挥整体优势，降低运输成本，提高配送物流的应急事件反应能力，提高供应物流的整体效率。

思　考　题

1. 什么是运输？简述物流运输系统的组成。
2. 简述物流运输系统的功能。
3. 物流运输系统的结构有哪些形式？简述物流运输系统的特点。
4. 物流运输系统规划的原则有哪些？简述物流运输系统规划的内容。
5. 物流运输有哪些方式？分别简要说明其特点。
6. 选择物流运输方式须考虑哪些因素？
7. 物流运输现代化实施要素有哪些？
8. 什么是物流运输合理化？物流运输合理化的意义是什么？
9. 物流运输节点的选址决策原则和需考虑的因素有哪些？运输节点选址的决策模型有哪些？
10. 简述物流作业场址规划与设计的意义、考虑因素和主要任务。
11. 什么是智能交通系统？智能交通系统包括哪些内容？
12. 简述智能交通系统的工作原理。

第7章　物流信息系统规划

随着信息化竞争力时代的到来，信息化建设将成为物流企业未来发展的重要趋势。信息技术、网络技术的普及和发展，特别是互联网、物联网技术解决了信息共享、信息传输的标准问题和成本问题，使信息更好地为现代物流服务。企业在利益机制的驱动下，不断追求降低成本和加快资金周转，将系统论和优化技术用于物流的流程设计和改造，融入新的管理制度之中。物流信息系统使得物流企业服务更加准确快速，成本更加低廉，库存控制更加完善。

7.1　物流信息系统概述

7.1.1　物流信息系统的定义

在发展物流业务的过程中，如何降低整个“物流”系统的成本、提高系统的经济效益和服务质量已成为竞争的焦点，高效的物流管理成为物流服务提供商的必然追求。控制集中化是物流管理的核心问题，即经营主体对其所受理的物流业务实现全过程物流链管理，无论经营主体直接负责或委托他人（经营者）完成物流的部分业务或全部业务，经营主体都必须了解、掌握并能控制物流的实时状态和未来情况。

物流信息的流通是物流管理中控制集中化成功与否的关键。随着 Internet 技术的广泛应用，目前，基于 Internet 的物流信息系统正成为发展物流业务的基本物理条件。也就是说，基于 Internet 网络的物流信息系统为物流服务商和厂家提供了一个信息交换平台，是支撑全过程物流管理的最重要的基础之一。

物流信息系统（Logistics Information Systems，LIS），是企业信息系统的一类，利用计算机软硬件、网络通信设备特别是 Internet 等 IT 技术，结合各类机械化、自动化物流工具设备，利用数据、信息、知识等资源，进行物流信息的收集、传递、加工、存储、更新和维护，实现对实体物流综合管理的数字化、智能化、标准化和一体化，物流业务处理指挥信息化与网络化，以提高整体物流活动的效率和效益，降低整体物流成本，从而支持企业的现代管理并取得竞争优势的集成化人机系统。

7.1.2 物流信息系统的组成

物流信息系统，实际上是物流管理软件和信息网络结合的产物，小到一个具体的物流管理软件，大到利用覆盖全球的互联网将所有相关的合作伙伴、供应链成员连接在一起提供物流信息服务的系统，都叫做物流信息系统。对一个企业而言，物流信息系统不是独立存在的，而是企业信息系统的一部分，或者说是其中的子系统，即使对一个专门从事物流服务的企业也是如此。例如，一个企业的ERP系统，物流管理信息系统就是其中一个子系统。物流信息系统由人员，计算机硬件，软件，信息资源及物流管理的相关思想、制度和规范等组成。

1. 硬件

硬件包括计算机、必要的通信设施和安全设施等，例如计算机主机、外存、打印机、服务器、通信电缆、通信设施。它们是物流信息系统的物理设备、硬件资源，是实现物流信息系统的基础，构成了系统运行的硬件平台。物流信息系统的物理结构示意如图7-1所示。

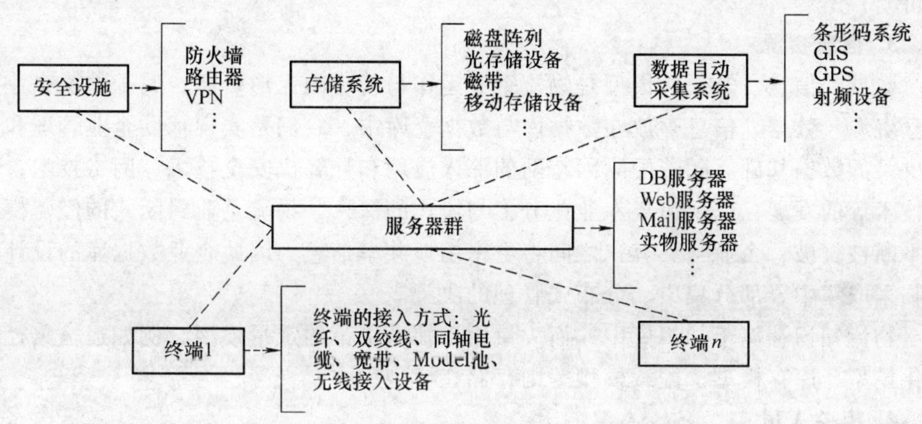

图7-1 物流信息系统的物理结构

2. 软件

物流信息系统的软件层包含操作系统、通信协议、业务处理系统等，运行于底层的网络硬件设施与各种物流工具之上。其中，物流信息系统的软件层又可分为物流企业子系统、运输工具子系统、现场子系统、用户子系统、行业管理子系统等多个子系统，这些子系统分别拥有各自的专用数据库，同时也有一些共用数据运行于一个公用数据库之上，构成共用的信息平台。具体如图7-2所示。

物流信息系统强调从系统的角度来处理企业物流活动中的问题，把局部问题置于整体之中，以求整体物流活动最优化，并能使信息及时、准确、迅速地送到管理者手中，从而提高管理水平。

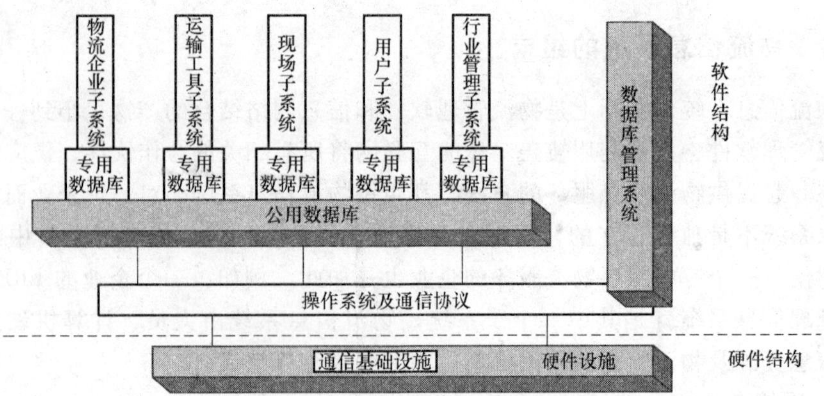

图 7-2　物流信息系统的软件层

物流信息系统把大量的事务性工作即工作流的问题交由计算机来完成，使人们从繁琐的事务中解放出来，有利于管理效率的提高。物流信息系统在解决复杂的管理问题时，可广泛应用现代数学成果，建立多种数学模型，对管理问题进行定量分析。

3. 信息资源

数据、信息、知识、模型是物流企业运作与管理的无形资源，属于物流企业的信息资源。数据、信息存放在数据库与数据仓库中，它们是实现辅助企业管理和支持决策的数据基础。随着国际因特网的深入应用和计算机安全技术、网络技术、通信技术等的发展，以及市场专业化分工与协作的深入，物流企业封闭式的经营模式将不断被打破，企业与其客户之间将更密切地共享信息，因此企业数据库的设计将面临采取集中、部分集中、分布式管理的决策。

物流知识存储于知识库中，而大量用于辅助决策的定量模型，例如运输路径的优化模型、库存模型、配载模型等则存储在模型库中。

4. 相关人员

物流信息系统的开发涉及多方面的人员，有专业人员，有领导，还有终端用户。例如企业高层的领导（Chief Executive Officer，CEO）、信息主管（Chief Information Officer，CIO）、中层管理人员、业务主管、业务人员，而系统分析员、系统设计员、程序设计员、系统维护人员等是从事企业物流信息资源管理的专业人员。不同的人员在物流信息系统开发过程中起着不同的作用。对一个物流企业来说，应该配备什么样的专业队伍，取决于企业对 LIS 的认识，取决于企业对 LIS 开发的管理模式，例如系统的开发方式等。

随着数据库存储越来越多的企业运作相关的内部、外部数据，为满足企业决策的需要，信息分析人员将成为企业急需的人才。

5. 物流管理思想和理念、管理制度与规范

在物流行业，新的管理思想和理念不断产生和付诸实践，例如供应链管理理念、第三方物流、供应商管理库存（Vendor Management Lnventory，VML）等。物流企业本身的决策者和管理者以及其客户所能接受和贯穿的管理思想和理念的程度决定物流信息系统的结构，是物流信息系统的灵魂。

物流企业管理制度与规范通常包括组织机构、部门职责、业务规范和流程、岗位制度等，它是物流信息系统成功开发和运行的管理基础和保障，它是构造物流信息系统模型的主要参考依据，制约着系统硬件平台的结构系统的计算模式、应用软件的功能。

表7-1描述了物流信息系统的总体结构。不同的物流企业应当采取不同的管理理念，其物流信息系统的应用软件也会不同。例如，供应商管理库存是生产厂家（或者上游企业）对零售商（或下游企业）的流通库存进行管理和控制。具体地说，上游企业基于零售商的销售信息，判断零售商的库存是否需要补充，如果需要补充的话，自动地发出发货指令，补充零售商的库存。此时，物流企业的库存管理软件主要功能就是对零售商的商品库存进行决策，并根据决策及时安排补货。

表7-1 物流信息系统的总体结构

应用软件(支持物流系统活动、管理、决策实现的软件)
开发软件
系统软件
信息资源(数据、信息、知识、模型)
管理思想与理念、管理制度及规范
硬件

7.1.3 物流信息系统的发展趋势

物流信息系统在21世纪来临的时候，已经从“线时代的充实期进入到了面时代的应用期”也就是说，从企业间系统的时代发展进入到社会系统的时代。物流系统企业的发展趋势和物流系统的发展趋势是密切相关的，在寻求平衡的同时进行发展。必须认识到，对应经营的国际化，重视生产的FA（Factory Automation，工厂自动化）/FMS（Flexible Manufacturing System，灵活制造系统化）、研究开发的综合化和基础研究的充实化、市场消费者优先型（顾客服务重视型）、信息在企业间信息化和分散化、网络化等物流之外系统的发展。物流信息系统是在企业间物流系统的成长期所存在的，物流系统的发展趋势如图7-3所示。

对于国内企业之间的物流系统，今后的发展趋势是国际间企业的物流系统，以及从国内系统自身的角度出发向社会物流系统（面的时代）发展。

像现在量贩店的发展趋势那样，由量贩店总部与供货方、量贩店的总部与店铺的物流系统，向量贩店店铺的补货系统及以量贩店集团和供货方集团为核心共同化系统的方向发展。在企业对企业进行设计和实施物流系统的时候，绝不能够接受一

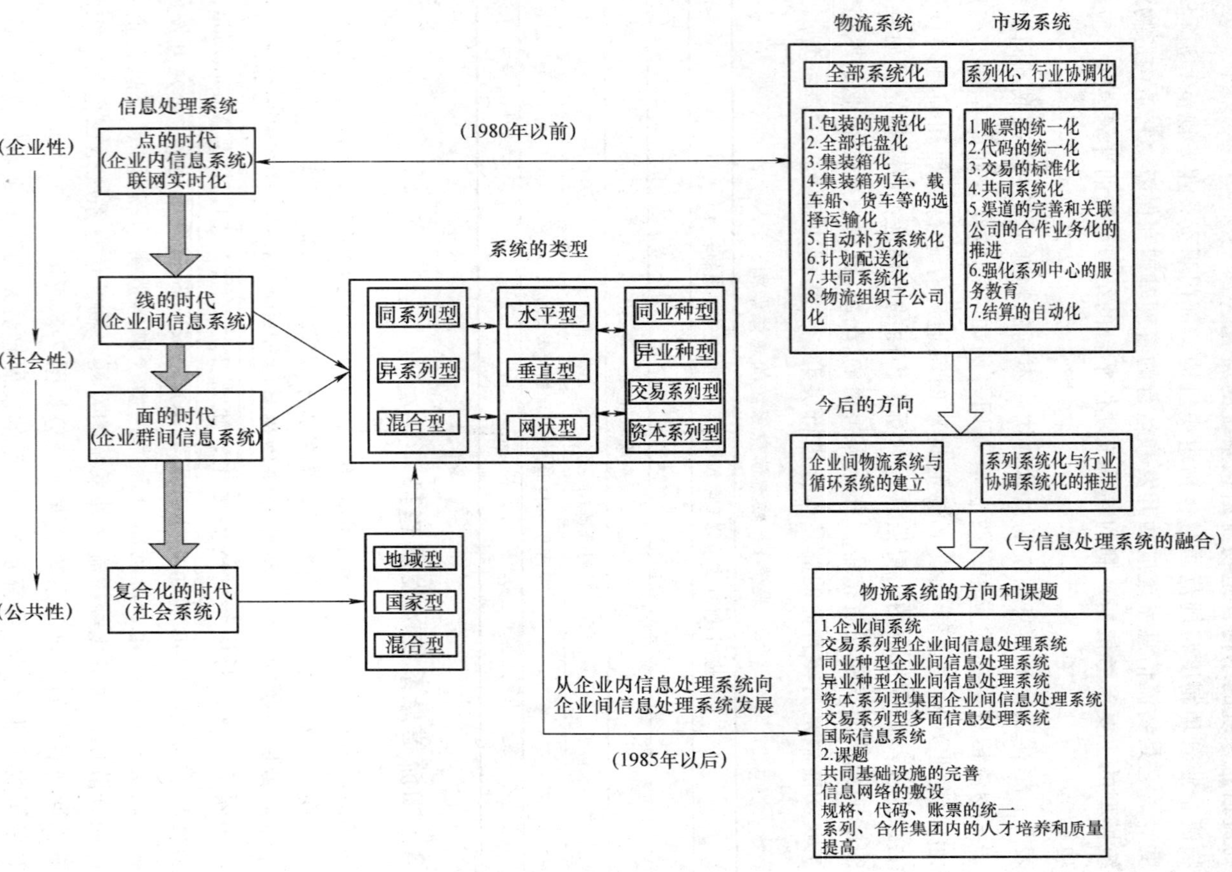

图 7-3　物流系统的发展趋势

方是强者的理论，必须建立在客观公平的原理基础之上，双方共同享受系统所带来的利益与损失。应用这样的观点，必然会在供货一侧建立地域配送中心，促进集货、配送、储存、接受订货等的共同化。以市场竞争、物流共同化内容为基础，以现代物流资源的高效率为目标，建立物流系统。

在新的经营信息系统设计思想的指导下，设计支持物流系统的物流信息系统。经营信息系统的设计原则是以物的流动为中心，将人、资金、服务和时间相结合，通过信息的集成，向经营活动进行反馈。商务活动是以有形和无形“物”的移动为基础，“移动物的行为”是人、资金、信息的发生源。物流系统设计新的流程是采用并行材料流（Synchronic Material Flow）的概念，是连续内容的一部分。原来的系统设计是以非连续物的流动为对象，现在的发展是以看板方式和即时方式以连续物的流动为中心，进行系统的设计。以物的流动为中心的系统要与流动自身同步，也就是说，设计和创造要以综合的同步流动为基础。以全体系统的同步为主导的设计理论，是今后物流信息系统设计的发展方向。

7.2　物流管理信息系统

随着经济发展，国内物流业近几年也有了长足进步。确切地说，物流是国家经济的血脉，对经济建设起到了重大作用。国内的部分物流公司迅速崛起，业务能力越来越强，经验也越来越丰富，但与此同时带来的是管理难度的加大。为了能得到进一步发展，必须做到对客户更完善的服务，增加业内的竞争力，物流管理信息系统是物流信息系统的基础，对企业的发展起着决定性作用。

7.2.1　物流管理信息系统的概念

物流管理信息系统是企业物流信息系统的基础，也是企业信息化的基础。它利用各种信息进行实时、集中、统一的管理，实现信息流对物流、资金流的控制与协调。按照管理思想或理念的不同，物流管理信息系统（Logistics Management Information System，LMIS）可以分为多种，简述如下。

1. 以“第三方物流”为核心的物流管理信息系统

第三方物流企业（Third Party Logistics Provider，3PL）是物流的供应方与需求方以外的第三方物流企业，根据经营重点的不同，3PL 可以进一步细分为：综合型、仓储型、配送型、运输型、流通加工型等。对综合型的 3PL 来说，LMIS 功能围绕订单展开，即通过订单确立物流服务委托，根据订单提供仓储、运输、流通加工等物流服务，对照订单跟踪、反馈服务的进展情况，同时主要以订单为单位进行费用结算。图 7-4 给出了第三方物流企业为制造企业提供的 JIT（准时制）配送的信息模型。

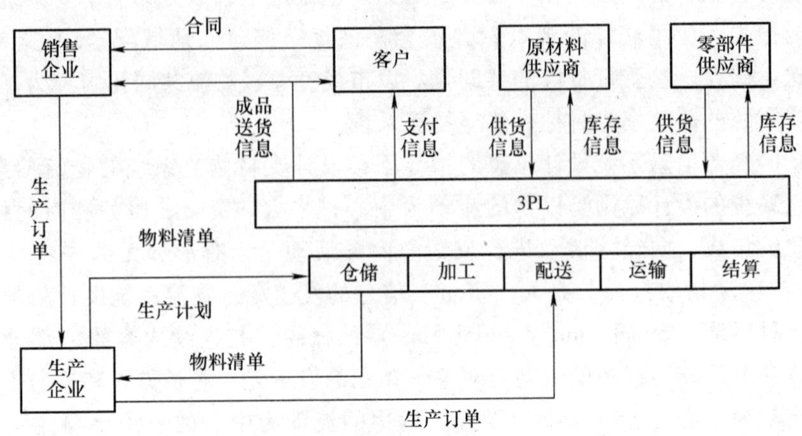

图 7-4　3PL 的 JIT 配送信息模型

2. 以“企业资源计划”为核心的物流管理信息系统

以制造企业为应用背景的企业资源计划（Enterprise Resource Planning，ERP）实现对企业的人员、资金、房屋、设备、物料等资源的综合管理和优化。以资源管理为核心的 LMIS，其功能围绕资源计划展开，包括计划的制订、执行、跟踪和控制等。

3. 以“客户关系管理”为核心的物流管理信息系统

客户关系管理（Customer Relationship Management，CRM）关注于销售、营销、客户服务和支持等方面的业务，强调与客户需求的互动和提高客户价值、客户忠诚度等。以客户关系维持为核心的 LMIS，其功能围绕客户生命周期展开，满足客户售前、售中、售后各阶段的物流服务需求和信息需求，并对客户价值、客户忠诚度等进行评价。

4. 以“供应链管理”为核心的物流管理信息系统

供应链管理（Supply Chain Management，SCM）强调将供应商、制造商、分销商、零售商等结为供应链伙伴进行一体化运作，以供应链的竞争优势弥补单个企业的竞争劣势。供应链管理的 LMIS，其功能围绕供应链上的业务协同展开，包括供需信息传递、业务单据交换等。

此外，还有以“财务管理”为核心的 LMIS、以“信息服务”为核心的 LMIS、以“绩效管理”为核心的 LMIS 等。

7.2.2　物流管理信息系统的目标

根据第三方物流的运作模式，物流企业的内部实体可分为控制中心和配送中心，外部实体则包括外部储运网络、供应商、生产商、批发商、零售商和客户，以及供应链上的各级仓库，图 7-5 显示了它们之间的商流、物流和信息流的关系。

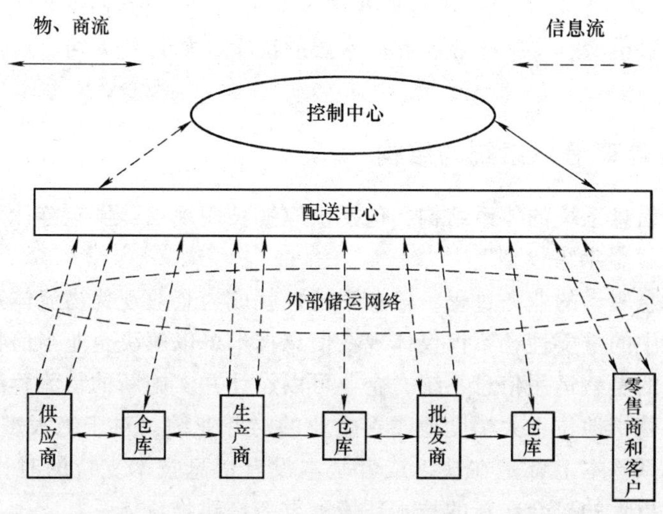

图7-5 第三方物流内外实体间的商流、物流和信息流的关系

从图7-5可以看出，第三方物流内外实体是一个有机的物流网络，它包括一个总部的控制中心和联系各地的物流配送中心，而物流配送中心又各自联络了许多条供应链，这样就形成了遍布市场各个角落的物流系统。而物流配送中心和整条供应链上的每一个环节都建立了商流、物流和信息流的联系，这种物流配送中心紧密介入全程物流的做法体现了供应链一体化的思想。

物流管理信息系统的总体目标就在于从企业的商流和由商流引发的物流中提取与物流相关的信息，进行存储、处理、汇总、分析和流程控制，从而得到经过提炼的、物流企业所需要的信息，一方面服务于物流企业自身的经营管理需要；另一方面服务于客户的需要。要达到这一目的，物流管理信息系统就必须要做到以下三点。

1. 实现对企业资源的管理

对物流企业自有或租用的房屋、物料、设备、人员进行管理，包括物流网点、仓库、货物、运输资源、加工设备、操作人员等，并能实时报告资源状态，随业务流程跟踪物流服务资源的使用情况。

2. 实现对内外业务的支持

对订单、仓储、配货、运输、流通加工、货代等物流业务的服务进行全程支持，同时也对采购、结算、客户关系等经营管理行为进行支持，还要支持与外部的资源租用、单据传输等合作业务。对其中产生的信息进行存储、处理、汇总和分析，并对业务流程进行控制，对彼此关联的业务活动进行协同。

3. 提供部分决策支持

在对资源的管理和对业务的支持过程中，LMIS要收集和整理相关的原始信息，以便为决策提供完备的信息支持，供LDSS、LES等系统做进一步的综合、分析和决策。同时，LMIS 也要对信息进行初步的汇总和分析，形成统计和比较报表，并提供一定的算法模型，支持作业层和战术层的决策，如订货周期、运输配载、路线选择等。

7.2.3　物流管理信息系统的结构

物流管理信息系统的体系结构，包括供应链长期规划、供应链计划和供应链运作三个层次的“金字塔模型”。

物流是信息驱动的业务过程，信息系统也就成为企业现代物流体系的灵魂。信息系统在物流中的重要性，不仅仅体现在信息技术可以解决企业当前物流体系中的问题，更重要的是，运用信息系统，企业可以设计并实施新的物流解决方案，从而在同等的市场营销地位下大幅度地改善企业的财务业绩。对于绝大多数中国企业，当前的物流体系基本上都是在缺乏或者基本没有信息技术支持的时代背景下创建的。因而，有更大的机会在新的技术环境下重新构建物流体系。

1. 体系结构

有如物流过程一样，从不同的角度观察，物流管理信息系统有很多个不同的层面。下面从物流管理信息系统与企业物流体系之间关系的角度来建立物流管理信息系统体系结构的基本框架，如图 7-6 所示。

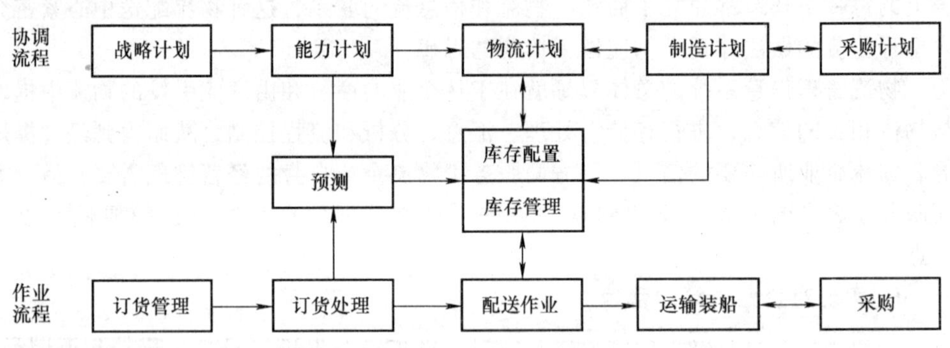

图 7-6　物流信息系统结构

信息技术的基础应用是确保物流运作过程中信息的质量，以及信息的及时和准确。信息质量的缺陷会造成无数个作业上的问题。地理信息系统即时采集车辆运作过程的信息、订单处理系统输出正确的订单信息、基本的库存管理系统提供准确的产品出入库等信息等，这些信息系统确立了物流管理信息系统的基础，即准确、及时的信息采集和传递。

物流运作过程往往涉及大量繁复的操作，对于一个拥有数十万个 SKU（Stock Keeping Unit，存货单位，又称最小存货单位）、每天处理数万个订单行的配送中心，简单直接的操作已经无法完成如此强度的任务，因而经常需要仓储管理系统来管理叉车、工人、货位这样的资源，高效率地完成所需的操作。这样的信息系统不仅仅是记录物流信息，更重要的是指挥和控制，也就是管理具体的物流操作。

高效的物流是计划的结果。绝大多数物流运作过程都是为了满足企业未来的业务需求：现在的原材料的出仓可能是为了 2h 后生产的需求；今天的生产是为了一周之后的分拨；晚上的配送是为了第二天的店面销售。显而易见，预测和计划是物流运作的根源，也是现代物流系统中最有魅力的核心部分。近三十年来，从准时化、快速反应到持续补给等物流控制概念的发展，几乎完全体现为信息系统对物流体系变革的驱动。这些基于信息系统的控制概念，实现了利用信息来主动控制物流运作的目的。

不同的物流网络、不同的物流控制方法将影响到企业资产负债表、损益表、现金流量表中的大部分科目，对于一个大企业而言，这些科目可能超过几千个，物流体系的设计因素也因此变得很复杂，仅凭概念和直观已经很难确保物流体系的设计能够获得最优的财务业绩。因而需要基于大量的基础数据，利用信息系统，通过模型化的方式来协助进行物流体系的设计。

综上所述，我们可以将物流管理信息系统划分为三个层次，如图 7-7 所示，即

① 供应链模型设计规划：物流体系的设计和评估。

② 预测及计划：物流体系的控制和调度。

③ 物流运作：管理具体的物流运作过程。

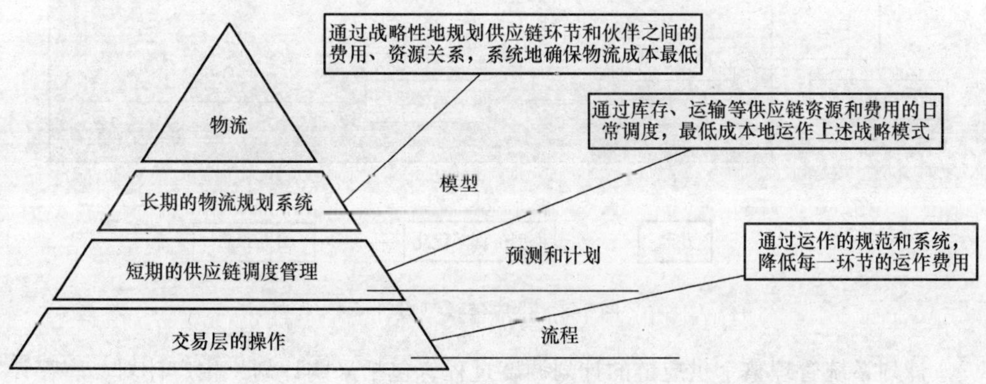

图 7-7　物流管理信息系统的三个层次

我国企业往往同时存在三个层次上的问题。在我国的现实环境下仅仅从最底部的运作层入手，解决操作性流程的优化问题往往解决不了关键的物流问题。尤其是对于物流战略、供应链模型存在严重问题的企业，如果以仓储管理系统等运作交易层的软件为基础，无论怎样在运作流程上进行业务重组，都肯定无法使企业充分挖掘现代物流带来的“第三利润源泉”。这个金字塔模型使得企业能够判断自己在每个层次上的问题，并确认相应层次的解决方案。

另外，从图 7-7 可以看出，物流战略、供应链规划必须得到运作层系统、预测及计划系统的支持，没有下层提供的规范性数据和操作，再好的物流战略或者供应链规划也不能落实为实际运转中的现代物流系统。事实上，金字塔模型中三个层次系统的互动构成了完整的物流管理信息系统体系。

2. 物流规划：供应链模型设计

面向大型企业的复杂物流系统中，库存策略、补货模式、预测方式、计划周期、网络拓扑等各种因素均将严重影响物流体系最终的服务水平和总成本，供应链模型仿真及设计软件是设计、优化企业物流体系的专业工具。这样的专业工具一方面需要企业各方面的运作基础数据的支撑；另一方面，建立模型、仿真和优化都需要专业人员的经验和知识，并非普通用户可以自己操作的。供应链模型设计如图 7-8 所示。

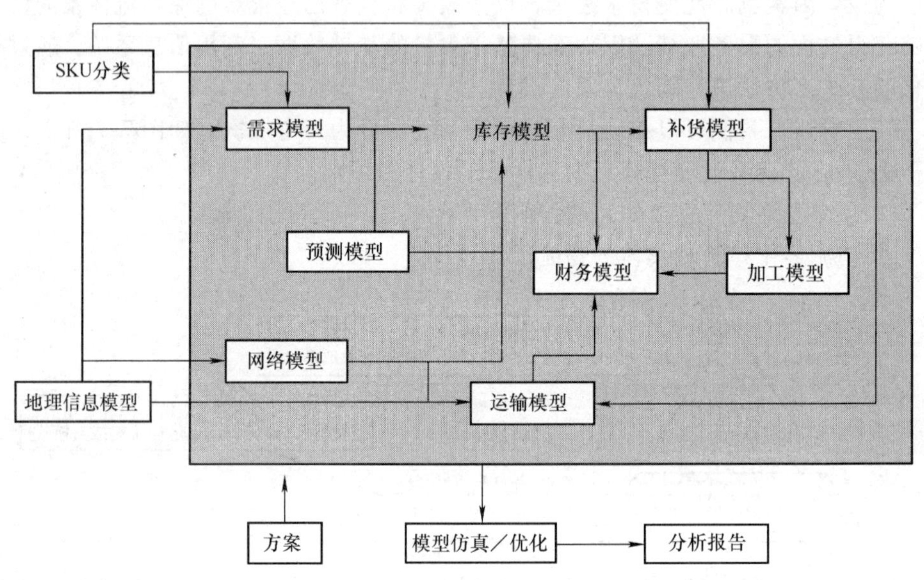

图 7-8 供应链模型设计

计划系统管理整个供应链的计划调度过程，包括采购计划、生产计划、库存计划、补货计划、运输计划的生成以及与这些计划相联系的流程控制的管理。企业的计划系统包括如下一些基本的功能：

（1）协作平台 物流计划和执行的过程是一个企业内部各部门之间，乃至与供应链上下游合作伙伴的流程协作过程。因而，需要建立起一个供应链环节和伙伴之间各方信息共享的流程平台，使补货、运输、采购、订单处理等流程的各个阶段的角色能够同步工作。

（2）预测系统 根据多种因素对不确定的市场进行预测。

（3）优化系统 根据多种约束条件产生优化的资源调度，如生产调度计划、库存计划、补货计划等。

（4）事件管理　意外事件的管理、报警及监控。

（5）计划系统　主要应用在两个方面：一方面，面向销售、实现需求及供给之间的最优化平衡，在确保恰当的服务水平的基础上实现库存水平、物流费用最低；另一方面，面向复杂的生产环境、通过优化的生产及采购安排和调度，实现生产线、外包、原材料采购等多因素的综合成本最低并缩短前置时间。

3. 物流运作

物流运作层次包括仓储管理系统、库存管理系统、运输管理系统、POD 系统和电子数据交换等。简述如下：

（1）仓储管理系统　支持核心物流运作的仓储管理系统（Warehouse Management System，WMS）能够对多个逻辑库和物理库、多货品所有者（客户）进行到库位的动态实时货品管理，如图 7-9 所示。

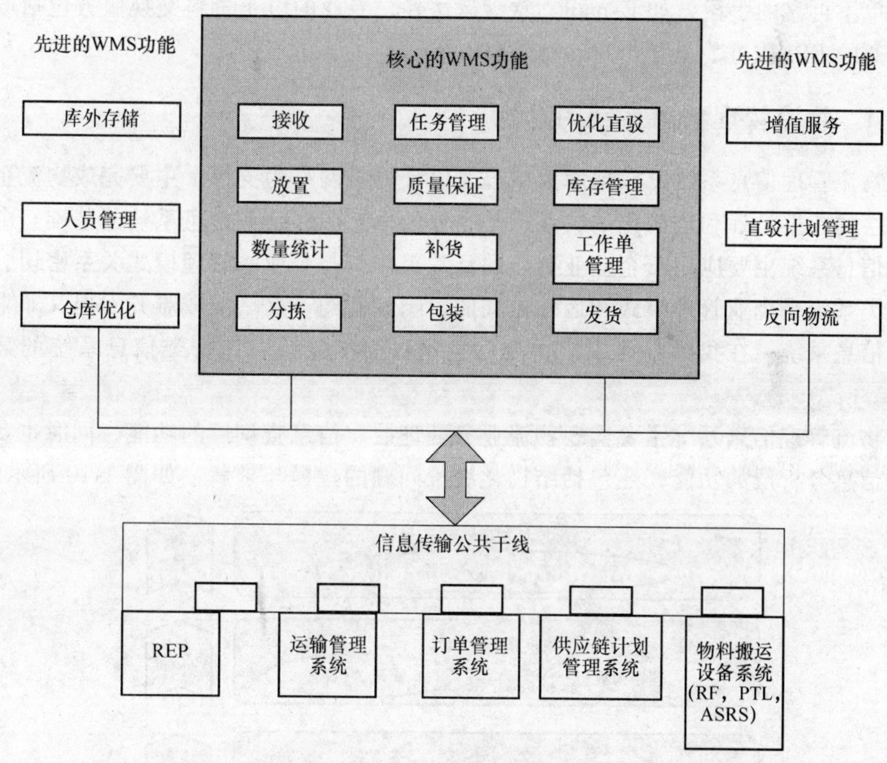

图 7-9　仓储管理系统

从物流模式的角度，WMS 是实现快速订单响应所必需的运作系统，没有 WMS，就不可能实现“配送”模式；从物流技术的角度，WMS 是支持现代化配送中心及相应自动化设施运行的基本环境；从财务的角度，WMS 能够实现基于活动的计费，使得企业能够实现单件成本的全程跟踪。

(2) 库存管理系统　库存管理系统即“进销存”，完成订单录入、单据打印及库存查询等最基本的物流运作控制功能。

(3) 运输管理系统 TMS (Transport Management System)　面向复杂的运输和配送业务，TMS 软件实现运输调度、执行及相应的结算功能。TMS 不仅仅实现运输业务流程的全程控制和路径优化，更重要的是在各种变化的运作约束条件下，面向既定的运输服务响应水平，以最低成本为目的，实现动态的运输计划。

(4) POD 系统 (Prove Of Delivery)　POD 系统配合 WMS、TMS 工作，通过这个系统，每一件货物在流通过程中的送达状态能即时在信息系统中体现出来。

(5) 电子数据交换 (EDI/XDI)　其目的是为了协同运作系统中更电子化的工作。传统的电话、传真、人工传递手段正在成为企业间高效协同运作的瓶颈，在不同物理地点，特别是不同企业的系统之间，需要有效的电子资料交换手段。例如，运输管理系统、仓储管理系统与客户的 REP 系统之间、异地的物流设施之间，除去简单不可靠的手段，如 E-mail、软盘运送外，专业的电子资料交换服务包括增值网络商的 EDI 服务、基于 Internet 的 XDI 等。

7.2.4 物流管理信息系统的功能

物流管理信息系统以数据库为中心，以计算机网络为支撑，主要完成物流企业操作层的数据处理和结构化的决策，是企业的信息源和企业信息系统的基础。由于管理信息系统主要应用于企业业务层的日常工作，与企业的管理模式关系密切，因此这类系统受企业管理模式和运作方式的影响和制约，是一类较难开发但又非常必要的信息系统。在我国企业中，物流信息化目前主要针对这一类信息系统的某些部分。

物流管理信息系统主要实现物流业务处理层、信息查询层的功能，同时也实现部分信息分析层的功能，还包括结构化决策问题的建模与求解，如图 7-10 所示。

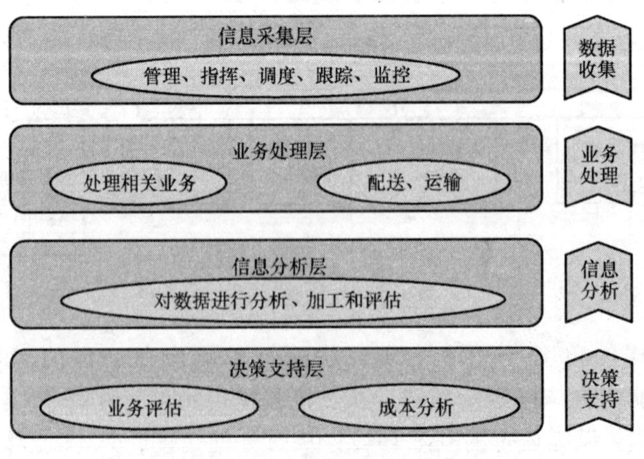

图 7-10　物流管理信息系统功能方框图

1. 信息采集层

信息查询以检索数据库中的现存信息或简单加工后的信息为主，以文字、表格或图形等形式，显示相关信息，满足企业和客户相关物流信息的查询需求。提供对物流系统状况和货物、车辆的监视与跟踪功能，并为顾客提供所需的网上查询和信息服务手段。

2. 物流业务处理层

对物流作业和物流活动的相关事务进行处理，实现原始数据的收集，提供相应的合同、票据、报表、订单管理及输入输出的手段和功能，及时处理订单管理、配货管理、运输管理、仓储管理、采购管理、流通加工和财务管理等企业相关业务，反馈和控制企业基层的日常生产和经营工作的信息。同时，将收集、加工后的物流信息存储在数据库中，满足信息查询与分析的需求。

3. 信息分析层

根据用户的要求，采取适当的计算方法和模型，对数据库、数据仓库中存储的数据进行加工、分析，产生相关的分析报告，帮助企业经营管理者对企业的运行状况进行分析、评估。

4. 决策支持层

对物流活动和物流业务进行评估和成本/收益分析，主要包括业务量分析、经营成本分析、业务机构效益分析、利润增长点分析、保险与理赔分析、库存优化、配载优化，以及客户行为分析、重点客户发现和市场性能评估等功能，为企业高层领导及管理人员提供相应的优化及辅助决策功能服务。

因此，物流管理信息系统的主要用户是物流企业操作层的各类业务人员和管理人员，根据其信息查询、信息分析功能的强弱，企业战术层、战略层的管理者也可能成为该类系统的用户。

从物流企业内部来说，物流信息系统通常由物流管理信息系统、决策支持系统、专家系统、企业内部网、办公自动化系统等一系列的信息系统所组成。物流管理信息系统（LIMS）是物流信息系统（LIS）中与企业业务层关系最为密切的一个基础组成部分，它是 LIS 的基础。

7.2.5　LMIS 与 LIS 系统间的关系

1. LMIS 是 LIS 的主要数据源

它收集了企业日常运作产生的各种业务信息，如客户信息、订单信息、配送信息、运输信息、仓储信息、采购信息、结算信息等，既有反映当前状态的时点信息，也有时期数据。它还对业务信息做了一定程度的整理、汇总和分析，形成价值更高的各种信息，如客户总数及分布情况、每月的订单总数和总金额、订单履行的平均准确率、平均递送时间、平均递送成本、平均缺货率、资金周转率等。它既按企业制定的运作规则、向下信息流（计划）、水平信息流，完成各种操作层的流程实施，还反映了企业的运作现状以及企业的经营业绩。这些都为 LIS 的其他组成部分提供了分析的对象和决策的依据。

2. LMIS 也是 LIS 对企业内部运营决策和资源调配的最终体现和执行

信息化的现代物流企业，其物流活动可以依靠 LMIS 的信息（企业指令和企业状态）来触发、跟踪、控制和评价，LMIS 统一地协调企业各部门准确、有序地协同工作。例如企业的每一次运输流程遵循 LMIS 提供的运输货物、运输路线和运输时间，调配物流资源，并接受 LMIS 的跟踪、控制和评价。而其他 LIS 对运营流程、活动的决策，也通过 LMIS 反映到具体的业务操作中。

7.3 物流管理信息系统的分析设计

物流管理是企业中不可缺少的一环。物流已成为企业很重要的一个管理对象，物流是否合理、是否畅通，对企业的生产经营活动有着直接影响，物流水平的高低直接影响企业的成本。这就要求在物流管理的思想和手段上有一些新的突破，而开发设计物流管理信息系统，是提高物流管理水平的很有效的途径。

系统设计是系统开发过程中的重要阶段，是在系统规划阶段确定“做什么”的总体目标和系统分析阶段确定基本逻辑方案的基础上，解决具体“怎么做”的物理设计问题。

7.3.1 物流信息系统的开发

对下一个系统来说，我们只认识它的各个组成部分是远远不够的，还必须理解各个组成部分之间的相互影响和相互制约关系。不管是对人工的还是对计算机系统的认识与研究，都需要从系统的观点出发，按照系统发展的客观规律去开展研究工作。从系统工程的观点看，每个系统都是在周期性的运动中逐步发展起来的，有其特定的开始和结束。当分析人员经过对问题的认识和分析，确认有必要改进或改造现行系统时，就标志着新系统的开始。新系统投入使用若干时期后，由于系统外部的环境发生了变化，以致该系统不能适应变化，则这个系统就需要被新的系统所替代，这种系统的周期循环就称为系统的生命周期。信息系统的开发是一个创造性的工作，使用生命周期法可使得创造过程更有步骤。

1. 物流信息系统的开发原则

开发物流信息系统是一项规模较大的系统工程，涉及物流企业内外方方面面的因素，受到各种条件的影响和制约。从众多物流信息系统的开发实践来看，一个成功的物流信息系统开发必须遵循一定的原则。

（1）完整性原则　物流的不同层次通过信息流紧密地结合起来，在物流系统中，存在对物流信息进行采集、传输、存储、处理、显示和分析的信息系统。基本功能包括：数据的收集和录入（图 7-11 是条形码在信息采集上的应用，图 7-12 是

图 7-11　条形码

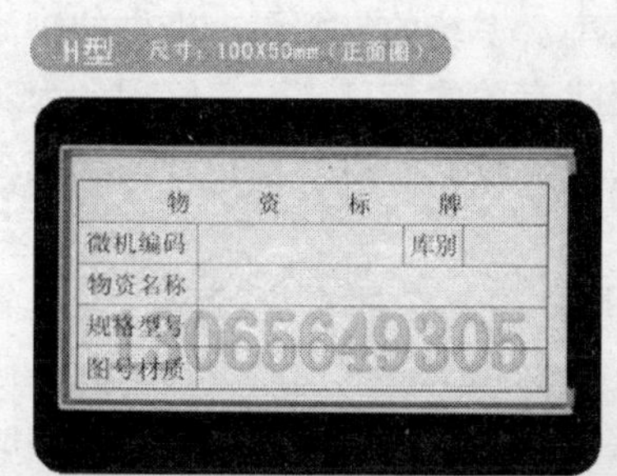

物资标牌			
微机编码		库别	
物资名称			
规格型号			
图号材质			

图 7-12　物资信息采集的内容

信息采集内容示例）、信息的存储、信息的传播、信息的处理、信息的输出等。

1）功能的完整性。物流信息管理要保证系统开发的完整性，根据企业物流管理的实际需要，制订的系统能全面地、完整地覆盖物流管理的信息化要求。

2）保证系统开发的完整性。物流信息管理要保证系统开发的完整性，制订出相应的管理规范。例如开发文档的管理规范、数据格式规范、报表文件规范，以保证系统开发和操作的完整和可持续性。

（2）可靠性原则简化说明　系统在正常情况下是可靠运行的，实际上就是要求系统的准确性和稳定性。系统的准确性依赖于物流信息的精确性和及时性。物流信息必须精确地、及时地反映企业当前的状况和定期活动，以衡量顾客订货和存货水平。信息的精确性含义既包含信息本身由书面信息转化为电子信息时的准确性，同时也包含信息系统和所显示的存储信息与实际存货的一致性。信息的及时性要求一种活动发生时，该活动在信息系统内可见时的时间间隔应尽可能地小，并要求及时地更新系统内的信息。系统稳定性除了依赖于准确以外，还依赖于系统所存储的信息必须具有容易而持之以恒的可得性。一个可靠的物流管理系统要能在正常情况下达到系统设计的预期精度要求，不管输入的数据多么复杂，只要是在系统设计要求的范围内，都能输出可靠结果。非正常情况下的可靠性，就是指系统的灵活性；指系统在软、硬件环境发生故障的情况下仍能部分使用和运行。一个好的系统也是一个灵活的系统，在设计时就必须针对一些紧急情况做出应对措施。因此，物流信息系统必须能够处理异常情况，使得管理者能够通过管理信息系统处理最重要的问题，及时做出相应的决策。

（3）经济性原则简化说明　企业的组织目标是趋利的，企业活动的最终目的就是追求利益最大化，每次投入都会考虑产出。所以在系统的投入中也要做到最小投入，最大利益。软件开发费用必须在保证质量的情况下尽量压缩：一个经济实用的物流信息系统必须层次结构分明，不同层次的部门和人员，需要的可能是不同类型的信息。因此，一个完善的物流信息系统，要有以下层次：战略层次、决策支持、管理控制、业务操作。另外，物流信息系统必须是友好和易操作的，这既是为了使管理者便于使用操作，同时也可以提升工作效率。系统的界面要求提供的物流信息要有正确的结构和顺序，能有效地向决策者提供有关的信息，避免管理者为实现相应要求进行复杂操作。在系统投入运行后，要保障较低的运行维护费用，减少不必要的管理费用。

（4）科学性原则简化说明　信息系统的开发是一项复杂的系统工程，涉及管理、计算机、通信等多个领域。电子数据交换、互联网技术、现代通信技术、条码技术等，能够使信息传递速度远远高于传统的方法，实现不同企业之间信息的实时传递。在信息系统开发中应当运用最先进的技术，适应未来的发展。信息系统的开发团队应当既懂得各种信息技术，又熟悉物流的业务运作流程，保持管理人员和开发人员的适当比例，为信息系统的顺利开发和使用奠定基础。

2. 物流管理信息系统开发的步骤

物流管理信息系统的开发是一项复杂的系统工作，开发一个比较完善的物流管理信息系统不仅涉及技术方面的问题，而且涉及业务管理、组织机构和行为特征等多方面的问题，开发过程大体遵循以下几个步骤。

（1）可行性分析阶段简化说明　任何一个组织机构为了达到自己的目标，必须对本组织机构的各个方面进行管理。如果组织的管理人员发现现有的系统不能满足要求，那么就要对现行系统进行修改或者新建一个信息系统。问题的提出，开始往往是定性的、模糊的，这就要求系统分析人员和管理人员一起分析调查、密切合作，逐步把问题明朗化和定量化。对系统初步调查的范围一般比较广泛，但不一定精细，主要目的是根据组织的总体战略、发展目标及约束条件提出信息系统的目标体系和总体结构，并进行可行性分析。调查通常涉及组织概况、对外环境、管理现状、现行系统人员等内容，对现行系统中存在的主要问题进行分析，从各方面研究新系统的可行性和必要性。在可行性分析的基础上，形成可行性研究报告，供机构高层决策使用。如果报告通过，则可以进入系统分析工作。

（2）信息系统规划阶段

1）物流信息管理系统的基本功能。物流的不同层次通过信息流紧密地结合起来。在物流系统中，存在对物流信息进行采集、传输、存储、处理、显示和分析的信息系统。基本功能包括：①数据的收集和录入；②信息的存储；③信息的传播；④信息的处理；⑤信息的输出。

2）物流信息系统的层次结构。不同层次的部门和人员，需要的可能是不同类型的信息。一个完善的物流信息系统，要有以下层次：①数据层，将收集、加工的物流信息以数据库的形式加以存储；②业务层，对合同、票据、报表等业务表现方式进行日常处理；③运用层，包括仓库作业计划、最优路线选择控制与评价模型的建立，根据运行信息检测物流系统的状况；④计划层，建立各种物流系统分析模型，辅助高管人员制订物流战略计划。

（3）物流信息系统规划　建立信息系统，不是单项数据处理的简单组合，必须有系统规划，这是范围广、协调性强、人机结合紧密的系统工程。系统规划是系统开发的最重要的环节。系统总体规划可分四步走：

1）定义管理目标。确定不同层次的不同管理要求与目标，各个局部目标要服务和服从于组织总体管理目标。

2）定义管理功能。确定在管理工作中会出现的主要的活动和决策。

3）定义数据分类。在定义管理功能的基础上，同时把数据按照支持一个或多个管理功能系统进行分类。

4）定义信息结构。确定信息系统各个部分及其相互数据之间的关系，导出各个独立性较强的模块，确定模块实现的优先关系，也就是划分功能子系统。

（4）信息系统分析阶段　系统开发的总体规划确定以后，下一步就要开始对系统进行详细的调查研究，目的是进一步定义现行系统中的需求和问题，提出新系统的目标和功能，完善现行系统的逻辑模型，设计新系统的实施方案。系统分析阶段是系统开发的基础，是理解用户需求和业务处理状况与流程的唯一途径，同时进行功能、需求和限制的分析，综合各种因素，提出可行的系统建设方案。系统的逻辑模型描述新系统为用户“做什么”，用“什么”去做，前者为功能，后者为结构。它一般不涉及新系统的物理细节，即“如何去做”等问题，其工作与系统运行的平台关系不大。详细调查的原则是一切从实际出发，要求系统分析员全面调查系统的现状，了解内容包括现行的织织机构，现行系统的业务流程，现行的决策方式，各种报告的内容，各种统计指标的使用等，并用数据流程图等工具系统表达出来。在此基础上，将收集到的原始资料进行数据分析与功能分析，从而详细确定系统的目标，分析系统的环境，确定系统的功能和建立新的系统模型。模型是新系统的目标、功能、结构、子系统划分、研制计划及描述等内容，并写成系统分析说明书，供有关方面审批。

(5) 信息系统设计阶段　系统设计是系统开发的一项实际工作。系统设计的任务和目的是对选定对象进行调查和分析，明确系统目标，提出初步模型和完成系统分析报告。系统分析只是解决了“做什么”的问题。为了使系统说明书所描述的设计构想变为现实，就必须将其中规定的内容逐步具体化，也就是解决“怎么做”的问题，即进行系统设计。系统设计阶段的主要任务是针对新系统的目标，依据系统分析阶段所建立的逻辑结构，确定新系统的软件总体结构和功能模块之间的关系，设计系统实现的物理方案。

信息系统设计阶段的工作一般分为两步：第一步是进行系统总体设计；第二步是进行系统详细设计。在总体设计阶段，主要是根据系统分析说明书所规定的功能要求，从数据流程图出发（图 7-13），权衡各种处理方法及技术手段的利弊。确定系统的总体结构，合理地划分模块，正确地确定系统各模块之间存在的控制、互相调用、信息交换等各种关系。详细设计的任务则是在总体设计的基础上，进行代码设计、输入输出设计、处理过程设计及系统实施计划和投资效益评估。

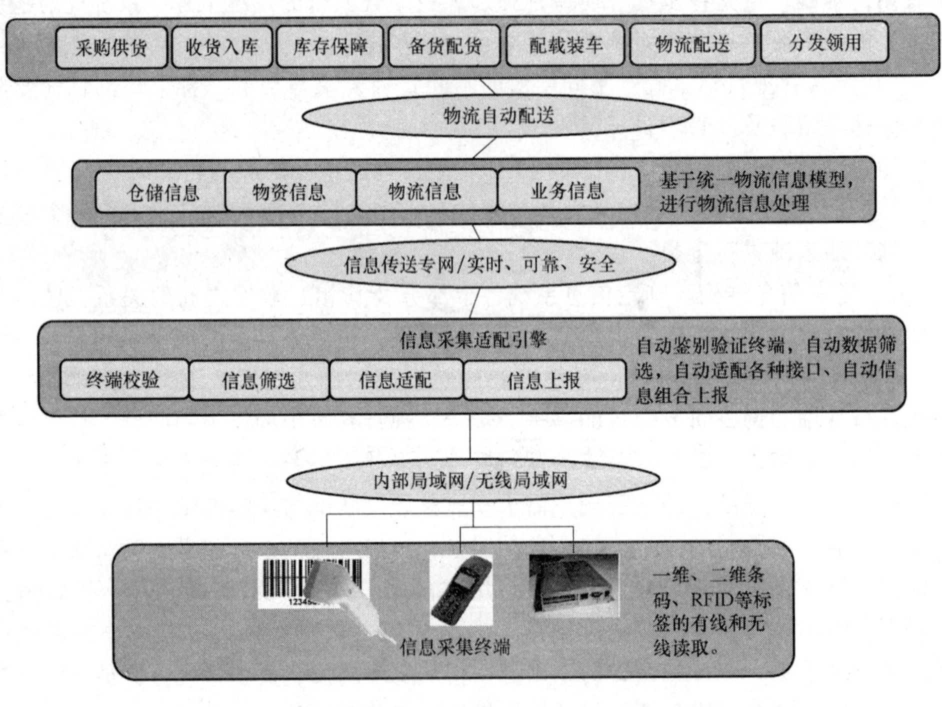

图 7-13　数据流程图

(6) 信息系统实施阶段简化说明　在系统的逻辑设计和物理设计完成之后，系统开发即进入实施阶段。主要工作应包括硬件设备的购置与调试、软件的购置、编写与调试程序、系统的测试、操作人员的培训等工作。在系统正式交付使用之前必须对系统进行严谨的测试。包括：各个独立模块的测试和集成测试、单机和网络用户的测试。这一阶段需要把大量的人力、物力真正地投入系统，工作十分繁杂，任何一个环节上的失误或疏漏都会延误工作，因此必须精细安排，合理调度。

（7）信息系统运行、维护与评价阶段简化说明　由于环境的变化或在运行中出现了问题，系统需要及时地进行维护。系统维护是指系统在使用过程中，为了改正错误、完善系统或满足新的应用需求而修改系统的过程。系统维护可能需要修正数据或改变软件。修改数据常常由环境的改变引起，首先要修改或更换训练集，然后重新训练和评估。改变软件可能是改变界面、程序或系统结构本身，如果系统本身发生了改变，有必要重复部分设计工作，以重新建立起一个满足系统需求的系统。在系统运行后，为了使信息系统能够适应新环境的变化，在使用中还要对系统中积累的问题不断进行评价，以检验系统是否已达到预期目标和对系统有进一步的了解。系统运行一段时间后，根据变化和要求，必须作相关的改动、完善，并对系统做出客观、公正的评价，当存在问题已超过维护修改所能解决的范围时，一个新的信息系统的开发工作又开始了。

20 世纪 70 年代以来，西方开始重视系统开发方法的研究，提出了很多新的系统开发方法。目前常用的系统开发方法有：结构化生命周期法、原型方法、面向对角方法、计算机辅助软件工程方法等。

7.3.2　物流管理信息系统分析

1. 可行性分析和详细调查

可行性分析是指在目前物流企业所处的内部状况和外部环境下，调查所提议的物流管理信息系统是否具备应用的可能性，并且调查是否具有必要性、迫切性、科学性等。系统的必要性是来自于实现开发任务的迫切性，而系统的可行性则取决于实现应用系统的资源和条件。可行性分析包括技术、经济、管理、计划及资源等方面分析。可行性分析不是单向的，如果采用的信息技术不同，所需要的开发费用会很大，可能经济上不可行，因此必须对技术可行性分析做出修改。

（1）可行性分析的内容　可行性分析通常从开发的必要性与重要性、技术可行性、经济可行性、组织与管理可行性四个方面进行。

1）必要性与重要性分析。对于企业来说，某些物流管理信息系统的开发是来自于合作伙伴的需要、竞争对手的挑战，或者是其他行业信息系统的发展水平，或者是新的信息技术出现等，因此需要对新的物流管理信息系统升级的必要性和重要性进行分析。

2）技术可行性。技术可行性根据现有的问题及根据用户的期望收益而提出新系统能力，从信息技术的实用性和先进性、技术人员的专业和技术水平两方面来论证新系统在技术上实现的可能性，即现有技术及产品能否支持新系统能力的实现。

3）经济可行性。经济上的可行性包括两个方面：一是初步估计开发物流信息系统需要多大投资，目前资金有无落实；二是估计系统正常运行时期带来的效益，既包括可以用货币估算的经济效益，也包括不能用货币计算的经济效益，或者说是间接的效益。

4）组织与管理可行性。组织和管理可行性分析是在企业文化的基础上，根据所确定问题及技术和经济可行性分析的内容，对相关的运作、管理问题进行分析和研究，确定新系统的开发是否可管理，其目的就是确定开发的新系统在管理中存在哪些潜在的风险。

（2）可行性分析的步骤　可行性分析主要有以下六个步骤：

1）检查现有系统的缺陷与对新系统的定位。这个步骤的工作是为了确定新系统要实现什么功能。通过访问关键人员仔细阅读和分析有关的材料，了解目标系统的一切限制和约束。

2）新系统与旧系统作比较。之所以要开发新系统，说明旧系统一定有某些不足之处，新系统必须解决现有系统中存在的问题。此外，系统运行的费用是一个重要指标，如果新系统不能增加收入或者减少费用，那么从经济角度看新系统不如旧系统，也就没有必要开发新系统。

3）建立新系统的高层逻辑模型。优秀的设计过程通常是从现有的物理系统出发，导出现有系统的逻辑模型，再参考现有系统的逻辑模型，设想目标系统的逻辑模型，最后根据目标系统的逻辑模型建造新的物理系统。

4）检查并重新定义问题。新系统的逻辑模型表达了它具有的功能，分析人员应该和用户一起再次复查问题定义、工程规模和目标，并将数据流程团和数据字典作为讨论的基础。如果分析人员对问题有误解或用户遗漏某些要求，那么就进行相应的改正和补充。可行性研究的前四个步骤实质上构成一个循环。分析人员定义问题，分析问题，导出试探解；在此基础上再次定义问题，再一次分析问题，修改这个解，继续循环过程，直到提出的逻辑模型完全符合目标。

5）导出和评价解题方案。分析人员首先从建议的系统逻辑模型出发，导出若干较高层次的物理解法以供比较和选择。导出供选择解法的最简单的途径，是从技术角度出发考虑解决问题的不同方案。当从技术角度提出了一些可能的物理系统之后，应该根据技术可行性的考虑初步排除一些不现实的系统，其次考虑操作的可行性。分析人员应根据使用部门事务处理的原则和习惯，自动检查技术上可行的方案，去掉操作过程中用户很难接受的方案。还可以考虑经济方面的可行性，分析人员应该估计每个系统开发的成本和运行费用，并且估计相对于现有系统来说这个系统可以节省的开支或可以增加的收入。在这些估计数字的基础上，对每个可能的系统进行成本/效益分析。一般来说，只有投资预计能带来利润的系统才值得进一步考虑。最后根据可行性研究的结果，做出正确的判断。

6）拟订开发计划，书写开发计划报告并提交审查。这份报告包括工程进度表和成本估计表。同时把各阶段的结果写进报告。

(3) 可行性分析报告内容　物流信息系统可行性分析的结果以可行性研究报告的形式表达出来，主要包括：

1) 编写目的。阐明编写可行性研究报告的目的。

2) 项目背景。包括新系统的名称，新系统任务的提出者、开发者，用户及新系统开发单位的名称，新系统与其他系统或其他软件的关系。

3) 术语定义。列出该报告中使用的专门术语的定义和缩写词的原文。

4) 参考资料。列出有关资料的作者、标题、编号、发表日期、出版单位或资料来源。资料包括项目经核准的计划任务书、合同或上级机关的批文、与项目有关的已发表的资料、文档中所引用的资料、采用的标准或规范。

5) 现有物流信息系统的分析。对现有系统进行分析，包括描述现状、对相关运作和管理的影响、涉及的企业流程。

6) 建议选择的物流信息系统。首先要对新系统开发的重要性和必要性进行分析，包括合作伙伴的需要、竞争对手的应用情况与水平、其他行业管理信息系统发展的水平、新信息技术出现等的调查与分析，最好有相应的实例来说明。其次，就是新系统期望的收益，如人力与设备的节省，处理速度的提高，控制精度或生产能力的提高，管理信息服务的改善，决策系统的改进，人员工作效率的提高等。最后，就是新系统的基本能力，包括功能、性能、输出、输入、安全与保密要求、与系统相关的其他系统、完成期限等。

7) 系统开发方式的选择分析。包括问题的特点分析，企业现状分析，选择开发方式的理由与结论分析。

8) 可行性分析。包括可行性分析的内容、方法、结论等，流程重组，则要分析重组的方案及可行的程度。

9) 其他可供选择的方案。逐个阐明其他可供选择的方案，并重点说明未被推荐的理由。

10) 结论意见。可行性分析的结论可能是可着手组织开发，或待若干条件（如资金、人力、设备等）具备后才能开发，或需对开发目标进行某些修改，不能进行或不必进行（如技术不成熟、经济上不合算等）。对于结论是“可着手组织开发”的新系统，应该给出较为详细的资源计划，包括资金、人员、开发的时间进度等。

2. 物流管理业务调查和流程图的绘制

(1) 物流管理业务的调查　物流管理业务的调查包括：系统环境调查、组织机构和功能调查、管理业务流程调查等。

1) 系统环境调查。系统环境调查的内容包括：现行系统的管理水平，原始数据的精确程度，健全与否，用户单位对开发新系统的认识等。

2) 组织机构和功能的调查。调查和了解组织内部各级机构、业务功能和组织结构与物流之间的关系，详细了解各部门人员的业务分工情况和有关人员的工作职责、决策内容、存在问题及对新系统的要求等。

3）管理业务流程调查。应按照原有信息流动过程，逐个调查所有环节的处理业务、处理内容、处理顺序和对处理时间的要求，弄清各个环节需要的信息、信息来源、流经方向、处理方法、计算方法、提供信息的时间和信息的形态等。描述管理业务流程的图表主要有：管理业务流程图和表格分配图。

（2）绘制数据流程图　数据流程图（Data Flow Diagram，DFD）是对原系统进行数据流程分析和抽象的工具，也是用来描述新系统逻辑模型的主要工具。它可以描述系统的主要功能、系统与外部环境间的输入和输出、数据传递、数据存储等信息。它是根据业务流程图描述的业务流程顺序，将调查并获得的数据处理过程绘制成数据流程图。

数据流程图能够用少数符号综合地反映信息在系统中的流动、处理和存储的逻辑关系。数据流程图具有抽象性和概括性。抽象性是指数据流程图完全失去了具体的物质，将系统业务过程抽象成数据流动、数据处理和数据存储；概括性是指数据流程图把信息中的各种不同的业务处理过程联系起来，形成一个整体。

数据流程图是调查研究的结果，它源于旧系统而又高于旧系统，是对旧系统的高度概括、修改、补充和提高。绘制数据流程图应从总体到部分、从简单到复杂、由粗到细，逐步展开、不断扩展，直到符合要求为止，关键是要使数据流程图易于理解。其基本步骤包括：

1）确定系统边界，即系统分析人员要识别不受系统控制但影响系统运行的外部项、系统的数据输入来源和输出对象。

2）确定系统正常运行的输入、输出数据流，确定系统的主要信息处理功能，从而画出数据流程图的顶层图，简称 TOP 图。

3）根据自顶向下、逐层分解的原则。对上层图中全部或部分环节进行分解，直到逐层分解结束。

4）检查草图，征求用户意见，修改草图。

3. 系统化分析

系统分析就是以系统的观点，对已经选定的对象与开发范围进行有目的、有步骤的实际调查和科学分析。系统分析的主要目的是建立新系统的逻辑模型，因此，系统分析通常又称系统的逻辑设计。系统分析是一个反复调查、分析和综合的过程，在物流信息系统开发过程中是一个重要环节，起到承上启下的作用：依据系统规划阶段确定“做什么”的目标，对总体规划中的目标进一步落实和细化，开始建立新系统的上层逻辑模型，从而为后续的系统设计阶段提供“怎么做”的依据。

（1）物流系统化分析的任务　在物流信息系统分析阶段，要求系统分析员详细了解每一个物流业务过程和业务活动的工作流程及信息处理流程，理解广大用户对物流信息系统的需求，然后运用各类信息系统开发理论、开发方法和开发技术，确定出系统应具有的逻辑功能，再用适当的方法表达出来，形成这个系统的逻辑方案。这个方案不但要能够充分反映用户的信息需求，并和用户取得一致的意见，而且要能够使系统设计员和程序员由此设计、开发出一个计算机化的信息系统。

（2）物流信息系统分析的工作步骤和工具

1）系统分析的工作步骤。系统分析是从用户提出开发信息系统要求开始，首先进行初步调查和可行性分析以确定新系统开发的可能性，然后通过详细调查和分析提出新系统的逻辑模型，最后提交系统分析报告。

2）系统分析工具。为完成上述步骤中的各项工作，可以采用如下适当的工具：

① 业务流程图、数据流程图。这是对系统进行描述的工具。它反映了系统的全貌，是系统分析的核心内容，但是对其中的数据与功能描述的细节没有进行定义，这些定义必须借助于其他分析工具。

② 数据字典。它是对上述流程图中的数据部分进行详细描述的工具。

③ 数据库设计工具——规范化形式，运用它可以对系统内数据库进行逻辑设计。它是数据分析过程中的一个重要的技术和工具。

④ 功能描述工具——结构化语言、判断树、判断表，是对数据流程图中的功能部分进行详细描述的工具，它也起着对数据流程图的注释作用。

7.3.3　物流管理信息系统设计

系统设计是信息系统开发过程中第二个重要阶段。在这一阶段，我们将要根据前一阶段系统分析的结果，在已经获准的系统分析报告的基础上，进行新系统的设计。系统设计包括两个方面，首先是总体结构的设计，其次是具体物理模型的设计。系统设计阶段的主要任务是：从系统分析说明书出发，根据系统分析阶段对系统逻辑功能的要求，同时在考虑技术、经济、环境等条件的基础上，确定系统的总体结构和各部分的技术方案，提出系统实施计划，它是从物理上实现一个物流管理信息系统的重要基础（图7-14）。

1. 物流管理信息系统设计概述

系统设计工作应该自顶向下地进行。首先设计总体结构，然后再逐层深入，直至进行每一个模块的设计。总体设计主要是指在系统分析的基础上，对整个系统的划分（子系统）、机器设备（包括软、硬设备）的配置、数据的存储规律以及整个系统实现规划等方面进行合理的安排。

（1）物流管理信息系统设计的目标与原则

1）系统设计的概念。系统设计又称物理设计，通常可以分为两个阶段进行：首先是进行总体设计，其任务是设计系统的框架，并向用户和领导部门作详细报告并得到认可，在此基础上进行第二个阶段——详细设计，这两部分工作是相互联系的，需要交叉进行。系统设计是开发物流管理信息系统的重要阶段，也是整个开发

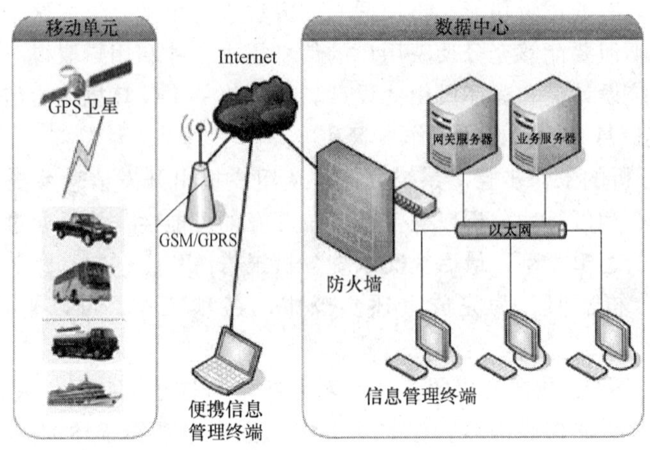

图 7-14　物流管理信息系统设计示意图

工作的核心。它将实现系统分析阶段所提出的逻辑模型并确定系统的结构。

2）物流管理信息系统的设计目标。物流管理信息系统设计应紧密结合用户的客观实际与模式，运用结构化设计方法，从总体出发，自上而下，将具体的管理模式进行优化、抽象成一般的带有普遍性的信息系统管理模式；应严格划分人机工作界面，合理划分子系统，每个子系统具有本身特定的功能要求和相对独立性：各子系统之间边界清晰，相互接口用关键字连接，能互相交换有用信息，实现信息共享，为系统实现（如编程、调试、试运行等）制订蓝图。在系统设计阶段，主要任务就是在各种技术和实施方法中权衡利弊，精心设计，合理地使用各种资源，最终勾画出新系统的详细设计方案。

3）系统设计原则。根据物流管理的专业特点，物流管理信息系统的设计应该遵循以下一些原则和要求：

① 了解和熟悉国家有关部委制定的关于物流工作的各种法令、规范。在进行系统设计时，必须符合物流有关计算机应用与信息系统建设标准化规范的要求，物流信息的统计方法应符合国家统计局及有关部委规定的统一要求，重要报表应使用专用程序文件，采用统一固定的报表格式输出。

② 系统设计应遵循系统思想，采用结构化分析与设计的思想与方法，尽量采用软件工程化的新技术、新方法；努力实现功能模块的高内聚、低耦合，最大限度地减少模块间的共用信息。

③ 在进行物流管理信息系统设计的同时，必须考虑与横向同级信息系统及纵向（上下级）信息系统的接口关系，实现不同于系统之间的数据共享，并在软硬件配置上留有进一步发展的余地。

④ 信息处理在速度上必须满足管理工作的要求，并有较好的可恢复性、可自检性。统计时应充分保持统计数据的独立性。

⑤ 系统应采取一定的保密措施，保证数据及时、正确、安全、可靠；对输入信息建立完善的维护体系，同时必须留有物流账目财务稽核“痕迹”。

⑥ 要求系统有较好的实用性，确保用户能切实使用起来，并方便实用。例如，物流部门每天要处理的账单繁多，数据量大，输入输出必须操作简便、易于掌握，尽可能采用代码输入，将汉字输入量减少到最低程度，做到快速、可靠。再如，物流部门月结账与分类账的设计应满足财务部门与物流部门的实际需要，账目的科目设置应与统一的财务标准一致，保证各种经济技术指标与统计数据都能从原始数据中取得。

（2）物流信息系统的主要任务　系统设计的主要任务是进行总体设计和具体设计。总体设计包括系统模块结构设计和计算机物理系统的配置方案设计。系统模块结构设计的任务是划分子系统，然后确定子系统的模块结构，并画出模块结构图。在进行总体设计时，还要进行计算机物理系统具体配置方案的设计，应注意计算机软硬件系统的配置、通信网络系统的配置、机房设备的配置等问题。计算机物理系统具体配置方案要经过用户单位和领导部门的同意才可实施。

在总体设计基础上，第二步进行的是详细设计，主要处理过程设计以确定每个模块内部的详细执行过程，包括局部数据组织、控制流、每一步的具体加工要求等。一般来说，处理过程模块详细设计的难度已不太大，关键是用一种合适的方式来描述每个模块的执行过程，常用的有流程图、问题分析图、IPO 图和过程设计语言等；除了处理过程设计，还有代码设计、界面设计、数据库设计、输入输出设计等。

系统设计阶段的结果是系统设计说明书，它主要由模块结构图、模块说明书和其他详细设计的内容组成。

（3）物流管理信息系统设计的方法　物流管理信息系统设计主要采取自顶向下的结构化设计方法，局部环节上也采用原型法或面向对象法。

结构化设计方法是在结构化程序设计思想的基础上发展起来的，它强调把系统设计成具有层次式的模块化结构，并且用一组标准的准则和工具帮助系统设计人员确定组成系统的模块及相互关系。即结构化设计方法（SD）是以数据流图为基础的，采用模块化、自顶向下逐步求精的基本思想，以数据流图为基础构造出模块结构图。

结构化设计具有以下特点：

1）对一个复杂的系统，应用自顶向下、逐步求精的方法，即把系统分解成由相对独立的、功能单一的若干模块组成的结构。

2）强调采用模块化设计方法，并提出一套基本的设计策略。

3）采用结构图作为模块设计的工具。

4）有一组评价设计方案质量的标准及优化技术。

结构化设计的主要内容包括如下两个方面：

第一，合理地进行模块分解和定义，使一个复杂系统地设计转化为若干种基本模块的设计。结构化设计的分解原则包括：把密切相关的子问题划分为系统的相同部分，把不相关的问题划分为系统的不同问题。

第二，有效地将模块组织成一个整体，从而体现系统的设计功能。

原型法的基本思想是在系统开发的初期，在对用户需求初步调查的基础上，以快速的方法先构造一个可以工作的系统雏形（原型）。将这个原型提供给用户使用，听取他们的意见。然后修正原型，补充新的数据、实际结构和应用模型，形成新的原型。经过几次迭代以后，可以达到用户与开发者之间的完全沟通，消除各种误解，形成明确的系统定义及用户界面。

面向对象设计首先涉及的是实体及实体间的关系。实体可以是现实中的对象，也可以是抽象的概念；实体间的关系指发生在问题域的对象间的相互作用。面向对象法的一种重要设计关系是继承关系。通过继承关系连接两个类，这样通过对父类的修改可以变成对子类的修改。

2. 物流管理信息系统总体设计

系统总体结构设计是根据系统分析的要求和组织的实际情况，对新系统的总体结构形式和可利用的资源进行大致设计，它是一种宏观、总体上的设计和规划。系统总体结构设计的主要内容有：子系统的划分（或称系统划分）、系统平台、信息系统流程图设计、功能结构图设计和功能模块图设计等。

（1）子系统的划分　子系统划分一般应在系统分析阶段完成，是系统总体设计阶段的第一个重要工作。整个系统划分为若干子系统，子系统又划分为若干模块，大模块划分为小模块。

1）系统划分的原则。

① 子系统应具有相对独立性；②要使子系统之间数据的依赖性尽量小；③子系统划分的结果应使数据冗余较小；④子系统的设计应考虑今后管理发展的需要；⑤子系统的划分应便于系统分阶段实现；⑥子系统的划分应考虑到各类资源的充分利用。

2）系统划分方法。系统划分的方法目前主要有六类，见表7-2。

表7-2　系统划分的方法及特点

序号	划分类型	划分方法	连接形式	可修改性	可读性	紧凑性
1	功能	按业务功能处理划分	好	好	好	非常好
2	顺序	按业务先后顺序划分	好	好	好	非常好
3	数据	按数据拟合程度划分	好	好	较好	较好
4	过程	按业务处理过程划分	中	中	较差	一般
5	时间	按业务处理时间划分	较差	较差	较差	一般
6	环境	按实际环境和网络发布划分	较差	较差	较差	较差

在实际应用中，系统划分一般是在系统分析阶段的功能划分基础上进行的，通

常采用混合划分方法，即以功能和数据分析结果为主，兼顾组织环境的实际情况。具体来说，混合划分方法要考虑以下三个方面的内容：

①功能分析结果，是指系统分析阶段中得到的业务功能一览表。②数据分析结果，是指系统分析阶段得到的系统功能划分与数据资源的分布情况，通常采用U/C矩阵来表示。③组织环境，是指企业组织的其他情况。例如，办公室、厂区的物理环境，开发工作的分段实施情况，设备和人力资源的限制等。

综合考虑时，往往需要对业务功能一览表中的树状结构进行局部调整，对U/C矩阵整理后的图表重新进行划分等。但是，这种调整尽量不要破坏原来分析好的结构，以避免发生其他的问题。

（2）系统平台设计　物流管理信息系统是以计算机科学为基础的人—机系统。物流管理信息系统平台是信息系统开发与应用的基础；信息系统平台设计包括计算机处理方式、网络系统设计、数据库管理系统的选择等软、硬件选择与设计工作等。

（3）模块结构图　模块是可以组成、分解、更换的系统，是易于处理的基本单位。具有四种属性的一组程序语句称为一个模块，这四种属性分别是输入/输出、逻辑功能、内部数据和程序代码。其中，前两种属性称为外部特性，后两个属性称为内部特性。

1）功能模块设计的目的和内容。功能模块设计的目的是建立一套完整的功能模块处理体系作为系统实施阶段的依据。设计是以系统分析阶段和系统总体设计阶段的有关结果为依据，制订出详细、具体的系统实施方案。功能模块设计的内容可以分为总控系统部分和子系统部分。

① 总控系统部分。总控系统部分的设计与总体设计中的系统总体结构图相对应，主要内容包括系统主控程序的处理方式，确定各子系统的接口、人机接口及各种校验、保护、后备手段的接口。根据总体结构、子系统划分以及功能模块的设置之间的情况，进行总体界面设计。系统交互界面的处理层次和顺序将依赖于系统切分的层次模块的组织顺序。

② 子系统部分。子系统部分的设计主要是对子系统的主控程序和交互界面、各功能模块和子系统的处理过程，主要有数据的输入、运算、处理和输出，其中对数据的处理部分应分解出相应的符号和公式。

2）功能模块设计的原则和方法。

① 功能模块设计的基本原则。功能模块设计是一项复杂的工作，随着设计系统的增大，模块的复杂程度在迅速上升，设计难度也相应增大。为了确保设计工作的顺利进行，功能模块的设计应遵循如下原则：一是模块的内聚性要强，模块具有相对的独立性，减少模块间的联系；二是模块之间的耦合只能存在上下级之间的调用关系，不能有同级间的横向联系；三是连接调用关系应只有上下级之间的调用，不能采用网状关系或者交叉调用；四是整个系统呈树状结构，不允许有网状结构或交叉调用关系出现；五是所有模块必须严格地分类编码并建立归档文件，建立模块

归档进行编码以利于系统模块的实现；六是适当采用通用模块将有助于减少设计工作量；七是模块的层次不能过多，一般最多使用6～7层。

② 模块的连接方式。模块的连接方式有五种：模块连接、特征连接、控制连接、公共连接和内容连接。

③ 功能模块的划分。对于一个结构比较好的系统设计来说，模块一般都比较小，基本上反映的是某一管理业务中局部性和单独性的功能。故在结构化系统设计中，模块一般都是按功能划分的，通常称为功能模块。功能模块的划分能够较好地满足上述所有的原则，而且还能够最大限度地减少重复劳动，增大系统的可维护性和提高开发工作的效率。

7.3.4 信息系统在应急物流管理中的应用

应急物流指挥系统通过信息子系统对整个采购、运输、配送等过程进行管理。如图7-15所示，指挥中心控制和管理各部门的作业，中心向各部门发送指令信息，同时各部门实时回馈信息，各部门间实现信息的双向传递。物资采购业务主要由采购部门负责，物资在途运输由运输部门负责，物资在物流中心的分拣、加工和包装有物流中心管理部门负责，物资配送由管理部门和运输部门共同负责。

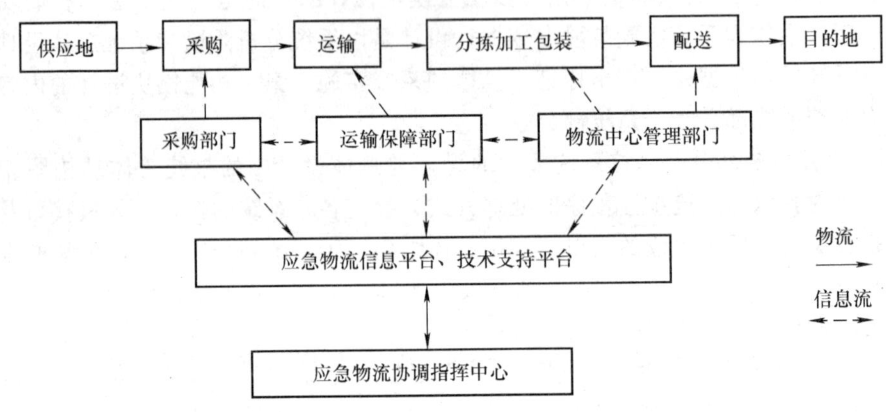

图7-15 信息系统在应急物流管理中的应用

由于自然灾害及公共突发事件的不确定性，应急物流往往点多线长、大流量、高速度，因而必须依靠强大的信息系统作支撑，尤其要重视应用条形码、射频等自动识别技术，以保证应急物流全程可视、全程监控，优质高效地识别，以满足战斗一线的需求。这使得指挥中心成为一个适应性强、功能强大、反应灵敏的信息网络中心和管理中心。它应根据国家的政策法规，组织众多普通商业物流中心、企业加盟，并通过一张覆盖于各加盟物流中心、企业的网络系统将其连接起来，依托政府公共信息平台，组成一个网络应急物流体系，实施信息发布和管理工作：

1）发生灾害时，应急物流指挥中心通过网络连接，可以根据灾情，灵活抽调各加盟物流中心组成一个保障体系。这个体系可大可小，如果遇到全国性的灾害，还可以将多个地区性的应急物流指挥中心联网，组成一个全国性的应急物流体系，实施应急保障。

美国物流协会会长约翰·诺夫辛格在谈到救灾物流的发展时说道："例如中国发生雪灾、地震等大型灾害时，需要物流企业的出色表现。在美国，我们有自己的一套工作方法。我本人除了是物流协会董事会成员以外，还是美国物流援助网络管理委员会成员。这个委员会是一个非营利性的灾难应急组织，拥有超过 5 万名加盟者，这些加盟者可以是个人，也可以是集体是企业。一旦发生灾难，虽然国家会采取援助措施，但那很大程度上是地区性的，而非针对一家一户具体的援助。我们物流援助网络所要做的，就是这种具体的工作。我们的加盟者平时就会把可能援助的物资或服务公布到网络上，例如说某家企业正好有一个仓库的轮椅，到了发生灾难的时候，我们就可以运用加盟者的物流体系将这些轮椅运送到需要的地方。运送的过程是完全透明的，可以在网上查询到，不用担心自己的捐赠会出现问题。最开始的时候，政府对我们这个网络是非常紧张的，但实际工作起来，他们发现我们能够弥补到他们所照顾不到的地方，是非常有益的。当然，这个网络的运营经过了 20 多年的努力，我非常为之自豪。我希望在不久的将来，中国也能有这样一个网络。"

2）在平时，应急物流指挥中心的工作主要是做好救灾物资的预测、预算，进行网络维护，全面了解各加盟物流中心、企业的情况，并建立供应商档案，了解可能用到的应急物资的生产、分布情况。各商业物流中心、企业进行正常的商业活动，自主经营，在商业活动方面并不受应急物流中心的管理和干涉。同时与地震、气象、卫生防疫、环保、交通等部门保持密切的联系，及时掌握各种自然灾害、公共卫生、生产事故、环境污染、交通状况、应急物资的需求等方面的信息，并保持数据库不断得到补充和更新，准确、及时、完备地发布政府公告和应急法规，灾害、气象、交通等方面的最新动态以及应急物资的价格和需求情况等各方面的信息，使公众得到最新、最快、最可靠的应急物流信息。

3）在应急时，应急物流指挥中心根据有关政策和应急预案，紧急调用各加盟企业的部分或全部设备、人员组建成一个现实的应急物流中心，投入应急救援工作。中心总揽全局，但并不直接从事物资的采购、运输、配送等具体工作，而是将这些任务分配给各商业物流中心去完成。各加盟的物流企业在中心的指挥下具体负责应急物资的筹措、采购和运送工作。

【经典案例】

利用信息技术对车辆进行跟踪管理

1. 基本描述

全球卫星定位技术（GPS）是由空间卫星系统、地面监控系统、用户接收系统三大子系统构成的，是美军于20世纪70年代初在“子午仪卫星导航定位”技术上发展而起的具有全球性、全能性（陆地、海洋、航空与航天）、全天候性优势的导航定位、定时、测速系统。地理信息技术（GIS）是将制图学、计算机技术、地理、遥感、统计、测绘、通信、规划和管理学科交叉广泛地运用在项目管理和项目实施各个领域的产物。它主要用于在计算机系统中对地图的显示和管理以及城市受控目标信息的管理，将车载终端发来的定位信息、状态信息在电子地图上显示出来。全球通数字移动电话网（GSM）是由模拟蜂窝移动通信发展起来的，它集中了现代信源编码技术，信道编码、交织、均衡技术，数字调制技术，话音编码技术以及慢跳频技术，同时在其系统中引入了大量计算机控制和管理。同时，GSM提供多种电信服务，包括话音、电文、图像、传真、计算机文件、消息等。

2. 具体应用原理

利用GSM移动电话网作为通信媒介，利用GPS定位技术及计算机技术等手段，运用矢量化GIS电子地图软件平台，在应急物流物资运送中实现了定位跟踪功能、报警处警功能、调度管理功能、全球通信功能、车主服务功能等功能的车辆监控系统。

该车辆监控系统提供了全新、透明、可视、实时、互动、形象化的车辆跟踪服务。它由总调度中心、分监控中心、定位卫星网络、通信网络和GPS车载记录仪组成。

其原理图如图7-16所示：

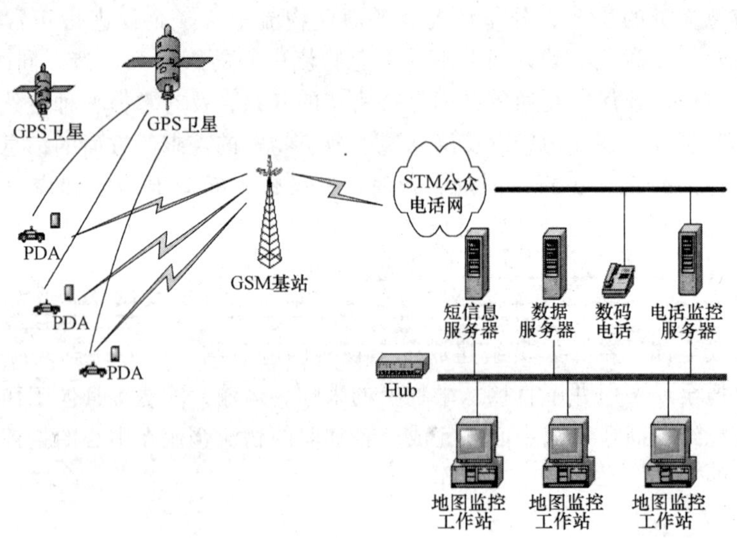

图7-16　GPS车辆定位技术原理图

3. 运作流程

该系统运作的流程如下：

1）车载单元接收定位卫星传来的信号，并解算出地理位置坐标，车辆信息和地理位置信息发送至总调度中心，总调度中心自动将此车辆登录至等候调度程序。

2）当有业务需要时，调度中心的调度员向系统输入调度信息，系统软件自动选择距离该用户最近的车辆，在收到被调度车辆应答信号后，再将用户的信息（如地点、联系电话等）传送给该车辆，从而完成整个调度过程。

3）当遇到危险时，司机暗中按下报警开关，车载单元将自动向总调度中心发出报警信息，调度员确认警情后可向有关部门申请出警。

4）调度中心还可向网内的车辆广播相关信息（如通知、天气预报等）。

5）根据实际需要，本调度网络可设置多级分调度中心，并根据授权对属下的各车辆单独进行调度。总调度中心与分监控中心之间以及各分调度中心之间都可通过网络进行信息传递，资源可共享。

思考题

1. 什么是物流信息系统？物流信息系统的组成有哪些？
2. 什么是物流管理信息系统？
3. 物流管理信息系统的目标有哪些？
4. 画出物流管理信息系统的体系结构的金字塔模型。
5. 物流运作层次包括哪些内容？
6. 物流管理信息系统的功能一般有哪些？
7. 物流管理信息系统开发的原则有哪些？简述物流管理信息系统开发的步骤。
8. 物流管理信息系统可行性分析的步骤和主要内容有哪些？
9. 物流管理信息系统设计的目标与原则是什么？简述物流管理信息系统设计的主要任务。
10. 物流管理信息系统总体设计的主要内容有哪些？

第8章 物流战略规划

近年来，随着技术趋同性和易变性的增强、劳动力成本在总成本的比例日趋下降、产品生命周期日趋缩短、自然资源和廉价零部件可利用性的日益全球化。在生产机械化、自动化程度不断提高，生产工艺日趋程序化、规范化的今天，尽管低劳动成本、自然资源、巨大市场或一些独一无二的技术专长等传统因素，虽然对于公司的成功仍然是非常关键的因素，但它们作为持续竞争优势源泉的重要性正在下降。与此同时，企业物流战略对于企业成功的重要性日益受到关注，并逐渐成为企业战略管理的核心内容。

8.1 物流战略概述

物流战略（Logistics Strategy）简单地说，是指为寻求物流的可持续发展，就物流发展目标以及达成目标的途径与手段而制订的长远性、全局性的规划与谋略。物流战略是物流企业战略思想的集中体现，是企业经营范围、发展方向的科学规定，企业的一切活动都是围绕企业战略进行的。近十几年来，不断延续的环境变化和新型营销体制的确立已成为物流企业在战略上不断求新、求变，追求竞争优势的压力和动力。首先，货主物流需求不断向高度化方向发展，这表现为追求在必要的时间配送必要量、必要商品的多频度少量运输或 Just-In-Time 运输这种高水准的物流服务将逐渐普及，并成为物流经营的一种标准。其次，经营环境和新型营销体制对战略的影响除了需求方面的因素外，供给方面也有相当大的作用，这主要表现在从事物流经营的企业之间竞争日益激烈。在这一背景下，企业该如何根据自身的经营特点，适时、有效地开展物流战略成为企业谋求长远发展的重大课题。然而企业物流作为企业战略的一部分考虑的时间并不长，大多企业对此缺乏相应概念，特别是实施与控制的方法与标准。因此，本章从物流战略的概念、物流战略的实施、物流战略的控制和其在企业竞争中的地位四个方面详细介绍而且提出了必要的判断标准。

8.1.1 物流战略的特征

1. 战略与物流战略的含义

所谓战略，最早是军事方面的概念，是指军事将领指挥军队作战的谋略，它是相对于战争的目的而设定的目标，以及为了达到所定目标而采取的一系列行动。20 世纪 60 年代，这一概念被广泛用于企业管理，主要是对企业全局性、长远发展方向和指导思想的策划与研究，是对企业未来活动和发展筹划和部署，所以战略通常是泛指重大的、带有全局长远发展的谋划。如今，也同样被引入物流领域。

为寻求物流的可持续发展，就物流发展目标以及达成目标的途径与手段而制订的长远性、全局性的规划与谋略就是物流战略。物流战略是物流企业战略思想的集中体现，是企业经营范围、发展方向的科学导向，企业的一切活动都是围绕企业战略进行的。

2. 物流战略的特征

市场经济的发展带来了物流服务市场的巨大需求，为物流业提供巨大的发展机会。但是物流市场的竞争也日趋激烈，物流企业必须制订适合自身要求的发展战略，物流战略一般具有以下特征：

（1）全局性　物流战略是根据企业总体发展的需要而制订的，它以全局观实现对局部的领导与协调，发挥战略的主导性和整体优化效应，使整体发展目标能顺利实现，达到最大的经济效果。

（2）纲领性　物流战略是物流企业发展总体纲领，企业发展的战略目标、战略步骤、战略重点都具有原则性、方向性，是发展的纲领，具有权威性的统领和指导作用。

（3）长远性　物流战略是对企业未来发展的谋划。它考虑的是长期的和全局的利益，不会为眼前利益和局部利益所左右，而改变策略，具有相对稳定性。只有在企业内外部环境发生重大变化时的特殊情况下，才会引起战略的转移。

（4）竞争性　战略是竞争的产物和需要，又是竞争的结果和有效工具。物流战略不仅要物流的内外部环境相适应，而且要面对市场的激烈竞争，必须面对复杂多变的市场环境，制订出自己的发展战略。而且物流企业间的战略也具有竞争性，获得市场、快速发展是其唯一目的。

（5）风险性　物流战略面临着市场的考验，成功与失败直接关系到企业的发展命运，由于未来环境的多变性和不确定性，所以物流战略的制订必须结合市场的情况和未来的预期，充分考虑实现的可能性，采取应对风险的策略，根据变化的情况不断完善战略，以期减少风险，实现目标。

随着我国经济的发展，以及经济全球化、国际化的加快，社会分工越来越发达，传统的低效率、高消耗的物流已不适应现代企业的发展需要，现代物流作为一个产业出现，已成为由生产到消费过程的一个重要组成部分，研究物流的发展战略，使企业或其他组织从更高、更远、更全面的角度认识和解决物流中存在的问题，对促进物流产业的形成与发展，具有极其重要的意义。

8.1.2 物流战略的内容构成

物流企业的战略多种多样，但不论何种都包括以下基本内容。

1. 战略目标

战略目标是企业战略的灵魂，是企业使命的具体化，是企业在一定时期内实施战略、经受风险所要达到的预期结果或经营成果指标。它为整个物流系统设置了一个可见和可以达到的未来，是物流战略规划中各项策略制订的基本依据。企业的战略目标具有多元化的特性，从企业的经营管理方面来说，主要有以下几个方面的目的性：

（1）降低成本　指将运输和库存相关的变动成本降到最低。

（2）减少资本占用　减少资本占用是指对物流系统的直接投资最小化，该战略的出发点是取得最大的投资回报。

（3）改进服务　一般来说，企业收入取决于所提供的物流服务水平。提高服务的水平会使成本大大提高，但最终的评价指标是企业的年收入。权衡的方法可以从高服务水平是否带来更大的年收入进行评价。有效的服务战略是区分竞争对手的服务水平。

2. 战略方针

战略方针是为了实现物流战略目标所制订的行为规范和政策性措施，是战略的指导性准则，它在战略体系中处于关键和核心地位，对战略目标的实现起保证作用。例如，物流实现战略标准化方针，使物流的每一个环节都实现规范化，如运输标准化、包装标准化、设计标准化、管理标准化等，这不仅是发展现代物流的基础，也是提高企业效益的要求。

3. 战略措施

战略措施是实现战略目标、创造优势和竞争的主动地位而采取的具体方法和手段，其中包括战略实施中各种重要事件的短期决策。一般包括研究变化、捕捉战机、调整行动、改变态势四个方面。

4. 战略步骤

是整个战略实施期间根据特定战略任务而进行的前后顺序，它具有一定的时序性。

5. 战略优胜条件

是战略制订和取胜的决定性因素和条件，是制订战略的关键因素。

6. 战略机会

主要来自于外部，表现为外部一般环境的变化，这是制订企业物流战略的客观依据。

8.1.3 物流战略在企业竞争中的地位和作用

1. 物流战略在企业战略中有重要地位

现代物流是企业生产经营活动的重要组成部分。企业物流战略的选择和实施，反映了该企业对供应和销售进行服务的组织化和系统化的程度。企业的经营者越来越清楚地认识到物流与生产、销售紧密相连，如图 8-1 所示，它已成为支撑企业竞争优势的三大支柱之一。企业物流战略的重要性主要体现在：

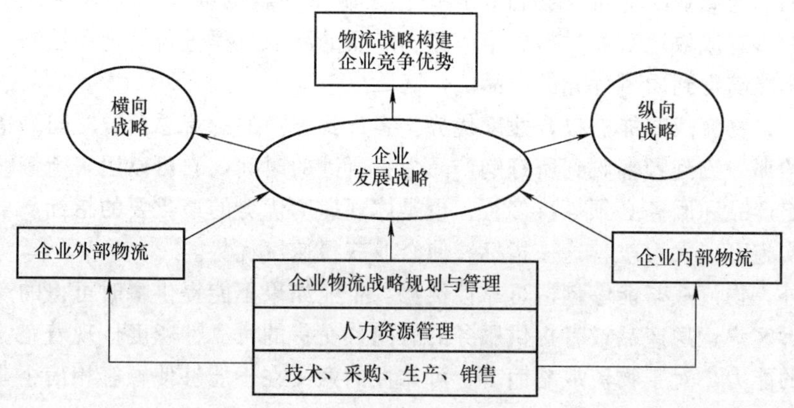

图 8-1　企业物流的重要地位

首先，企业物流活动的执行主体需要战略决定。有些企业的物流活动如果自己完成还没有专业的物流企业有效，这时候就要考虑业务外包。物流是否外包，到底外包给谁，这需要企业从战略高度进行系统的论证和规划。

其次，物流活动涉及面广，过程存在“悖反”现象，需要有战略的协调。物流活动涉及企业的生产、供应、销售及服务各个方面，涵盖了包括库存、运输等几乎企业所有的经营活动过程和要素，是一个庞大而且复杂的管理活动。物流过程各功能要素之间存在着损益的矛盾，即某一物流功能要素的优化和利益发生的同时，必然会存在另一个或几个功能要素利益的损失，这是一种此涨彼消、此盈彼亏的“悖反”现象，往往会导致整个物流系统效率低下，最终将会损害各物流功能要素的利益。这就必须有一个更高层次的、全面的、综合的物流战略，围绕企业战略进行通盘考虑，才能够把企业的物流管理纳入到有序、可持续发展的轨道。最后，要跨越低水平的发展阶段，实现企业物流跨越式的发展，需要有战略的指导。

2. 物流战略的重要作用

（1）物流战略使企业增加成本优势　企业获取成本优势有两种主要方法：一种是控制成本驱动因素。企业可以在总成本中占有重大比例的价值活动的成本驱动因素方面获得优势，可以采用有所不同、效率更高的方式来设计、生产、营销或采购。随着多品种、小批量生产时代的到来，通过传统的大规模生产使得包括生产成本在内的所有固定成本在更大的产量上分摊，并以此获取成本优势（生产率优势）将越来越不现实。在许多企业中，物流成本占整个产品成本的很大部分，企业可以通过物流战略对这一重要的成本驱动因素进行控制来获得成本优势。另一种是重构价值链。通过对物流战略各实施要素资源的重组，不断优化企业的物流管理缩减物流提前期，将有望使企业走上大规模定制的道路而获得更好的生产效率，并降低包括库存持有成本在内的企业物流成本。

（2）物流战略增强价值优势　首先，质量是物流战略最重要的一环，产品的运输缺陷、仓储缺陷等都是物流运作中存在质量问题的症状。优秀的企业物流管理，能够卓有成效地对原材料、半成品和产品的流动过程进行管理和控制，并最终确保顾客能够得到质量优异的产品。

其次，物流战略能够提升速度优势。客户到客户的物流总前置时间是指从顾客下订单的那一刻到顾客收到所订购产品为止所需的时间。它可以用来衡量顾客得到一个给定产品和服务必须等待多久，也是体现速度优势的最重要的指标。卓越的物流战略实施可以大大改善这一指标，使企业获得速度优势。

另外，物流战略能够创造可靠性优势。企业如果不能提供瞬时可得的产品，就必须告诉客户运送产品或者提供服务的时间，交货的可靠性程度体现着企业兑现这些承诺的能力。对于物流战略而言，可靠性的意义在于能够使顾客相信企业的流程是稳健的、可预测的。

最后，物流战略能够带来灵活性优势。物流战略的灵活性表现有四种形式：产品灵活性衡量新产品投放到市场上的速度；组合灵活性衡量在某个产品系列的不同产品中实施一定程度的转换所需的时间；货物量灵活性衡量响应总需求上升和下降所需的时间；运送灵活性衡量有意识把交货时间提前或者是推后的能力。

8.2　物流环境战略分析

随着国家经济社会的快速发展、城市化进程的大力推进，以及车辆持有量的急剧增加，城市道路基础设施建设已经难以满足交通需求的增长，城市交通环境日益恶化。当今，世界各国都在尝试通过应用先进的信息技术来缓解和改善日益严重的环境问题。为此，国家应紧紧把握信息技术发展的趋势，大力推进物流环保信息智能化建设，改善交通出行环境，缓解交通拥挤，保障交通安全，减少环境污染。

物流战略环境分析是企业物流战略决策的前提和依据，主要包括企业物流的外部环境和内部环境的分析。外部环境又分为宏观环境分析和行业环境分析。

8.2.1　宏观环境分析

宏观环境又称为大环境，是指由国家政治、经济、技术以及社会文化等宏观因素构成整个社会总体发展的情况。宏观环境是物流企业无法改变的外部环境，是不可控的，但企业可以通过对宏观环境的分析，把握发展趋势，寻找物流业发展的机遇和空间，从而确定自己的物流发展战略。宏观环境分析就是通过分析宏观环境的变化对物流企业所产生的影响，以采取相应的应对策略的方法。一般采用 PEST 分析模型，如图 8-2 所示。

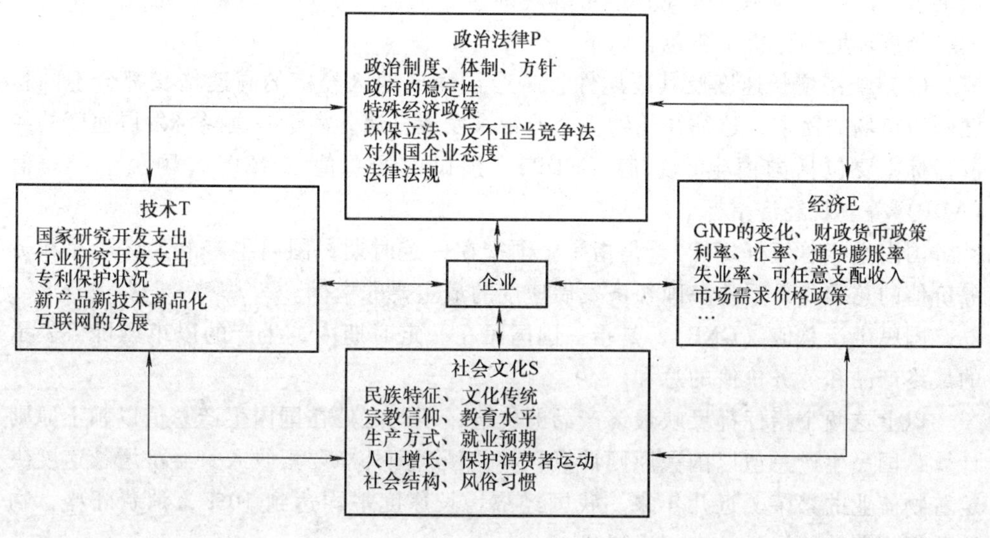

图 8-2　PEST 分析模型

1. 政法环境（P）

一个国家的政治、法律环境直接影响到企业的管理决策和发展战略，政治稳定则经济繁荣，政治稳定是经济快速发展的基础。政治环境是指制约和影响企业经营的政治力量，包括社会制度、政治结构、政局的稳定、政府的政策倾向，以及政策的连续性和稳定性、社会开放及对企业的管制程度等。政治环境是影响一国政局稳定和经济发展的最根本因素。例如，改革开放的政策对我国经济发展产生了极其重大的深远影响，带来社会经济结构的根本变革。目前，我国的政局稳定，人心思进，吸引了众多的跨国公司落户中国，中国已成为世界第二大经济体。法律环境是指国家制定的法律、法规、法令以及国家执法机关的结构等，法律的完善与执行程度直接影响社会环境的安定，进而影响社会的经济秩序和投资环境。法律对企业的影响在于法律既保护企业的正当权利，又监督制约企业的经营行为。

政治法律环境是保障企业进行正常生产经营活动的基本条件，但需要注意的是，政治因素对企业来说是不可控的，带有强制性的约束力，如行业政策、税收政策、财政政策、货币政策等。只有适应这些环境的需要，使企业的行为符合国家的政治路线、政策、法律法规，才能使企业能够生存和健康发展。

2. 经济环境（E）

经济环境是指一国的经济发展状况以及国家的经济政策，包括社会经济体制和经济结构、经济增长速度、宏观经济政策、就业水平、物价及消费水平、资本市场与货币市场的发育程度、利率及汇率水平等。经济环境对企业生产经营的影响更加直接和具体。目前，中国经济的持续增长，其良好的投资环境使国际产业资本流入，以及国内资本的跨地区、跨行业的流动带来了大量的物流需求，对中国物流业产生重大的推动作用。因此，经济环境对企业的发展所产生的影响是直接和现实的。经济环境的分析主要包含以下几个方面。

(1) 经济增长速度及其周期性　一个国家或地区经济的高速增长都会不同程度刺激市场的需求，这往往给物流企业带来发展机遇。衡量一国经济发展速度的经济指标主要包括国内生产总值（GDP)、国民生产总值（GNP)、国民生产净值(NDP) 等宏观经济指标。

国内生产总值（GDP)，是指一个国家在一定时期，国内生产的最终产品和劳务价值的总和，是反映一国经济发展速度的最主要的指标。

国民生产总值（GNP)，是指一国国民在一定时期内，生产的以市场价格表示的最终产品和劳务价值的总和。

以上这两个指标都反映最终产品的价值，不同之处在国内生产总值以领土原则计算，国民生产总值以国民原则计算，其差额为国外净要素收入。经济增长速度决定着物流业的繁荣。近几年来，我国经济增长速度平均达到 10%，消费旺盛，物流业面临着持续增长的大好发展机遇。

经济周期循环指国民经济运行出现扩张与收缩的周期性交替。经济周期的变动直接影响物流业的繁荣与衰退。其变动规律一般是：经济扩张阶段——物流繁荣；经济衰退阶段——物流业下降；经济萧条阶段——物流业低迷。

(2) 经济比例关系分析　社会经济发展状态也取决于各方产业间比例关系的协调，主要包括第一、二、三产业的比例关系，以及各部门内部的比例关系，积累与消费的关系等，如果比例协调又能保持一定的速度，说明经济运行走势良好，这也是物流业发展的良好的宏观背景。

(3) 消费分析　消费是物流业发展的一个重要环节，生产为了消费，物流是实现消费的过程。把握社会消费水平和发展趋势，才能制订物流长远发展战略。对消费的分析可从两方面进行，即消费需求分析和消费供应能力分析。

(4) 货币政策和财政政策　财政政策是国家实现其职能运用政治权力对一部分社会产品进行分配和再分配而形成的分配关系。国家通过组织财政收入和安排财政支出影响企业、居民、国际收支等。通过调节财政收支总量和构成，影响社会总需求和社会需求结构，以贯彻国家的产业政策和收入分配政策。货币政策是中央银行根据经济发展走势，通过放松或紧缩货币，以影响经济发展的速度与规模，并运用法定存款准备金率、再贴现率及公开市场业务等政策手段实现一定的经济目标。

此外，国际收支状况，物价变动水平等都会影响经济的走势，进而影响物流业的发展。

3. 社会文化环境（S）

社会文化环境指物流企业所处的社会结构、社会风俗习惯、文化传统、生活方式、行为规范、价值观念、人口规模等因素形成的变动状态。尤其是人口和生活方式，是消费市场的重要基础和前提，是决定市场规模的重要因素。在我国，由于土地广袤、人口众多，对商品的物流有着巨大的需求，掌握市场环境就会为物流企业的发展奠定基础。

4. 技术环境（T）

技术环境指现有的技术能力和科学技术发展水平与发展趋势，其中关键的战略因素有：国家科学技术的政策、经费支持、企业所处的技术环境、研究和开发能力、新技术的保护与运用等。对物流系统最有影响力的技术因素是信息、运输、物料管理，以及包装技术的创新和信息技术的应用，同时还包括管理思想和经营策略等。

在以上的宏观背景下，应充分掌握和预测环境变化的因素和市场发展的潜力，全方位评估企业战略的适应性，正确做出决策，才能使企业获得持续发展的机会。

物流企业从保护环境的角度制订其经营管理战略，对于推进绿色物流，具有非常重要的作用。

第一，实施联合一贯制运输。物流业对环境影响最大的莫过于由于运输，特别是公路运输造成的污染，而联合一贯制运输是指以杂货为对象，以单元装载系统为媒介，有效地巧妙组合各种运输工具，从发货方到收货方始终保持单元货物状态而进行的系统化运输方式。通过转换不同的运输方式，达到削减总行车量的目的。

第二，要开展共同配送，减少污染。共同配送是以城市一定区域内的配送需求为对象，人为地进行有目的、集约化地进行配送。它是由同一行业或同一区域的中小企业协同进行配送，可以明显地减少货流，有效地消除交错运输，提高市内货物运输效率，减少空载率；有利于提高配送服务水平，使企业库存水平大大降低，甚至实现“零”库存，降低物流成本。

第三，要树立企业绿色形象，如建立绿色零售专柜或公司，以回归自然的装饰为标志，对零售柜台进行绿色包装，以吸引消费者。

8.2.2 行业环境分析

行业环境指生产同一类型产品的企业所处的经济、政策环境与竞争状态。行业结构主要包括行业集中度、产品差别和进入壁垒三个要素。因此在行业中存在着五种竞争力量：潜在的进入者、购买者、供应者讨价还价能力、替代品的威胁以及竞争对手的竞争。行业环境分析就是分析行业所处的生存和发展环境。总的来说，主要包括以下几个方面：

1. 行业与经济周期分析

经济周期的变化会对行业产生重大影响，但对不同的行业影响不同。根据经济周期与行业发展的相互关系，可将行业分为增长型、周期型、防守型三种类型。物流企业服务的是各行业的物流运输、仓储、包装、加工等。因此，在考虑自身行业发展的情况下，同时也要考虑所服务行业的发展情况和环境变化，从而制订自己的业务战略。

2. 行业的生命周期分析

大多数行业从产生到衰退要经历一个相当长的过程，这一过程又可分为不同的阶段，我们将行业发展必然经过的阶段及其特征表现通常概括为行业的生命周期。行业的生命周期一般分为开拓阶段、扩张阶段、成熟阶段和衰退阶段。在行业的生命周期的早期阶段，即开拓、扩张阶段，增长率很高，利润较丰，风险较大，但可以率先占领和控制市场。进入中期成熟稳定阶段后，虽然销售量在增加，但增长率开始下降，竞争激烈，利润增长幅度下降。此时，技术改进、成本降低成为竞争的内在方法。在经过一段成熟期后，会出现停滞和衰败的现象，虽然行业经营仍在持续，可是资源大量外流，出现全行业的不景气。当然，如果该行业通过产品创新或换代升级，仍然有可能会走出低谷。

分析行业的生命周期，主要是把握行业的运行规律，做出正确的战略决策。我国的物流行业是一个新兴的市场，目前正处于快速的发展阶段，所以把握物流行业发展的机会，从长远的战略出发，才能将企业真正做强、做大。

3. 竞争者分析

竞争者分析就是在收集信息，确定企业的竞争对手或潜在的竞争对手，并对竞争对手运用的战略及其竞争手段可能对行业市场环境带来的影响等，进行全面的分析与评估，以制订竞争战略。根据波特的竞争模型，应从四个方面分析竞争对手，即：竞争者的长远目标——这是分析竞争对手的关键；竞争者的现行战略——分析竞争者的战略的优缺点，以及实施能力和水平，采取相应的制胜战略；竞争者假设——竞争者对自身和其他企业进行的主观假设，这些假设将指它的行动方式和反击行为；竞争者的能力——竞争者实现战略的能力，主要包括核心能力、增长能力、快速反应能力、应变能力持久力等。

4. 影响行业因素的分析

影响行业的因素是多方面的，影响最大的因素主要有以下几个方面：

1）技术进步、产品或服务的更新换代。

2）政府的政策。政府根据社会经济发展的需要而制定的政策会影响行业的兴衰。例如，对投资需求过大，产业比例失调的行业，通过税收、信贷等宏观调控等措施进行限制；对一些基础产业，如农业、公共基础行业等进行鼓励和补贴措施等。

3）社会习惯的改变。随着人们生活水平和受教育水平的提高，在物质生活满足的同时，更注重保健、环保产品和服务。快节奏的现代生活使人们更偏好快捷的交通和便利的消费。所有这些消费观念，社会习惯和变化趋势，都会使一些不再适应社会需要的行业衰退，而激发新兴行业的发展。物流业就是应现代社会需求而成长起来的一个新兴行业。

8.2.3　企业内部环境分析

企业内部环境分析就是通过对企业的资本结构、财务状况、管理水平、盈利能力、竞争实力等进行系统分析，以确定企业的经营状况和在本行业中地位的过程，“知己知彼，百战不殆”概括了物流企业环境分析的全过程。

1. 企业的竞争地位分析

企业竞争实力的强弱与企业的生存能力、盈利能力有密切的关系。一个企业要在市场中立于不败之地，主要依靠雄厚的资金实力、规模经营优势、先进技术水平和物流服务设备、高效的经营管理等，而竞争力的强弱又集中表现在企业销售额及其增长的情况。一般用年销售额或年营业额、销售额或营业额的增长率等指标来分析。

2. 企业的盈利能力分析

上述企业销售额的增长并不代表企业利润的同步增长，所以必须进行盈利能力分析。盈利水平是企业生产经营状况的综合反映。物流企业不仅要占有一定的市场份额，更应注意提高企业的盈利水平。利润是企业生存的根本。在企业战略组成中，应裁减那些盈利小而占有资源多的项目或业务，而整合提高那些盈利水平高、有发展潜力的项目，并提升服务水平，使其成为“明星业务”或“金牛业务”。一般公司的盈利能力是借助一些财务指标来衡量的，如：利润率、净利润、净资产收益率等。

3. 企业物流资源分析

物流资源是企业经营的基础条件，它是指贯穿于整个企业物流各环节的一切物质与非物质形态的生产要素，主要包括有形资源和无形资源两大类。有形资源主要指物流设备、设施、资金等；无形资源主要包括人力资源、组织资源、技术资源、企业文化等。对这些资源的分析就是对现有的人、财、物进行核实并进行优化配置，以提高其使用效率，形成企业的核心竞争力。

4. 企业经营管理能力分析

企业的经营效率和管理能力直接影响企业的盈利和长期发展，尤其是对物流企业来说，如何优化配置资源开拓市场，协调各种设备、业务，是检验管理者能力的重要标准。一般企业的经营效率和管理能力可以从几个方面来分析，即：公司行政管理人员的素质和能力分析、经营管理效率分析、多种经营和新产品、新业务开发能力分析、运用现代管理方法和经营扩张能力分析，以及企业员工团队合作精神等。

综上所述，企业的宏观环境和行业环境分析是物流企业生存和发展的条件，而企业的内部环境分析是企业生存和发展的根本因素。企业如果能把握好环境因素再加上自身的经营努力，就可以获得发展或规避风险。因此，环境分析是企业制订战略的基本依据。

8.3 物流战略选择

构成企业物流管理的活动因企业而异，取决于企业特殊的组织结构、管理层对物流范畴的不同理解，以及单项活动对运作所起的不同作用。通过跟踪产品从原产地到消费地的流动过程，我们可以找出其中发生的重要活动。美国物流协会认为，一个典型的物流系统的组成要素包括：客户服务（Customer Service）、需求预测（Demand Forecasting）、库存管理（Inventory Management）、物流信息交流（Logistics Communications）、物料处理（Materials Handing）、订单处理（Order Processing）、包装（Packing）、零配件和服务支持（Parts and Service Support）、工厂和仓库选址（Plant and Warehouse Site Selection）、采购（Procurement）、逆向物流（Reverse Logistics）、运输管理（Traffic and Transportation）、仓储管理（Warehousing and Storage）。将这些活动按照职能进行分类，可以得出十大类活动，分别处于四个不同的层次上，如图 8-3 所示。

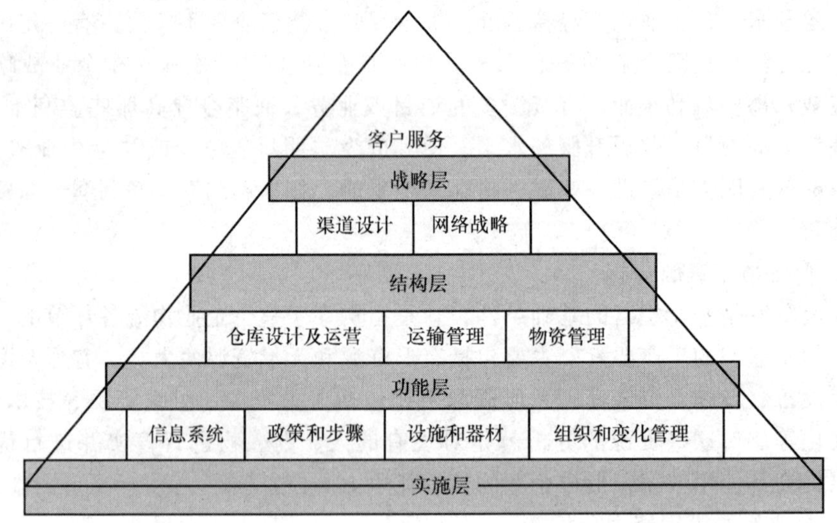

图 8-3　物流战略的主要构成

8.3.1　制订物流战略应注意的问题

物流管理人员在思考物流活动如何为企业增加价值的时候，应该考虑两个问题：一是为了满足竞争和客户的需要，我们需要具有什么样的基础设施与基本能力？二是我们能否通过高超的物流活动控制能力使我们企业在物流活动方面确立独特的优势？

大多数企业在制订物流战略和规划时都回答了第一个问题，但很少考虑第二个问题。其实，这是一个很值得思考的问题。对于物流活动而言，可以从以下五个方面来提高企业的竞争优势。

1. 降低成本

通过物流活动的高效率运行，企业可以获得成本上的优势，从而增加市场份额、提高利润水平。对于物流活动密集型产业来说，产品差别化不大，物流活动的成本高低就显得十分重要，而物流成本在产品价格中所占的比重超过 15%。

2. 提高服务水平

衡量客户服务水平的标准主要有：平均订货周期、订货周期的变化、现货供应率、发货的错误率、产品破损率、缺货频率、使用替代品频率、运输延迟比率。绝大多数顾客愿意为高水平的服务付费，物流活动能够在服务水平差别化方面起很重要的作用。

3. 增值服务

这是指向客户提供服务以提高客户的竞争力。主要包括给商品标价、贴标签、对不同商品归类、送货上门、快速连续补货、对客户进行培训、向客户提供使用软件等。

4. 灵活性

如果一个物流系统具有足够的柔性，能够为不同的客户提供特定的服务和价格，从而满足不同的客户类别，那么这个系统就能够为企业确立竞争优势。这种柔性可以保证企业以最低的成本满足不同客户的需求，拓宽了企业的服务范围。

5. 自我更新

只有具有自我更新能力的物流系统才能够真正为企业创造价值、确立企业的竞争优势。自我更新意味着系统是开放的、应变的，能够随着市场的变化自动进行创新和发展。要想具有这种能力，企业需要做到以下几点：对现有和潜在市场进行持续的、深入的分析，掌握市场活动规律；建立灵活的信息系统，以使尽快适应新的营销方式；要具有一定的洞察力，及时察觉变化的来临和变化的趋势；建立一种能够引导变化的领导机制。

8.3.2　制订物流战略需要遵守的原则

1. 总成本的概念

降低库存成本必然要求较高的运输费用，而降低运输费用则必然会增加库存成本。同样，客户服务的改善也往往意味着运输、订单处理和库存费用的上升。在遇到这些问题的时候，就需要用到总成本的概念，即要平衡各项活动使得整体达到最优。

2. 个性化和多样化的概念

不要对所有的产品提供同样水平的客户服务，这是进行规划的一条基本原则。根据不同的客户服务要求，不同的销售水平，不同的产品特征，把各种产品分成不同的等级，进而确定不同的库存水平，选择不同的运输方式和线路等。

3. 延迟战略

这个战略的思想主要是在生产过程中尽可能地把产品具有特性的工序往后推。最理想的是能推到接到订单之后，这样就可以解决大规模生产与多样化需求之间的矛盾，降低物流成本。这一战略经常与标准化战略共同实施。

除此之外，还有合并战略、混合战略、提倡混合库存等。合并战略，是将小批量运输合为大批量，从而降低运输成本。针对不同产品，灵活选用最优战略。

8.3.3 物流战略选择

1. 战略评价

进行战略方案评价的理由是要选出那个最有可能使企业完成战略目标的方法，下面我们介绍两种比较流行的评价战略方案的技术。

（1）波士顿咨询公司:“业务包”理论　波士顿咨询公司（BCG）认为，大多数公司经营的业务都不止一种，企业内部的这些业务的集合称作它的“业务包”。“业务包”理论主张，对一个企业业务包内的每一种业务，都应该建立一个独立的战略。

BCG 提出，一个企业的相对竞争地位和业务增长率是决定它的整个业务包内某一特定业务单位应当采取某种战略的两个基本参数。相对竞争地位（市场份额）决定一项业务产生现金流量的速率。与竞争对手相比，占有较高的市场份额的企业一般拥有较高的利润增长幅度并提供较高的现金流量。此外，业务增长率对一个企业的战略选择具有双重影响。首先，业务增长率影响获得市场份额的难易程度。在一个增长缓慢的业务领域，企业市场份额的增加通常来自于它的竞争对手的市场份额的下降。其次，业务增长率决定了一个企业进行投资的机会水平。不断增长的业务领域为企业把现金回投于该领域，并为获得较好的利润回报率提供了机会。

BCG 把企业内部的业务单位划分为“现金牛”型、“瘦狗”型、“问题”型和“明星”型四种战略类型。

1）“现金牛”型。该业务单位具有低业务增长率和高市场份额。由于高市场份额，利润和现金产生量相当高。而较低的业务增长率则意味着对现金的需求量低。于是，大量的现金余额通常会由“现金牛”创造出来。它们为全公司的现金需求提供来源，因而成为公司的主要基础。

2）“瘦狗”型。它是指那种具有低市场份额的低业务增长率的业务部门或单位。低市场份额通常暗示着较低的利润，而由于其业务的增长率也较低，故为提高其市场份额而进行投资通常是不明智的。不幸的是，该部门为维持现有的竞争地位所需要的现金往往超过它所能创造的现金量。因此，“瘦狗”型单位常常成为现金陷阱。一般来说，适用于它的最合乎逻辑的战略方案是清算。

3）“问题”型。这类业务部门或单位具有低市场份额和高业务增长率。由于其增长，它们的现金需求量很高；而又由于其具有较高的业务增长率，对“问题”采取的战略之一应当是进行必要的投资，以获取增长的市场份额，并促使其成为一颗“明星”。当其业务增长率慢下来之后，该单位于是就会成为另一头“现金牛”。另一种战略是对那些管理部门认为不可能发展成为“明星”的问题实施脱身战略。

4）“明星”型。这种类型的业务部门或单位具有高业务增长率和高市场份额。

由于高增长率和高市场份额，“明星”运用和创造的现金数量都很巨大。“明星”一般为企业提供最好的利润增长和投资机会。很明显，对于“明星”的最好的战略是进行必需的投资以维持其竞争地位。

BCG 建议在战略评价中运用“业务包”模型时应该采取下列七个步骤：

1）将公司划分为不同的业务部门或单位；

2）确定每单个业务部门的市场增长率；

3）确定该业务部门的相对规模（通常以在整个企业内部占用的资产来衡量）；

4）确定该业务部门的相对市场份额；

5）绘制整个公司的业务包图解；

6）根据每一业务单位在公司的整个业务包中的地位选择其相应的战略；

7）定期检查每一种战略的成功程度，并在需要做出改变的时候确定行动的程序。

对于物流企业来说，这个方法是同样适用的。例如，货代企业可以将空运、海运、陆运作为不同的业务，根据它们各自的增长速率和市场份额来确定他们分别用于哪种业务类型，从而制订不同的发展战略。

BCG 的“业务包”理论也有它的局限性。其中，如何确定企业在一个复杂的行业中的市场份额就是一个很大的问题。

在“业务包”理论的基础上，通用电气公司（GE）提出了自己的“战略业务计划方格”或“信号灯战略”。每年 GE 公司都测定：一是它的每一个业务单位的销售额、利润和投资利润率；二是每一个业务单位所在行业的市场份额的变动幅度、技术需要、行业雇员的忠诚度、竞争态势和社会需要。这种每年一次的检测，从行业的吸引力和 GE 公司在行业中的优势两个方面给出每一业务单位的得分——高、中或低，再根据不同的得分制订不同的战略。

（2）荷兰皇家—壳牌石油公司：政策导向矩阵 进行战略评价的另一种方法是由荷兰皇家—壳牌石油公司发展的政策导向矩阵。与前面提到过的一些方法一样，这种政策矩阵用于考察业务单位由其前景和竞争能力所决定的业务发展状况。盈利能力、市场增长率、市场质量和政府管理措施等因素，用来确定业务单位前景的优劣等级——有吸引力的、一般的或无吸引力的。市场地位、生产能力和产品研究与开发等因素，则决定业务单位的竞争地位是强的、一般还是弱的。

1）“领导者”区域：优先发展的产品具有可以使企业保持其市场地位的能力。

2）“再加把劲”区域：应当通过分配更多的资源努力使该区域产品向领导者区域迈进。

3）“加速或放弃”区域：该区产品应当成为企业未来发展的加速器。然而，企业应当选择少数最有希望加速发展的产品加以开发，其余的则应当放弃。

4）“增长”区域：该区产品一般都有 2～4 个强大的对手。因此，没有一个公司能够处于领导者的地位，建议采取的战略是分配足够的资源以保持与市场同步增长。

5）“看管”区域：该区产品一般具有过多的竞争者。建议采取的战略是使其现金产生量最大化，但不给予进一步的资源支持。

6）“分阶段收缩”区域：本区适用的战略是缓慢地撤退以尽可能收回投资并在更能盈利的业务领域进行投资。

7）“现金增值”区域：建议采取的战略是，不在进一步扩展上花费现金，而把该产品作为满足其他较快增长的业务部门的现金需要的一个来源。

8）“抽回投资”区域：建议采取的战略是尽可能快地变卖资产并在更能盈利的业务领域投资。

2. 战略选择过程

战略决策的制定者常常对未来进行再评估，随着事态的发展和不断发现的新情况，及时对企业的资源进行调整求得新的平衡。决策过程总的来说是动态的，没有真正的开始或结束。不过，一些研究表明，决策者在进行决策时，往往要受到以下几个因素的影响：企业过去所实施的战略；管理者对风险的态度；企业所处的环境（股东、竞争者、客户、政府、行业协会和社会影响）；企业文化；竞争者的反应等。

8.4 物流战略的实施与控制

8.4.1 物流战略的实施

物流战略实施就是将战略转化为具体的行动。战略实施的成功与否，是整个战略管理能否实现战略目标的关键，所以必须对物流战略的实施进行全方位的策划。如：企业如何建立年度物流目标、制订物流政策、配置物流资源，以便使企业制订的物流战略得以落实；同时为实现既定的战略目标，还需要获得哪些外部资源以及如何利用；需要对组织结构做哪些调整，如何处理可能出现的利益分配与企业文化适应问题等。策划这些实施行为，并有效的执行，是保证战略目标实现的关键。物流战略实施的主体是负责组织和参与实施物流战略的全体人员，不仅包括企业领导者，还包括广大职能人员和基层领导以及全体职工，培训和规范实施物流战略的各类人员，是实施战略的前提条件。

1. 战略实施的基本原则

（1）适度合理性的原则　物流战略的制订与实施受外部环境及内部条件的变化影响较大，情况比较复杂，因此战略实施不能是一个简单的机械执行的过程。在实际运行中也不可能完全按照预定的战略计划毫不改变的执行，需要执行人员根据实际情况大胆创新，使战略在实施中不断得到完善。因为新战略本身就是对旧战略以及与旧战略相关的文化、价值观的否认，没有创新就不能使战略得到很好的实施，某些内容或特征的改变只要不妨碍总体目标及战略的实施就是合理的，只要基本达到预定的战略目标就是成功的。

（2）统一领导、统一指挥原则　对企业经营战略意图了解最深刻、最全面的是企业高层管理人员。因此战略实施应在高层领导人员的统一领导指挥下进行，只有这样资源的分配、组织结构的调整、企业文化的建设、信息的沟通与控制、激励制度的建立等各方面才能相互平衡、协调，才能使企业高效、有序的运行。

（3）战略协同原则　在整个物流系统中，各种战略同时存在，各战略之间紧密联系，相互联动。因此要充分考虑战略导向、战略优势、战略类型的前后因果、实施步骤，使其在物流战略方向上形成一致的合力——战略协同效应。

（4）寻求优势与区域平衡的原则　物流战略的实施过程实际上就是一种竞争过程，所以要力求在物流战略成功的关键环节、关键因素方面，寻求、创立、维持和发展相对的或有差别的竞争优势，加快总体战略的实施。同时在实施战略过程中，物流链管理的要素资源在区域范围内尽可能寻求平衡，尽可能运用自己已有的资源，提高资源运用效率，有条件地引入系统外新资本的投入，避免投入的盲目性。

2. 物流战略实施的影响因素

物流战略实施的影响因素主要包括人员、组织结构、企业文化系统及一系列制度等。

（1）人员系统　物流企业的工作者是物流战略管理过程的主体。这些具有各自不同的目标、价值观、行为方式和技能的人员，他们既是实施物流战略的人，又是物流战略实施过程中需要改变行为方式的人。要使物流战略实施得到预期效果，必须做好以下两项工作：一是选择或培训能胜任物流战略实施的领导人；二是改变企业中所有人员的行为与习惯，使他们易于接受物流战略。

（2）组织结构系统　企业组织结构的调整是实施物流战略的一个重要环节，任何一项物流战略都需要有一个相适应的组织结构去完成。美国学者钱德勒等人对此作了深刻的研究，并提出了一个著名的结论：企业的组织结构要服从企业战略，组织结构是为战略服务的，企业战略规范着企业的组织结构。在物流战略实施过程中，如果组织结构与物流战略不相匹配，就会对物流战略的成功实施产生严重的阻碍；反之，如果组织结构与物流战略相匹配，就会对物流战略的成功实施产生巨大的保证作用。如果情况发生变化，企业的战略与原先的战略有较大的不同，则往往由于企业组织结构变革的滞后而无法成功。在这种情况下，企业面临的选择要么是放慢执行新战略的速度，要么是坚决实行组织结构的调整，以保证新战略的实施。总之，企业的组织结构应当根据企业的物流战略目标进行调整。

（3）企业文化系统　面对同样的环境，资源和能力相似的企业反映并不相同，有时甚至相差很大。这些不同是由于企业的战略决策人员具有不同的文化背景造成的。也就是说，物流战略的成功实施，不仅受外部环境和企业内部资源和能力的影响，而且也与企业文化有密切的联系。企业文化，简单地说就是企业职工共有的价值观念和行为准则。企业文化系统是实施战略的保证。在物流战略实施过程中，积极的企业文化起支持作用。

(4) 资源分配制度　在物流企业的各部门各环节之间如何进行资源分配，使之相互协调并提供对企业战略的足够支持，从而保证资源合理利用和战略目标的实现。

(5) 控制激励制度　就是通过经济手段激励员工积极实施战略的行为，激励措施运用恰当可以起到事半功倍的效果。

3. 物流战略的实施过程

(1) 制订物流战略的实施计划　物流战略的实施计划是实现物流战略的前提和条件，它包括执行物流战略规划和物流战略行动计划。物流战略规划是对物流战略全局性的统筹安排，执行物流战略规划是将战略所规定的目标、阶段、重点和对策细化成具体的行动措施和要求的实施行为；战略行动计划是完成物流战略所需的关键步骤和重大举措，其制订目的是为战略的实施指明具体的行动方向。

物流战略实施计划就是采取何种方法和措施实施战略的行动方案。根据所考虑时间长短的不同可以分成战略层面、策略层面和执行层面三个层面。战略计划层考虑的是一年以上的实施计划；策略计划层面考虑的是一年内的实施计划；执行层面考虑的是短期行为。这些具体的行动计划通常由企业各个职能部门来贯彻和落实，因此需要各职能部门认真执行并与其职能战略相互协调，这样才能使执行计划有序进行。

(2) 项目分解与资源配置　物流的战略目标总是要通过一定的组织结构分工实施的，也就是要把庞大而复杂的总体战略分解成具体的、较为简单的、能予以管理和控制的项目或任务，由企业内部各部门、各环节、各基层组织及员工去贯彻执行，从而上下团结一心落实物流战略的每一项任务、措施、计划等，形成任务明确、责任到人、总体考核、奖惩配套的高效运行体系。但在此要注意克服各部门利益与整体利益之间的矛盾。物流战略的实施必须有相应的资源来保证。资源分配是根据物流战略目标和要求分配所需的资源，包括人力、物力和财力的分配，也包括采购与供应能力、生产与营销能力、财务技术能力的运用。企业在分配资源时要根据实际和计划要求处理好重点与非重点之间的关系，既突出重点、又相互协调，避免孤立地突出重点、忽视非重点，破坏整个系统的综合平衡，影响物流战略的顺利实施。企业资源分配的好坏会直接影响实现物流战略目标的程度。所以必须科学合理地掌握资源，调整和配置资源。一般企业战略的制订与实施会使资源得到更有效的利用。因为企业战略是建立在现有资源和预期资源基础上的；同时，战略的实施又可以促进企业资源的有效储备，从而促进物流企业的进一步发展。

(3) 物流战略预算　物流战略预算是指企业物流战略执行中所需资金与成本

的预算，是物流战略实施计划的货币化、数量化。在进行物流战略预算时应注意两点：一是资源分配上要区分战略业务和经营业务预算，应以企业的长远利益为重，使财务服从于战略；二是要正确看待战略的不稳定性、在资源分配与预算时，应把可能性的效益与风险性联系起来，为了长远的利益敢冒一定的风险。

（4）物流战略执行程序　物流战略执行程序是指在物流战略实施计划下的具体工作任务安排的步骤和技巧，其目的是指导和安排战略执行中的日常活动。它需要按照战略的特点和要求，从时间和空间两个方向进行逐项分解和细化，逐步形成规范的工作标准，在企业内普遍实行。

8.4.2　物流战略的控制

1. 物流战略控制的基本内容

物流战略控制是把物流战略实施过程中所产生的实际效果与预定的目标和评价标准进行比较，评估工作绩效，发现偏差采取措施，使企业战略的实施更好地与企业当前所处的内外环境、企业目标协调一致，以达到预期的战略目标，实现战略规划。它是物流管理的最后一个阶段也是保证物流战略实现的一个重要内容。物流战略控制一般包括物流质量控制、物流成本控制、物流财务控制、物流服务控制等。

2. 物流战略控制的过程

物流战略控制的一个重要目标就是使企业实际的效益尽量符合战略计划，战略控制过程一般具有渐进性、交互性、系统性的特点。其基本过程主要是：

（1）确定物流战略的控制标准　建立控制标准是战略控制的依据，一般分为定性标准和定量标准。定性标准主要包括战略与环境的适应性、战略实施的风险性、战略与资源匹配性、战略执行的时间性、战略与物流组织机构的协调性、战略的客观可行性以及对顾客的服务满意程度等；定量指标主要有物流效率、物流成本、市场占有率、劳动生产率、物资消费比率、工时利用率、业务增长率、净利润等。

（2）绩效监测　主要是判断和评估实现物流绩效的实际条件，管理人员需要收集和处理数据，进行具体的职能控制，以及监测外部环境和内部条件的变化等。

（3）评估实际绩效　这是指依据标准检查工作的实际执行情况，用实际绩效与计划绩效目标进行比较，确定两者之间的差距，并尽量分析出差距的原因。衡量实际绩效的目的是为了给管理者提供有用的信息，为采取纠正措施提供依据。衡量实际绩效通常采用亲自观察、分析报表资料、召开会议和抽象调查等方法，这些方法各有利弊，管理者可根据需要采用合适的方法。

（4）纠正措施　衡量实际绩效之后，应将衡量结果与标准进行比较，经过比较会出现三种情况：超过目标（或标准），出现正偏差；正好相等，没有偏差；实际成效低于目标（或标准），出现负偏差。若有偏差要分析其产生的原因，并采取相应的措施。在某些物流活动中，偏差是在所难免的。因此确定可以接受的偏差范围，即容限是非常重要的。一般情况下，如果偏差在规定的容限之内，可以认为实际绩效与标准吻合，这时候不用采取特别的行动。如果偏差在规定的容限之外，则应引起管理者的注意，并根据偏差的大小和方向，分析偏差产生的原因。偏差产生的原因可能多种多样，但一般可以分为两大类：一类是执行过程中发生的；另一类是计划本身不符合客观实际或是情况变化造成的。管理者应针对具体情况采取相应的纠正措施。如果偏差是由于绩效不足产生的，应采取的行动是改进实际绩效；如果是由于标准本身的制订引起的，则应重新修订标准。通常纠偏行动可分为两种不同的措施：一是立即纠正措施；二是彻底纠正措施。立即纠正措施是指立即将出现问题的工作纠正到正确的轨道上；彻底纠正措施是指要分析如何发生的和为什么会发生，然后从产生偏差的地方进行纠正行动。当有偏差出现时，管理应首先采取立即纠正措施，避免造成更大的损失；然后应对偏差进行认真的分析，采取彻底纠正措施，使类似的问题不再发生。

此外，还应制订应变计划。应变计划是指企业在战略控制过程中为了在发生重大意外情况时，企业所采取的应急处理计划，它是一种及时的补救措施，帮助企业管理人员处理不熟悉或意外情况。

3. 物流战略控制的方法

物流战略控制的主要方法有：事前控制、事中控制、事后控制、随时控制。

(1) 事前控制　事前控制又称前馈控制，是在物流战略实施前，对物流战略行动的结果有可能出现的偏差进行预测，并将预测值与物流战略的控制标准进行比较，判断可能出现的偏差，从而提前采取措施，使物流战略不偏离原定的计划，保证物流战略目标的实现。

(2) 事中控制　事中控制又称行或不行的控制，是在物流战略实施过程中，按照控制标准验证物流战略执行的情况，确定正确与错误、行与不行。例如，在财务方面，对物流设施项目进行财务预算的控制，经过一段时间之后，要检查是否超出了财务预算，以决定是否继续将该项目进行下去。

(3) 事后控制　事后控制又称后馈控制，是在物流战略推进过程中将行动的结果与期望的控制标准相比较，看是否符合控制标准，总结经验教训，并制订行动措施，以利于将来的行动。

(4) 随时控制　随时控制又称过程控制，企业负责人要控制企业战略实施中的关键性过程或全过程，随时采取措施纠正实施中的偏差，引导企业沿着战略的方向进行经营。这里重要是针对关键性的战略措施的控制。

以上几种方法所起的作用不同，物流企业在不同阶段，应根据自己的实际运作性选择不同的方式。

【经典案例】:

海尔的高效物流系统

海尔作为世界著名的家电跨国企业，海尔的产品每天要通过全球 5.8 万个营销网点，销往世界 160 多个国家和地区，每月采购 26 万种物料、制造 1 万多种产品，每月接到 6 万个销售订单。对于海尔集团来说，高效率的现代物流系统就意味着企业内部运作的生命线。海尔集团取得今天的业绩，和实施物流战略是分不开的。借助先进的信息技术，海尔发动了一场管理革命：以市场链为纽带，以订单信息流为中心，带动物流和资金流的运动。通过整合全球供应链资源和用户资源，逐步向“零库存、零营运资本和（与用户）零距离”的终极目标迈进。

海尔物流管理系统，可以用“一流三网”来概括。“一流”是指以订单信息流为中心；“三网”分别是全球供应链资源网络、全球用户资源网络、计算机信息网络。“一流三网”的同步模式实现了四个目标：①为订单而采购；②消灭库存；③通过整合内部资源，优化外部资源；④有力地保障了海尔产品的质量和交货期。实现了三个即时（JIT），即 JIT 采购、JIT 配送和 JIT 分拨物流的同步流程，实现了与用户的零距离。

1. 海尔物流的发展阶段

在海尔国际化战略指引下，实施物流重组，进行供应链整合建设，使物流能力成为海尔的核心竞争能力，从而获得基于时间的竞争优势，达到以最低的物流总成本向客户提供最大附加价值服务的战略目标。

海尔物流发展经历了三个阶段：

（1）物流重组　建立组织机构，整合集团内部物流资源，降低物流成本。

（2）供应链管理　实施供应链一体化管理，提高核心竞争力。

（3）物流产业化　成为海尔在新经济时代的增长点。

2. “一流三网”

（1）一流三网的同步物流——以订单信息流为中心（图 8-4）。

（2）一流三网的同步物流——全球的采购资源网

1）通过整合内部的资源，提升优化外部的资源，获得竞争的优势。

2）与供应商建立公平、互动、双赢的战略合作伙伴关系。

3）实施并行工程，加快开发的速度，获得领先的技术。

（3）一流三网的同步物流——全球的配送网络

1）在全国有 42 个配送中心，覆盖全国的配送时间不超过 4 天。

2）每天向 1550 个专卖店，9000 多个网点配送 50000 台以上的产品，形成了最完整的产品物流、备件物流体系。

3）在欧洲、美国，与专业化的物流公司合作，海外的物流业务蓬勃开展。

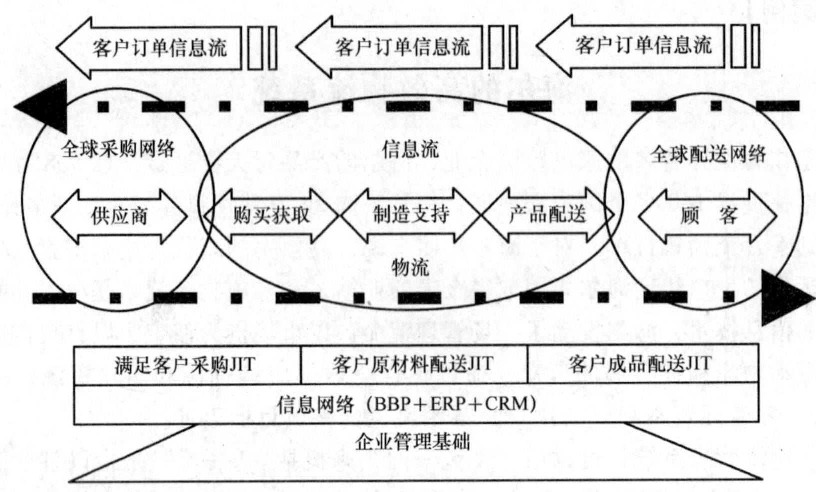

图 8-4　一流三网的同步物流——以订单信息流为中心

（4）一流三网的同步物流——计算机网络（图 8-5）。

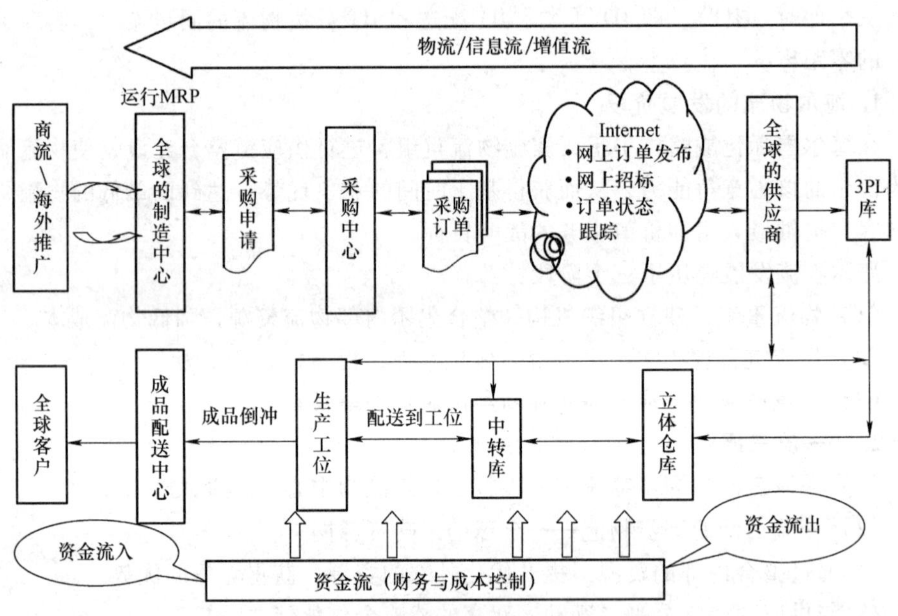

图 8-5　一流三网的同步物流——计算机网络

思　考　题

1. 什么是物流战略？物流战略有哪些特征？
2. 物流战略有哪些基本内容？简述物流战略在企业竞争中地位和作用。
3. 物流战略环境分析包括哪几个方面？

4. 什么是物流战略的宏观环境分析？什么是 PEST 分析模型？
5. 什么是物流战略的行业环境分析？包括哪几个方面的内容？
6. 物流战略的企业内部环境分析包括哪几个方面的内容？
7. 物流战略实施的基本原则有哪些？物流战略实施的影响因素有哪些？
8. 简述物流战略实施的步骤。
9. 物流战略控制的基本内容有哪些？物流战略控制的基本过程有哪些？
10. 物流战略控制的方法有哪些？

第9章　一体化供应链设计

随着经济全球化和知识经济时代的到来，无国界化经营的趋势愈来愈明显，整个市场竞争呈现出明显的国际化和一体化。设计和运行一个有效的供应链，对于每一个企业都是至关重要的，因为它可以获得提高用户服务水平、达到成本和服务之间的有效平衡、提高企业竞争能力，以及提高柔性、渗透入新的市场、降低库存和提高工作效率等好处。

9.1　一体化供应链设计的问题和原则

为了提高供应链管理的绩效，除了必须有一个高效的运行机制外，建立一个高效精简的一体化供应链，也是极为重要的一环。虽说供应链的构成不是一成不变的，但是在实际经营中，不能像改变办公室的桌子那样随意改变供应链上的节点企业。因此，作为供应链管理的一项重要环节，无论是理论研究人员还是企业实际管理人员，都非常重视一体化供应链的构建问题。

9.1.1　一体化供应链设计应考虑的问题

所谓一体化供应链也就是集成化供应链，是指对供应链中的物流、资金流、信息流、工作流、增值流以及贸易伙伴关系等，进行的计划、组织、协调和控制的一体化管理过程，最终达到提高物流效率，降低物流成本的效果。

在一体化供应链的设计问题上，应充分考虑如下几个方面的重要问题：

1. 供应链设计与物流系统设计

物流系统是供应链的物流通道，是供应链管理的重要内容。物流系统设计是指原材料和外购件所经历的采购入厂—存储—投料—加工制造—装配—包装—运输—分销—零售等一系列物流过程的设计。物流系统设计也称通道设计，是供应链系统设计中最主要的工作之一。设计一个结构合理的物流通道对于降低库存、减少成本、缩短提前期、实施 JIT 生产与供销、提高供应链的整体运作效率都是很重要的。但供应链设计却不等同于物流系统设计，一体化或集成化供应链设计是企业模型的设计，它从更广泛的思维空间——企业整体角度去勾画企业蓝图，是扩展的企业模型。它既包括物流系统，还包括信息和组织以及价值流和相应的服务体系建设。在供应链的设计建设中，创新性的管理思维和观念极为重要，要把供应链的整体思维观融入到供应链的构思和建设中，企业之间要有并行的设计才能实现并行的运作模式，这是供应链设计中最为重要的思想。

2. 供应链设计与环境因素的考虑

一个设计精良的供应链在实际运行中并不一定能按照预想的那样，甚至无法达到设想的要求，这是主观设想与实际效果的差距，原因并不一定是设计或构想得不完美，而是环境因素在起作用。因此构建和设计一个供应链，一方面要考虑供应链的运行环境（地区、政治、文化、经济等因素），同时还应考虑未来环境的变化对实施供应链的影响。因此，我们要用发展的、变化的眼光来设计供应链，无论是信息系统的构建还是物流通道设计都应具有较高的柔性，以提高供应链对环境的适应能力。

3. 供应链设计与企业再造工程

从企业的角度来看，供应链的设计是一个企业的改造问题，供应链所涉及的内容任何企业或多或少都在进行。供应链的设计或重构不是要推翻现有的企业模型，而是要从管理思想革新的角度，以创新的观念武装企业（如动态联盟与虚拟企业、精细生产等），这种基于系统进行的企业再造思想是符合人类演进式的思维逻辑的。尽管企业流程再造（BPR）教父哈默和钱皮一再强调其彻底的、剧变式的企业再造思想，但实践证明，实施 BPR 的企业最终还是走向改良的道路，所谓无源之水、无本之木的企业再造是不存在的。因此在实施供应链的设计与重建时，并不在于是否打碎那个瓷娃娃，需要的是新的观念、新的思维和新的手段，这是我们实施供应链管理所要明确的。

4. 供应链设计与先进制造模式的关系

供应链设计既是从管理新思维的角度去改造企业，也是先进制造模式的客观要求和推动的结果。如果没有全球制造、虚拟制造这些先进的制造模式的出现，集成化供应链的管理思想是很难得以实现的。正是先进制造模式的资源配置沿着劳动密集—设备密集—信息密集—知识密集的方向发展，才使得企业的组织模式和管理模式发生相应的变化，从制造技术的技术集成演变为组织和信息等相关资源的集成。供应链管理适应了这种趋势。因此，供应链的设计应把握这种内在的联系，使供应链管理成为适应先进制造模式发展的先进管理思想。

9.1.2　一体化供应链规划与设计的原则

在供应链的设计过程中，应遵循一些基本的原则，以保证供应链的设计和重建能满足供应链管理思想得以实施和贯彻的要求，如图 9-1 所示。

1. 自顶向下和自底向上相结合的设计原则

在系统建模设计方法中，存在两种设计方法，即自顶向下和自底向上的方法。自顶向下的方法是从全局走向局部的方法，自底向上的方法是从局部走向全局的方法；自上而下是系统分解的过程，而自下而上则是一种集成的过程。在设计一个供应链系统时，往往是先有主管高层做出战略规划与决策，规划与决策的依据来自市场需求和企业发展规划，然后由下层部门实施决策，因此供应链的设计是自顶向下和自底向上的综合。

2. 简洁性原则

简洁性是供应链的一个重要原则，为了能使供应链具有灵活快速响应市场的能力，供应链的每个节点都应是精简的、具有活力的、能实现业务流程的快速组合。例如，供应商的选择就应以少而精的原则，通过和少数的供应商建立战略伙伴关系，以减少采购成本，推动实施 JIT 采购法和准时生产。生产系统的设计更是应以精细思想（Lean Thinking）为指导，努力实现从精细的制造模式到精细的供应链这一目标。

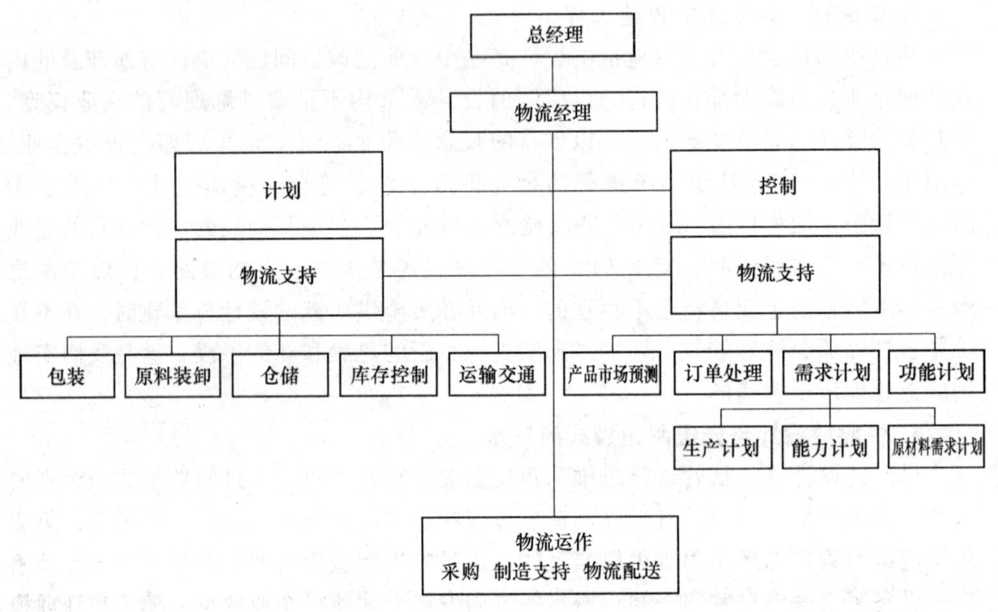

图 9-1 一体化供应链规划与设计的原则

3. 集优性原则（互补性原则）

供应链的各个节点的选择应遵循强—强联合的原则，达到实现资源外用的目的，每个企业只集中精力致力于各自核心的业务过程，就像一个独立的制造单元，这些所谓单元化企业具有自我组织、自我优化、面向目标、动态运行和充满活力的特点，能够实现供应链业务的快速重组。

4. 协调性原则

供应链业绩好坏取决于供应链合作伙伴关系是否融洽，因此建立战略合作伙伴关系的企业关系模型是实现供应链最佳效能的保证。供应链合作伙伴关系的融洽程度，主要体现在是否形成了充分发挥系统成员和子系统的能动性、创造性及系统与环境的总体协调性。

5. 动态性（不确定性）原则

不确定性在供应链中随处可见，许多学者在研究供应链运作效率时都提到不确定性问题。由于不确定性的存在，导致需求信息的扭曲。因此，要预见各种不确定因素对供应链运作的影响，减少信息传递过程中的信息延迟和失真。降低安全库存总是和服务水平的提高相矛盾。增加透明性，减少不必要的中间环节，提高预测的精度和时效性对降低不确定性的影响都是极为重要的。

6. 创新性原则

创新设计是系统设计的重要原则，没有创新性思维，就不可能有创新的管理模式。因此在供应链的设计过程中，创新性是很重要的一个原则。要产生一个创新的系统，就要敢于打破各种陈旧的思维框架，用新的角度、新的视野审视原有的管理模式和体系，进行大胆地创新设计。进行创新设计要注意几点：一是创新必须在企业总体目标和战略的指导下进行，并与战略目标保持一致；二是要从市场需求的角度出发，综合运用企业的能力和优势；三是发挥企业各类人员的创造性，集思广益，并与其他企业共同协作，发挥供应链整体优势；四是建立科学的供应链和项目评价体系及组织管理系统，进行技术经济分析和可行性论证。

7. 战略性原则

供应链的建模应有战略性观点，通过战略的观点考虑减少不确定影响。从供应链的战略管理的角度考虑，我们认为供应链建模的战略性原则还体现在供应链发展的长远规划和预见性，供应链的系统结构发展应和企业的战略规划保持一致，并在企业战略指导下进行。

9.2　从产品出发的供应链设计

各种产品从采购到制造再到分销，是一个不断增加市场价值或附加值的增值过程，不同产品在同一环节的价值增值是不同的，同一产品在各个环节的价值增值也不尽相同。供应链体系中一个环节的重要性，主要取决于它能够带来多大的增值（表 9-1）。

表 9-1　供应链各环的价值增值过程

产品类型	采　购	制　造	分　销
易消耗品	30% ~50%	5% ~10%	30% ~50%
耐用消耗品	60% ~70%	10% ~15%	10% ~25%
复合制造型生产	30% ~50%	30% ~50%	5% ~10%

因此，供应链的设计不仅应该考虑与产品类型之间的匹配，还应该考虑产品生命周期的特征。

9.2.1 供应链的设计策略

设计和运行一个有效的供应链，对于每一个生产制造企业都是至关重要的。因为它可以获得提高客户服务水平、达到成本和服务之间的有效平衡、提高企业竞争力、提高柔性、渗入新的市场、通过降低库存量来提高工作效率等利益。但是，也可能会因为不合适的供应链设计而导致浪费和失败。可见，正确的设计策略是供应链设计所必需的。

费舍尔（Marshall L. Fisher）认为供应链的设计要以产品为中心。供应链的设计首先要明白客户对企业产品的需求是什么。产品寿命周期、需求预测、产品多样性、提前期和服务的市场标准等都是影响供应链设计的重要问题。必须设计出与产品特性相一致的供应链，因而也就产生了基于产品的供应链策略。

1. 产品类型

不同的产品类型对供应链设计有不同的要求，高边际利润、不稳定需求的创新型产品的供应链设计策略就不同于低边际利润、有稳定需求的功能型产品（表 9-2）。

表 9-2 两种不同类型产品在需求上的比较

需求特征	功能型产品	创新型产品
产品寿命周期	>2 年	1 ~ 3 年
边际贡献(%)	5 ~ 20	20 ~ 60
产品多样性	低(10 ~ 20 个目录)	高(上千个目录)
预测的平均边际利润(%)	10	40 ~ 60
预测的平均缺货率(%)	1 ~ 2	10 ~ 40
预测的平均季节降价率(%)	0	10 ~ 25
按订单生产的提前期	6 个月 ~ 1 年	1 天 ~ 2 周

由表 9-2 看出，功能型产品一般用于满足客户的基本需求，变化很少，具有稳定的、可预测的需求和较长的寿命周期，但它们的边际利润较低，为了避免低边际利润，许多企业在式样或技术上进行创新来激发消费者的购买欲，从而获得高边际利润。这种创新型产品的需求一般不可预测，寿命周期也短，正因为这两种产品不同，才需要有不同类型的供应链来满足不同的管理需求。

2. 供应链类型

为什么不同的产品类型需要不同的供应链？主要是因为供应链起作用的方式不同，有物理功能和市场中介功能两种。因而，按照功能将供应链划分为物理效率型供应链和市场反应型供应链两种类型。物理效率型供应链主要体现供应链的物理功能，即以最低的成本将原材料转化为零部件、半成品、产品以及在供应链中的运输等；市场反应型供应链主要体现供应链的市场中介功能，即将产品分配到满足客户需求的市场，对未预知需求做出快速反应等。在表 9-3 中比较了这两种类型的供应链。

3. 基于产品的供应链设计策略

对于功能型产品，如果边际贡献率为10%，平均缺货率为1%，则边际利润损失仅为0.1%。因此，为改善市场反应能力而投入巨资是得不偿失的。生产这类产品的企业，主要目标在于尽量减少成本。企业通常只要制订一个合理的最终产品的产出计划，并借助相应的管理信息系统协调客户订单、生产及采购，使得链上的库存最小化，提高生产效率，缩短提前期，从而增强竞争力。如宝洁公司的许多产品属于功能型产品，公司采取了供应商管理存货和天天低价的策略，使库存维持在较低水平，降低了成本，公司和顾客都从中受益。

表9-3　两种类型供应链比较

比较项目	市场反应型供应链	物理效率型供应链
基本目标	尽可能快地反应不可预测的需求，来使缺货、降价、废弃库存达到最小化	以最低的成本反应可预测的需求
制造核心	配置多余的缓冲库存	保持高的平均利用率
库存政策	部署好零部件和成品的缓冲库存	产生高收入来使整个链的库存最小化
提前期	大量投资于缩短提前期	在不增加成本的前提下，尽可能缩短提前期
选择供应商的方法	以速度柔性和质量为中心	以成本和质量为核心
产品设计策略	用模型设计以尽可能地减少产品差别	最大化绩效和最小化成本

对于创新型产品，如果边际贡献率为40%，平均缺货率为25%，则边际利润损失为10%。所以对此类产品就需要有高度灵活的供应链，来对多变的市场做出迅速的反应，投资改善供应链的市场反应能力就成为必要之举。例如，欧美、日本等不少发达国家将基本的功能型产品放在低成本的发展中国家生产，而将一些流行性或短生命周期的产品放在本土生产，虽然有可能增加劳动力成本，但通过对市场的快速反应而获得的利润足以抵消这种不利影响。

当知道产品和供应链的特性后，就可以设计出与产品需求相一致的供应链。供应链设计与产品类型策略矩阵如图9-2所示。

策略矩阵的四个元素代表四种可能的产品和供应链的组合，从中可以看出产品和供应链的特性，管理者根据这些特性就可以判断企业的供应链流程设计是否与产品类型相一致，这就是基于产品的供应链设计策略。

	功能型产品	创新型产品
物理效率型供应链	匹配	不匹配
市场反应型供应链	不匹配	匹配

图9-2　供应链设计与产品类型策略矩阵

利用该矩阵，企业就可以判断其供应链类型与产品类型是否很好地匹配。矩阵的四个方格代表了四种可能的产品与供应链的组合。用市场反应型供应链生产功能型产品，或用物理效率型供应链生产创新型产品，都是不合理的。

右下方代表采取市场反应型供应链提供创新型产品。生产创新型产品的企业，其在市场反应型供应链上的投资回报率，要比在物理效率型供应链上的投资回报率高得多。企业在增强其供应链的市场反应性上，每增加 1 元投资，就会取得大于 1 元的市场调节成本的下降。若企业采用市场反应型供应链来生产功能型产品（左下方），情况就截然不同了。若对其供应链增加投资，减少的损失极为有限，得不偿失。

右上方的情况很常见（企业用物理效率型供应链提供创新型产品），由于创新型产品可观的边际利润，尽管竞争日益激烈，越来越多的企业还是不断从生产功能型产品转向生产创新型产品，但其供应链并未发生改变。如一些个人计算机厂商，在提供新产品时，由于仍采用原来的物理效率型供应链，过于注重成本，追求库存最小化和较低的采购价格，忽视供货速度和灵活性，担心增加成本而不愿缩短提前期，从而造成交货速度太慢，不能及时响应日益变化的市场需求，缺货损失甚为可观。更糟的是被竞争对手抢先占领了市场，造成无可估量的损失。

如何改进右上方这种状况呢？一种方法是向左平移，将创新型产品变为功能型产品；另一种方法是向下垂直移动，实现从物理效率型供应链向市场反应型供应链的转变。而正确的移动方向取决于创新型产品所产生的边际利润是否足以抵消采用市场反应型供应链所增加的成本。

对于用物理效率型供应链来提供功能型产品的情况，可采取如下措施：

1）削减企业内部成本。

2）不断加强企业与供应商、分销商之间的协作，从而有效降低整条链上的成本。

3）降低销售价格，这是建立在有效控制成本的基础之上的。但一般不轻易采用，须视市场竞争情况而定。

由于创新型产品具有需求不确定的特征，因此在用市场反应型供应链来提供创新型产品时，应采用如下策略：

1）通过不同产品拥有尽可能多的通用件来增强某些模块的可预测性，从而减少需求的不确定性。

2）通过缩短提前期与增加供应链的柔性，企业就能按照订单生产，及时响应市场需求，在尽可能短的时间内提供顾客需要的个性化产品。

3）当已经尽可能地降低或避免了需求的不确定性后，可以用安全库存或充足的生产能力来规避剩余的不确定性。这样，当市场需求旺盛时，企业就能尽快地提供创新型产品，从而减少缺货损失。

总之，在为企业寻找理想的供应链之前，必须先确定企业产品的类型和企业供应链的类型，并使两者合理匹配，从而实现企业产品和供应链的有效组合。

4. 业务战略层的集成

基于产品的供应链应该与企业的业务层战略相适应，推动企业业务层战略的发展，使企业能在特殊的市场环境里有效地参与竞争。业务层最一般的战略是：

1）有效顾客反应。

2）差异化企业的产品和服务。

3）改变市场领域——扩大市场成为全球化市场；萎缩市场——关注竞争对手不能很好服务的小范围；步入全球化市场，公司能产生规模经济；步入狭小市场，公司能够产生很大的、无处不在的、有效的产品和服务空间。业务战略层如图9-3所示。

在一些高科技型企业，如HP公司，产品设计被认为是供应链管理的一个重要因素，众多的学者也提出了为供应链管理设计产品（Design for Supply Chain Management，DFSCM）的概念。DFSCM的目的，在于设计产品和工艺以使与供应链相关的成本和业务能得到有效的管理。人们越来越清楚地认识到供应链中生产和产品流通的总成本最终取决于产品的设计。因此，必须在产品开发设计的早期就开始同时考虑供应链的设计问题，以获得最大化的潜在利益。

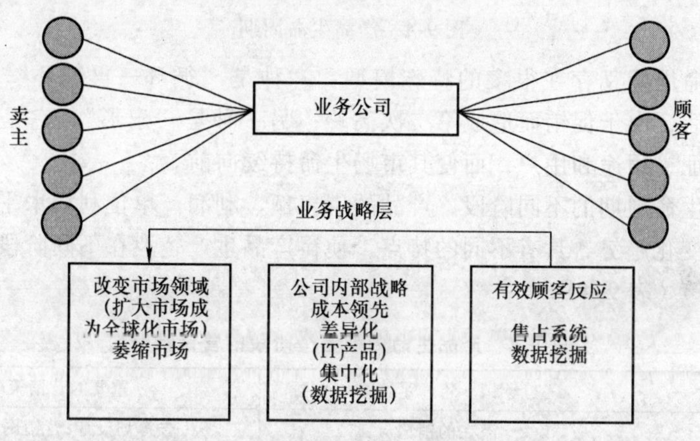

图9-3　业务战略层

国际著名的ERP公司，如i2，Oracle，SAP，Baan等，都提供了供应链的专业化解决方案，如Oracle公司在其供应链的解决方案中还加入了先进的业务智能化系统（Business Intelligence System），以更好地体现其供应链的思想和决策支持的功能。

9.2.2　产品生命周期的供应链策略

产品生命周期理论是市场营销学的一个重要理论。任何一个企业都希望自己的产品能长盛不衰，但产品的销售地位和获利能力就如自然界的生物一样，由弱到强，又由盛转衰。产品从开始构思、开发上市直到被市场淘汰为止所经历的全部时间，称为产品生命周期。随着消费者需求的多样化发展，企业的产品开发能力也在不断提高。与此相应的产品生命周期也大大缩短，更新换代速度加快。

1. 产品生命周期的营销策略

典型的产品生命周期可分为五个阶段：开发期、引入期、成长期、成熟期和衰退期（图9-4）。产品生命周期对许多商品部适用，所不同的只是各阶段持续时间的长短。一般专利产品有一个相当长的成熟期，而大多数产品的成熟期则短得多。

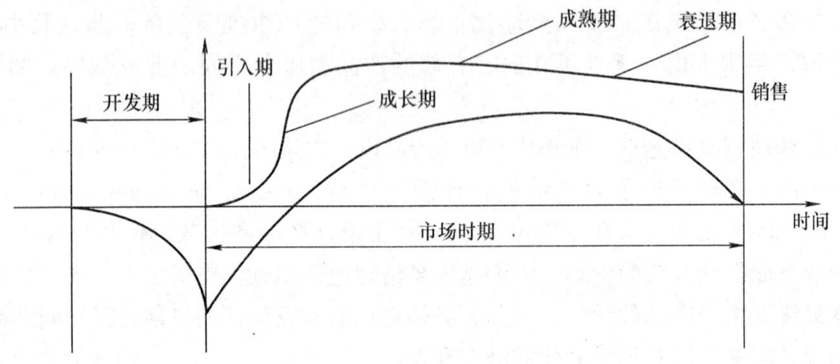

图9-4　产品生命周期

产品生命周期又存在很多的特殊模型：一种是“循环—再循环”式，即产品进入衰退期后，由于促销而造成第二次高峰；另一种是“扇形”，它是基于发现了新的产品特征、用途和用户，而使其市场生命持续向前。

在产品生命周期的不同阶段，产品的销售额、利润、单位利润水平及总利润水平呈不同的变化趋势，具有不同的特点，使得产品生产企业在不同阶段必须采取不同的营销对策（表9-4）。

表9-4　产品生命周期各个阶段的营销策略

阶　段	销　售　量	重要的营销策略
开发期	潜在的销售	广告筹划设计;营销网络的构建
引入期	递增速度增加	引入期广告;建立营销管理信息
成长期	递减速度增加	大量投入广告
成熟期	保持不变	突出产品变化;积极的价格政策
衰退期	下降	减少营销措施

2. 产品生命周期的供应链策略

对于一种产品来说，特别是功能型产品，从其产生投放市场直到过时淘汰，一般都要经历几个典型的生命阶段，即开发、引入、成长、成熟、衰退五个阶段。在产品生命周期的各个阶段，产品有其明显区别于其他阶段的特征，对供应链的要求有所不同。因而对同一产品的生命周期的不同阶段，要注意控制内容的侧重点，采取相应的供应链策略（表9-5）。

表9-5　产品生命周期各阶段的供应链策略

阶　段	特　点	供应链策略
开发期	无法准确预测需求量；大量的促销活动	供应商参与新产品的设计开发；在产品投放市场前制订完善的供应链支持计划
引入期	零售商可能在提供销售补贴的情况下才同意储备新产品；订货频率不稳定；缺货将大大抵消促销努力；产品未被市场认同而夭折的比例较高	原材料、零部件的小批量采购；高频率小批量的发货；保证高度的产品可得性和物流灵活性；避免缺货发生；避免生产环节和供应链末端的大量储存；安全追踪系统，及时消除安全隐患或问题产品；供应链各个环节信息共享
成长期	市场需求稳定增长；营销渠道简单明确；竞争性产品开始进入市场	批量生产，较大批量发货，较多存货，以降低供应链成本；作出战略性的顾客服务承诺以进一步吸引顾客；确定主要顾客须提供高水平服务；通过供应链各方的协作增强竞争力；服务与成本的合理化
成熟期	竞争加剧；销售增长，一旦缺货将被竞争性产品代替；市场需求稳定，市场预测较为准确	建立配送中心；建立网络式销售通路；利用第三方物流公司降低供应链成本并为顾客增加价值；通过延期制造、消费点制造来改进服务；减少成本库存
衰退期	市场需求急剧下降；价格下降	对是否提供配送支持及支持力度评价；对供应链进行调整以适应市场的变化，如供应商、分销商、零售商等数量的调整等

产品生命周期的供应链策略，充分体现了供应链成员参与相关成员企业产品生命周期各个阶段工作的策略。

9.2.3　基于产品供应链的设计过程

供应链的设计过程描述了以产品为渠道的成员整合策略，不仅涉及设计阶段，而且涉及各个阶段的相互关系。

1. 供应链设计阶段

基于产品的供应链设计过程是复杂的，设计步骤模型如图9-5所示。

（1）分析市场竞争环境　目的在于找到针对哪些产品市场开发供应链才有效。必须知道现在的产品需求是什么，产品的类型和特征是什么，分析市场特征的过程要向卖主、客户和竞争者进行调查，提出“客户想要什么”和“他们在市场中的份额有多大”之类的问题，以确认客户的需求和因卖主、客户、竞争者产生的压力，这一步骤的输出首先是按需求量排列的产品类型，以及每一产品按重要性排列的市场特征。同时，还要分析和评价市场的不确定性和需求变化趋势。

（2）总结和分析企业管理现状　主要分析企业供需管理或供应链管理的现状，目的不在于评价供应链设计策略的重要性和合适性，而是着重于研究供应链开发的方向，分析和归纳企业存在的问题及影响供应链设计的阻力因素，为提高或改进供应链性能提供决策支持。

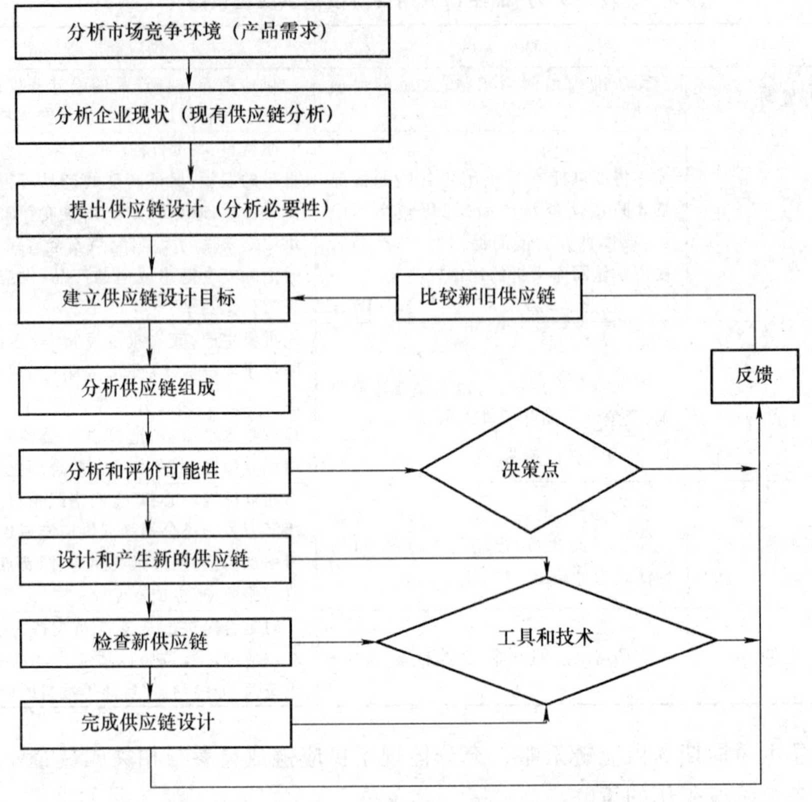

图 9-5　供应链设计步骤模型图

（3）提出供应链设计项目　针对企业管理现状中存在的问题提出供应链设计项目，在分析这些项目必要性的前提下，确定项目的优先级。

（4）建立供应链设计目标　主要目标在于获得高客户服务水平和低库存投资、低单位成本两个经常出现冲突的目标之间的平衡，同时还应包括以下目标：

1）进入新市场。

2）开发新产品。

3）开发新分销渠道。

4）改善售后服务水平。

5）提高客户满意度。

6）降低成本。

7）通过降低库存提高工作效率。

（5）分析供应链的组成　提出供应链组成的基本框架。供应链中的成员组成分析主要包括制造企业、设备、工艺和供应商、制造商、分销商、零售商和客户的选择及其定位，以及明确选择与评价的标准。

（6）分析和评价供应链设计的技术可行性　这不仅仅是策略或改善技术的建

议清单，而且它是开发和实现供应链管理的第一步。在可行性分析的基础上，结合企业的实际情况为开发供应链提出技术选择建议和支持。这也是一个决策的过程，如果认为方案可行，就可继续进行下面的设计；如果不可行，就要重新进行设计。

（7）设计供应链　在设计供应链过程中，主要解决如下问题：

1）供应链的成员组成（供应商、设备、工厂、分销中心的选择与定位、计划与控制）。

2）原材料的来源（包括供应商、流量、价格、运输等）。

3）生产设计（需求预测、生产什么产品、生产能力、供应给哪些分销中心、价格、生产计划、生产作业计划、跟踪控制、库存管理等）。

4）分销任务与能力设计（产品服务于哪些市场、运输和价格等）。

5）物流管理信息系统设计。

在供应链设计中，要用到许多工具和技术，包括归纳法、流程图、模拟和设计软件等。

（8）检验供应链

供应链设计完成以后，应通过一定的方法和技术路线进行测试、检验或试运行。如果发现检验结果与设计方案不一致，则返回步骤（4）重新进行设计。如果不存在任何问题，就可以进一步实施供应链管理了。

2. 各个阶段的关系

基于产品的供应链设计过程本身就是一个项目管理过程，整个过程可以划分为八个阶段，各个阶段并不是独立的，它们之间存在着一定的相关性（图 9-6）

在图 9-6 所示的前期阶段和后续阶段中，每个阶段内部又存在一个计划—执行—控制的循序渐进的循环过程，使整个过程持续地演进，并逐渐逼近最终结果。

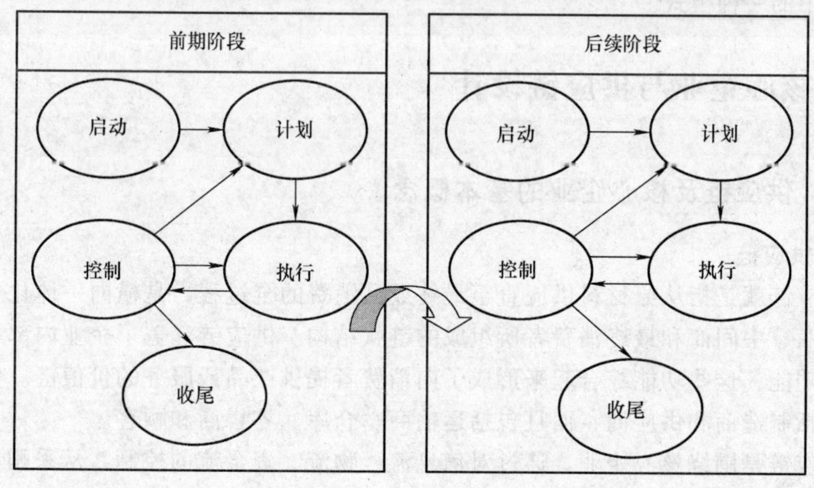

图 9-6　各个阶段的关系

3. 微软公司的供应链解决方案

为了能够更加清晰地描述供应链的设计过程，将进一步分析微软公司的供应链解决方案。

如果以选取一台计算机的订单为例，该过程有以下步骤：

1）客户从零售商的网站上提交一份需要订购一台计算机的订单。

2）零售商接到订单，自动触发生成向计算机配件生产商（机箱、微处理器、内存和显示器等配件）的询价单。

3）计算机配件生产商收到询价单后，再自动向自己的配件库存数据库提交一个查询，结果显示他没有微处理器库存来完成这个订单。计算机配件生产商的库存系统就会与微处理器的供应商联系，并订购需要的配件。

4）微处理器供应商的系统将通知计算机配件生产商最早的可能供货日期，并且订购需要的芯片。

5）计算机配件生产商将这个日期作为输入，根据它的生产车间可利用的生产能力及其时间表计算出能够制造完成的日期。然后，向运输商的计算机系统递交一个查询。

6）运输商的系统核对自己的运输能力，然后确定它能够提供这台计算机运输的时间表。

7）计算机配件生产商向零售商的系统发出订单确认。

8）零售商向客户发出交易确认。

21 世纪，企业经营的成功与否关键在于供应链管理的成功与否，供应链管理必将引起我国管理界的重视。设计和运行一个有效的供应链对于每一个企业都是至关重要的，必须选择合适的设计策略进行供应链设计，基于产品的供应链设计策略只是其中的一种模式。

9.3 核心企业与供应链设计

9.3.1 供应链及核心企业的基本概念

1. 供应链

供应链就是指从原材料供应直至最终成品消费的全过程，是横向一体化形成的从供应商、中间商和最终消费者所组成的链状结构。供应链涵盖了企业内部、外部的各项功能，这些功能综合起来形成了向消费者提供产品或服务的价值链。供应链不仅包括制造商和供应商，而且包括运输商、仓库、零售商和顾客。

供应链是围绕核心企业，通过对信息流、物流、资金流的控制，从采购原材料开始，到制成中间产品以及最终产品，最后通过销售网络把产品送到消费者手中的，将供应商、制造商、分销商、零售商直至最终用户连成一个整体的功能网链结构模式。它是一个范围更广的企业结构模式，它包含所有加盟的节点企业，从原材料的供应开始，经过链中不同企业的制造、加工、组装、分销等过程直到最终用户。它是一条增值链，给整个供应链上的企业都会带来收益。

2. 核心企业

那么什么样的企业才能成为供应链的核心企业呢？实践表明，在构建供应链的过程中，总有一个企业（可以是制造商、供应商或零售商企业）充当发起者，成为供应链的核心。核心企业是指在所属供应链的企业中，在某一市场上长期取得竞争优势的，具有关键技术、关键设备和健全的企业运行机制的，在供应链中具有主导地位的企业。

9.3.2 核心企业的基本特征

因为核心企业决定了战略伙伴关系以及供应链管理的成败，因此要成为供应链的核心企业也必须满足一定的条件和要求。

1. 核心企业必须具有影响力

核心企业应该具备的第一个也是最重要的一个因素，就是它必须具有影响其他企业的能力。作为供应链上的其他非核心企业来说，为了自己的利益，必然会对加入供应链的获利情况作一个判断，如果加入后获利更大，有利于企业的发展，那么他们就会愿意加入供应链；反之则会将自己有限的资源投向更能使自己获利的其他供应链中去。国际上实施供应链卓有成效的一些企业，如丰田、索尼、惠普等跨国大公司，在很大程度上就是借助于其在行业中的巨大影响力来实施和主导供应链管理的。

2. 核心企业必须具备吸引力

吸引力是指核心企业所具有的吸引供应商和分销零售商加入供应链的能力。核心企业的吸引力主要表现在两个方面：市场占有率和商业信誉。市场占有率越高，说明该企业在市场上所拥有的市场份额越高，高市场份额常常意味着可以为其他合作企业带来竞争优势。因此，产品的市场占有率高会对其他供应商和分销零售商产生巨大的吸引力。 个企业是否能得到其他企业的合作，还与企业的商业信誉有很大的关系，因为供应链上的企业相互之间有频繁的业务往来和财务结算关系，处于核心地位的企业能否按时与供应商或者分销零售商结算有关款项，对其他企业加入供应链的影响是很大的。因此，处于主导地位的核心企业应该让供应商、分销零售商有加入供应链的信心，从而有利于建立并持续发展供应链的合作伙伴关系。

3. 核心企业必须具备融合力

融合力是指核心企业在经营思想与合作精神、企业文化等方面与其他企业相互交融的能力。核心企业的经营思想与合作精神具有重要的影响。任何企业都会把它的经营思想反映到企业经营活动中去，反映在与合作伙伴的合作态度上，核心企业若能着眼于长远利益而不为眼前利益所驱动，把与供应商和分销零售商建立长期的合作关系放在第一位，与他们结成长期联盟，达到风险共担、利益共享，这样才能有助于形成供应链的合作伙伴关系，提高供应链的整体绩效。核心企业的企业文化同样具有重要的影响。核心企业的企业文化应该具有灵活适应性，因为灵活适应性的企业文化其本身具有很强的环境适应性、亲和力和吸纳力，容易为其他企业成员所接受，这对提高整条供应链的绩效也是非常有价值的。

4. 核心企业必须有合理的产品结构

供应链的形成与产品制造密切相关。除少数零售企业供应链外，大部分供应链都是作为产品制造过程的纽带而形成的。因此，一个企业的产品结构就是能否成为核心企业的关键。一般来说，如果产品结构不易分解成能在不同时间和地域加工的零部件，就不容易为其他企业提供产于供应链的可能性，或者只能形成很短的供应链。例如，某企业专门生产汽车上用的高级音响设备，产品质量高，交货准时，为世界主要汽车制造商提供汽车音响，发展得很好。但是，汽车音响只是汽车上的一种附属小设备，其产品结构决定了它只能是一个供应商，尽管它有可能发展更下层的供应商企业，但是这样的厂商不可能成为供应链的核心企业。所以，核心企业必须是有合理的产品结构，也就是说只有具备合理产品结构的厂商才会成为供应链中的核心企业。

9.3.3 核心企业的地位与作用

1. 核心企业是供应链的信息交换中心

来自下游的需求信息通过不同层次和不同渠道的分销商传递到核心企业。核心企业经过处理，再把分解后的需求信息交送给上游供应商。待某种配套件完成后，再依相反的方向，从上游企业将信息反馈给核心企业。经核心企业处理后，反馈给下游企业。在这里，核心企业就成为供应链上的信息交换中心。供需信息在此处交融后，经处理生成各类信息传送到供应链的各个节点。由于供应链的运作效果在很大程度上依赖于网链上的信息交换质量，因此要想通过信息共享达到物流通畅、产品增值、各方共同盈利的目的，就必须提高供应链上的信息传递保真度、速度和真实性。

2. 核心企业是供应链上物流的“调度中心”

从产品的制造过程看，首先要有提供原材料和配套服务的供应商。这类物流由众多的供应商从不同的渠道流向制造商，经制造商加工装配为成品后，再流向分销商。最后，到达最终用户，形成以制造商为集散中心的整个物流流程。制造商扮演了对物流集散的“调度”角色，向供应商适时发出物流需求指令，向分销商发出供货指令，以保证各节点都能在正确的时间，得到正确的产品。既不造成缺货，又不造成库存积压，把供应链上的成本降至最低水平。

从以上对货物流和信息流的分析可以看出，如果供应链上的核心企业不能在这些方面起主导作用，受影响的不仅是该企业，而是整个供应链。因此，核心企业在供应链运作中扮演着重要角色，它决定供应链企业能否形成长期合作伙伴关系。

9.3.4 供应链设计的基本思想

物流系统式供应链的物流渠道，是供应链管理的重要内容。物流系统设计是指原材料和外购件所经历的采购入场—储存—投料—加工制造—装配—包装—运输—分销—零售等一系列物流过程的设计。设计一个结构合理的物流通道对于降低库存、减少成本、缩短提前期、实施准时制生产与供销、提高供应链的整体运作效率都是很重要的。供应链设计是企业模型的设计，它从更广泛的思维空间——企业整体角度去勾画企业蓝图，是拓展的企业模型。它既包括物流系统，还包括信息和组织以及相应的服务体系建设。在供应链的设计中创新性的管理思维和观念极为重要，要把供应链的整体思维观融入到供应链的构思和建设中。

核心企业在供应链中处于主导地位，那么从核心企业的角度来看供应链的设计主要是选择合作伙伴的一个过程。

供应链管理强调的是把主要精力放在企业的核心竞争力上，充分发挥优势，同时与全球范围内的合适企业建立战略合作关系，企业中非核心业务由合作企业完成。核心企业设计供应链的过程就是选择合作伙伴的过程，但是自己的企业的核心竞争力也必须要保持好，否则自己企业没有了核心竞争力，失去了自己的优势，那么将会失去在供应链中的核心地位。一般来讲，核心企业设计供应链时，应该先确定自己的核心竞争力，并把企业内部的资源集中在那些有竞争优势的活动上，然后将剩余的其他企业活动外包给最好的专业公司。各自有各自的优势，强强联合，如果企业能以更低的成本获得比自制更高价值的资源，那么企业就可以选择业务外包，选择合适自己的供应链伙伴。但是供应链中的合作关系与传统的企业合作有着很大的区别，见表9-6。

表9-6 供应链中的合作关系与传统的企业合作的区别

传统合作	供应链中的战略合作
以交易为基础	以联盟为基础
短期关系	长期关系
供应商数目多	供应商数目少
对手关系	合作关系
价格支配	增值服务支配
供应商投资少	供应商与买方投资高
较少的信息共享	广泛的产品、营销和物流信息共享
公司独立	通过联合决策，公司相互依赖
各自职能领域相互作用少	买方和供应商职能领域相互作用大

从表中可以看出供应链战略合作的巨大优势，那么，怎么选择合适的战略合作伙伴就成为了供应链设计的一大问题，可以分为以下7个步骤：

1）首先确立满足企业需求的战略。

2）组建支持战略合作伙伴关系的内部结构。

3）确定合作伙伴的关系候选企业。

4）与候选企业高层进行接触。

5）比较各候选企业实力。

6）与候选企业达成合作共识。

7）培育并发展合作关系。

9.3.5 供应链设计需要注意的问题

供应链中的核心企业是供应链得以维持的核心力量，它是供应链中各种“游戏”规则的制定者和执行者。因此供应链的核心企业是此供应链的领导者。多数情况下，最终产品的制造商一般都会成为供应链的核心企业，但也有例外的情况。当最终产品的制造商的实力比较小，不足以对供应商形成约束，供应商就会成为供应链的领导者。当供应商所处的行业是受政府保护的行业时，往往由于政策导向的影响，供应商也会在供应链中处于领导地位。

这两种情况在现实中是普遍存在的，特别是前一种情况，常常出现在新生行业中。新生行业中的企业普遍实力较小，但却要依靠一些已经成熟的行业中的企业来提供原材料，而那些成熟行业都已处于寡头垄断的地位，企业实力强，市场份额分配较为稳定，一两家小型企业的行为不足以影响市场格局。因此成熟行业中的“大”企业往往会要求其他“小”企业遵守它的规则行事，因而在这种情况下，供应链会被供应商所控制，采购行为的主动权也掌握在供应商的手中。这也是为什么大型企业在建立基于供应链的采购管理容易取得成功的主要原因。

无论是以哪种方式成为核心企业的，供应链设计时都应注意以下几个问题：

1）供应链过分依赖一个或某些供应商或者制造商。例如：当制造商将某一关键技术或者部件外包给某个特定的供应商，而该供应商又无法按期完成任务时，制造商将面临灾难；产品一旦比竞争对手晚上市就意味着失去市场。

2）容易丧失核心竞争力。随着大量部件外包，如果核心企业并不明确自己的核心竞争力，而把它们外包出去，那么就有可能永远丧失其核心竞争力。

3）利益要求及分配困难。供应链合作企业中的利益分配问题会直接影响到整个合作效果。

4）供应链合作伙伴之间信息交换不对称。供应链合作要求各节点企业将私有信息完全共享出来，只有掌握了系统中各个成员的具体信息，才有可能求得供应链整体的最优解。但供应链成员作为独立的经济主体，虽然有着长期的合作伙伴关系，但相互之间也存在着竞争，供应链成员出于自身利益的考虑，有时会故意隐瞒或谎报数据，造成信息的不对称，造成供应链上不同节点企业的利益失衡，影响分配公平，公正原则以及整个供应链的效率。极大伤害了各企业合作的决心，从而危害供应链的整体，影响供应链的效率最大化。

9.3.6 核心企业与供应链设计的关系

核心企业的成功建立离不开良好的供应链设计，同样，一个良好的供应链设计中肯定有一个好的核心企业。总的来说，核心企业与供应链设计是相辅相成的，无论哪一方出现了问题都会影响供应链的整体效益。

1）核心企业离不开良好的供应链设计。核心企业想要获得更多的市场份额，扩大企业自身的规模就必须有良好的供应链设计。一个设计精良的供应链能在实际运行中按照预想的那样，达到设想的要求，这就是供应链设计的标准。核心企业可以通过供应链设计，有效地优化自己的产业结构和合作伙伴，从而使自己在市场中立于不败之地。供应链设计为核心企业选择了良好的合作企业，不仅使自身企业得到充分发展而且也让整个供应链上的企业都得到利益，充分说明了供应链在核心企业中的必要性。

2）良好的供应链设计能提高核心企业的竞争力。一个不能有效吸纳新鲜血液的企业，它的资源整合是有限的，所以很多企业开始与咨询公司合作设计供应链，来提高企业的生存能力和竞争力。随着科技的高速发展，企业想要发展壮大，不仅仅只靠自身一家来完成，而是需要一条完整的、设计充分的供应链来完成。而供应链设计正是解决发展问题的好办法，因为它可以使整个供应链交易成本显著降低，利润增加，将供应链的效益发挥到最大。核心企业可以将一些不核心的业务外包给供应链上信任的企业，这样，核心企业不仅可以集中资源于自身的核心业务，在最短的时间内推出最新产品，而且通过利用其他企业的资源来弥补自身的不足，从而更具有竞争力。

【经典案例】：

××石化储运系统整合战略

1. ××石化储运系统外部环境分析

（1）石化行业储运系统发展特点和现状分析

1）石化行业储运系统的特点：物流管理是企业管理中的重要一环。企业物流管理运作大致包含两方面内容：一方面是围绕顾客订货—配货—查验—运送—到达而进行的管理运作，另一方面是围绕企业各事业部—工厂—车间—仓库—分店的物流管理运作内容。和其他行业一样，石化企业的物流活动是连接石化企业和顾客的中介，又是维系石化企业内部各生产部门运作的血管。

与其他行业的物流特征相比，石化物流活动既有一般物流活动的共性，又有其独特性，石化行业的物流活动总量大，活动更专业化，物流成本更高，资产专用性更强。例如，从原材料到产成品来看，储运品种繁多，既有液态的又有干货。其中，液体货物的储运量比例大概占到总量的50%左右；危险品品种多且储运管理复杂，安全要求非常高，所以我国目前石化物流系统的管理很具有专业性。

2）国内石化企业物流发展的状况：现代物流管理是多种运输方式的集成，把传统运输方式下相互独立的海、陆、空的各个运输手段按照科学、合理的流程组织起来，从而使客户获得最佳的运输路线、最短的运输时间、最高的运输效率、最安全的运输保障和最低的运输成本，形成一种有效利用资源、保护环境的“绿色”服务体系。

石化企业目前销售总量大，客户分布广泛，生产规模不断扩大，物流流程更加复杂。销售总量的增长，需要现代物流作为后盾。但和其他类型国有大型企业一样，其不可避免地存在很多问题。目前，我国大部分石化企业处于起步或转型阶段，这些问题造成国内企业运作管理水平低，缺乏真正实力超群、竞争力强的代表，难以形成国企石化物流服务特色，打出品牌。目前，国内石化企业储运系统存在着以下的问题。

① 物流成本高。与发达国家物流业比较，中国国内企业的物流成本要高得多。有关资料显示，美国物流业成本仅占整个运营成本的9%左右，而中国物流业成本则占20%。从库存情况来看，中国企业产品的周转周期为35~45天，而国外一些企业的产品库存时间不超过10天。同时，中国国内石化企业更愿用自己的车队，但货物空载率达37%以上。计划经济时期形成的不合理的生产布局，以及我国物流理论和技术的落后，使中国存在着严重的低效率高成本现象。国内石化企业物流成本相对过高，在很大程度上影响了石化企业竞争力的快速发展。

② 缺乏现代化技术手段。企业发展过程中，对成本和服务越来越重视，随着跨国经营的增多，需要快速响应的物流系统和全球化的物流系统来支持，此时在国内石化企业实现信息化运作非常关键。许多石化企业的信息化程度极低，仍然采用电话、传真等手工操作开展业务，反应迟缓、效率低下。一些企业的储运系统虽然已经开始信息化建设，但相当一些国产物流管理软件仍停留在“电算化”的层次，业务信息与财务信息不能实现集成和实时控制，无法从根本上降低运营成本和提高效率。

③ 综合化程度低。从表面上看，国有石化企业储运系统大部分领域的运输能力、仓储能力都过剩，供大于求，但这种供给能力是相对过剩，真正能满足企业较高水平需求的供给还较少；货源地不稳定且结构单一、网络分散、经营秩序不规范。虽然这类企业大都占有土地、仓库、船只、车辆等物流资源，网点布局较广且基本合理，但这些资源实际上都处于分散的结点状态，没有得到有效整合利用，形不成网络，不能构成企业的核心竞争力。由于长期受计划经济的影响，采购、制

造、运输、仓储、代理、配送、销售等环节彼此分割，造成一方面生产企业的原材料和产成品库存过大，占压资金过多，产品生产成本上升；另一方面，由于运输、仓储等企业有效货源不足，现有设施能力未能充分利用，并且运输环节不衔接造成成本上升。另外，有些企业盲目扩张自有物流，设备及人员利用极不充分，造成巨大的资金闲置和浪费，致使管理混乱，也导致了我国诸多石化企业的储运系统难以大规模地快速发展。

④ 服务能力弱。目前国有石化企业的物流活动还只是被动地按照用户的指令和要求，从事单一功能的运输和仓储，很少能提供物流策划、组织及深入到企业生产领域进行供应链的全过程管理，增值性的物流服务很少；而且一些企业没有建立起较为完善的现代企业制度，大多数企业技术装备和管理手段仍比较落后，服务网络和信息系统不健全，大大影响了物流服务的准确性与及时性；更重要的是，企业缺乏通晓现代物流运作和物流管理的复合型专业人才，员工素质不高，服务意识、经营意识与市场要求相距甚远，缺少市场开拓的主动性；传统储运是静态运作，不适应现代物流追求的动态运作，快速响应效率低下。

（2）石化行业储运系统整合的必要性和紧迫性　按照我国入世承诺的相关条款，3 年内逐步取消大部分产品分销服务限制，如批发、运输、维修等限制最严的行业。在辅助分销服务方面也作出了类似的承诺，包括租赁、速递、仓储、货物储运等方面，国内石化企业面临着如何尽快完成向现代企业转换，增强参与全球竞争力的紧迫问题，发展现代物流管理是实现转换增强能力的重要手段。

石化行业经过几十年的发展，在储运设施、营销网络方面已具有相当的实力和规模。但是，如果不能对竞争新格局采取积极的应对策略，将难以在更大范围内的竞争中取胜。因为顾客现在关注的已经不是能否买到产品，而是能否找到一个高诚信度的供应商，这就要求企业运作必须由传统物流向现代物流转变，积极调整经营战略，充分借助和调整已有的储运设施和储运技术，进入用户的供应链、销售链，从提供单一的服务项目，成长为能够提供全程服务的专业化的物流企业。石化企业有必要站在高起点上，将物流管理作为制度创新与管理创新的战略任务，统一规划，分步实施，以优化销售物流为着眼点，构建一个优良健康的营销物流主体，通过仓储的高度机械化、自动化、标准化，通过运输的现代化，提高物流速度，降低物流成本。

如果不从现在开始实施现代物流管理，提高产品的营销能力和服务水平，石化企业将不可避免地陷入经营上的困境，要么借助第三方物流，让出一块利润；要么减少服务投入，让出一份市场。根据美智管理顾问公司和中国物流与采购联合会联合调查报告显示，我国目前与物流相关的年总支出约有 2 万亿人民币，物流成本占 GDP 的比重为 20% 左右。虽然真正意义上的物流还处于发展初期，但中国物流总量将有超过 10% 的增长，我国现阶段物流业还将有很大的发展。随着大量跨国公司的进入，新兴物流服务企业的异军突起，市场竞争的加剧，我国的生产企业和商业企业为适应更趋复杂、多样化的物流需求，将更多地拓宽经营思路，调整企业物流战略，需要改善或重新打造自己的物流系统。

通过对国际物流公司进入国内市场、国内第三方物流行业的发展、国内传统企业的物流改造等三方面的探讨，可以了解石化储运系统所处的物流产业环境，为明确石化企业储运系统发展战略提供参考。

2. ××石化储运系统发展现状和问题

（1）××石化储运系统的组织结构现状　该石化公司储运系统是指承担石化生产、销售服务的储存和运输设施及运行管理的各单位的总称，主要包括销售供应公司管理的××石化仓储航运、××石化铁路运输两公司，以及××石化汽车运输公司、炼化部储运一区、二区、三区和五大事业部（炼化部、化工事业部、涤纶事业部、腈纶事业部以及塑料事业部），负责产成品装卸储运的部门和××石化工业区物流有限公司。

（2）××石化公司储运系统核心业务流程情况分析　该石化公司的主体生产，按工艺特征来划分，属于“流程型”生产。在流程型生产过程中，物料是均匀、连续地按一定工艺顺序运动的。按组织生产特点来划分，该公司的主体生产属于“备货型”生产。所谓备货型生产，是指在没有接到用户订单时，按已有的标准产品或产品系列进行生产，生产的目的是为了补充成品库存，通过成品库存来满足用户的随时需求。该石化公司部分物料流通以管线运输方式完成，工艺性强，投资大，暂时不作为系统改造的对象。所以，该公司储运系统的核心流程主要包括销售环节、采购环节、生产调度环节。

（3）××石化公司储运系统存在的主要问题　该公司储运系统依托于××石化股份公司的充足的业务量，拥有相当完备的化工物流基础设施，以及长期成熟的化工物流储运经验和人员，在国内同行业中具有相当的优势。但是不可否认，它存在的问题也是相当明显的。

1）资产利用率低，物流总成本偏高。现有的储运设备如按储存能力和周转能力计算，利用率普遍较低。资源的综合利用水平低下以及历史原因造成的储运资产质量不高、人员不合理超量配置是产生这一问题的主要原因，使该石化物流总成本居高不下，不仅影响了储运单位的经济效益，也造成了股份公司的储运资产减值。现以汽运公司车辆资产利用情况为例来说明，见表9-7。

表9-7　汽运公司车辆资产利用情况

	化工常压车	化工有压车	干货车辆
车辆数	60	51	125
运输能力(车辆吨位)/t	664	680	1225
工作利用率	61.05%		71.27%
里程利用率	49.76%		50.70%
综合利用率	30.38%		36.13%

注：综合利用率=工作利用率×里程利用率。资料来源：根据上海石化汽车运输公司提供的“运输车辆情况”的书面资料编制。

汽运公司车辆综合利用率低，主要是由于返程空车使得车辆的里程利用率只有50%左右。干货车辆的利用率要高于化工品车辆的利用率，这主要是由于化工品运输的特性造成的。在汽运运输业务量上，一方面是由于公司产品客户自提比例的增加，另一方面是由于石化汽运市场的无序压价竞争，汽运公司在运价上缺乏竞争力，与外地回程车、个体车辆在某些流向上无法竞争，使得作为公司利润中心的各事业部在执行政策时力度不够，造成各储运单位运输业务量的极度萎缩。

2）条块分割的物流管理和管理体制制约发展。

① 储运集中管理力度不够，各单位物流管理水平参差不齐，无系统发展规划，好的管理经验无法在股份公司范围内迅速推广，使得股份公司的储运资源无法体现其整体优势，导致储运系统效率不高，资源利用率低，缺乏市场竞争力。

② 各事业部以利润为中心，在处理储运业务时往往优先考虑自身的利益，较少考虑公司内部储运资产的综合利用，出现独立规划物流设施的现象。

③ 在物流信息系统建设上，具备完好的硬件条件，但没有进行物流信息的深度开发，数据无法共享，各部门之间信息沟通仍然停留在传统的书面和口头阶段，储运单位综合物流服务能力较差，制约了物流运作的效率和及时性与准确性。即使是在运作已经较为成熟的供应端，物资储备供应系统联网工作虽然完成了，但是由于编码问题，还不能做到一位一码。更为严重的是，在整个物流过程中，支持不同部门的信息技术各式各样，分别独立地进行开发和应用，标准不一。

3）物流基础有效投入不足，物流综合能力比较差。该石化物流在物流运作方式上还停留在传统的储运阶段，尚未形成现代物流的运作模式，作业技术含量低，特别是现代化运输装备有效投入不足，集装化水平更为低下。比如固体产品不能海运、铁路运输没有内部调车机头等情况都限制了运输整体效率的发挥。

例如，近几年公司化纤、塑料通过增量改造，实物量逐年增加，而与之配套的储存仓库没有进行配套改造，造成室内仓库相对偏紧、室外堆场相对偏空，尤其是在化纤、塑料滞销以及节假日库存上升时，不得不将化纤堆放在露天，给保管质量、储存作业带来了一定的难度。

4）人员结构与技能素质同现代物流要求相比差距较大。储运系统人员年龄结构、知识结构同现代物流的要求存在相当大的差距。例如：仓储航运公司生产工人中技术工人占的比例较少，管理人员中文化程度偏低；铁路储运公司具有专技职称的管理人员，几乎一半超过了45岁；汽运公司与储运有关的业务人数仅占总人员的48.2%。

从总体上客观地来说，无论是物流服务的硬件还是软件，该石化物流与高效率低成本的现代物流还有较大的差距。信息收集、加工、处理、运用能力，物流的专门知识，物流的统筹策划和精细化组织与管理能力都明显不足。

随着该石化物流业务的增长以及降低物流成本的需要，现有储运系统已不能很好地满足企业发展的需要，对物流系统进行改革，引入现代化物流管理模式刻不容缓。

3. ××石化公司储运系统整合战略选择

（1）战略选择和整合的基本原则与基本方法　战略分析的主要目的之一就是清楚地了解组织及组织所面临的内外部环境，即组织面临的重要机会和威胁、组织内部特定的资源优势与劣势以及一系列影响组织战略选择的利益相关者的期望。战略选择是指在所提出的多个战略方案中，做出选择某一特定的最佳的战略方案的决策。战略选择的基本原则有适用性原则、可行性原则以及可接受性原则。

由于地域、行业及市场需求环境的不同，企业在生产模式、经营战略、管理体制、技术装备水平及企业文化背景等方面的差异较大，要实现企业物流的合理化和现代化，就要认真分析企业在生产经营中物流系统的现状，并根据企业长期发展战略规划，应用现代物流理论进行企业物流系统的改造或重建，采用循序渐进或跨越式发展的模式，实现企业物流的现代化。

整合就是要优化资源配置，就是要有进有退、有取有舍，就是要获得整体的最优。在战略思维的层面上，整合是系统论的思维方式。就是要通过组织和协调，把企业内部彼此相关但却彼此分离的职能，把企业外部既参与共同的使命又拥有独立经济利益的合作伙伴整合成一个为客户服务的系统，取得 1 +1 >2 的效果。

企业经营战略选择是企业一项重大的战略决策，这是企业决策者通过对制订的几种战略方案进行比较，从中选择一种较满意战略方案的过程。

企业战略的选择分为两个层次，第一个层次是企业总体战略定位，其主要过程是对整个公司进行统筹分析作出的战略抉择，这些战略按照战略态势分类有发展型战略、紧缩型战略、稳定型战略等。第二个层次是企业经营战略的重点战略选择。企业经营战略分析及选择常用的方法有 SWOT 分析法、战略选择矩阵、战略聚类模型等。这种分析的基本思路是：比较企业经营的内外部因素、企业的优势和劣势、机会和威胁，从而根据具体情况选择战略。

（2）××石化公司储运系统发展战略选择——SWOT 分析　SWOT 分析是在西方广为应用的一种战略选择方法。SWOT 是英文的缩写，SW 是指企业内部的优势和劣势（Strengths and Weaknesses），OT 是指企业外部的机会和威胁（Opportunities and Threats）。SWOT 分析就是企业在选择战略时，对企业内部的优劣势和外部环境的机会与威胁进行综合分析，据以对备选战略方案作出系统评价，最终达到选出一种适宜战略的目的。

企业内部的优劣势是相对于竞争对手而言的，表现在资金、技术设备、职工素质、产品市场、管理技能等方面。企业外部环境是企业所无法控制的，企业外部环境中有的对企业发展有利，可能给企业带来某种机会，例如宽松的政策，技术的进步，就有可能给企业降低成本、增加销售量创造条件。有的外部环境对企业发展不利，可能给企业带来威胁，如原材料价格上涨、税率提高等。来自企业外部的机会与威胁，有时需要与竞争对手相比较才能确定。有利条件可能对所有企业都有益，威胁也不仅仅是威胁本企业，因此在有些情况下对机会与威胁的分析不能忽略与竞争对手相比较。

SWOT 分析的做法是：依据企业的方针列出对企业发展有重大影响的内部及外部环境因素，继而确定标准，列出 SWOT 战略矩阵，分值处于第 I 象限，外部有众多机会，又具有强大内部优势，宜采用发展型战略；处于第 II 象限，外部有机会，而内部条件不佳，宜采取措施扭转内部劣势，可采用先稳定战略后发展战略；处于第Ⅲ象限，外部有威胁，内部状况又不佳，应设法避开威胁，消除劣势，可采用紧缩战略；处于第Ⅳ象限，拥有内部优势而外部存在威胁，宜采用多角化经营战略分散风险，寻求新的机会。SWOT 分析即对因素进行评价，判定是优势还是劣势，是机会还是威胁；推断优劣势有多大及外部环境的好坏。在战略上企业要扬长避短，内部优势强，就宜于采取发展型战略，否则就宜于采用稳定型或紧缩型战略。

该公司储运系统有着自己的特点和优势，同时也面临着不少问题和困难。利用 SWOT 分析从优势（Strengths）、劣势（Weakness）、机会（Opportunities）和威胁（Threats）四个方面进行分析有利于上海石化物流系统认清内部资源和外部条件，从而发挥优势、克服不足、利用机会、化解威胁，制订相应的发展战略。××石化储运系统的 SWOT 分析见表 9-8。

表 9-8　××石化公司储运系统 SWOT 分析

优　　势	劣　　势	机　　遇	威　　胁
1. 长期成熟的化工物流储运经验 2. 相应化工物流基础设施完备 3. 长期良好的客户，政府部门的扶持 4. 股份公司业务的增长	1. 缺乏完善的物流网络 2. 物流资源分布和管理分散 3. 高层次的现代物流人才欠缺 4. 信息系统落后 5. 融资问题制约拓展业务 6. 未来定位易受到母公司的影响	1. 上海化工区带来的巨大机遇 2. 国家对化工产业的政策支持 3. 国内下游产业发展为上海石化物流发展提供了契机 4. 国内物流产业环境的改善	1. 国外化工企业物流伙伴参与上海化工区业务 2. 国内大型化工企业和物流公司的竞争压力 3. 国外优秀物流企业的冲击 4. 目前不规范的物流市场

通过以上的 SWOT 分析可以看出，该石化公司储运系统有自己的特长，也存在着不少弱点；面临着许多机会，也有来自外部的威胁。综合分析，就一个国内传统化工企业的储运系统来说，应该说优势和劣势相当，虽然也面临着外部竞争的威胁，但同样外部机会可谓千载难逢，在 SWOT 战略矩阵，评估处于第 I 象限和第 II 象限之间，外部有众多机会，内部优劣势并存，宜采取措施扭转内部劣势，可采用先稳定内部整合后向外部发展的战略，向 SO 战略发展，该石化储运系统应该

加强。

(3) 企业物流战略调整策略选择　企业物流战略调整的目的是要解决竞争战略的手段问题。即如何通过物流服务竞争来降低物流总成本，提高客户服务水平，与客户和供应商建立战略联盟关系，以便提高企业整体的市场竞争力。在不同的市场环境条件下侧重点会有所不同。这就是物流企业战略调整的基本依据。

在我国经济发展的现阶段，企业物流存在以下几个模式：①以生产、制造为核心的企业自给物流模式；②专业化分工的社会物流模式；③企业物流与物流企业的混合物流模式。现有的企业物流模式不是单一的，而是几种物流模式共存的混合状态。在这三种物流模式中，企业自给物流是大多数企业采用的主要物流模式，混合物流模式则是从企业的销售物流向专业化物流的过渡模式，而专业化的物流模式是我国物流产业的发展趋势。

对于现今我国企业的物流系统来说，物流改革的策略大体上有两大类：一类是加强对物流的投入，提高企业整体的物流管理水平；另一类则是减少对物流的投入，通过将物流业务外包，提高物流管理水平和降低成本。

4. 该石化公司物流战略实施的主要途径

为了实现石化物流的战略目标，需要从市场、运作、人才、资本等方面分别制订相应的战略措施，从多方面保证战略目标的实现。

(1) 加快拓宽市场　该石化公司目前的储运系统是在原有石化物资流通职能上发展起来的，其中传统物流业务种类如装卸、仓储、铁路运输、汽车运输等仍然占石化物流的主导地位。发展现代物流可以从横向开拓市场，纵深发展高附加值服务两个维度来拓宽业务面，形成物流核心竞争力。

1) 形成立体化的物流体系，提供多种增值服务；发展管道运输和集装箱运输，发挥多式联运的优势。对于化工行业来说，与其他运输方式相比，管道运输有着不少得天独厚的优点。首先，化工行业的产品类型符合管道运输的要求，而且从时间上来看，造成运输时间变化的因素较少，因此管道运输是所有运输方式中最可靠的一种；另外，管道运输的能力很大。例如货物在直径为 12in 的管道内移动速度达 3km/h，每小时的货运量就达 336865L，不仅如此，管道运输的安全性很高，产品损坏的可能性较小。集装箱运输，则是由于其便捷性、适应性、标准性而得到整个物流行业的青睐。

集装箱运输避免了多式联运中的再装卸工作，而且可以通过不同的箱体运输不同的产品，不仅灵活而且具有成本优势。上海石化物流可以充分发挥管道运输的巨大优势，并且大力发展多式联运，如铁运和汽运集装箱的联运，实现长距离门到门的直接运输。

国外塑料厂上下游厂家都有相当规模，进行塑料散装运输能有效降低产品包装、运输成本，发展很快，见表 9-9。

表 9-9　欧美塑料产品各类包装方式运输比例

包装方式	欧盟	美国
小包装	20% ~30%	10%
半散装(大包)	20% ~30%	10%
散装(罐式)	40% ~60%	80%

国内塑料散装基本上还未起步。但不久国内厂家在规模上肯定会有所变化，散装运输能够降低成本也肯定为大家所接受。因此，该石化公司应该进行塑料散装运输的尝试，可考虑在几个大的市场里建立物流分拨公司，通过散装运输的方式直接把原料运到物流分拨公司，由分拨公司按照销售对象确定原料的包装方式再进行供应。

2）提供多样化高附加值服务。新加坡一家著名的化工物流供应商 OCWS（海皇东方子公司），除了在化工产品存储和运输方面具有很强的竞争力之外，区别于竞争对手的重要标志之一便是它可以提供环保清洗油罐的服务，这项服务在亚洲地区是最好的，也是新加坡唯一一家提供该项服务的化工物流供应商，为它带来源源不断的客户和良好的市场口碑。该公司物流应该围绕主业，拓展其他增值服务，为客户提供一体化的物流服务。

3）积极开拓外部市场，扩大自己的影响力。中国加入 WTO 之后，化工行业以及化工行业下游产业，诸如汽车、纺织、塑料等的蓬勃发展，给该公司物流带来了难得的机遇。该公司物流应该抓住化工园区的契机，以江、浙、沪化工产业带为重点，不断扩大自己的外部影响力，形成面向全国的化工物流专业服务商。

（2）优化物流网络，建立物流联盟　该公司物流网络的形成，将能够提高物流效率和整个系统费用的有效性，使整个系统总成本达到最小，从而最终提高客户满意度，提高自己的市场竞争力。该公司物流网络应以金山地区的物流设施为基础，以江、浙、沪地区为基点，形成主要以石油、化工产品为主导资源，服务范围辐射至全国的综合物流服务网络系统。

按照化工区现在的发展模式，该公司可以考虑以下四种方式参与化工区的建设：一是以独资方式参与化工区部分储运项目的建设；二是以参股方式与国外物流公司合资参建化工区储运项目；三是利用现有的物流资源为化工区储运提供服务；四是采取劳务输出的方式参与化工区物流业务的管理和作业。公司物流可以考虑向投资主体多元化转变，引入多方投资，积极吸纳外资、私企投资物流的开发和建设，并最终采用上市融资的方式，促进和推动自身的发展，解决发展资金问题，以适应经济发展的客观需要。

公司物流网络的建设，不仅为了满足本公司的物流需要，而且能够满足外部市场的物流需求。以公司物流为核心建立以契约关系为主要形式的稳定的物流联盟，可以在不需要追加投资的情况下，扩大公司物流服务能力，有利于物流作业环节的优化，也有利于运输成本的降低。尽管如此，对于如此松散的物流联盟，公司物流需要在联盟伙伴的选择和控制上加大管理力度，创新管理理念。从长远的观点来看，公司物流可以利用自身的信息优势和管理优势，创立物流联盟信息平台，提供化工储运企业资质认定、储运信息发布、产品信息追踪、交易结算、报关通关等附加服务，形成管理简易、互惠互利的公司物流联盟。

（3）核心业务拓展　石化物流系统的核心业务主要有：采购、仓储、配送和区域销售。

1）采购。股份公司的主要采购业务由销售供应公司实行统一集中采购，集中采购能够增强采购力量，形成批量、发挥规模优势，降低采购成本，提高采购效率，是现代采购管理的发展趋势。随着销售供应公司重组为公司物流事业部、物流有限公司，采购业务也将自然而然地成为石化物流有限公司的一项主要业务。公司物流事业部、物流有限公司还将承担中石化集团、公司石化和 BP 三家合资采购 90 万 t 乙烯项目的采购业务。此外，公司物流事业部、物流有限公司还可以创造条件，将采购业务扩展到化工区的其他项目。在采购业务扩大的条件下，公司物流事业部、物流有限公司可以考虑建立市场化的石化物资采购专业队伍，发展成区域性或全国性的石化采购中心。

2）仓储。仓储业务是石化物流的另一主要业务。首先应对公司的 18 万多 m^2 的仓库进行统一管理，由专门的仓储部门负责集中管理，实现仓库的共享。随着物流业务量的扩大，未来提高服务水平，同时实现物流总成本的最小化，可以考虑在江浙等地的物流集散地投资建立仓储设施或租赁当地的仓库。异地设库可以起到加强股份公司产品的快捷服务，实现销地销售，也能达到优化储运环节、减轻本部仓储压力的目的。另外，随着化工区的建设，石化物流公司要积极争取承接区内业务，一方面可以通过优化库存，将所节省下来的现有仓库用于存放化工区的产品，另一方面，从战略角度和经济性角度来分析，公司物流事业部、物流有限公司应根据具体的业务量预测，在物流园区附近投资建设相应的仓储设施。

3）配送。配送是公司物流事业部、物流有限公司的一项主要业务。铁路运输能够远距离运输大批量货物，随着异地库的设置以及社会物流业务量的增加，公司物流事业部、物流有限公司应扩大铁路运输量，充分利用铁路设施，改善装车栈桥、装卸车设施，提高现有装卸车位的利用率以及铁运储罐的利用率，同时与公路运输进行有效的衔接，实现多式联运。汽车运输公司的危险品运输拥有专业优势，市场竞争的威胁不大，但干货运输的竞争压力很大，在长途运输上要加快与社会运输企业战略联盟关系的建设，要以最小的投入来加大系统的运输能力，确保配送和双向运输的顺利进行。槽车运输是公路运输中有竞争力也有发展前景的运输方式。要创造有利条件，扩大槽车运输的规模。汽车运输公司的运输成本偏高，干货运输市场进入壁垒低，同时又面临市场竞争逐步走向有序化，法制规范性增强，以及随着石化物流网络的构建和运输联盟的形成，可以部分解决运输车辆回程配载的问题，这将会使物流成本有大幅度的下降。内河运输要通过资产置换减少资产总量，通过改造、改型等方式，增加单船的运输吨位。

4）区域销售。以异地设库为基础，全面推进区域销售，开拓潜在市场，提高市场占有率。

除了以上的核心业务外，石化物流公司还可以拓展货运代理、报关等业务。

通过在以上分析的核心业务上加强竞争力，同时扩展在货代、报关、销地延伸服务等方面的业务，石化物流有限公司可以提高自身的综合服务能力，同时又增加了提高收入的机会。

（4）合理规划人力资源　通过人才的调整、培养和引进，逐步使公司物流人才结构合理化，人员水平得到提高，从而形成适应整个地区石化物流发展所需要的人力资源保证。针对高层管理人员，应以外部培训为主，如参加研讨会、短训班、高级研修班或到国内外同类企业考察，也可以邀请物流专家来企业做有针对性的培训。针对中层管理人员，应采取内外结合、注重实务的培训方式。针对基层操作人员，应采取内训为主的方式，主要是规章制度、操作规程的培训，主要对象应是仓库管理人员、运输管理人员以及销售人员。

该公司物流系统应该本着多渠道、高标准、严要求的原则，适时地引进企业所需的各类物流人才，应有配套的人才政策。未来几年，该公司物流管理人才培养和引进重点应该放在化工供应链管理、集中仓储管理、信息系统维护、采购培训、配送中心管理等方面。

思考题

1. 什么是一体化供应链？一体化供应链设计应考虑哪几个方面的问题？
2. 一体化供应链规划与设计的基本原则是什么？
3. 阐述基于产品的供应链设计策略的主要思想。
4. 什么是产品的生命周期？阐述产品生命周期的供应链策略的主要思想。
5. 基于产品的供应链设计过程的主要步骤有哪些？
6. 名词解释：供应链、核心企业。
7. 核心企业的基本特征有哪些？简述核心企业在供应链中的地位。
8. 供应链设计需要注意哪些问题？

第10章 物流作业流程规划与设计

物流在具体作业过程中，无论是人力化、机械化的物流系统，还是自动化、信息化的物流系统，若在作业流程的规划、设计过程中缺乏科学性和合理性，无论采用多先进的系统和设备，也未必能达到最佳的物流效果。因此，本章主要从物流作业流程出发，对物流各作业环节的规划与设计分别进行介绍。

10.1 订单处理系统的规划与设计

由接到客户订货开始，至准备着手拣货之间的作业阶段，称为订单处理。包括有关客户和订单的资料确认、存货查询、单据处理乃至出货配发等。

订单处理可通过人工或资料处理设备来完成。其中，人工处理较具有弹性，但只适合少量的订单，一旦订单数量较多时，人工处理应会变得缓慢且容易出错。相对而言，对于大量订单的处理，采用计算机技术，可以极大地提高作业率和降低劳动成本。至于订单处理的内容及步骤如下。

1. 接受订货的方式

接单作业为订单处理的第一步骤，随着流通环境及科技的快速发展，接受客户订货的方式也逐渐由传统的人工下单、接单，演变为通过电脑进行直接的电子订货方式。

(1) 传统订货方式

1) 厂商铺货。供应商直接将商品放在车上，一家家去送货，缺多少补多少。此种方式对于周转率较快的商品、或新上市商品较常使用。

2) 厂商巡货、隔日送货。供应商派巡货人员前一天先至各客户处查询补充的货品，隔天再予以补货的方式。此方法厂商可利用巡货人员为商店整理货架、贴标或提供经营管理意见、市场信息等，亦可促销新品或将自己的商品放在最占优势的货架上。此种方式的缺点是厂商可能会将巡货人员的成本加入商品的进价中，而且厂商为了推销自己的产品而故意补充滞销商品，将造成零售业者难以管理、分析自己所卖商品。

3) 电话口头订货。订货人员将商品名称及数量，以电话口述向厂商订货。但因客户每天需订货的品项可能达数十项，而且这些商品常是由不同的供应商供货。

因此利用电话订货所费时间相对较长，且错误率也较高。

4）传真订货。业者将缺货资料整理成书面资料，利用传真机传给厂商。利用传真机虽可快速地传送订货资料，但由于其传送资料质量不良，常会增加事后确认作业。

5）邮寄订单。客户将订货表单，或订货磁片、磁带邮寄给供应商。近年来的邮寄效率及质量已不符所需。

6）客户自行取货。客户自行到供应商处看货、补货，此种方式多为以往传统杂货店因地缘近所采行。客户自行取货虽可省却物流中心配送作业，但因个别取货常会影响物流作业的连贯性。

7）业务员跑单接单。业务员至各客户处推销产品，而后将订单携回，或紧急时以电话先联络公司通知客户订单。

不管利用何种方式订货，上述这些订货方式都需人工输入资料而且经常重复输入、重复书写传票，并且在输入、输出间常造成时间耽误及产生错误，这些都是无谓的浪费。尤其现今客户更趋高频度的订货，且要求快速配送，传统订货方式已无法满足需求，这使得新的订货方式——电子订货应运而生。

（2）电子订货方式　电子订货，顾名思义即由电子传递方式，取代传统人工书写、输入、传送的订货方式，也就是将订货资料转为电子资料形式，由通信网络传送，此系统即称电子订货系统（EOS，Electronic Order System）：采用电子资料交换方式取代传统商业下单来接单动作的自动化订货系统。目前，电子订货主要有以下三种方式。

1）POS（Point of Sale 销售时点管理系统）。客户若有 POS 机，则可在商品库存档里设定安全存量。每当销售一笔商品资料时，电脑自动扣除该商品库存；当库存低于安全存量时，即自动产生订货资料，将此订货资料确认后即可透过电信网络传给总公司或供应商。亦有客户将每日的 POS 资料传给总公司，总公司将 POS 销售资料与库存资料比对后，根据采购计划向供应商及时下单。

2）订货簿或货架标签配合手持终端机（H. T，Handy Terminal）及扫描器。订货人员携带订货簿及手持终端机巡视货架。若发现商品缺货，则用扫描器扫描订货簿或货架上的商品标签，再输入订货数量；当所有订货资料皆输入完毕后，利用数据机将订货资料传给供应商或总公司。

3）订货应用系统。客户信息系统里若有订单处理系统，可将应用系统产生的订货资料，经由转换软件转成与供应商约定的共通格式，在约定时间里将资料传送出去。

一般而言，通过电脑直接连线的方式最快也最准确，而邮寄、电话或销售员携回的方式较慢。由于订单传递时间是订货前置时间内的一个因素，其可经由存货水准的调整来影响客户服务及存货成本，因而传递速度快、可靠性及正确性高的订单处理方式，不仅可大幅提升客户服务水平，对于存货相关的成本费用亦能有效地缩减。

2. 需求品项数量及日期的确认

对于订货资料项目的基本检查，即检查品名、数量、送货日期等是否有遗漏、笔误或不符公司要求的情形。尤其当要求送货时间有问题或出货时间已延迟的时候，更需再与客户确认一下订单内容或更正期望运送时间。同样，若采用电子订货方式，亦须对接收订货资料进行检查、确认；若透过 VAN 中心进行电子订货处理，可委托其进行一些基本的客户下单资料检查，对于错误的下单资料，传回给客户修、改再重新传送。

3. 客户信用的确认

不论订单由何种方式传至公司，配销系统的第一步即要查核客户的财务状况，以确定其是否有能力支付该件订单之账款，其作法多是检查客户的应收账款是否已超过其信用额度。因而接单系统中应设计下述两个途径来核查客户信用的状况：

(1) 客户代号或客户名称输入时　当输入客户代号名称资料后，系统即加以检核客户的信用状况；若客户应收账款已超过其信用额度时，系统应加以警示，以便输入人员决定是否继续输入其订货资料或直接拒绝其订货。

(2) 订购品项资料输入时　若客户此次的订购金额加上以前累计的应收账款，超过信用额度时，系统应将此笔订单资料锁定，以便主管审核，审核通过，此笔订单资料才能进入下一个处理步骤。

原则上顾客的信用调查是由销售部门来负责，但有时销售部门往往为了争取订单并不太重视这种核查工作，因而也有些公司会授权由运销部门来承接负责，一旦核查结果发现客户的信用有问题，运销部门再将订单送回销售部门再调查或退回。

4. 订单形态确认

物流中心虽有整合传统批发商的功能和有效率的物流、信息处理功能，但在面对众多的交易对象时，似乎仍因应客户的不同需求而有不同的作法，这反映到接受订货业务上，可看出其具有多种的订单交易形态，即物流中心应对不同的客户或不同的商品时，将会有不同交易及处理方式，见表 10-1。

表 10-1　交易形态及处理方式

交易形态	交易特点	处理方式
一般交易订单	正常或一般的交易订单。接单后按正常的作业程序拣货、出货、配送、收款结案的订单	接单后，将资料输入订单处理系统，按正常的订单处理程序处理，资料处理完后进行拣货、出货、配送、收款结案等作业
现销式交易订单	与客户当场直接交易、直接给货的交易订单。如业务员至客户处巡货、铺销所得的交易订单或客户直接到物流中心取货的交易订单	订单资料输入后，因其货品已交予客户，故订单资料不需再参与拣货、出货、配送等作业，只需记录交易资料，以便收取应收款项

（续）

交易形态	交易特点	处理方式
间接交易订单	客户向物流中心订货,但由供应商直接配送给客户的交易订单	接单后,将客户的出货资料传给供应商由其代配。此方式需注意客户的送货单是自行制作或委由供应商制作,以及出货资料(送货单回联)的核对确认
合约式交易订单	与客户签订配送契约的交易,如签订某期间内定时配送某数量商品	约定的送货日来临时,需将该配送的资料输入系统处理以便出货配送;或一开始便输入合约内容的订货资料并设定各批次送货时间,以便在约定日期来临时系统自动产生需送货的订单资料
寄库式交易	客户因促销、降价等市场因素而先行订购某数量商品,之后视需要再要求出货的交易	当客户要求配送寄库商品时,系统应检查、核实客户是否确实有此项寄库商品;若有,则出此项商品,并且扣除此项商品的寄库量。需注意此项商品的交易价格,应依据客户当初订购时的单价计算
兑换券交易	客户兑换券所兑换商品的配送出货	将客户兑换券所兑换的商品配送给客户时,系统应查核客户是否确定有此兑换券回收资料;若有,依据兑换券兑换的商品及兑换条件予以出货,并应扣除客户的兑换券回收资料

不同的订单交易形态有不同的订货处理方式，因而接单后必须再对客户订单或订单上的订货品项加以确认其交易形态，以便让系统针对不同形态的订单提供不同的处理功能。例如，提供不同的输入界面或不同的检核、查询功能，以及不同的储存档案等。

5. 订货价格确认

不同的客户（大盘、中盘、零售）、不同的订购量，可能有不同的售价。输入价格时系统应加以检验、核查。若输入的价格不符（输入错误或因业务员降价强接单等），系统应加以锁定，以便主管审核。

6. 加工包装确认

客户对于订购的商品，是否有特殊的包装、分装或贴标等要求，或是有关赠品的包装等资料都进行确认、记录。

7. 设定订单号码

每一订单都要有其单独的订单号码，此号码系由控制单位或成本单位来指定，除了便于计算成本外，可用于制造、配送等一切有关工作，且所有工作说明单及进度报告均应附上此号码。

8. 建立客户主档

将客户状况详细记录，不但能让此次交易更易进行，且有益于往后合作机会的增加。客户主档应包含订单处理需用到的及与物流作业相关的资料，包括：1）客户姓名、代号、等级形态（产业交易性质）。2）客户信用额度。3）客户销售付款及折扣率的条件。4）开发或负责此客户的业务员。5）客户配送区域。例如：大分类，中分类，小分类等。基于地理性或相关性，将客户分类于不同区域将有助于提升管理及配送的成效。6）客户收账地址。7）客户点配送路径顺序：因区域、街道、客户位置，将客户分配于适当的配送路径顺序。8）客户点适合的车辆形态：往往客户所在地点的街道有车辆大小的限制，因而须将适合该客户的车辆形态建于资料档中。9）客户点下货特性：客户所在地点或客户下货位置，由于建筑物本身或周围环境特性（如地下室有限高或高楼层），可能造成下货时有不同的需求及难易程度，在车辆及工具的调度上须加以考量。10）客户配送要求：客户对于送货时间有特定要求或有协助上架、贴标等要求，也应将其建于资料档中。11）过期订单处理指示：若客户能统一决定每次延迟订单的处理方式，则可事先将其写入资料档，以备临时询问或紧急处理时用。

9. 存货查询及依订单分配存货

（1）存货查询　此程序在于确认是否有效库存能够满足客户需求，通常称为"事先拣货（Prepicking the order）"。存货档的资料一般包括品项名称、SKU 号码、产品描述、库存量、已分配存货、有效存货及期望进货时间。

在输入客户订货商品的名称、代号时，系统即应查对存货档的相关资料，看此商品是否缺货；若缺货，则应提供商品资料或是此缺货商品的已采购未入库信息，便于接单人员与客户协调是否改订替代品，或是允许延后出货等权宜办法，以提高人员的接单率及接单处理效率。

（2）分配存货　订单资料输入系统，确认无误后，最主要的处理作业在于如何将大量的订货资料，作最有效的汇总分类、调拨库存，以便后续的物流作业能有效地进行。存货的分配模式可分为单一订单分配及批次分配两种。

1）单一订单分配。此种情形多为线上即时分配，亦即在输入订单资料时，就将存货分配给该订单。

2）批次分配。累积汇总数笔的已输入订单资料后，再一次分配库存。物流中心因订单数量多、客户类型等级多，且多为每天固定配送次数。因此通常采取批次分配以确保库存能作最佳的分配。

采用批次分配时，需注意订单的分批原则，即批次的划分方法。随着作业的不同，各物流中心的分批原则亦可能不同，概括来说有如表 10-2 所述几种方法。

表 10-2　分批原则的划分

划分角度	分　类
按接单时序划分	将整个接单时段划分成几个区段，若一天有多个配送梯次，可配合配送梯次，将订单按接单先后分为几个批次处理
按配送区域或路径	将同一配送区域或路径的订单汇总一起处理
按流通加工需求	将需加工处理或需相同流通加工处理的订单汇总一起处理
按车辆需求	若配送商品需特殊的配送车辆（如低温车、冷冻车、冷藏车）或客户所在地、下货特性的特殊型车辆可汇总进行统一处理

然而，若以批次分配选定参与分配的订单后，若这些订单的某商品总出货量大于可分配的库存量，则应考虑如何取舍来分配这些有限的库存，通常可依以下四个方面来决定客户订购的优先性：

1）具有特殊优先权者先分配。对于一些例外的订单如缺货补货订单、延迟交货订单、紧急订单或远期订单，和在前次即允诺交货的订单，或客户提前预约或紧急需求的订单，应有优先取得存货的权利。因此当存货已补充或交货期限到时，应确定这些订单的优先的分配权。

2）依客户等级来取舍将客户重要性程度高的作优先分配。

3）依订单交易量或交易金额来取舍，将对公司贡献度大的订单作优先处理。

4）依客户信用状况将信用较好的客户订单作优先处理。

此外，也可依上述原则在接受客户订单时即将优先顺序性键入（以 A、B、C 或 1、2、3 来表示），而后在作分配时即可依此顺序自动取舍，也就是建立一套订单处理的优先系统。

10. 计算拣取的标准时间

由于要有计划地安排出货时程，因而对于每一订单或每批订单，可能花费的拣取时间应事先掌握，即要计算订单拣取的标准时间。

1）阶段一：首先计算每一单元（一托盘、一纸箱、一件）的拣取标准时间，且将之设定于电脑记录标准时间档，将各个单元的拣取时间记录下来，则不论数量多少，都很容易推导出整个标准时间。

2）阶段二：有了单元的拣取标准时间后，可依每品项订购数量（或单元），再配合每品项的寻找时间，计算出每品项拣取的标准时间。

3）阶段三：最后，根据每一订单或每批订单的订货品项，包括一些纸上作业的时间，将整张或整批订单的拣取标准时间算出。

11. 依订单排定出货时程及拣货顺序

前面已由存货状况进行了存货的分配，但对于这些已分配存货的订单，应如何安排其出货时间及拣货先后顺序，通常会再依客户需求、拣取标准时间及内部工作负荷来拟定。

12. 分配后存货不足的异动处理

若现有存货数量无法满足客户需求，且客户又不愿以替代品替代时，则应依客户意愿与公司政策来决定对应方式。

（1）依客户意愿而言

1）客户不允许过期交货（Back-Order），则删除订单上不足额的订货，甚至取消订单。

2）客户允许不足额的订货，等待有货时再予以补送。

3）客户允许不足额的订货，留待下一次订单一起配送。

4）客户希望所有订货一起配达。

(2) 依公司政策而言　一些公司允许过期分批补货，但一些公司因为分批出货的额外成本而不愿意分批补货，则可能宁愿客户取消订单，或要求客户延后交货日期。

根据上述客户意愿与公司政策，对于缺货订单的处理方式归纳如下：

1）重新调拨。若客户不允许过期交货，而公司也不愿失去此客户订单时，则有必要重新调拨分配订单。

2）补送。

① 若客户允许不足额的订货等待有货时再予以补送，且公司政策亦允许，则采用补送方式。

② 若客户允许不足额的订货或整张订单留待下一次订单一起配送，则也采用补送处理。

但需注意，对这些待补送的缺货品项需先记录存档。

3）删除不足额订单。

① 若客户允许不足额订单可等待有货时再予以补送，但公司政策并不希望分批出货，则只好删除订单上不足额的订单。

② 若客户不允许过期交货，且公司也无法重新调拨，则可考虑删除订单上不足额的订单。

4）延迟交货。

① 有时限延迟交货：客户允许一段时间的过期交货，且希望所有订单一起配送。

② 无时限延迟交货：不论须等多久，客户都允许过期交货，且希望所有订货一起送达，则等待所有订货到达再出货。对于此种将整张订单延后配送，亦需将这些顺延的订单记录存档。

5）取消订单。若客户希望所有订单一起配达，且不允许过期交货，而公司也无法重新调拨时，则只有将整张订单取消。

13. 订单资料处理输出

订单资料经由上述的处理后，即可开始列印一些出货单据，以展开后续的物流作业。

(1) 拣货单（出库单）　拣货单据的产生，在于提供商品出库指示资料作为拣货的依据。拣货资料的形式，需配合物流中心的拣货策略和拣货作业方式来加以设计，以提供详细且有效率的拣货信息，便于拣货的进行。

拣货单的列印应考虑商品储位，依据储位前后相关顺序列印，以减少人员重复往返取货。同时，拣货数量、单位亦明确标识。随着拣货、储存设备自动化程度的提高，传统的拣货单据形式已不符需求，利用电脑、通信等方式处理显示拣货资料的方式已取代部分传统的拣货表单，如利用电脑辅助拣货的拣货棚架、拣货台车以及自动存取。采用这些自动化设备进行拣货作业，需注意拣货资料的格式与设备显示器的配合以及系统与设备间的资料传送及回收处理。

（2）送货单　物品交货配送时，通常需附上送货单据给客户清点签收。因为送货单主要是给客户签收、确认出货资料，其正确性及明确性很重要。要确保送货单上的资料与实际送货资料相符，除了出货前的清点外，出货单据的列印时间及修改亦须注意。

1）单据列印时间。最能保证送货单上的资料与实际出货资料一样的方法是在出车前，一切清点动作都完毕，而且不符合的资料也在电脑上修改完毕，再列印出货单。但此时再列印出货单，常因单据数量多，耗费许多时间，影响出车时间。若提早列印，则对于因为拣货、分类作业后发现实际存货不足，或是客户临时更改订单等原因，造成原出货单上的资料与实际不符时，须重新列印送货单。

2）送货单资料。送货单据上的资料除了基本的出货资料外，对于一些订单异动情形如缺货品项或缺货数量等亦须列印注明。

（3）缺货资料　库存分配后，对于缺货的商品或缺货的订单资料，系统应提供查询或报表列印功能，以便人员处理。

1）库存缺货商品。提供缺货商品品名或供应商查询的缺货商品资料，以提醒采购人员紧急采购。

2）缺货订单。提供依客户或外务员查询的缺货订单资料，以便人员处理。

14. 接订单方式的应用

（1）应用订货系统　包括销售员以手持终端机（handy terminal）经由公共电话线以连线方式传回主电脑，或由客户以电话或传真机（Fax）传至主电脑订货。

（2）运用专业订货系统　通过手持终端机，用光笔在棚上的标签做扫描，再输入订购数量，然后订货资料即可由电话线传至总公司的资料中心，订货速度方便迅速。

（3）家中订货系统　在美国 2000 年智慧商店所发展的一套消费者在家订货的系统中，使用一台接到电视机上 Nielsen 公司的测量器，可测量消费者收看消费频道的次数；以及一台放置家中 Nielsen 公司的产品扫描器，消费者可直接在电视荧幕扫描所需采购的商品项目，再电传至公司。

10.2　进货作业系统规范与设计

如图 10-1 所示，进货作业包括把货品做实体上的接收，从货车上将其货物卸下，并核对该货品的数量及状态（数量检查、品质检查、开箱等），然后将必要资讯给予书面化等。

另外，对于一般进货作业流程，主要如图 10-2 所示。

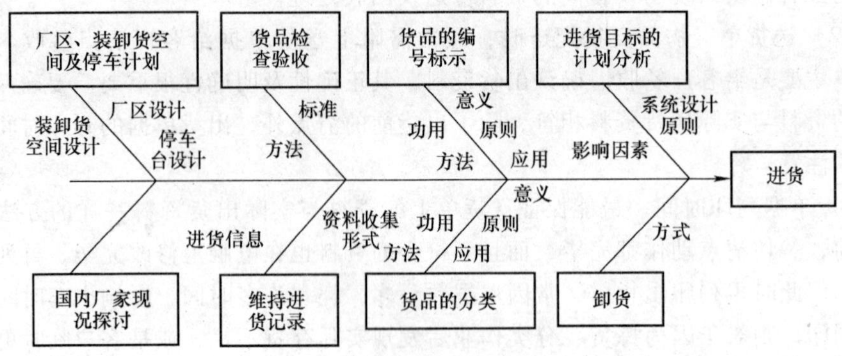

图 10-1　一般进货作业主要内容

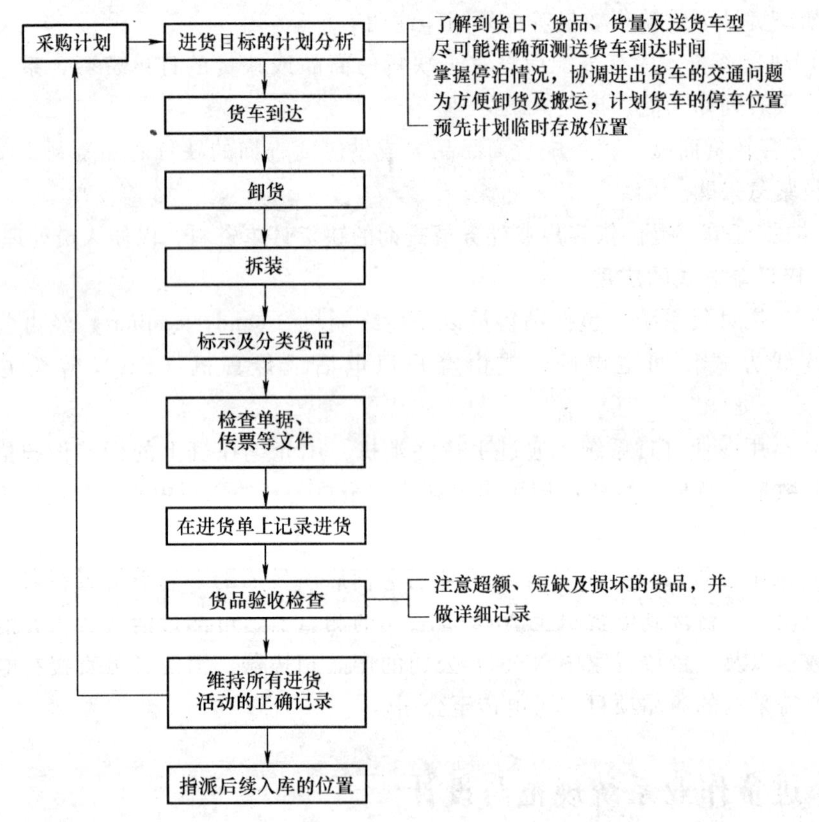

图 10-2　一般进货主要作业流程图

1. 进货目标的计划分析

（1）系统设计原则　为让搬运者安全有效率地卸货，及使物流中心能迅速正确地收货，进货计划及其相关资讯系统应注意以下原则：

1）多利用配送车司机来卸货，以减轻公司作业员负担及避免卸货作业的拖延。

2）尽可能将多样活动集中在同一工作站，以节省必要空间。

3）尽可能平衡停泊码头的配车，例如，根据进出货状况制订配车排程，或转移部分耗时的进货至非高峰时间。

4）将码头月台至储区的活动尽量保持直线流动。

5）依据相关性安排活动，达到距离最小化或省去步行的机会。

6）安排人力在高峰时间使货品能维持正常速率地移动。

7）考虑使用可流通的容器，以省去更换容器的动作。

8）为方便后续存取及能随时满足确认查询的要求，应详细记录进货资料。

9）为小量进货计划准备小车。

10）在进出货期间尽可能省略不必要的货品搬运及储存。

（2）进货影响因素　在设计一个完整的系统前，便考虑所有相关的影响因素才能将之统合规划，而在进货方面的影响因素很多，包括：

1）进货对象及供应厂商总数：一日内的供应厂商数（平均，最多）。

2）商品种类与数量：一日内的进货品项数（平均，最多）。

3）进货车种与车辆台数：车数/日（平均，最多）。

4）每一车的卸（进）货时间。

5）商品的形状、特性。

①散货、单元的尺寸及重量；②包装型态；③是否具有危险性；④托盘叠卸的可能性；⑤人工搬运或机械搬运；⑥产品的保存期限。

6）进货所需人员数（平均，最多）。

7）配合储存作业的处理方式。

8）如图 10-3 所示，每一时刻的进货车数，可用进货时间带来表示。

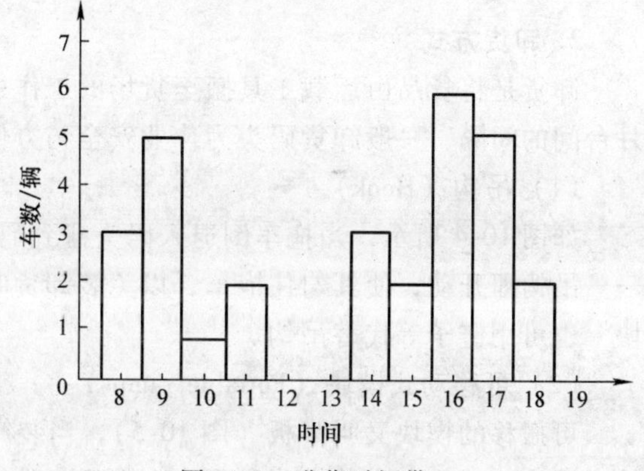

图 10-3　进货时间带

而针对第 7）项配合储存作业的处理方式，一般物流中心储存有以托盘、箱子、小包三种方式。同样，卡车进货亦有此三种形式。因此，如何连接进货与储存两作业间对此货品三种形式的转换，可以表 10-3 所示的三种状况来说明。

此外，要确实做好进货管理，并要事先制订好进货相关的管理标准，作为员工即时应对的参考。进货管理标准通常包括：1）订购量计算标准书。2）有关订购手续的标准。3）进货日期管理，包括进货日期跟催、变更的手续。4）有关订购取消及补偿手续。5）对进货源的支付货款标准、手续及购入契约合同等。

表 10-3　配合储存作业的处理方式

方　式	特　点	图　示
储存与进货单位不同	若储存以小包为单位，但进货是以托盘、箱子为单位；或储存以箱子为单位，但进货是以托盘为单位，则必须与进货点做卸载或拆装的动作，像是以自动托盘卸货机拆卸托盘上的载荷物，再拆箱将小包放于输送机上	进货：托盘 → 小包；箱子 → 小包；托盘 → 箱子：储存
进货与储存都以同样形式为单位	若进货与储存都以同样形式为单位，则进货输送机直接将货品运至储存区	进货：托盘 → 托盘；箱子 → 箱子；小包 → 托盘：储存
储存以托盘为单位	若储存以托盘为单位，但进货是以小包或箱子为单位；若储存以箱子为单位，但进货以小包为单位，则小包或箱子必先堆叠于托盘上或小包必先装入箱子后再储存	进货：小包 → 托盘；箱子 → 托盘；小包 → 箱子：储存

2. 卸货方式

卸货是将货品由运载工具搬至货场的工作过程，其最大障碍是需要克服车辆与月台间的间隔，一般卸货码头为作业安全与方便起见，常见有下列几种设施：

（1）吊钩（Hook）

如图 10-4 所示，当拖车倒退入码头碰到码头缓冲块（bumper）时，码头设施——吊钩即开动，使其勾住拖车，以免装卸货时轮子打滑，其作用类似移动式的楔块，也可用链子等代替吊钩。

（2）可移动式楔块（Portable ramps）

可搬移的楔块又叫竖板（图 10-5），当装卸货品时，可放置于卡车或拖车的车轮旁固定，以避免在装卸货过程中车轮意外地滚动而发生危险。

图 10-4　码头吊钩示意图

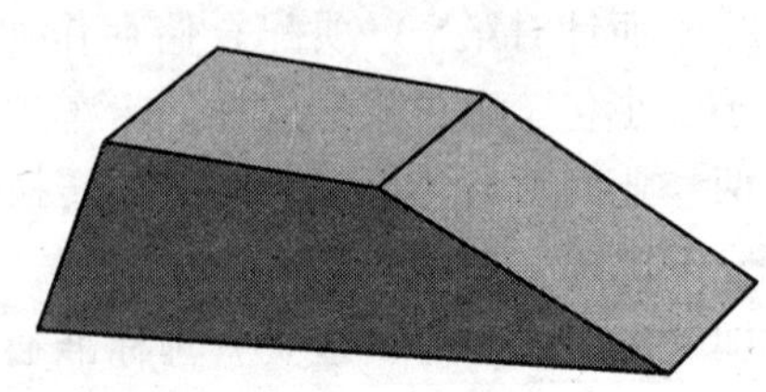

图 10-5　可移动式楔块

（3）升降平台（levelers）

最安全也最有弹性的卸货辅助装置应属升降平台，而升降平台分为卡车升降平台（truck levelers，图10-6）及码头升降平台（Dock levelers，图10-7）两种。当配送车到达时，就卡车升降平台而言，可提高或降低车子后轮使得车底板高度与月台一致，以方便装、卸货；若以码头升降平台而言，则可调整码头平台高度来满足配送车车底板的高度，因而两者有异曲同工之效。

图10-6　卡车升降平台

（4）升降尾板（Lift Gate）

装置于配送车尾部的特殊平台。当装卸货时，可运用此平台将货物装上卡车或卸至月台，如图10-8所示。升降尾板可前后、上下调节，能够延伸至月台，亦可倾斜放至地面，其设计有多种样式，适于无月台设施的物流中心或零售点的装卸货使用。

图10-7　码头升降平台

除了使用以上四种设施来克服车辆与月台间的间隔外，若车辆后车厢高度与码头月台同高，则可考虑直接倒车的方式，使车辆尾端与月台平齐而达到装卸货的目的，如图10-9所示，这样不但可让车辆与月台紧密结合，使得装卸作业方便有效率，且对于货品也更能发挥安全保护效果。

图 10-8　升降尾板

图 10-9　车厢底板与月台同高的卸货方式

3. 货品的编号标示

由于进货作业是物流中心作业的第一阶段，因而如何让后续作业能够顺利进行，并使货品品质及作业水准也能得到妥善维持，在进货阶段就事先将货品作好清楚有效的编号。以下即针对货品编号的意义、作用、原则及方法作一较详细的探讨。

（1）意义　所谓编号（Symbolization or Stock number），是将货品按其内容分类，进行有次序的编排，用简明的文字、符号或数字代替货品的名称、类别及其他有关信息的一种方式。

（2）作用　货品经过有秩序的编号后，不论对作业或管理都能提供相当效率、标准化的作用，其功能可以整理如下：1）增加货品资料的正确性。2）便于管理。3）便于信息的传递，提高货品活动的工作效率。4）可以利用电脑处理分析。5）可以节省人力、减少开支、降低成本。6）便于拣料及发料。7）按次序储存或拣取货品，一目了然。8）削减存货：一旦有了统一编号，可以防止重复订购相同的物件，且仓储及盘点作业将更易于进行，对控制存货有很大帮助。9）可考虑选择作业的优先性，如先进先出。10）利用编号代码来表示各种货品，可防止公司机密外泄。

（3）货品编号的原则　既然货品编号能够大大提高工作效率，但怎样才算是一个合理的编号形式呢？以下为货品编号时应考虑的 n 个基本原则：

1）简易性：应将货品化繁为简，便于货品活动的处理。

2）完全性：要使每一项货品都有一种编号代替。

3）单一性：每一个编号只能代表一项货品。

4）一贯性：要统一而有连贯性。

5）充足性：其所采用的文字、记号或数字，必须有足够的数量来编号。

6）扩充弹性：为未来货品的扩展及产品规格的增加预留空间，使其可因需要而自由延伸，或随时从中插入。

7）组织性：编号应有组织，以便存档或查找账卡及相关资料。

8）易记性：应选择易于记忆的文字、符号或数字，或富于联想性。

9）分类展开性：若货品过于复杂使得编号庞大，则应使用渐进分类的方式来做层级式的编号。

10）物联性：管理电脑化为目前趋势，因而编号应考虑与事务性机器或电脑的配合。

（4）货品编号的方法　货品编号大致可分为下列六种方法：

1）流水号编号法：此法由 1 开始按数字顺序一直往下编，是最简单的编号法，常用于账号或发票编号，属于延展式的方法。但需配合编号索引，否则无法直接理解编号意义，表 10-4 是编号索引示例。

表 10-4　编号索引示例

编　号	1	2	3	4
货品名称	牙刷	牙膏	肥皂	洗面乳

2）数字分段法：把数字分段，让每一段数字代表共同特性的一类货品，表 10-5 是数字分段索引示例。

表 10-5　数字分段索引示例

<table>
<tr><th>编　号</th><th colspan="2">货 品 名 称</th></tr>
<tr><td>1</td><td>100 块肥皂</td><td rowspan="5">1 至 5 预留给
肥皂编号用</td></tr>
<tr><td>2</td><td>300 块肥皂</td></tr>
<tr><td>3</td><td>500 块香皂</td></tr>
<tr><td>4</td><td>……</td></tr>
<tr><td>5</td><td>……</td></tr>
<tr><td>6</td><td>黑妹牙膏</td><td rowspan="7">6 至 12 预留给
牙膏编号用</td></tr>
<tr><td>7</td><td>两面针牙膏</td></tr>
<tr><td>8</td><td>高露洁牙膏</td></tr>
<tr><td>9</td><td>……</td></tr>
<tr><td>10</td><td>……</td></tr>
<tr><td>11</td><td>……</td></tr>
<tr><td>12</td><td>……</td></tr>
<tr><td>…</td><td>……</td><td></td></tr>
</table>

3）分组编号法：此一编号法依货品的特性分成多个数字组，每一数字组代表此项货品的一种特性。例如，第一数字组代表货品的类别，第二数字组代表货品的形状，第三数字组代表货品的供应商，第四数字组代表货品的尺寸，至于每一个数字组的位数的多少要视实际需要而定。此一方法现今使用较为普遍，表 10-6 为分组编号索引示例。表 10-6 中的编号意义见表 10-7。

表 10-6　组编号索引示例

	类别	形状	供应商	尺寸
编号	05	3	002	119

表 10-7　表 10-6 中的编号意义

货 品	类 别	形 状	供应商	大 小	意 义
编号	05				仪器
		3			食品
			002		联想
				119	4′×9′×15′

4）后数位编号法：运用编号末尾的数字，来对同类货品作进一步的细分，也就是从数字的层级关系来看出货品的归属类别，表 10-8 是后数位编号示例。

表 10-8　后数位编号示例

编　号	货 品 类 别
210	服饰
220	女装
241	上衣
241.1	衬衫
241.11	绿色

5）暗示编号法：用数字与文字的组合来编号，编号本身虽不是直接指明货品的实际情况（与实际意义编号法不同），但却能暗示货品的内容，这种方法的优点是容易记忆，但又不易让外人理解。表 10-9 是暗示编号示例。

表 10-9　暗示编号示例

货品名称	尺寸	颜色与型式	供应商
WT	001	WB	100

表 10-9 中，WT 表示手表（Watch）；001 表示大小型号 1 号；W 表示白色（White）；B 表示小孩型（Boy′s）；100 表示供应商号码。

总结货品编号大致有下列两种形式：

① 延展式：此形式并不限制货品分类的级数或文（数）字的多少，可视实际需要不断延长，较具弹性。但排列上难求整齐规律，是美中不足的地方。

② 非延展式：此形式的编号对于货品分类的级数及采用的文（数）字均有一定限制，不能任意伸展，因而虽能维持整齐、划一的形式，但缺乏弹性，难以适应

实际增减的需要。

为识别货品而使用的编号标示可置于容器、零件、产品或储位上，让作业员很容易地获得信息。一般来说，容器及储位的编号标识以特定使用为目的，能被永久的保留，而零件或产品上的标识，则可弹性地增加物件号码，甚至制造日期、使用期限，以方便出货的选择，如先进或先出等。

6）实际意义编号法：依货品的名称、重量、尺寸乃至于分区、储位、保存期限或其他特性的实际情况来考量编号。该方法的特点在于：由编号即能很快理解货品的内容及相关信息，表 10-10 是实际意义编号示例。

表 10-10　实际意义编号示例

编　号	意　义
FO5715 B7	FO，表示 Food，食品类
	5715，表示 5′×7′×15′，尺寸大小
	B，表示 B 区，该货品所在储区
	7，表示第一排料架

（5）进货标识应用

1）托盘及箱子的标识内容。在国外一些现代物流公司中，进货商品根据电脑指示发行托盘标签及箱子标签，如图 10-10所示。

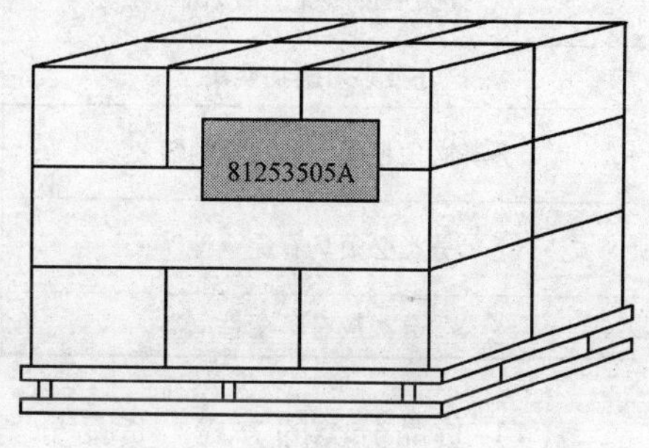

图 10-10　托盘标签示意

① 托盘标签，内容主要包括：托盘识别码（Pallet ID），例：81253505A：8→1988 年，125→从 1 月 1 日的累积日数，3505→当日的进货托盘的系列号码，A→保管的指定区域；托盘每一层的堆积个数与层数、总个数；储存的位置（包括拣取的位置及保留的位置）；制造商的号码。

② 箱子标签，标识内容包括：拣取位置；商品码；商品名；店码；送货日；销售价格；分类用的条码（采用订单拣取者不必印刷此项）。

2）防止损失的标签作业。进货资料输入电脑同时印出 4 片式标签，将其中 3 片贴在货品上与货品一同移动，另一片与库存时储存人员依存放位置写上商品放置区及料架的号码，将其输入电脑加强确认管理；对于剩余 3 片可视作业需要弹性取用或查询，以减少出入库作业次数。

4. 货品的分类

若只有货品编号而不能事先将异类货品加以区分，作业员仍需花大量时间开展查询工作。因此，要让货品进行有条理的保管，且在作业过程中能很快被发现，进货时的分类工作是势在必行的动作。

(1) 意义　分类，是将多种不同事物按其性质或其他条件分别逐次区分，将之归纳于不同类别，并作有序的排列，以提升后续作业效率，达到事半功倍的效果。

(2) 作用

1）可作货品控制合理化的基础，便于收发保管。

2）清楚分层、归类，方便货品的分配与调拨，可提高管理效率。

3）能减少作业的移动距离，并使存取人员更容易记忆货品位置，可以说是增进作业效率的关键。

4）便于物流中心货品的联合与委托采购；便于审计、会计及税收工作的进行。

5）可作为货品编号的依据；便于记账及统计分析。

(3) 货品分类的原则　完全与合理的分类能让原本繁杂的作业变得有系统，因而进行货品分类时，应注意表 10-11 所示原则。

表 10-11　货品分类的原则

分类注意事项	特　点
分类应按照统一的标准	依同一原理区分大、小，符合逻辑。分类应明确而相互排斥，当一产品已归于某类，绝不可能再分至他类
分类必须确切实用	分类必须有系统地展开，逐次细分，方能层次分明
分类必须根据企业本身的需要	分类必须根据企业本身的需要，分类应有伸缩性，以便随时可增加新货品或新产品
分类必须具有完全性	分类系统应能包罗万象适用于广大的地区类别，使所有物料均能清楚归类
分类应有不变性	货品一经确定其类别后，便不可任意变更，以免造成混乱

(4) 货品分类的方式　货品分类的方式主要可依循下列几项特征：

1）依信息方面分类，如货品送往的目的地，顾客等。

2）为配合货品使用而按照货品使用目的、方法及程序分类。例如，需要流通加工者划分为一类，直接原料划分为一类，间接原料划分为一类。

3）为适应货品采购的便利，而按照交易行业分类；为适应货品储存保管需要，而按照货品特性分类。

4）为方便货品账务处理，按照会计科目分类，如价格很高者划分为一大类，价格低廉者划分为一大类。

5）根据货品状态分类，如货物的形状、尺寸、颜色、重量等。

大体来说，包装出货前的分类以 1）为最多，而进货的分类则不一定，视公司的情况、性质、需求来做选择。

(5) 进货分类之应用

1）进货分类流程示例。如图 10-11 所示，此进货分类系统先就库存单位做第一次商品分类，而后再就颜色、性质或大小分类。

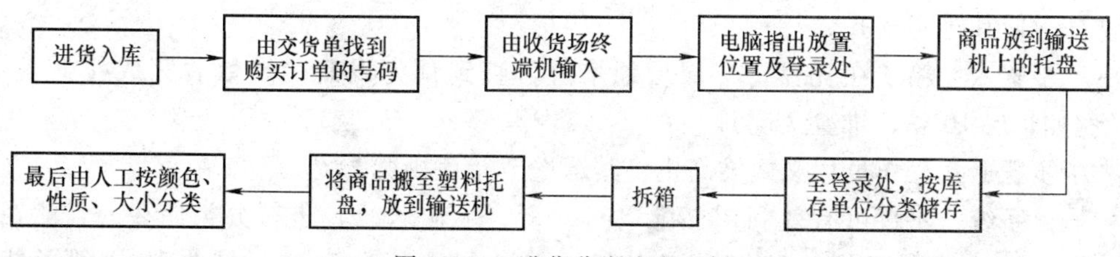

图 10-11　进货分类流程示例

2）颜色区别示例。有的物流公司，以不同颜色卡片代表不同的下游公司，并在卡片上分别写上进货日期。以此作法，很容易对后续作业（储存、拣取、分类、出货等）施行管理。

此外，也有使用不同颜色卡片来管理进货日期，以防货品超过安全期限。

3）自动分类储存（条码、自动叠托盘）示例。当分类、储存面对较多品项时，可分为两阶段、上下两层输送机共同进行，如图 10-12 所示。操作步骤如下：

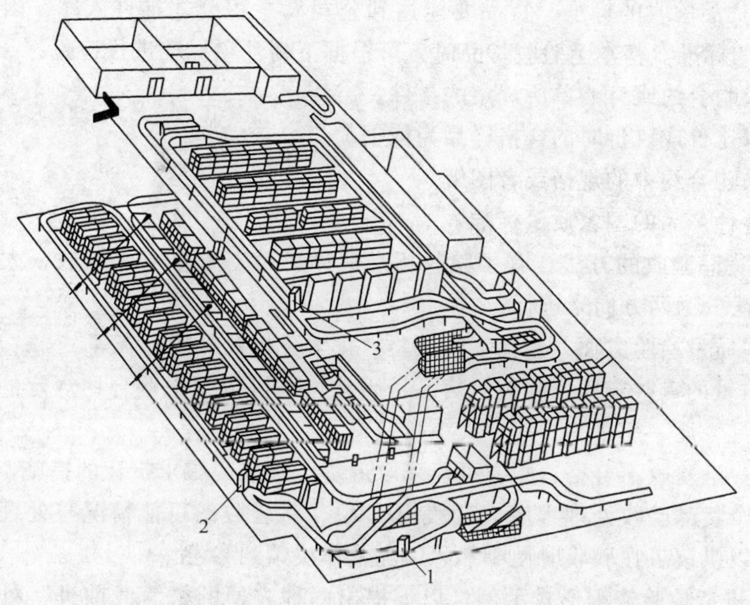

图 10-12　输送带上下段分类

步骤一：首先由条码读取机 1 读取箱子上所印刷的条码，先根据品项做第一次分类，决定归属储存输送线的上层或下层。

步骤二：条码读取机 2、3 再次读取条码，将箱子按照各个不同的品项，分门别类到各个储存线上。

步骤三：在每条储存线的分离端，箱子堆满一托盘后，货物将自动分离出来。

步骤四：箱子送入叠托盘机时，如果伸出挡板，则箱子成为横向；如果挡板没有伸出，则箱子保持原来的方向通过，如此可以调整箱子所朝的方向。

步骤五：箱子组合达到一层托盘的分量时，则被送入叠托盘机的中心部，利用推杆，使其排列整齐。

步骤六：箱子在托盘上一层层地堆叠，直到预先设定的层数后完成叠托盘。(例如每层10箱，堆叠7层)。

步骤七：操作员用叉式堆高机将其运送至储存场所。

此系统，不仅可有效利用三维空间（上、下输送线）进行分类储存，且能在1min内自动堆叠一托盘50箱子的数量，与过去一人1min内只堆叠10个箱子相比，效率提高了5倍。

5. 货品验收检查

货品的验收工作，实际上包括质量的检验和数量的点收双重任务。验收工作的进行，有两种不同的情形：第一种情形是先行点收数量，再通知负责检验单位办理检验工作；第二种情形是先由检验部门检验质量，认为完全合格后，再通知仓储部门，办理收货手续，填写收货单。

(1) 货品验收的标准　货品要能达到公司满意程度才准许入库，因而验收要符合预定的标准。基本上验收货品时，可根据下列几项标准进行检验：

1）采购合约或订购单所规定的条件。

2）以比价或议价时的合格样品为依据。

3）采购合约中的规格或者图解。

4）各种产品的国家质量标准。

(2) 货品验收的方法　有了验收标准后即可针对标准着手验收，大致可将货品验收方法分为两方向来进行：

1）在质量检验方面，包括物理试验、化学分析及外形检查等。

2）数量的点收方面，除核对货品号码外，还可依据采购合约规定的单位，用度量衡工具，逐一衡量其长短、大小和轻重。

由于一旦验收不合格，则有可能采取退货、维修或寻求折让的措施。因此还需要整理一个货品验收处理程序表（表10-12），将验收的可能情况与处理措施的选择列出，以供读者在验收时便于熟悉情况及作决策的参考。

(3) 进货检验流程形式示例　以下提出两种方便的“直线前进”处理的进货验收系统设计，其设备及信息处理作业员的位置安排是依循直线前进来运作，此系统设计为后台管理需求提供了较高的灵活性，如图10-13所示。

步骤一：由进货车卸下的进货托盘被放置于连接月台与检查工作站间的累积式暂存输送机上。在此，搬运作业者可先将明显损坏的货品指出。

步骤二：当进货托盘到达作业者工作站时，作业者开始检查托盘上货品的单位数量，并移动箱子至进货输送机对每个进货品执行需求的质量检验。每个工作站都设置一台电脑终端机，而每一台电脑都能显示每一货品采购单及质量需求的指示，因而此系统允许每个工作站的作业者能检查任何形式的进货，并不需选择一条特定的汇流道。

表 10-12　货品验收处理程序表

进货验收情况	问题答案													
	1	2	3	4	5	6	7	8	9	10	11	12	13	14
货品数量正确吗？	○	○	○	○	○	○	○	○	★	★	★	★	★	★
质量检验合格吗？	○	○	○	○	○	○	★	★	○	○	○	○	★	★
能够维修吗？	○	○	★	★	○	○			○	○	★	★		
供应商愿意付维修费吗？	○	○												
物流中心急需这批货吗？	○	★	○	★	○	★	○	★	○	★	○	★	○	★
决策的类别	问题答案													
退回这批货品			√	√		√	√	√		√		√		√
使用这些货品但需求新的供应商											√		√	
维修完后使用	√	√			√				√					
从别处寻求紧急供应商			√				√							

注：○ = 是，★ = 否，√ = 采取此项行动。

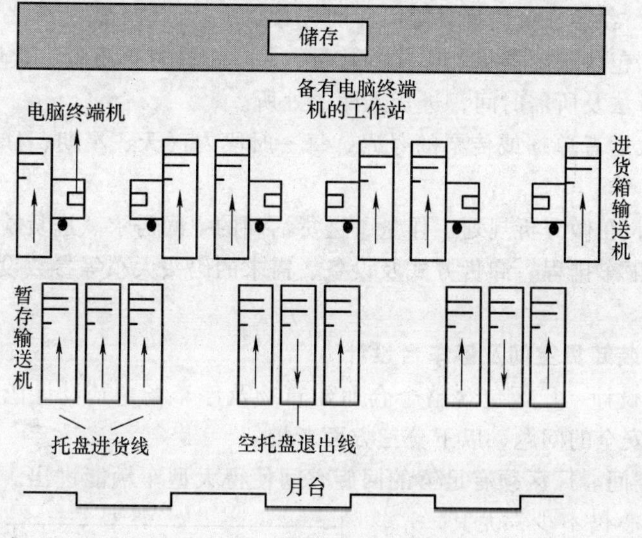

图 10-13　进货检验流程形式例一

步骤三：若进货品被接受，作业者设定一储存位置，则箱子被输送到另一端，从而将箱子转运至正确储存位置。

图 10-14 提出另一进货系统的设计，包含了额外设备更具弹性，即使用转运车扮演托盘输送机汇流道与检查工作站之间的整合角色。以图 10-13 来看，当步骤一的某汇流道或步骤二的某工作站作业较慢时，往往会耽误整体作业的进展，如：1 号汇流道若理货较慢，则 1 号工作站将空闲等待；2 号工作站若检验较慢，则 2 号汇流道的货物将处于等待的状态。主要原因在于汇流道与工作站之间无可移动的搬

运设备。因此，为解决此问题而利用转运车随时将任何堆积道的托盘传送至任何工作站，如此不但托盘输送机的总产能能尽量发挥，同时也能满足高峰时的需求。

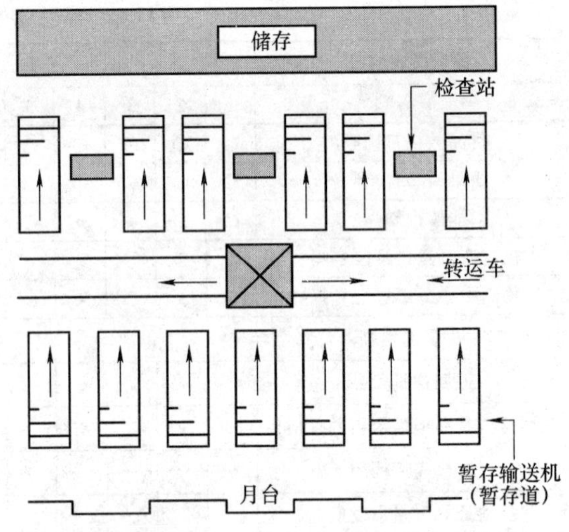

图 10-14　进货检验流程形式例二

6. 维持进货记录

既然进货是货品进入物流中心的第一阶段，因而为了后续作业的便利，对于入库品资料的掌握特别重要，所以需要及时、完整地收集并记录进货资料。

进货信息一般要包括以下内容：

1）进货货品的一般特征。包括进货品包装、容器、单位负载等尺寸的分布。

2）货品、包装或容器每个形式的数量；每一批进货单质量、数量的分布。

3）卸货方法及所需时间，进货入库的处所。

4）每一载运者单据或传票的号码，每一时段内（天、星期、月）进货批次的分布。

以上信息，在做分析规划工作量、进货活动的空间需求、进货检查需求、搬运方式及设备、配车排程、卸货方式及设备、需求的码头大小等参数设计时，将是很重要的依据。

7. 厂区、装卸货空间及停车台设计

（1）厂区设计　厂区包含整个仓库建筑物及停车场，其设计应着重于空间效益及车辆进出安全的问题，以下分三方面考量。

1）厂区空间。厂区须有足够的回旋空间使得大型车辆能进出。现在使用货柜运送的物流中心仍不少，尤其随着共同配送机会的增加，货运使用货柜载运的次数有可能更多，因而对大型车辆的进出效率也是物流中心在成立时须注意的问题。如图 10-15 所示，拖载 12m 长货柜的拖车总长约 17m，若车辆与停车台垂直并列停放时，所需的回旋纵深为 36. 5m。

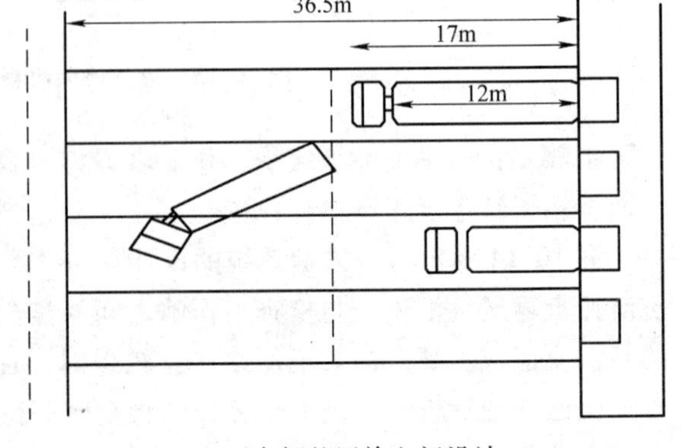

图 10-15　车辆的回旋空间设计

2）厂房相对厂区位置。选择适当的厂房建筑物位置，可使车辆与车辆、或车辆进出厂区与公路间的行走都能够安全顺畅，而且停车的空间效益也能得到充分发挥。

3）厂区出入口安全。厂区出入口是最容易发生危险的地方，尤其是现在一般业者喜欢将物流中心设在交通最方便的地方，如在高速公路附近、省道旁等，因此，对车辆进出厂区的安全更要小心，最好的方式就是在厂区与公路间（厂区出入口）设计Y字形的辅助道路，如图10-16所示，不但可保证车辆的安全，也可使车辆更易由公路进出厂区。

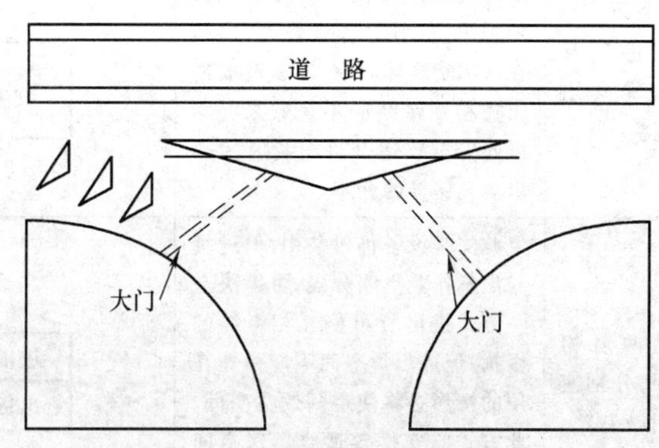

图10-16　进出厂区道路设计

（2）装卸货空间设计　货品在进货时可能需拆装、理货、检验或暂存以待入库储放，同样，在出货前亦需包装、检查或暂存以待装载、配送。因此，在进出货平台上须留一定空间作为缓冲区。

另外，进出货平台常需衔接设备，以便平台与车台的高度不同时能顺利地装货及卸货，因而在作进出货规划时也需考虑到这些衔接设备的需求空间。通常若使用可拆装式的衔接设备，只需保留1m至2.5m的空间；但若使用固定式衔接设备，则需保留1.5m至3.5m的空间。当然实际尺寸仍需视衔接设备的大小而定。为了搬运车辆及人员能顺畅进出，在暂存区与衔接设备之间也需规划出合理的通道，以避免作业时受到货品暂存或衔接设备的阻碍，此通道宽度一般设为2.5m至4m较宜。对于此三区（暂存区、衔接设备及出入通道）的布置形式如图10-17所示。

（3）码头设计　关于出入口码头的设计，可依公司的作业性质及厂房形式作如下的考虑：

1）根据仓库内的物流情况来决定进出货码头的安排方式。为使物料能顺畅地进出仓库，进货码头与出货码头的相对位置安排非常重要，很容易影响进出货的效率及质量。一般来说，两者间的安排方式有表10-13所列的四种方式。

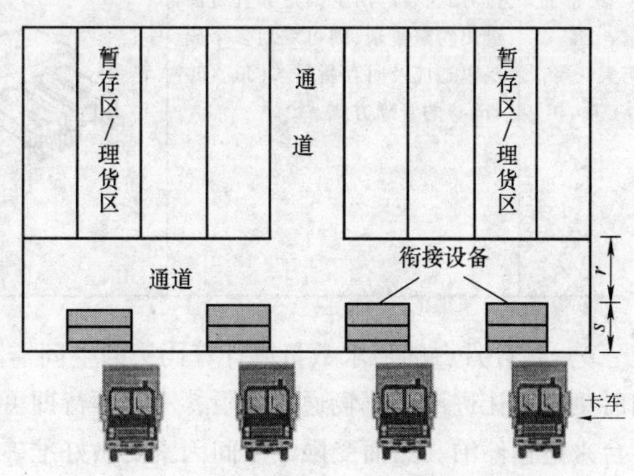

图10-17　出入货平台所需空间设计

表 10-13　根据仓库情况设计进出货口

形式	特　点	图　示
进货及出货共用码头	此种设计可提高空间及设备使用率，但有时较难管理，尤其在进出货高峰时期，容易造成进出货相互牵绊的不良效果。所以此安排较适合进出货时间得以规划错开的仓库	进货口及出货口 | 仓库
两者相邻，分别使用码头	此安排设备仍可共用，但进货与出货作业空间分隔，可解决上一方式进出货可能互相牵绊的困扰；但进出货空间不能弹性互用的情形必将使空间效益变低。此方式的安排较适合厂房空间适中，且进出货常易互相干扰的仓库	进货口 / 出货口 | 仓库
两者不相邻，分别使用码头	此种码头安排方式进出货作业等于完全独立的两部分，不仅空间分开，设备的使用亦作划分，因而虽其可使进货与动线更为迅速顺畅，但空间及设备的使用率势必降低。对于厂房空间不大且进出货时段冲突频率不高的公司并不适用	进货口 | 仓库 | 出货口
多个进货、出货码头	不论码头是采用以上哪种安排方式，若厂房空间足够且货品进出纷繁复杂，则可规划多个码头以适应及时存货需求（Just-in-Time）的管理方式	

2）估计月台的需求数量以计算码头的空间需求量再决定码头的位置。要做到任何时刻都能让进出货车辆通行无阻，不需等待即可装卸货的程度，即要有足够数量的月台来运作停泊。然而受限于空间因素要做好准确的月台数量估计，最好能确实掌握以下资料：有关进出货的历史资料；尖峰时段的车数；每车装卸货所需时间。

3）须考虑未来厂房扩大或变更的可能性，在规划时即构建可弹性变更的布置。

4）选择最适用的码头设计形式。

① 码头本身的设计形式。码头设计形式一般分为两大类型：锯齿型和直线型。这两种形式的设计优缺点见表 10-14。由表 10-14 的优缺点比较可得知，两种形式的停车台是互补空间的情况，内部空间所需小（大），则外部空间所需就大（小），因而读者在作决策时可考虑土地及建筑物的价格，如果土地价格与仓库的造价差距不大时，以直线型者为佳。

表 10-14 码头设计的两种形式比较

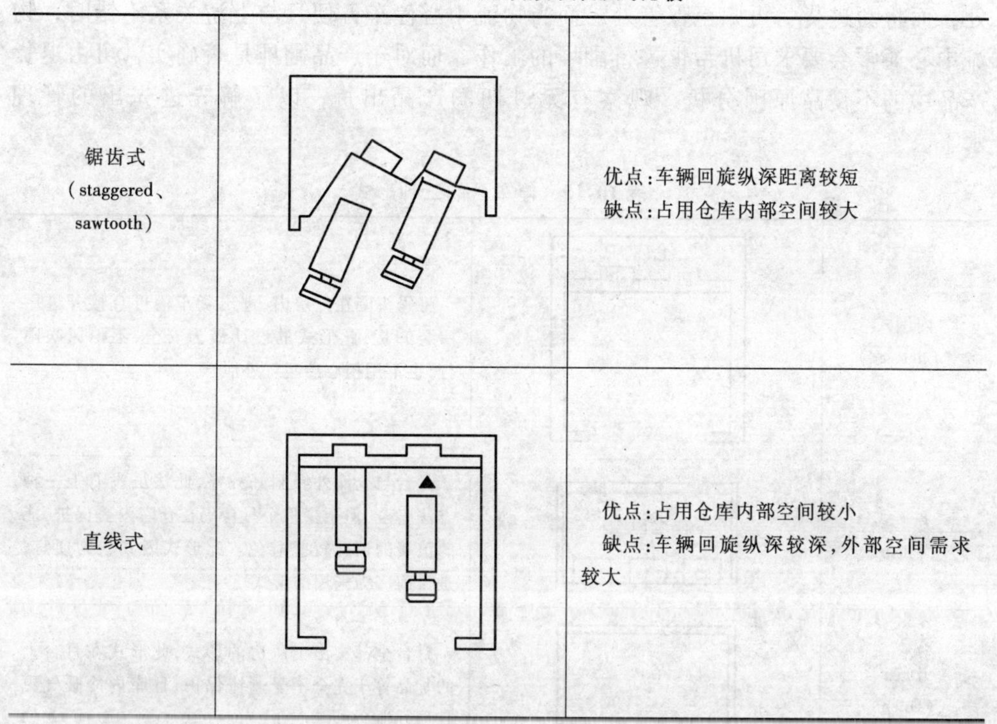

锯齿式（staggered、sawtooth）		优点：车辆回旋纵深距离较短 缺点：占用仓库内部空间较大
直线式		优点：占用仓库内部空间较小 缺点：车辆回旋纵深较深，外部空间需求较大

② 码头的周边设计形式。进出货空间的设计除考虑效率及空间面外，安全面也是必要的决定因素，尤其是车辆与码头之间的连接设计，为了能防止大风吹入仓库内部、雨水进入货柜或仓库，及避免库内空调冷暖气外泄等灾害损失及能源浪费，停车台形式有三种选择，见表 10-15。

5）每一停车月台门面之尺寸。为了使设备可在码头与车辆之间进出，物流中心的门高普遍约 2.5m 左右，未来将以 2.75m 为主流，门宽以 2.75m 为宜，此尺寸对一个有月台且可将货柜尾端置入月台的物流中心尤为重要。

6）停车台的高度。一般的货柜车车台的高度为 127～132cm 之间，小货车为 90～100cm 之间。因而停车台高度可视选用配送车的形式来设计，若大车则高度较高，小车则高度较低，即使大小车都有的物流中心，停车台高度也可采用稍微倾斜逐渐降低的设计，让大小车皆能方便作业。

8. 目前国内厂商设计问题现况

（1）翻堆为先进先出的手段　前面已提到进货要做好完整记录，然而有了完整的编号标识及货品描述外，如何能控制产品质量，让所有产品都能尽量在最好的状况下送达客户，既要避免其滞留物流中心过久，而又能做到先进先出的原则。如今，对多数业者而言，由于土地昂贵，物流中心仓储通常要利用三维空间。也就是除了将物品置于人手或堆高机易存取的高度及位置外，其余存货多放于较高或较内层之处，因而必须要有翻堆的动作：在进货时，将原保管处之物移至动态管理拣货处，而将新进货物再归至保管处。而当物流中心停车方便且与上游关系不错时，物流中心通常会要求司机帮忙进行翻堆的工作。而对于产品翻堆是否确实，可由退货产品中的不良品原因分析，观察有无过期的产品出货，以了解先进先出的管理水平。

表 10-15　停车台的三种形式

内围式（Enclosed）	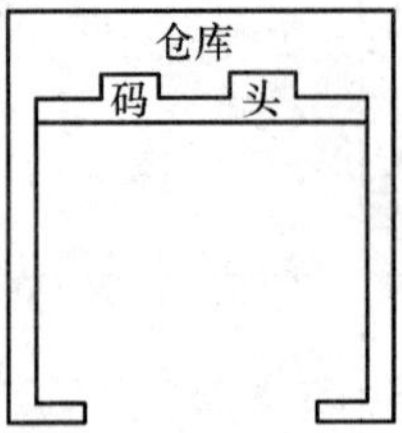 仓库 码 头	将码头围在厂房内，进出货车辆可直接开进厂房装卸货，此形式的设计最为安全，不怕风吹雨打，也不用担心冷暖气外泄
齐平式（Flush）	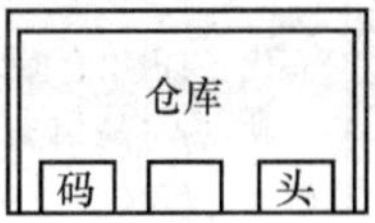 仓库 码 头	月台与仓库外缘刚好齐平，此法虽没有上一种方法安全，但至少整个月台仍在仓库内受保护，能源浪费的情况较能避免。此形式因其较为便宜，是目前广为采用的形式
开放式（Open）	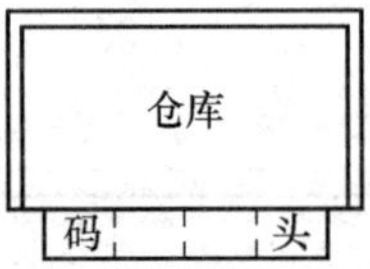 仓库 码 头	月台全部突出于厂房的形式，此形式在月台上的货品等于完全不受遮掩保护，且库内冷暖气更容易外泄

（2）进出货作业干扰　一般物流中心都设有专用的进出货码头，以达到迅速作业的目标。然而，目前国内不乏许多中小型的企业，其物流中心使用面积能省则省，如进货、拣货、理货、出货都共用空间，往往造成作业间相互干扰，影响作业效率。

进出货作业相互干扰的原因不外乎下述几点：①无专用进出货码头；②进出货利用同一侧出入口；③搬运动线规划重叠；④上下游厂商不按照要求时间进出货；⑤紧急订货或生意太好造成拥挤；⑥仓管人员太忙无法兼顾。对上述问题，若不能扩充厂房，清楚划分各区域，则要事先安排规划好拣理货与进出货的作业动线，并尽量要求上下游厂商能严格遵守时间进出货，以解决空间、人员不足的困扰。

（3）设立进货窗口流程及作业流程指示　为使整个进货作业能顺利迅速地完成，进货司机与内部员工的有效配合非常重要。如何让进货司机清楚该做什么，最好的方式是设立窗口作业流程，将每一进货步骤作最直接的指示。除了司机能很快到达各窗口，公司每位负责员工也要遵循标准程序作最快速的处理，对此除要制订进货及验收标准程序外，也要在进货区加强流程标识与验收的指示，不但能减少生手的熟悉时间，即使对熟练人员也有助于效率的提升。

10.3 拣货作业系统规划与设计

每张客户的订单中都至少包含一项以上的商品，如何将这些不同种类数量的商品，从物流中心取出并集中在一起，此即所谓的拣货作业。

1. 拣货作业的目的及功能简化说明

在物流中心内部所涵盖的作业范围里，拣货作业是其中十分重要的一环，其所扮演的角色相当于人体内的心脏，空调系统中的压缩机，而其动力的产生来自于客户的订单，拣货作业的目的也就在于正确且迅速地集合顾客所订购的商品。

从成本分析的角度来看，物流成本约占商品最终售价的30%，其中包括配送、搬运、储存等成本项目。一般而言，拣货成本约是其他堆叠、装卸、运输等成本总和的9倍，占物流搬运成本的绝大部分。因此，若要降低物流搬运成本，应从拣货作业环节上着手改进，可达到事半功倍之效。

从人力需求的角度来看，目前大多数的物流中心仍属于劳力密集型产业。其中，拣货作业直接相关的人力约占50%以上，拣货作业的时间投入也占整个物流中心的30%~40%。由此可见，规划合理的拣货作业方法，对于日后物流中心的运作效率具有决定性的影响。

2. 拣货单位

基本上，拣货单位可分成托盘、箱及单品三种。一般而言，以托盘为拣货单位的体积及重量最大，其次为箱，最小单位为单品。为了能够做出明确的判别，进一步划分见表10-16。

表10-16 拣货单位类别及特点

类别	特点
单品	拣货的最小单位，单品可由箱中取出，可以由人手单手拣取者
箱	由单品所组成，可由托盘上取出，人手必须用双手拣取者
托盘	由箱叠托盘而成，无法用人手直接搬运，必须利用堆高机或拖板车等机械设备
特殊品	体积大形状特殊，无法按托盘、箱归类，或必须在特殊条件下作业者，如大型家具、桶装油料、长杆形货物、冷冻货品等，都属于具有特殊的商品特性，拣货系统的设计将严格受限于此

拣货单位是根据订单分析出来的结果而作决定的，如果订货的最小单位是箱，则不需要以单品为拣货单位。库存的每一品项都应作以上的分析，以判断出拣货的单位，但一些品项可能因为需要而有两种以上的拣货单位时，则在设计上要针对每一种情况作分区的考虑。

3. 拣货的要点、策略

（1）拣货的检核要点　拣货作业除了少数自动化设备逐渐被开发应用外，大多是靠人工的劳力密集作业，因此在拣货系统的构筑中，使用工业工程改善手法的应用相当普遍，将可使生产力有效的提高。尤其在进行拣货系统构筑或者现状掌握时，必须掌握下述之七个检核要点：

1）不要等待——零闲置时间。

2）不要拿取——零搬运（多利用输送带、无人搬运车）。

3）不要走动——动线的缩短。

4）不要思考——零判断业务（不依赖熟练工）。

5）不要寻找——储位管理。

6）不要书写——免纸张（paper-less）。

7）不要检查——利用条码由电脑检查。

（2）拣货策略　拣货策略的决定是影响日后拣货效率的重要因素，因而在决定拣货作业方式前，必先对其可运用的基本策略有所了解，一般可做如下划分：

1）订单式拣取（Single-Order-Pick）。这种作业方式是针对每一张订单，作业员巡回于仓库内，将客户所订购的商品逐一由仓储中挑出集中的方式，是较传统的拣货方式。

优点：①作业方法单纯；②前置时间短；③导入容易且弹性大；④作业员责任明确，派工容易、公平；⑤拣货后不用再进行分类作业，适用于大量订单的处理。

缺点：①商品品项多时，拣货行走路径加长，拣取效率降低；②拣货区域大时，搬运系统设计困难。

2）批量拣取（Batch pick）。把多张订单集合成一批，依商品别将数量加总后再进行拣取，之后依客户订单类别作分类处理。此种作业方式之优缺点如下：

优点：①适合订单数量庞大的系统；②可以缩短拣取时行走搬运的距离，增加单位时间的拣货量。

缺点：对订单的到来无法做即刻的反应，必须等订单累积到一定数量时才做一次处理，因此会有停滞的时间产生（只有根据订单到达的状况做等候分析，决定出适当的批量大小，才能将停滞时间减到最低）。

批量拣取有四种方式或应遵循的原则，它们的优缺点见表 10-17。

表 10-17　四种批量拣取方式的优缺点

类　别	定　义	优　点	缺　点
合计量分批原则	将进行拣货作业前所有累积订单中的货品依品项类别合计总量，再根据此总量进行拣取的方式。适合固定点间的周期性配送	一次拣出商品总量，可使平均拣货距离最短	必须经过功能较强的分类系统完成分类作业，订单数不可过多
时窗分批原则	当订单到达至出货所需时间非常紧迫时，可利用此一策略开启短暂时窗，再将此一时窗中所到达的订单作成一批，进行拣取	此分批方式较适合密集频繁的订单，且较能应付紧急插单的需求	
定量分批原则	订单分批按先进先出（FIFO）的基本原则，当累计订单数到达设定的固定量后，再开始进行拣货作业的方式	维持稳定的拣货效率，使自动化的拣货、分类设备得以发挥最大功效	订单的商品总量变化不宜太大，否则会造成分类作业的不经济
智慧型的分批原则	订单于汇集后，必须经过较复杂的电脑计算程式，将拣取路线相近的订单集中处理，求得最佳的订单分批，可大量缩短拣货行走搬运距离	分批时已考虑到订单的类似性及拣货路径的顺序，使拣货效率进一步提高	所需技术层次较高不易达成，且信息处理的前置时间较长

订单式拣取和批量拣取是两种最基本的拣货策略，比较而言，订单式拣取弹性较大，临时性的产能调整较为容易，适合客户少样多量订货，订货大小差异较大，订单数量变化频繁，有季节性趋势，且货品外形体积变化较大，货品特性差异较大，分类作业较难进行的物流中心。批量拣取的作业方式通常在系统化、自动化后产能调整能力较小，适用于订单大小变化小，订单数量稳定，且货品外形体积较规则固定，及需流通加工的物流中心。除这两项基本的拣货策略外，由此引申出的拣货策略还包括下述五项。

1）复合拣取。复合拣取为订单式拣取及批量拣取的组合；可依订单品项数量决定哪些订单适于订单式拣取，哪些适合批量拣取。

2）分类式拣取（Sort-While-Pick）。一次处理多张订单，且在拣取各种商品的同时，把商品按照客户订单分类放置的方式。举例来说，一次拣取 10 张订单时，每次拣取用台车或笼车带此 10 家客户的篮子，同时在拣取时将这 10 家客户的产品分开。这样，可减轻事后分类的麻烦，对提升拣货效率更有助益，较适合每张订单量不大的情况。

3）分区、不分区拣取（Zoning、No zoning）。不论是采用订单式或批量式拣取，从效率上出发，都可配合采用分区或不分区的作业策略。所谓分区作业就是将拣取作业场地做区域划分，每一个作业员负责拣取固定区域内的商品。而其分区方式又可分为拣货单位分区、拣货方式分区及工作分区。事实上，在做拣货分区时，亦要考虑到储存分区的部分，必须先针对储存分区进行了解、规划，才能使得系统整体的配合趋于完善。

4）接力拣取（Relay Pick）。此种方法与分区拣取类似，先决定出拣货员各自分担的产品项目或料架的责任范围后，各个拣货员只拣取拣货单中自己所负责的部分，然后以接力的方式交给下一位拣货员。

5）订单分割拣取。当一张订单所订购的商品项目较多，或欲设计一个及时、快速处理的拣货系统时，为了使其能在短短时间内完成拣货处理，故利用此策略将订单切分成若干子订单，交由不同的拣货人员同时进行拣货作业以加速拣货的达成。订单分割策略必须与分区策略联合运用才能有效发挥长处。

以上的七种策略可与搬运车或动力、无动力输送机相互配合形成不同组合的作业系统。对于不同的拣货策略，相应的储存策略亦有不同的配合要求，见表10-18所示。

表10-18 与拣取规划相配合的储存规划

储存策略	拣货策略							
	订单式拣取		批量拣取		分类式拣取		接力式拣取	订单分割拣取
	分区	不分区	分区	不分区	分区	不分区		
定位储存	○	○	○	○	○	○	○	○
随机储存	×	×	Δ	×	×	×	×	○
分类储存	○	○	○	○	○	○	○	○
分类随机储存	Δ	×	○	○	○	Δ	Δ	○

注：○：适合 Δ：尚可 ×：不适合

4. 拣货信息

拣货信息是拣货作业的原动力，主要目的在指示拣货的进行，而其资料的源头产生自客户的订单，为了使拣货人员在既定的拣货方式下正确而迅速地完成拣货，拣货信息成为拣货作业规划设计中重要的一环。利用信息来支援拣货系统，除使用单据的传达外，电脑、条码及一些自动传输到无纸化系统，都已逐渐被导入。下面介绍一些利用信息或控制系统来辅助拣货的应用方式。

（1）条码　现在很多商品都采用条码拣货方式，条码是利用黑白两色条纹的粗细而构成不同的平行线条符号，代替商品货箱的号码数字，贴在商品或货箱的表面，以便让扫描器来阅读，经过电脑解码，将“线条符号”转成“数字号码”而由电脑运算。

条码主要是作为商品从制造、批发到销售作业过程中自动化管理的符号。通过此种自动读取的方式，不但能正确快速掌握商品情报，且能提升库存管理精度，削减剩余库存，是一种实现商品管理精确化的有效方法。例如，利用扫描器来读取表示料架位置号码的条码后，什么货品放在何处保管的信息即能轻易取得。如此对降低寻找货品时间有很大的帮助。

(2) 传票　以传票支援拣货的做法，即直接利用客户的订单（分页或影印本）或以公司的交货单来作为拣货指示凭据。

优点：无法利用电脑等设备处理拣货信息，适用于订购品项数甚少或小量订单的情况，适合订单别拣取方式。

缺点：①此类传票易在拣货过程中受污损，或因存货不足、缺货等注记直接写在传票上，导致作业过程发生错误，甚至或无法判别确认；②未标识储位的产品，必须靠拣货人员的记忆在储区中寻找存货位置，造成许多无谓的搜寻时间及走行距离。

(3) 贴标签　此种方式取代了拣货单（Picking list），由印表机印出所需拣货之物品名称、位置、价格等信息的拣货标签，数量相等于拣取量，在拣取的同时贴标签于物品上，以作为确认数量的方式。在标签贴于货品的同时，“物品”与“信息”立即同步一致，故拣货的数量不会产生错误。

在此标签上，不仅是印出货品名称及料架位置，若连条码也一起印出时，利用扫描器来读取货品上的条码，纵使同一产品而交货厂商不同时亦能有所区分，且该货品的追踪调查亦能进行。

优点：①结合拣取与贴标签动作，缩短整体作业时间；②可落实拣取时即清点拣取量的步骤（若拣取未完成标签即贴完，或拣取完成但标签却仍有剩，则表示拣取过程可能有错误发生）提高拣货的正确性。

缺点：①若要同时印出价格标签，必须统一下游贩售点的商品价格及标签形式；②价格标签必须贴在单品上，至于单品以上的包装作业则较困难。

(4) 拣货单　将原始的客户订单输入电脑后进行拣货信息处理再列印拣货单的方式。

优点：①避免传票在拣取过程中受污损。在检品过程中再使用原始传票查对，可修正拣货过程或拣货单列印发生的错误；②产品的储位编号显示在拣货单上，同时可按路径先后次序排列储位编号，引导拣货员循最短路径拣货；③可充分配合分批、分区、订单分割等拣货策略，提升拣货效率。

缺点：①拣货单处理列印工作耗费人力、时间；②拣货完成后仍需经过检品过程，以确保其正确无误。

(5) 显示方式　此方式最初为在货品料架上安装灯号来显示出拣货位置，而后再发展成在料架上装设液晶显示器，可同时显示出应拣取多少数量的方式，即数位拣取系统。

此种方式用在以人手来拣货的场合时，为一种可防止拣货错误，使人员直接反应动作以提高效率的有效方式，不仅在流动棚架（Flow Rack）上此种方式可行，在托盘料架（Pallet Rack）及一般货品棚架上，此种方式亦可被使用。

在这种方式中，即使在料架上并无显示出拣取数量，而仅用灯号显示拣取位置，也是不错的显示方式。

(6) 无线通信　此方法为：在堆高机上承载着无线通信设备，透过该套无线通信设备，把应从哪个料架位置的哪个托盘拣货的信息指示给堆高机上的司机了解的一种方法。另外，也有一种能够答复从堆高机上传来询问方式的装置。

(7) 资料传递器　资料传递器又称无线电辨识器，其运作方式为：将资料传递器安装在移动设备上，将能接受并发射电波的 ID 卡或标签等信息反应器安装在货品或储位上，当移动设备接近传递器时，传递器即读取反应器上的信息，透过天线由控制器辨识读出，再传至电脑作控制管理。必要时也可利用此法将反应器上的信息改写。例如：把 ID 卡安装在托盘上，而把资料传递器安装在堆高机上，若堆高机接近该托盘，托盘上的信息即能被堆高机上的传递器迅速地读取传达至电脑。

(8) 自动拣货系统　拣取的动作由自动的机械负责，电子信息输入后自动完成拣货作业，无需人手介入，这是目前国外在拣货设备研究发展上致力的方向。

(9) 电脑随行指示　在堆高机或台车上设置辅助拣货的电脑终端机，拣取前先将拣货资料输入此电脑，拣货人员即可依电脑显示器的指示到正确位置拣取正确货品。

5. 拣货设备

现代物流在拣货过程中，使用的设备相当多元化，有储存设备、搬运设备、分类设备、信息设备等。

(1) 人至物的拣货设备　人至物的拣货方法是指物品位置固定，拣货员至物品位置处将物品拣出的作业方式，其相配合的拣货设备可包含以下几种储存设备与搬运设备。

1) 储存设备。橱柜（Cabinet）、轻型储架（Shelves）、托盘储架（Pallet Rack）、流动储架（Flow Rack）、高层储架（High Bay Rack）、数位显示储架（Digital Display Rack）。

2) 搬运设备。无动力台车（Picking Cart）、动力台车（Picking Vehicle）、电脑辅助拣货台车（Computer Aided Picking Cart）；堆高机（Forklift）、拣货堆高机（Picking Truck）；无动力输送带（Free Conveyor）、动力输送带（Power Conveyor）；搭乘式存取机（Man Abord AS/RS）、动力牵引车（Tractor Vehicle）。

(2) 物至人的拣货设备　物至人的拣货方法与人至物相反，拣货时人员只需停在固定位置，等待设备将欲取出的物品运至面前的作业方式。因此，要求物至人的拣货设备自动化水平较高，其储存设备本身即具备动力，才能移动货品储存位置或将货品取出。目前，具有物至人特性的拣货设备，通常包含以下的储存设备与搬运设备。

1) 储存设备。轻负载自动仓储（Mini-load AS/RS）、单元负载自动仓储（Unit-load AS/RS）、水平旋转自动仓储（Horizontal Carousel）、垂直旋转自动仓储（Vertical Carousel）、梭车式自动仓储（Shuttle And Server System）。

2) 搬运设备。堆高机、动力输送带、无人搬运车（Automatic Guided Vehi-

cle）。

（3）自动拣货系统　除了以上人至物、物至人两种形态外，拣货设备还有一类就是自动拣货系统。其拣取的动作完全由自动的机械负责，无需人力介入。目前常用的自动拣货系统主要有以下几种。

1）箱装自动拣货系统。IHI所研发的Ordematic设备、IHI所研发的Pickruner设备、西部电机所研发的Casepicker设备。

2）单品自动拣货系统。IHI所研发适合药品和化妆品的Itematic设备、IHI所研发适合小物使用的S型拣货装置、桩本链条所研发适用制衣业的桩本拣取设备、西部电机所研发适合日用品的Finepicker设备、TKK所研发适合奶品专用的Autopicker NA-1设备。

（4）信息化拣货设备　目前，客户采取多样、少量订货，已是如今流通业所面对不可避免的趋势。因而为追求效率及精确，近来配合信息发展，适用于多样少量的拣货设备发展迅速，主要有以下几类。

1）附加显示装置的流动棚架。此种附加显示装置的流动棚架，也就是配合前述数个拣取系统来进行拣货的设备。一般被用于多样少量的拣货。当拣货员开始拣货时，主电脑即传达拣货信息，当拣货需求到达时，所拣取的商品位置的灯号会自动亮起，使拣货员能够不经考虑地进行作业，增加拣取效率。

此种设备常与动力输送带连用，并采用行分区接力式拣取。也就是说，多位拣货员只站在负责区域将需要货品拣出放至输送带的拣货篮内，而剩下需求货品则由其他拣货员待输送带上的拣货篮移至时，再将其负责区域的货品拣出。

2）旋转料架自动仓库。旋转料架自动仓库是属于“物至人”的拣货设备，其利用电脑操纵控制，让欲存放或拣取的料架储位，自动旋转至拣货员的面前，此种系统使存取效率提高许多，且与电脑连线，可大幅减少人为过失。除此之外，旋转自动仓库的设计不留走道，储区空间也就相对节省许多。旋转料架适用于电子零件、精密机件等少量、多品种、高频率入出库的小物品的储存管理。其移动快速约可达30m/min的速度，存取效率很高，且能依照需求自动存取物品，同时层数不会受到高度限制，故能有效地利用空间。

3）电脑辅助拣货台车。在拣货台车上设置辅助拣货的电脑系统，拣取前在台车上输入货号，经由红外线通信，主电脑会将拣货信息（储位、数量等）显示于台车的终端机上，拣货人员就可按电脑显示器上的指示进行货品拣取。这样，不但可免除拣货单的使用，同时功能完备的电脑辅助拣货台车，甚至可检测拣取商品的重量或数量，当有拣取错误发生时会自动发出警告讯号。更有甚者，在国外亦有拣货人员可直接站在拣货台车上，输入货号启动按钮后红外线会引导台车自动运转，在欲拣取的料架前停止，拣货员只要依数量指示取出所需的商品即可，以节省时间。

4）自动货品分类输送机。作为货品分类作业的自动分类输送机，通常采用以配送区域类别、车辆类别、或顾客类别来分类物品。另外，利用旋转棚架来分类货品的方法也渐被采用。

6. 拣货模式及相对应设备

拣货系统因各种仓库作业的不同而千差万别，由货品包装单元来看，在储存方面有以托盘为单位、箱为单位，甚至从箱中取出单件的单件为单位的保管；同样的，相对应这些储存单元亦有许多不同的拣货形式，一般拣货形式是这些储存单元的组合，见表 10-19 的七种模式。

表 10-19 拣货的出库模式（Pattern）

模 式(Pattern)	储存单位	拣货单位	记 录
Ⅰ	栈 板	栈 板	P→P
Ⅱ	栈 板	托盘 + 箱	P→P + C
Ⅲ	栈 板	箱	P→C
Ⅳ	箱	箱	C→C
Ⅴ	箱	箱 + 单品	C→C + B
Ⅵ	箱	单品	C→B
Ⅶ	单品	单品	B→B

注：P = 托盘（Pallet）；C = 箱（Case）；B = 单品（散装，Bulk）。

对应上述七种模式的设备也有所不同，简单介绍如下：

（1）模式Ⅰ：P→P 由储存单位为托盘的储区将货品依托盘单位拣出，适合此模式运作的设备有：立体自动仓库（可以称为托盘的自动拣取设备）、托盘式流动料架、托盘料架、移动式托盘料架等设备。

（2）模式Ⅱ：P→P + C 由储区单位为托盘的储区将货品以托盘或箱为单位拣出，此模式的对应设备有：某公司的自动仓库（包含单层（FACE）拣货方式的系统，即可把堆叠于托盘上的货箱一层一层地自动卸载的方式）、托盘平置堆叠(Tiered Pallet Loads)、驶入式料架（Drive-In Rack）、附输送机料架（Conveyorized Rack）。

（3）模式Ⅲ：P→C 由储存单位为托盘的储区将货品以箱为单位拣出，适合此模式的自动拣货设备：利用机器手臂（Robot）来拣货的方式；从立体自动仓库把托盘取出，在该处把货箱拣出后，再把托盘送回料架上的方法；或拣货员乘坐在立体仓库的高架存取车（stacker crane）上拣货；高架存取车（stacker crane）上拣货。

另外，以人手来拣货时，可使用以下设备：托盘料架（Pallet Rack）、流动式托盘料架。

（4）模式Ⅳ：C→C 由储存单位为箱的储区将货品以箱为单位拣出，对应此模式的设备一般多使用流动棚架及输送机。但若要利用较自动化的设备，则有自动化流动棚架（Automatic Flow Rack）、自动化立体仓库、回转棚架等。

（5）模式Ⅴ：C→C + B　由储存单位为箱的储区将货品以箱或单品为单位拣出，此模式的拣货设备一般使用：棚架（shelving）、简单式流动棚架。

（6）模式Ⅵ：C→B　由储存单位为箱的储区将货品以单品为单位拣出，此模式为多种少量拣货的代表性模式。而对应此种模式的设备也很多，如：附显示装置的流动棚架、回转棚架、拥有拣货信息的台车等。

（7）模式Ⅶ：B→B　由储存单位为零散单件的储区将货品依所需的零散单品为单位拣出，此模式的对应设备如下：①利用机器人来拣货，以单品的拣取而言，有利用机器人之拣货方式，但速度仍较缓慢；②自动贩卖机型式拣货机，在单品之拣取上，拣货能力大的设备称为自动贩卖机型（Vending Machine Type）拣货设备，这种类型的自动拣货机通常附显示装置台车和贮物柜（Bin），目前正受到业界的注目。

7. 拣货的布置模组

物流效率化的基本想法应是考虑合理化的拣货作业流水线，也就是希望货品由入库开始，至出库为止都能运行顺畅，即从进货、储存、拣货，到出货等都能形成一种合理的流动。而拣货往往又是物流中心最费时的工作，因而配合选用的拣货方式作最佳的整体布置，将可使物流作业的整体效率大大提高。以下为当前在物流拣货时常用的布置模组。

（1）无需补货搬运作业，储存与拣货的储料架并不分开的作业模式　这种情况可分为以下三种基本布置。

1）使用两面开放式的棚、料架。由进货→保管→拣货→出货都是单向通行的流动线：在进货区把货品直接从货车卸于入库输送机上，入库输送机就自动将货品送到储存区；在储存区采用流动棚架或料架来保管货品，作业员从流动棚（料）架的补给侧将进货品置入，货品自动地流向拣货区域侧，提高了拣货效率；而在拣货区，因所有物品皆被整齐地排列，故很容易进行拣货，之后将所拣完的货品立即放在出库输送机上，让出库输送机自动把货品送到出货区。

这种方式的优点在于：①使用流动棚（料）架，仅在拣货区的通路侧行走就可拣出各种货品；②使用出库输送机，不但作业员不必拿着货品走，而且还可减少拣货作业走行的浪费；③入出库输送机分开可同时进行入库、出库的作业。

2）使用单面开放式的棚、料架。使用单面开放式的棚、料架，其入库与出库必在棚、料架的同一面，因而入出库输送机会是同一条，其布置方式虽与前述模组不相同，但其理念大致相似，也是要让整个布置动线合理顺畅地流动。此模组由于入出库输送机共用，因而入库、出库的时机有必要错开，以避免造成混淆及混乱，但相对的，其空间需求较少。

3）棚、料架上下层分开作业的方式。针对上述两基本模组，若欲在有限的空间处理大规模的货品，也可考虑采用在三维空间增设馈楼的方式，下层荷重高规划较大型料架采用P→C 的拣货模式　而上层负重轻安排小型棚架采用 C→C 的拣货模式。如此利用上下层将不同作业性质分开处理的方式，不仅可更好利用空间，同时可依据资料分析将 P→C 与 C→C 两种拣货模式组合起来，因而此模组现在应用较多且利用价值高。

(2) 储存与拣货不在同一棚、料架进行，需要经由补货作业的拣货模式　此种补货的模式布置较适合进出货量差异大，或入出库单位形态不同的货品。与 (1) 的差别就在于其多了补货的步骤，但要注意补货的动线需要与储存、拣货一致，这样效率就不会受影响。

若作业形态属于多样少量的出货方式（C→B 的模式），同一拣货员所拣取货品品项可能分散在输送机的两方，拣货员拣完一棚架后需再回头去拣取对面棚架上的货品，因而为求更高的出货效率，只需稍微调整输送机的设计布置即可，其特色在于：拣货区的出库输送机两侧多设置了无动力的拣货输送机。当作业开始进行拣货员由拣货区域的左上端开始拣货，利用拣货输送机一边推着空塑胶箱，一边按照拣货单依箭头方向在流动棚架前方边走边拣货，到达右端后再回过头沿着另一侧的流动棚架继续拣货。

按照这样的方式拣货员可快速地把所有种类的货品拣出来，且若在拣货中途就完成拣货作业，也可把拣完货的塑胶箱由拣货输送机移至出库输送机上。如此一来，已完成拣货的塑胶箱才不会妨碍下一个拣货作业，而且已完成拣货的塑胶箱可依次迅速地送至出库区。

8. 拣货效率核查要素

拣货可说是物流中心最具弹性且复杂的一项作业，因而对其运作情形必须随时注意并充分核查，才能确保作业质量。而欲衡量一拣货系统的优劣，除观察整体产出外，亦要深入各方面作检查，其核查要素可由人员、设备、策略、时间、成本及质量方面着手。

(1) 拣货人员　拣货作业的运作端通常是拣货人员，所以拣货人员的专业化是影响拣货效率及准确性的主要因素。一般在现代物流作业中，拣货小组大致可分为两部分人员，一为拣货计划负责人，一为拣货作业人员，由表 10-20 即可看出其各自的职责。而如何进行教育训练与人性化管理使员工更有向心力，亦是管理者努力的重点。

当作业流程计划做出后，对拣货人员的需求配置及作业时间的管理就变得非常重要，因而对于如今的人员编制效率是否满意，我们可以用以下四项指标作评估检查：

1) 每人时平均拣取能力。每人时平均拣取能力是希望能衡量出拣货人员的作业效率，而由于各物流中心作业性质不同，应划分为下三项来选择：

① 每人时拣取品项数 = 拣货单总笔数（一行为一笔）/(拣取人员数 × 每日拣货时数 × 工作天数)；

（当公司用订单别拣取时，拣货单总笔数即为订单总笔数；而若用批量拣取时，经整合后的拣货单总笔数必小于订单总笔数。)

② 每人时需取次数 = 拣货单位累计总件数/(拣取人员数 × 每日拣货时数 × 工作天数)；

③ 每人时拣取体积数 = 出货品体积数/(拣取人员数 × 每日拣货时数 × 工作天数)。

表 10-20　作业分工及职责

	作业分工	作业职责
拣货组	1)拣货计划负责人	月间拣货出库计划的制订 每日的拣货计划的制订 自动仓库(包含补货) 托盘架 直列堆积 箱型流动架 回转料架 作业时间表的作成 向外订货作业,作业者的管理 作业批数计划 作业要员计划 成本管理
	2)作业人员	堆高机的操作 自动仓库拣货出库作业 自动仓库的负责 托盘料架直列堆积的负责 从箱型流动料架及回转料架的出库零星拣取 出库实绩的掌握和报告 盘点存货业务的准备 每日盘点 拣货相关设备不良地方的检查及向保养人员报告 安全管理 流通加工用的拣货

在物流中心里，一般拣货都是以品项为单位，一个品项拣完再寻找下一品项。因此，对比较人工、机械化物流中心，或是出货多属于少量多样的物流中心而言，其走行寻找时间可能较动手拿取货品的时间来得长，所以“每人时拣取品项数”的指标较能代表拣货效率，其数值高即表示在单位时间内每位人员的拣货效率不错。反之，对已采用自动化拣货系统的物流中心，或出货多属多量少

样的物流中心而言，并不需花费太多时间在走行寻找品项上（有自动显示系统帮助，拣货员将能快速找到欲拣取品项），反倒是动手拿取的时间相对较长，其中有可能是要动手拿取的次数较多，则以“每人时需取次数”来衡量较为妥当。另外也有可能是物件体积大不容易快速拿取或设备配合不良，如此以“每人时拣取体积数”将较能反映出公司的拣货效率，其数值高表示单位时间内每位人员的拣货效率佳。

当然，若公司觉得不论走行时间或动手拿取的时间对公司影响都大，则可以“每人时拣取品项数”、“每人时需取次数”及“每人时拣取体积数”三指标之乘积作为判断拣货效率的指标。

2）拣取能力使用率。

拣取能力使用率 = 订单数量/(一日计划拣取订单数 × 工作天数)

“一日计划拣取订单数”为在现有的人员、设备下，公司预期一天的标准拣货量。公司对自身营运必有一期望到达的水准，因而要检查此一水准是否达成，即要观察实际拣货量与计划拣取订单数的比率，也就是计划与实际的比较，可反映出公司业绩能否再扩张及目前现有拣货人力、设备能量的运用程度。当此指标大于等于1，表示公司预期的拣货能量已充分利用，且业务量已达水准；但若此指标小于1，表示公司拣取能量仍未充分使用，如今业务未达预期效果。

3）拣货责任品项数。拣货人员调派的正确与否很容易影响拣货效率，因而一旦发觉拣货效率不佳，亦可由拣货人员的负荷及分派来检查。而“拣货责任品项数”是要掌握现今每位拣货员的负责品项数，作为要改善效率的参考。

拣货责任品项数 = 总品项数/分区拣取区域数

若此指标数值大，表示每位拣货员负责品项多，必会花费较多时间在商品的位置找寻及走行上，因而一旦发觉拣货作业效率差，即要考虑增加拣取划分区域，将每人负责品项减少。

4）拣取品项移动距离。

拣取品项移动距离 = 拣货行走移动距离/订单总笔数

此指标是用来检查拣货的走行规划是否符合动线效率，且作为目前拣货区布置是否得当的参考。因而若此指标太高，表示人员在拣货中耗费太多走行距离及时间，容易影响整体的效率。

由以上四指标来看，虽都是由人员面切入来做效率衡量，但当发觉效率不佳欲作改善时则不单由人员面改善就足够，事实上从这些指标反映的数值是代表整个拣货规划的结果。虽然人员是最直接的影响因素，一旦人员作业不熟练、不积极，或人员指派过多，产能未充分发挥，就可能造成系统的无效率。但除人员外，其余要素配置不良亦是导致原因，我们可将其归纳为主要的四点：

1）拣货路径未确实规划：拣货单未照最短动线列印，造成拣货员重复路径拣货的时间浪费。

2）储位规划不良：相同或同类产品散居两地，又无良好的信息系统配合，造成拣货员寻找货品麻烦。

3）拣货策略未达最佳：现今采用的批量或订单别拣货策略未尽合理，及如今拣货员负责的拣货范围不适当。

4）未运用最适当的机器设备，以致效率欠佳。

（2）拣货设备　各种的储存、拣货方式需设备有其适用的条件存在，拣货的单位和量是两个重要的因素。例如属于少品种多量的啤酒业，其保管方式常采用平置堆叠方式或是把货品堆叠于托盘上，再保管于托盘或料架、立体自动仓库，而后以堆高机或自动存取机（AS/RS）整托盘拣货出库。若出库量少，用箱为出库单位，其保管方式系将货品置于箱用自动仓库、箱用流动料架，再配合自动拣取机或是电脑辅助拣货系统（CAPS）拣货出库。因此由品项（I）与数量（Q）能反映出的出货品项与出货量的关系，可将各种物流保管设备按曲线予以排列。

不过需考量“Q”的大小规模不同，有时同属曲线中的A类品，因“Q”的大小规模不同，其设备需求亦不同。因而在检查设备适用性时，可由以下三种指标来做初步判断：

1）拣货人员装备率＝拣货设备成本/拣货人员数。

2）拣货设备成本产出＝出货品体积数/拣取设备成本。

3）每人时拣取体积数＝出货品体积数/(拣取人员数×每日拣货时数×工作天数)。

利用这三种指标，我们希望核查出设备的“投资合理化”及“效率面”情况。

拣货人员装备率是衡量公司对拣货作业的设备的投资程度，拣货设备成本产出则是观察在这种投资下设备的产能运用，若前者高后者低，表示如今的拣货设备并未达到相对的投资的产出，公司对于设备的选用仍未做到“投资合理化”，对此除非积极拓展业务，增加设备的动用机会，否则可能需考虑将部分设备移转或外租至其他作业、单位使用，以平衡损益。

而在效率面上，观察“每人时拣取体积数”若数值低，表示拣货效率不佳，此时若业绩足够（拣货设备成本产出不低）则可考虑再进一步提高自动化或机械化程度，借设备效率的提升来应对迅速出货的需求。

（3）拣货策略　拣货的两个基本策略是订单及批量拣取，所以在作拣货规划时，必须先考量货品订单特性来决定应采用订单或批量拣货，之后再考虑如何进一步去分割订单或分批进行。因而在作营运后检查时，要评估这些已选择的策略是否适合，我们可由五个指标来检查：

1）每批量包含订单数＝订单数量/拣货分批次数。

2）每批量包含品项数＝订单总笔数/拣货分批次数。

3）每批量需取次数＝出货箱数/拣货分批次数。

4）每批量拣取体积数＝出货品体积数/拣货分批次数。

5）批量拣货时间 = 拣取人员数 × 每日拣货时数 × 工作天数/拣货分批次数。

由“每批量包含订单数”我们可看出，如今物流中心拣货大多是采用订单（当指数 <2）或是批量（当指数 $\geqslant 2$）拣货，而后配合选用条件来检查现在选用的基本策略是否与订单货品性质相符合，此点若无误再进一步观察“每批量包含品项数”、“每批量需取次数”及“每批量拣取体积数”，这三个指标是欲衡量如今的分批负荷是否妥当以及是否会造成分类上的麻烦。

当此三个指标太大，可能加重拣货员一次拣货的负担，更容易产生拣货误差，且事后分类理货过于麻烦，花费时间更多。但若此三个指标太小，也非好现象，可能由于需经常出入拣货区的次数增多，而使得寻找走行的时间相对整体拣货而言反而过多，也会造成整体效率不佳，因而要选择一个最适合的批量水准才能确保效率。另外，在选择合适分批或分割策略时，亦要考量与设备的配合度。例如，一台堆高机若一次可搬运 20 个单位体积，但由“每批量拣取体积数”所反映，如今某一批量需拣取 25 个单位体积，则每批拣货需分两趟搬运才行，这对效率亦会造成很大影响。

另外，“批量拣货时间”是希望能掌握对紧急订单的应变处理能力，进而检查是否仍需改变分批策略。例如，目前“批量拣货时间”为 2h，而今公司欲 1h 处理一次紧急插单，则可能要考虑增加拣货分批次数，以减少每一批量包含订单数来降低批量拣货时间。

（4）拣货时间　时间是最能反映拣货作业的处理能力，一旦发觉拣货时间花费过多，马上就知道拣货的安排出了问题，便应马上检查问题的出处。以下便由四个指标来观察单位时间拣货作业的处理能力。

1）单位时间处理订单数：观察拣货系统单位时间处理订单的能力。

单位时间处理订单数 = 订单数量/(每日拣货时数 × 工作天数)

2）单位时间拣取品项数：观察拣货系统单位时间处理的品项数。

单位时间拣取品项数 = 订单数量 × 每张订单平均品项数/(每日拣货时数 × 工作天数)

3）单位时间需取次数：观察拣货所需付出劳力多寡的程度。

单位时间需取次数 = 拣货单位累计总件数/(每日拣货时数 × 工作天数)

4）单位时间拣取体积数：观察单位时间公司的物流体积拣取量。

单位时间拣取体积数 = 出货品体积数/(每日拣货时数 × 工作天数)

当然，若能由标准时间配合比较这些指标数值，更能确定现在对拣货时间掌握的好坏。也就是将每一单元（一托盘、一纸箱、一件）的拣取标准时间配合拣货策略计算每一体积、品项乃至于订单、批量的标准作业时间，来与上述四指标的实际作业值比较。

（5）拣货成本　拣货是物流中心一项非常重要的作业，其所耗费的成本也不少，因此需要特别重视。一般拣货投入成本包括：

1）人工成本：直接或间接拣货所需的工时成本。

2）拣货设备折旧费：储存、搬运、电脑信息处理设备的折旧费用。

3）信息处理成本：进行信息处理所使用的连线费、纸张费用等。

而要检查究竟是哪项费用成本出问题，我们由以下四个指标来观察。

1）每订单投入拣货成本 = 拣货投入成本/订单数量。

2）每订单笔数投入拣货成本 = 拣货投入成本/订单总笔数。

3）每需取次数投入拣货成本 = 拣货投入成本/拣货单位累计总件数。

4）单位体积数投入拣货成本 = 拣货投入成本/出货品体积数。

一旦发觉目前拣货成本花费太高，可将以上四指标相互比较来掌握检查方向。当然若四指标都高，则要由导致每一项拣货费用的方向逐一作检查。

（6）拣货质量　公司的拣货质量差对后续作业及客户服务质量都将造成不良影响，因而“拣误率”是每个公司都关心且要经常检查的问题。

拣误率 = 拣取错误笔数/订单总笔数

造成拣货错误的原因非常多，因而不论事前规划或后续评估需注意检查的地方很多。

9. 拣货应用案例

（1）拣货策略的安排应用　××物流中心的拣货策略分析见表 10-21。由表中可看出，分区策略有箱、单品两种拣货单位分区。其中，单品拣货区有数位显示储架与电脑拣货台车两种拣货方式的分区；而数位显示储架拣货区内又使用到工作分区的策略，如此在规划时即按部就班地针对各拣货策略逐一考虑，必能有效提升拣货效率。

（2）××自动仓库拣取出库案例　××自动仓库是将拣取之前的单品托盘放在上层，而将拣取终了准备出货的混合品项装载托盘放在下层作暂时保管。一旦配送车到达，电脑发出出货指示后，自动仓库便能将下层出货品托盘自动出库，交给有轨台车送至出货区。如此可节省出库货品的暂存空间，亦可降低配送车辆的多余等待时间。

（3）××物流中心的拣货系统　××物流中心经多年努力，为克服“自动化系统不适合处理多样少量且形状不规则商品”的限制，而发展出能迅速处理多样少量出货需求及高质量作业的三个拣货系统：自动仓库与卸载工作站（Depalletizing station）间的托盘出库拣货系统、货箱自动拣货系统（Case Picking System）、单品拣货系统（Bulk Picking System）。

表 10-21　××物流中心拣货策略分析

资料项目 \ 分区	托盘储架拣货区	数位显示储架拣货区	电脑拣货台车拣货区
保管单位	托盘	箱	箱
拣货单位	箱	单品	单品
商品特性	体积大、量大、频度较低	体积小、量中、频度高	体积小、量小、频度低
拣货方式	合计量分批拣取后分类（SAP）	订单分批拣取（SOP）	固定量分批拣取时分类（SWP）
拣货信息	贴标签	电子信息	电子信息

1）自动仓库与卸载工作站间的托盘出库拣货系统。由自动仓库出库的货品，经由可同时处理两个托盘货品的复台式转载台（Twin Traverser），供应至卸载工作站。而后由作业员拣取出所需个数的箱子放在输送带上。此时，卸载工作站旁边的显示器会显示此商品相关信息：应拣取的箱子数量、目前已完成的箱子数量、起初存在的箱子数量、拣取后应剩的箱子数量。

因此，不论谁都能简单作业，而这些拣取出货的箱子有可能是要供应补充货箱自动拣货系统及单品拣货系统，也有可能是原封不动地由分类线直接出货。

2）货箱自动拣货系统。以货箱流动棚架为中心（正面有648 格位），和一台自动补充箱子的补货车，以及两台自动拣取箱子的装置构成。不仅拣取，连货品的补充都全自动化，即由电脑指令通知自动仓库叫出需求货品至卸载工作站，经由输送机供应给补货车自动补货。

3）单品拣货系统。单品拣货系统也是以货箱流动棚架为主，但此流动棚架较小（正面有300 个格位），每一货格皆配备自动显示装置。采用人工拣取，拣取后的物品自动地流过内侧的输送机，投入停在适当位置的容器。而需补货时，此系统可视情况由卸载工作站或货箱自动拣取区供应。

（4）拣货合理化

1）商品应按重量排列由重的开始拣取，以避免下面商品受损。

2）在拣货场所，除以记号记录位置外，可考虑以料架颜色的不同来达到区别的容易性。

3）拣取缺货时，剩余未贴附的标签应退回电脑室，将其号码输入电脑确实记录。

4）美国 SUPER RITE FOOSD 公司要求新进拣取作业人员较为严谨，所采用方式为：拣取者进入公司两星期内拣取量若在标准以下时会以口头警告注意，经过三周后仍未达到标准时在两日内需谨慎加强，若四日内还无法做到，则予以解雇。

5）有时因处理商品的形状或尺寸多样，品项繁多，且各订单的重复率也低，以单品为单位的拣取比以箱为单位的出货多，因此现场不适合拣取自动化，并不应勉强进行先后需要多笔投资的自动化，而可以使用低成本且具弹性的半自动系统拣取，配合电脑、条码支援达成。

6）智慧型的拣取作业，是将人、工具及电脑作最佳组合，使其维持成本绩效良好的物流系统。主要应满足下列几点：①扩张性：棚架可移动，表示装置移动简单；②无纸化的拣取：作业轻松、疏失少；③生产性：需熟习拣取作业的时间较短；④不需拣取单的印刷；⑤管理容易：对拣取作业的资料自动地收集分析。

美国 MARYKAY COMTICS 化妆品公司及日本大井智慧型配送中心的拣取系统即朝此方向进展。

10. 国内厂商现状探讨

（1）冷冻拣货效率低　由于冷冻库的温度极低，不但人员在内工作的时间无法持久，且效率也常会大打折扣。而且许多自动化（效率化）设备在冷冻库内不适用，使得往往一次拣货即需耗费较久的时间，致使许多预先拣出的货品放于预冷区的温度，容易影响货品的质量。

而据食品研究所专家建议，若能在半小时至一小时内完成冷冻品拣货才是维持质量最佳的状况。所以可利用附空调的堆高机作业，或由电脑将出货单汇整分类，排定拣取顺序来减少路径动线，以缩短在冷冻库内的时间。

（2）协力拣货效率高　有时由于拣货单的设计不够清楚明了，不仅常会导致拣取错误，也容易因一看一拣的交替动作而影响了拣货效率。因而对此拣货人员若能采用共同协力的方式，一人唱名，一人拣货，则效率必定会比各人自行边看边拣的效率及正确性高。

（3）拣货单的列印标识　由于拣货单可算是拣货人员的重要凭据，若不能妥善设计拣货单，对拣货的过程将产生很大的影响。因而对拣货单的设计以下提出两点建议：①拣货单两行间用特殊线条清楚划分；②拣货单相邻两行可印制不同颜色来明显区分拣货品项，以避免因视觉混淆造成重复拣取或疏漏某品项的拣货。

此外，要有效率的拣货最好能以最短路径来循序拣货，因而若能将储位电脑化，而后利用电脑依拣取品项的存放位置远近，将拣货单按序列出，则拣货员循拣货单的顺序行走，必能使拣货动线最短且时间降至最低。

（4）出货分店家的时机　如今仍还有许多公司由于空间不足，出货配送前并不分店家，直至送达客户处才点数交货，非常容易出错。因此，建议在批量拣货后，仍应先分店家后再上车配送，如此才能减少出货错误及客户抱怨的机会。

（5）造成拣货效率不佳的原因　综合辅导过的业者状况，造成拣货效率不佳的原因主要为：①货品储位未合理化存放；②找不到货品或缺货率太高；③无效走动或无效动作太多；④拣取动线过长；⑤拣取单未合理分类、归纳和排序；⑥未使用合适的拣取容器、设备；⑦拣错率过高，致使更正的时间也花费许多。

10.4　搬运作业系统规划与设计

搬运是将不同形态的散装、包装或整体的原料、半成品或成品，在平面或垂直方向加以提起、放下或移动，可能是要运送，也可能是要重新摆置物料，而使货品能适时、适量移至适当的位置或场所存放。搬运活动的主要目的见表 10-22。

表 10-22　搬运活动主要目的

目　　的	内　　容
提高生产力	科学的搬运系统，能够消除瓶颈以维持及确保生产水准，使人力有效利用，设备减少闲置
降低搬运成本	减少每位劳工及每单位货品的搬运成本，并减少延迟、损坏及浪费

（续）

目　　的	内　　容
提高库存周转率，以降低 存货成本	有效率的搬运，可加速货品移动及缩减搬运距离，进而减少总作业时间，使得存货存置成本及其他相关成本皆得以降低
改善工作环境，增加人员 货品搬运安全	良好的搬运系统，能使工作环境大为改善，不但能保证物品搬运的安全，减少保险费率，且能提高员工的工作情绪
提高产品质量	良好的搬运可以减少产品的毁损，使产品质量水准提升，减少客户抱怨
促进配、销成效	良好的搬运，可增进系统作业效率，不但能缩短产品总配、销时间，提高客户服务水平，同时还能提高单位土地利用率，对企业营运成效助益很大

就配销系统而言，搬运作业包括自运输系统装上和卸下货物，从卸货点搬运至物流中心、物流中心内的搬运和从物流中心内取出货物等的作业。物流中心的搬运活动发生时机如图 10-18 所示。

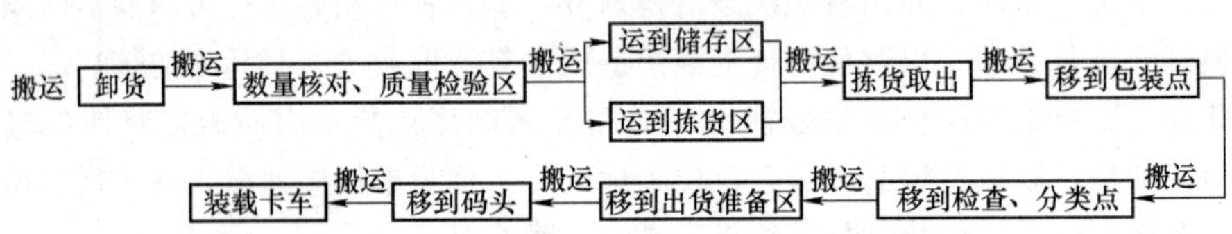

图 10-18　物流中心搬运活动发生时机流程图

上述物流中心的搬运活动，不一定包括所有的搬运作业，但已使我们基本了解到在搬运货品时，除了增加成本外，还无法增加产品的价值。因此，在物流系统规划与设计时，我们必须尽可能地减少货品搬运次数，以降低成本。影响搬运作业效率的因素主要包括搬运技术分析、搬运的改善、搬运作业计算、搬运方式、通道布置等，如图 10-19 所示。

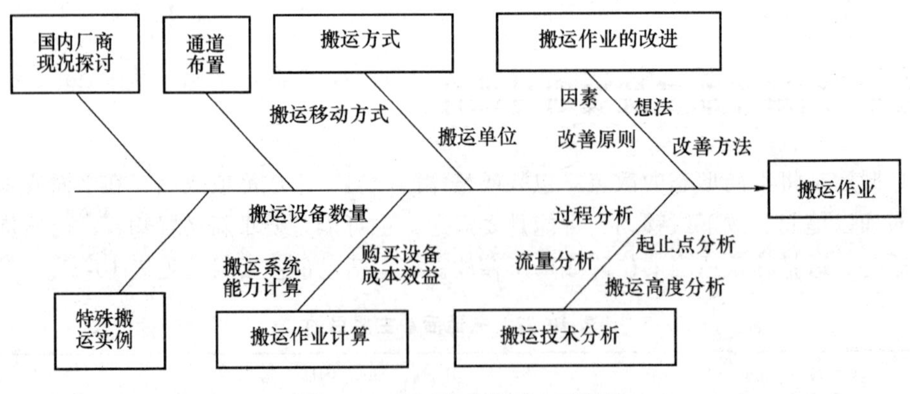

图 10-19　搬运作业各项主要课题

1. 搬运技术分析

货品搬运可由四方面来分析，以掌握搬运流程的情况：过程、起讫点、流量、搬运高度。

（1）过程分析　过程分析主要目的在于观察并收集一件产品由进货到出货的整个过程中有关的资料，或是一项作业进行过程中的所有相关的信息及相配合的实体资源设备。分析时，由于需考虑整个过程，所以一次只能分析一种产品，或一类材料，或一项作业。过程分析主要借助过程图或表格将作业情况表示出来，而后再针对现况进行改善的动作，表 10-23 是肥皂进货入库过程表格示例。

表 10-23　肥皂进货入库过程

货品名称及单位	描 述	每载重量(lb)	每次运送次数	距离(m)
1-肥皂（托盘）	进货存放于码头月台			
2-肥皂（托盘）	以堆高机搬运至暂存区	400	3	5
3-肥皂	卸栈、拆箱			
4-肥皂（盒）	数量、质量检验			
5-肥皂（盒）	由输送机运送至加工区	4	540	20
6-肥皂（盒）	流通加工			
7-肥皂	重包装			
8-肥皂（箱）	由输送机运至储区	12	90	30
9-肥皂(箱)	入库储存			

注：1lb = 0.45359237kg。

（2）起讫点分析　与过程分析不同的，起讫点分析并不需观察过程中的每一状况，而是由每一次搬运的起点及终点，或是以各站固定点为记录目标，来对搬运状况作分析检查。因而此项分析有两种不同方式。

1）路线图表示法：每次分析一个流通路线，观察并收集每一移动的起讫点资料，及在这路线上各种不同货品流通的状况，路线图适用于路线不多的场合。

2）流入流出图表示法：观察并收集流入或流出某一地区的各种移动状况，流入流出图适用于路线较多的场合。

（3）货品流量分析　货品在部门单位间移转往往呈现极不规则的方向，为追求效率，规划管理者必须尽量使所有移转工作都能以最简捷方向、最短距离方法完成。而货品流量分析便是将整个移转路径概略绘出，来观察货品移动的流通形态。

货品流量分析主要目的在于：

1）计算各配送计划下可能产生的货品流量以作为设计搬运方法，作为选择搬运设备的依据。

2）评定布置方式的优劣，调整货品搬运路径的宽窄。

3）配合货品流通形态，改变布置方式。

4）掌握作业时间，进而预测各阶段时程。

而货品流量分析的方法，一般是借助分群或各组织下所设立的部门单位作为分析的基础，可分为两类：

1）部门间直线搬运法。此情况是假设各部门间直线流通时，以直线距离来做流量分析。此法与实际状况将多少有些差距。

2）最短路径搬运法。此法为模拟实际搬运作业的方法，通常借助电脑来协助处理，运用此法分析可得出：①在各配送计划下的总搬运量（图10-20）；②各路径的货品流通量；③各单位间的最短搬运路径。这三项结果将能协助管理者达到改善搬运的目的。

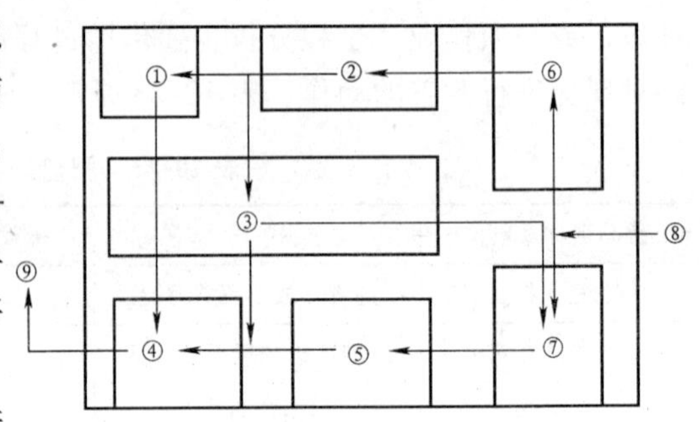

图 10-20　最短路径搬运法模拟货品流量

此外，为求更精确的计算，在进行货品流量分析时，也可以表10-24的货品流量分析表的形式来协助计算：

表 10-24　货品流量分析表

起迄	货品	搬运	各路径流	量计算
分群	流量	路径	路径代号	流量
___至___				
___至___				
……				

（4）搬运高度分析——现状展开图分析法　搬运高度在上下变动时必须要有动作，如将物品提高、倾斜、拉下等，很容易导致时间与体力的消耗。因此，在规划或配置厂房、建筑物、设备时，应尽可能水平地规划。另外，在搬运高度分析上，我们可先依目前设备、设施、搬运用具等的配置，画出现状的展开图表，如图10-21a所示。在这张展开图表里，最好能将各有关事项逐一记载，像是搬运手法、人员、场所的情形、设备名称等，以包括全部的调查，尤其在高度方面。而后再由此图进行调整改善，实施水平配置计划，图10-21b便是改良后的高度展开图。其中，最简单的水平调整方式是使用台子的设计将机械设备垫高，让货品能依大体上一致的高度移动，使上下坡的搬运情形减少。

2. 搬运的改进

考虑货品搬运成本时，有两个很重要的基本原则：

1）距离的原则：距离越短，移动越经济。

2）数量的原则：移动的数量越多，每单位移动成本越低。

因此，搬运作业的改进，主要考虑五项因素：搬运的对象、搬运的距离、搬运的空间、搬运的时间、搬运的手段。它们对于搬运的重要性，见表10-25。

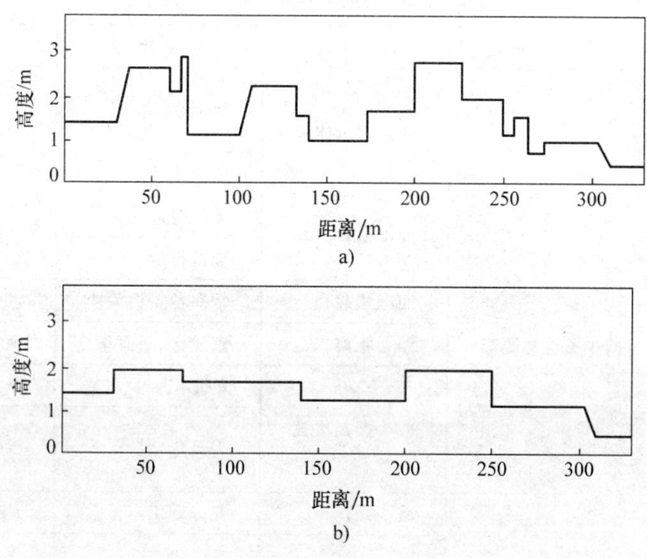

图 10-21　搬运高度展开图

a）现状的搬运高度展开图　b）改善后的搬运高度展开图

（1）搬运的对象　搬运的对象是指搬运物的数量、重量、形态，就是要保证在整个作业过程中，各点都要能及时、正确收到适量和完好的货品，同时要使搬运设备能对应好搬运的货品量，以免徒增设备产能耗费。

（2）搬运的距离　此距离指搬运的位移及长度，搬运的位移包括水平、垂直、倾斜方向的移动，而长度则指位移的大小。因此，好的搬运即是要设法运用最低成本、最有效方法来克服搬运位移、长度，以尽快将货物送到指定的场所。

（3）搬运的空间　物料、搬运设备都会占据空间，所以在系统规划时必须预留足够的搬运空间，才能达到搬运目的。然而，空间的需求受搬运系统的效率影响很大（一个无效率的搬运系统为防拥塞，其所需空间必大）。因此，搬运要有效才能使厂房空间充分利用。

（4）搬运的时间　时间的意义包括两种：搬运过程所需的总消耗时间及完成任务的预期时间。要使这两项时程控制在规划之内，就必须配合适当的机具及运作方式，才能使物件在准确的时间到达适当的地点，以避免过快（会影响后续作业效率）或过慢（往往增加仓储成本）的情形发生。

（5）搬运的手段　针对搬运的对象，要使搬运达到有效的移动，利用有效的空间，掌握有效的时间，都必须要采用适当的搬运手段。而对于手段的运用，应遵循经济、效率两大原则，并在其中谋求一平衡点，才能满足对内、对外高度的需求。

表 10-25　改进搬运作业的原则与方法

	因素	目　标	想　法	改善原则	改善方法
物料搬运	搬运对象	减少总重量、总体积	减少重量体积	尽量废除搬运	调整厂房布置
					合并相关作业
				减少搬运量	
	搬运距离	减少搬运总距离	减少回程	废除搬运	调整厂房布置
				顺道行走	
			回程顺载	掌握各点相关性	调整单位相关性布置
			缩短距离	直线化、平面化	调整厂房布置
			减少搬运次数	单元化	托盘、货柜化
				大量化	利用大型搬运机
					利用中间转运站
	搬运空间	降低搬运使用空间	减少搬运	充分利用三维空间	调整厂房布置
			缩减移动空间	降低设备回转空间	选用合适、不占空间、不太多辅助设施之设备
				协调错开搬运时机	时程规划安排
	搬运时间	缩短搬运总时间	缩短搬运时间	高速化	利用高速设备
				争取时效	搬运均匀化
			减少搬运次数	增加搬运量	利用大型搬运机
		掌握搬运时间	估计预期时间	时程化	时程规划控制
	搬运手段	利用经济、效率的手段	增加搬运量	机械化	利用大型搬运机
					并用机器设备
				高速化	利用高速设备
				连续化	利用输送带等连续设备
			采用有效管理方式	争取时效	搬运均匀化
					循环、往复搬运
			减少劳动力	利用重力	使用斜槽、滚轮输送带等重力设备

3. 搬运形式

搬运形式科学与否，直接影响物流的作业效率：是否有重复运行？是否一次搬运的货品数量不合理？都是在设计时必须考虑的因素。因此，结合设备的使用及运动路线的规划，决定货品究竟要采用何种形式的搬运。以下分别就搬运移动方式与运送单位进行探讨：

（1）搬运移动方式——移动系统（Movement System）　此移动系统根据货品搬运的移动形态划分成两种不同的运行体系：①不同货品各自由原点直接向终点移动，称为直流体系（Direct Move System）；②整合不同区域的各类货品共同搬运，使这些货品运用相同的设备依照相同的路线移动，称为间接移动体系（Indirect Move System），而间接移动体系由其移动特性又可分为通路体系（Channel System）及中间转运体系（Central Move System）。图 10-22 表示的是这些体系。由于任何搬运都无法提高货品的附加价值，因而各个体系的移动系统依经济、效率原则各有其适用情况。

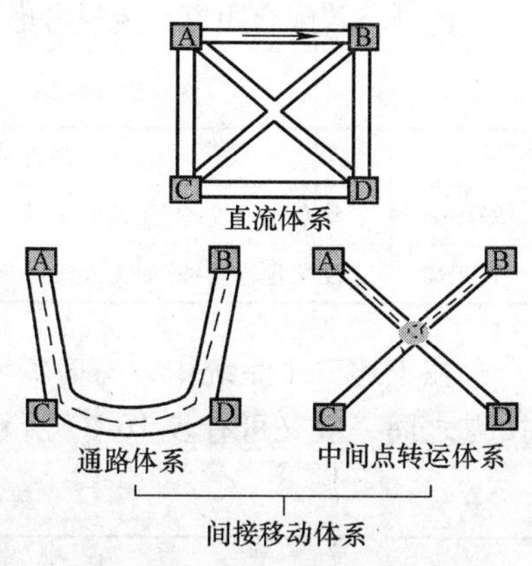

图 10-22　货品移动系统

1）直流体系。

方式：货品由起点到终点以最短的距离移动。

适用情况：若物料流程密度较高，且移动距离短或适中，应用此法较为经济。尤其在处理紧急订单时，最为有效。

2）通路体系。

方式：物料经一事先制订的路线到达目的地，而路径相关的不同物料都能共同使用这条路线。

适用情况：当搬运密度不高，距离较长，且厂房布置不规则或分散时，此系统是最经济的搬运方法。

3）中间转运体系。

方式：物料由起点至终点，往往要经由中间转运站加以分类或指派，而后才送达目的地。因而此方式也就是由原点移到中心点再移往终点的方式。

适用情况：当流量不高，距离很长，厂房区域是方形，或者控制功能特别重要时，此系统是较经济的搬运方法。

将上述三种系统的适用情况整理归纳，可绘成图 10-23 所示的三者间的关系图。

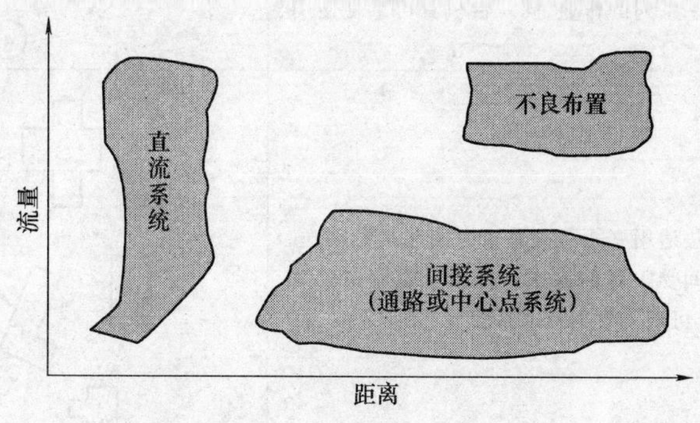

图 10-23　距离、流量与移动系统的三者间的关系图

此外，若配合距离、流量考虑成本来选择相关作业设备时，其选择依据见表 10-26。

表 10-26　依据距离、流量选择作业设备

	高密度流量	低密度流量
短距离	复杂搬运设备，如叉举车、抓举设备	简便搬运设备，如手推车
长距离	复杂运输设备，如无人搬运车、输送机等不用人操控的设备	简便运输设备，如动力托板车

在上述三个系统中，有时需考虑各工作场所及各设备间的位置，因此在其任意两点之间一般又可有表 10-27 所示几种流程形式。

表 10-27　搬运流程形式

形　式	特　点	图　示
直线式	适用于大的操作区域，生产程序较短，且相当简单，此种布置适合于每人只做一种工作，或兼做数种工作	①　②　③　④　⑤ →
双线式	适用于大量生产，一线不能容纳，则采用双线	→①→②→③→④→⑤→ →①→②→③→④→⑤→
Z 字形	Z 字形或锯齿形，又称缩短路线法。适用于长度有限时，或受到厂房空间的限制。此法可节省厂房的面积，且可有效地利用空间	→①↓②→③↑④→⑤↓⑥→
U 形	此法适用于多数操作必须集中于一处，而场地又受到限制，或生产线的起点与终点必须在同一通道旁，其成品接近运输设备。此种排列可节省厂房的面积，且监督较易，又可利用中间作为暂存区域及检验区	→①→②→③→④→⑤↓⑤↓⑤ ←①←②←③←④←⑤
圆形	此种排列是起点与终点相接，成为无终止的线形运动。其最大的优点，即工作可回到起点，如工作物的钳具或容器必需送回起点时，可用此形，且每一单位连接若干工作站及同一系列的作业，同一台机具可重复使用	①→②→③→④→⑤→⑥→①
犄角形排列法	此法适用于短距离的输送或非平稳输送，或空间受限制的输送。特别是在制造小零件时，可用不规则式的布置	1→2→3→4→5→6→7

以上各种流程形式，可单独或合并运用，以配合实际的需要。

（2）搬运单位（Transport Unit）　货品移动的基本单位有三种形式：散装、个装或包装。散装是最简单且最廉价的货品搬运方法，每次的运送量较大，但散装的搬运较容易破坏货品或造成边缘的损坏，应特别注意。

个装往往是体积很大的物品，大部分的移动需要大型搬运机或辅助设施来移运。个装也可累积到某些单元数量后再运，如托盘、笼车、盒子与篮子等都是单元载重。单元载重的好处在于可以保护货品并降低每单位的移动成本及装卸成本。让搬运作业运行地更加完善、经济。而多数量的单元包装是标准化的形式，其大小、形态与设计都要一致，才能节省成本。

4. 搬运作业运算

（1）货品搬运设备数量的决定　作业过程中货品搬运设备的需要数量，要事先计算，计算方式可采用“等候线理论”。要估计所需设备数时，必须要考虑很多相互影响的复杂因素。譬如搬运设备因故障而停顿的分配特性、搬运的时间、搬运的时机、要搬运而未能搬运等所费的成本。等候线理论就是将这些复杂的因素列入考虑，是一项很有用的分析工具。

（2）搬运系统能量计算

1）总运送能量计算。

$$\text{运送能量} = RF \times LD$$

$$\text{总运送量} = \sum \text{运送能量}$$

式中，RF 是物流速率，每单位时间搬运的货品量；LD 是运送长度，搬运的距离。

2）搬运效率的计算。

$$EH = \{(LD/VC)/(LD/VC + TH + LE/VC)\} \times FT$$

式中，LD 是运送长度；VC 是搬运设备的速度；LE 是空运长度 - 搬运设备空转的长度；TH 是装卸时间；FT 是交通因素 - 搬运流通或阻碍的因素；EH 是搬运效率；LD/VC 是负载时间。

3）搬运系统能量计算。

$$\text{货品搬运系统能量} = \text{总运送能量}/\text{搬运效率}$$

（3）购置设备的成本效益考量　在购置搬运设备时，需考虑设备的购置成本、每年折旧额、维护修理费用、利息、税捐、操作员薪资及设备残值等。

5. 通道布置

（1）仓库通道的种类　仓库中通道的种类一般包含表 10-28 所列的几种：

（2）仓库通道的设计　通道的正确安排及尺寸是影响仓库效率的一个关键。作为储区与进出货区的通路，通道的设计应能提供存货的正确存取、装卸设备的进出及必需的服务区间。影响通道位置及宽度的因素有：通道形式；搬运设备的形式、尺寸、产能、回转半径；储存货品的尺寸；与进出口及装卸区的距离；储存的批量尺寸；防火墙的位置；行列空间；服务区及设备的位置；地板负载能力；电梯

表 10-28　仓库常见的通道设计

工作通道(Working aisles)	主要(Main)通道:沿着厂房的长度,允许两方面的交通
	交叉(Cross)通道:横跨厂房的廊道,通常可达仓库的对门
人行通道(Personnel aisles)	只用于员工进出特殊区域的场合,应维持最小数目
服务通道(Service aisles)	为存货或检验提供大量物品进出的通道,应尽可能的限制
贮藏室通道(Bin aisles)	为库存的选择及补充而设的通路
电梯通道(Elevator aisles)	提供出入电梯的通道,不应受任何通道阻碍。通常,此通道宽度至少与电梯一样,距离主要或交叉通道约 3～4.5m
其他各种性质的通道(Miscellaneous aisles)	为公共设施、防火设备等所需的进出通道

及斜道位置；出入简易的考虑。空间分配最重要的因素是通道的设置及宽度，因此，良好通道的设计应注意以下几点：

1）流量经济。让所有厂房通道的人、物移动都形成路径。

2）空间经济。通道通常需占不少空间，因此仔细地设计能带来直接的利益。

3）设计的顺序。主要通道，像出入部门及厂房间的通道必需首先设计，而后服务设施的通道，最后次要通道才被设计。

4）大规模厂房的空间经济。一个 6m 宽的厂房可能有一个宽约 150cm 或 180cm 的通道，约占有效地板空间的 25%～30%；而一个 180m 宽的厂房可能有 3 个宽 3.5m 的通道，只占所有空间的 6%，即使再加上次要通道，亦只占 10%～12%。因此，大厂房在通道设计上可达到大规模空间经济性。

5）危险条件。必须随时要求通道要有足够空间以适应危险时尽快逃生的目的。

6）通道宽度。在大厂房中，主要通道可能是 3.5～6m，一般来说，3m 能容纳叉举车通过，再加上人员的步行；而人行通道及内部通道最低限度也要有 76～91cm。

7）楼层间的交通。电梯是通道的特例，其目的在于将主要通道的物品运至其他楼层，但又要避免阻碍到主要通道的交通。

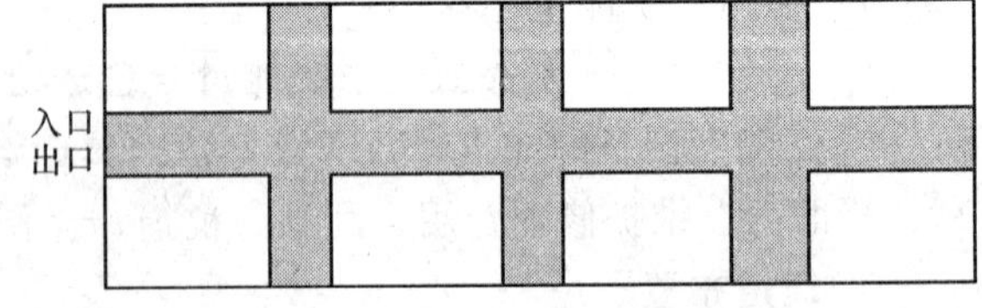

图 10-24　中枢通道

因此要满足上述的因素，最好的通道形式，应属中枢通道（Backbone aisle），中枢通道的形式如图 10-24 所示，指主要通道经厂房中央，且尽可能直穿，使开始及结束在出入口，且连接主要交叉通道。

6. 特殊搬运应用

（1）节省空间的搬运　二楼以上拣取出货的商品，除使用垂直升降机下楼外，若使用输送机，应尽量使用靠墙边通过的输送机，以节省作业空间。另外，一楼的输送机亦可沿着天花板运行，等到了指定的出货作业场所，再以升降机降下，不但节省空间，亦可做自动分类至指定出货码头。

（2）提高效率的搬运　流动棚与输送带间，以及相邻两流动棚之间，若能设置滚轮输送机，用来传递拣取用的箱子，在搬运速率上将有很大提升。

7. 国内厂商现状探讨

（1）搬运动线规划　一旦企业进出库频率高，以至于物流中心内同一时段同时作业的搬运设备较多时，应将各搬运车辆的行走路线事先作好规划，以免造成存取货、搬运时拥挤或阻碍的情形。

（2）叠托盘方式的决定　如今由于托盘仍未标准化，往往一个物流中心各式各样的托盘皆有，因而许多公司都得在每次进出货或移仓补货搬运时再针对所使用托盘重试堆叠方式，非常没有效率。对此有些公司会概略地绘制各托盘相对各物品的堆叠方向及排列方式，但在此仍有两项建议：

1）若托盘尺寸真的过多，建议仍要区分规格托盘的最适承载货品，及以后只要进什么货品就使用固定规格的最适托盘，不需再作尝试即可马上堆叠。

2）若区分各规格托盘的承载货品也有困难，则可使用弹性叠托盘技术软件，根据软件数据库自带的资料电脑会自动规划出托盘承载货品的最好堆叠方式。叠货前只要登录进货品箱子尺寸（若已建立商品基本资料档，则只需登录货品代号即可）及准备承载的空托盘规格，则电脑会马上出示堆叠方式建议，让托盘空间发挥最大的效益。

（3）托盘标准化　什么样的托盘需使用什么样的设备（堆高机）搬运，而如今由于上、下游托盘太多未标准化，导致有时上游进货无法使用现有堆高机等工具搬运，经常耗费过多的人力及时间。若各企业能共同下决心将托盘标准化，则进出货及搬运效率都能有很大的提高。当然，若能引进输送机等自动化工具更能提高搬运效率。

（4）收缩膜包装减少碰撞损耗　除了正确的叠托盘方式可增加货品叠托盘的稳定度外，在包装作业上采取以收缩膜包装的方式也是一强化堆叠强度的方法，减少搬运过程可能发生的倾倒损坏。

10.5　储存作业系统规划与设计

储存作业主要任务在于把将来要使用或者要出货的物料做保存，且经常要做库存品的检核控制，不仅善用空间，亦要注意存货的管理。尤其物流中心的储存与传统仓库的储存因营运形态不同，更要注意空间运用的弹性及存量的有效控制。

1. 储存作业的策略与方法

（1）储存保管的目标

1）空间的最大化使用；人力及设备的有效使用。

2）良好的管理。清楚的通道、干净的地板、适当且有次序的储存及安全的运行，将使得工作变得有效率及促使工作积极性（生产力）的提高。

3）所有品项都能随时准备存取。因为储存增加商品的时间值，因而若能做到一旦有需求时，货品马上变得有用，则此系统才算是一个有计划的储位系统及良好的厂房布置。

4）货品的有效移动。在储区内进行的大部分活动是货品的搬运，需要多数的人力及设备来进行物品的搬进与搬出。因此，人力与机械设备操作应达到经济和安全的程度。

5）货品良好的保护。因为储存的目的，即在保存货品直到被要求出货的时刻，所以在储存时必须保持在良好条件下。

（2）规划储区位的注意事项

1）依照货品特性来储存。大批量使用大储区，小批量使用小储区。活性小、轻及容易处理的品项使用较远储区。

2）将相同或相似的货品尽可能接近储放；笨重、体积大的品项储存于较坚固的层架及接近出货区。

3）能安全有效率储于高位的物品使用高储区。

4）周转率低的物品尽量远离进货、出货及仓库较高的区域；周转率高的物品尽量放于接近出货区及较低的区域。

5）服务设施应选在低层楼区；轻量货品储存于有限的载荷层架。

（3）储存策略　储存策略主要在制订储位的指派原则，良好的储存策略可以减少出入库移动的距离、缩短作业时间，甚至能够充分利用储存空间。一般常见储存策略如下：

1）定位储放（Dedicated Location）。每一项储存货品都有固定储位，货品不能互用储位。因此，须规划每一项货品的储位容量不得小于其可能的最大在库量。选用定位储放的原因在于：①储区安排有考虑物品尺寸及重量（不宜随机储放）；②储存条件对货品储存有特殊要求的如温湿度要求、防爆要求等；③易燃物必须限制储放于一定高度，以满足保险标准及防火法规（Fire Codes）；④由管理或其他政策指出某些品项必须分开储放，例如饼干和肥皂，化学原料和药品；⑤保护重要物品；⑥储区能被记忆，容易提取。

定位储放的优点：①每项货品都有固定储放位置，拣货人员容易熟悉货品储位；②货品的储位可按周转率大小（畅销程度）安排，以缩短出入库搬运距离；③可针对各种货品的特性作储位的安排调整，将不同货品特性间的相互影响减至最小。

定位储放的缺点：储位必须按各项货品的最大在库量设计，因此储区空间平时的使用效率较低。

总的来说，定位储放容易管理，所需的总搬运时间较少，但却需较多的储存空间。此策略较适用于以下两情况：厂房空间大；多种少量商品的储放。

2）随机储放（Random Location）。每一个货品被指派储存的位置都是经由随机的过程所产生的，而且可经常改变；也就是说，任何品项可以被存放在任何可利用的位置。此随机原则一般是由储存人员按习惯来储放，且通常可与靠近出口法则联用，按货品入库的时间顺序储放于靠近出入口的储位。

随机储放的优点：由于储位可共用，因此只需按所有库存货品最大在库量设计即可，储区空间的使用效率较高。

随机储放的缺点：①货品的出入库管理及盘点工作的进行困难度较高；②周转率高的货品可能被储放在离出入口较远的位置，增加了出入库的搬运距离；③具有相互影响特性的货品可能相邻储放，造成货品的伤害或发生危险。

一个良好的储位系统中，采用随机储存能使料架空间得到最有效的利用，由此储位数目得以减少。由模拟研究显示得出，随机储存系统与定位储放比较，可节省 35% 的移动储存时间及增加了 30% 的储存空间，但较不利于货品的拣取作业。因此，随机储放适用于下列两种情况：一是厂房空间有限，需尽量利用储存空间；二是种类少或体积较大的货品。

表 10-29 为随机储放的人工储存记录表，能将随机储放的信息予以详细记录。

表 10-29　随机储放人工储存记录表

储位号码	储位空间			货品名称	货品代号
存取日期	采购单号码	进货量	订单号码 （拣货单号码）	拣取量	库存量

若能运用电脑协助随机储存的记忆管理，将仓库中每项货品的储存位置交由电脑记录，则不仅进出货查询储区位置时可使用，也能借助电脑来调配进货储存的位置空间，根据电脑所显示的各储区、各储位剩余空间来配合进货品项作安排，必要时也能调整货品储放位置作移仓的动作规划。表 10-30 表示随机储放的电脑配合记录形式。

表 10-30　随机储放电脑记录表

储位号码	储位空间大小	货品名称	货品代号	货品库存	储位剩余空间大小

而此记录表要随时与进货、出货、退货资料配合更改。①进货：该货品进货量→加至货品库存→扣减储位剩余空间；②出货：该货品出货量→由货品库存扣减→增加储位剩余空间；③退货：该货品维修入库量→加至货品库存→扣减储位剩余空间。

3）分类储放（Class Location）。所有的储存货品按照一定特性加以分类，每一类货品都有固定存放的位置，而同属一类的不同货品又按一定的法则来指派储位。分类储放通常按产品相关性、流动性、产品尺寸、重量、产品特性来分类。

分类储放的优点：①便于畅销品的存取，具有定位储放的各项优点；②各分类的储存区域可根据货品特性再作设计，有助于货品的储存管理。

分类储放的缺点：储位必须按各项货品最大在库量设计，因此储区空间平均的使用效率低。

分类储放较定位储放具有弹性，但也有与定位储放同样的缺点。因而较适于以下情况：①产品相关性大者，经常被同时订购；②周转率差别大者；③产品尺寸相差大者。

4）分类随机储放（Random Within Class Location）。每一类货品有固定存放的储区，但在各类的储区内，每个储位的指派是随机的。

分类随机储放的优点：可收分类储放的部分优点，又可节省储位数量提高储区利用率。

分类随机储放的缺点：货品出入库管理及盘点工作的进行困难度较高。

分类随机储放兼具分类储放及随机储放的特色，需要的储存空间量介于两者之间。

5）共同储放（Utility Location）。在确定知道各货品的进出仓库时刻，不同的货品可共用相同储位的方式称为共同储放。共同储放在管理上虽然较复杂，所需的储存空间及搬运时间却更经济。

（4）储位指派法则　储存策略是储区规划的大原则，因而还必须配合储位指派法则才能决定储存作业实际运作的模式。而跟随着储存策略产生的储位指派法则，可归纳出如下几项：

1）可与随机储存策略、共用储存策略相配合者靠近出口法则（Closest Open Location）：将刚到达的商品指派到离出入口最近的空储位上。

2）可与定位储存策略、分类（随机）储存策略相配合者。

① 以周转率为基础法则（Turnover based Location）。按照商品在仓库的周转率（销售量除以存货量）来排定储位。首先依周转率由大自小排一序列，再将此序列分为若干段，通常分为三至五段。同属于一段中的货品列为同一级，依照定位或分类储存法的原则，指定储存区域给每一级的货品。周转率愈高应离出入口愈近。

另外，当进货口与出货口不相邻时，可依进、出仓次数来做存货空间的调整，见表10-31，为Ⅰ、Ⅱ、Ⅲ、Ⅳ…Ⅷ八种货品进出仓库的情况，当出入口分别在仓库的两端时，可依货品进仓及出仓的次数比率，来指定其储存位置。

表 10-31　八种货品进出仓库统计表

货品	进仓次数	出仓次数	进仓次/出仓次
Ⅰ	40	40	1.0
Ⅱ	55	55	1.0
Ⅲ	270	145	2.0
Ⅳ	60	53	0.7
Ⅴ	20	90	0.1
Ⅵ	100	250	0.4
Ⅶ	200	400	0.5
Ⅷ	300	300	1.0

② 产品相关性（Correlation）法则。相关性商品一般在订购时经常被同时订购，所以应尽可能存放在相邻位置。考虑物品相关性储存的优点：缩短提取路程，减少工作人员疲劳；简化清点工作。产品相关性大小可以利用历史订单数据做分析。

③ 产品同一性法则。所谓同一性的原则，指把同一物品储放于同一保管位置的原则。此种将同一物品，保管于同一场所来加以管理的管理方式，其管理效果是能够期待的。

构筑让作业员对于货品保管位置皆能简单熟知，且对同一物品的存取花费搬运时间最少的系统，是提高物流中心作业生产力的基本原则之一。因而，当同一物品散布于仓库内多个位置时，物品在储放、取出等作业的不便可想而知，因为在盘点以及作业员对料架物品掌握程度等方面都可能造成困难。

因此，同一性的原则是任何物流中心皆应严格遵守的重点原则。

④ 产品类似性法则。所谓类似性的原则，是指将类似品比邻保管的原则，此原则是根据与同一性原则同样的观点而来。

⑤ 产品互补性（Complementary）法则。互补性高的物品也应存放于邻近位置，以便缺料时可迅速以另一品项替代。

⑥ 产品相容性（Compatibility）法则。相容性低的产品绝不可放置一起，以免降低质量，如烟、香皂、茶不可放在一起。

⑦ 先入先出的法则。所谓先入先出（FIFO：First In First Out），是指先保管的物品先出库之意，此原则一般适用于寿命周期短的商品，例如：感光纸、软片、食品等。

以作为库存管理的手段来考虑时，先入先出是必须考虑的。但是，若在产品形式变更少，产品寿命周期长，保管时的减耗、破损等不易产生等情况时，则需要考虑先入、先出的管理费用，以及采用先入、先出所得到的利益，将两者之间的优劣点比较后，再来决定是否要采用先入先出的原则。

⑧ 叠高的法则。所谓叠高的原则，即是像堆积木般将物品叠高。以物流中心整体有效保管的观点来看，提高保管效率是必然的，而利用托盘等工具来将货物进行码垛，不但达到叠高的效果，而且还便于搬运。

物品堆高的容积效率要比平置方式来的高。但需注意的是，若在诸如一定要先入先出等库存管理限制条件很严时，一味地往上叠并非最佳的选择，应要考虑使用合适的料架或积层架等保管设备，以使叠高原则不至影响出货效率。

⑨ 面对通道的法则。所谓面对通道法则，即是物品面对通路来保管，将可识别的标号、名称让作业员容易简单地辨识。为了使物品的储存、取出能够容易且有效率地进行，物品就必须要面对通道来保管，此也是使物流中心内能流畅进行及活性化的基本原则。

⑩ 产品尺寸法则。在仓库布置时，我们需同时考虑物品单位大小及由于相同的一批物品所造成的整批形状，以便能供应适当的空间满足某一特定需要。所以在储存物品时，必须要有不同大小位置的变化，用以容纳一切不同大小的物品和不同的容积。

一旦未考虑储存物品单位大小将可能造成储存空间太大而浪费空间或储存空间太小而无法存放；未考虑储存物品整批形状亦可能造成整批形状太大无法同处存放（数量太多）或浪费储存空间（数量太少）。一般将体积大的货品存放于进出较方便的位置。

⑪ 重量特性法则。所谓重量特性的原则，是按照物品重量的不同来决定储放物品于保管场所的高低位置上。

一般而言，重物应保管于地面上或料架的下层位置，而重量轻的物品则保管于料架的上层位置；若是以人手进行搬运作业时，人之腰部以下的高度用于保管重物或大型物品，而腰部以上的高度则用来保管重量轻的物品或小型物品；此一原则对于采用料架的安全性及人手搬运的作业性有很大的意义。

⑫ 产品特性（Characteristics）法则。物品特性不仅涉及物品本身的危险及易腐性质，同时也可能影响其他的物品，因此在物流中心布置设计时必要考虑。下面列举五种有关货品特性的基本储存方法：a）易燃物的储存：须在具有高度防护作用的建筑物内安装适当防火设备的空间；b）易窃物品的储存：须装在加锁的笼子、箱、柜或房间内；c）易腐品的储存：要储存在冷冻、冷藏或其他特殊的设备内；d）易污损品的储存：可使用帆布套等覆盖；e）一般物品的储存：要储存在干燥及管理良好的库房，以应客户需要随时提取。此法则的优点在于：不仅能随物品特性而有适当的储存设备保护，且容易管理与维护。

⑬ 住居表示法则。所谓住居表示法则，是指把保管物品的位置给予明确表示的法则。此法则主要目的在于将存取单纯化，并能减少其间的错误。尤其在临时人员、高龄作业员不少的物流中心中，此法则更为必要。

⑭ 明确（表示）性法则。所谓明确性法则，系指利用视觉，使保管场所及保

管品能够容易识别的法则。此法则对于前述的住居表示法则、同一性法则及叠高法则等皆能顾及。

良好的储存策略与指派法则配合之下，可大量减少拣取商品所需移动的距离，然而越复杂的储位指派法则需要功能越强的电脑相配合。

（5）储位系统　清楚地设计好储区后，以前一般都只是使用“记忆系统（memory system）”来帮员工简单地记住货品大概位置，然而此种作法往往发挥不了多大功效。而后，使用品名、序号、记号或其他指示号码来记录品项位置的方法也被使用，但只考虑品项本身代号的系统仍不够完全，也较无弹性。因此，所谓“暗示性储位标号”便得到发展，其意义就是要能指出物流中心的每一个点，让员工能很肯定地指出什么东西放在什么地方，使每品项皆有一“地址”以便于需要时马上可找到它。例如，标签号码：103 15 723，其意义是：“10—BLDG”指储存区域，由“1”开始标号；“3—FLOOR”指厂房楼层级；“15—STACK，柱”指较长列，又称“Cross Row”，一般设定标号不超过“50”，即STACK列数由左至右不超过50；“72—ROW，架”指较短列，即以料架区分，又称“Main Row”，一般由“51”开始标号，因01～50保留给较长列（柱）编号；“3—LEVEL”指每一料架由下向上数的层数。

“ROW”与“STACK”的用法可由大、中、小批量布置来定。“STACK”的标号都保持在50之内，而“ROW”的标号：大批量储区——51～100；中批量储区——101～150；小批量储区——151以上。此编号范围以“50”为划分是较保险的做法，可预留些编号待将来大、中、小批量储区要扩充时作增加或插入的修正即可，无须大幅度的变动。

当然此编号范围应视物流中心的规模来做调整，若公司的规模较小则以“30”来区分亦可：大批量储区——51～80；中批量储区——81～110；小批量储区——111以上。

另外，在通道之间常留有空列标号，这也是作为往后重新安排或扩充时之用。

（6）储存保管的指标

1）储区面积率＝储区面积/物流中心建物面积。应用目的：衡量厂房空间的利用率是否恰当。

2）可供保管面积率＝可保管面积/储区面积。应用目的：判断储位内通道规划是否合理。

3）储位容积使用率＝存货总体积/储位总容积，单位面积保管量＝平均库存量/可保管面积。应用目的：用以判断储位规划及使用的料架是否适当，以有效利用储位空间。

4）平均每品项所占储位数＝料架储位数/总品项数。应用目的：由每储位保管品项数的多寡来判断储位管理策略是否应用得当。

5）库存周转率＝出货量/平均库存量，或营业额/平均库存金额。应用目的：

库存周转率可用来检查公司营运绩效，以及作为衡量现今货品存量是否适当的指标。

6）库存掌握程度 =实际库存量/标准库存量。应用目的：作为设定产品库存的比率依据，以供存货管制参考。

7）库存管理费率 =库存管理费用/平均库存量。应用目的：衡量公司每单位存货的库存管理费用。

8）废品率 =废品件数/平均库存量，或废品金额/平均库存金额。应用目的：用来测定物料耗损影响资金积压的状况。

2. 储存形式

（1）储存“量”的考量“量（Volume）”参数在储存上一般可划分为以下几类：

1）大批储存（Large lot bulk storage）：一般指3个托盘以上的存量。大批储存皆以托盘运作，多采用地板积存或自动仓库储存的方式。

2）小批储存（Small lot storage）：小批储存一般指小于一个托盘的储存，一般以箱为出货拣取单位。在储存区的小批量物品一般被存放于托盘料架、棚架、贮物柜等。

3）中批储存（Medium lot storage）：中批储存一般指1～3个托盘的量，可以托盘或箱为出货拣取单位。多采用托盘料架或地板堆积的方式。

4）零星储存（Retail storage）：零星区，或拣取区皆是使用贮物柜或棚架储存小于整包的货品的地方。一般来说，订货拣取在此区域中进行。然而，若产品很小及整批量并不占大空间，则整批产品也能储存于零星区。

零星拣货区一般包括检查与打包的空间，同时为了安全目的与大量储区分开。另外，此储区最好置于低楼层及居中的位置，以降低等候拣取时间及减轻出货时理货的工作。

（2）储存设备的考量

1）地板堆积储存（Floor storage）。地板堆叠法是使用地板支撑的储存，有将物品放于托盘或直接着地储放两种。堆叠的稳定性可借墙的倚靠来提升，即使袋装物亦能简易储放，但除非以人工或较传统的机械来作业，否则不易提取。其积存方式可分为行列堆积（Row stacking）及区域堆积（Block stacking）两种形式。

行列堆积。行列堆积是指在堆积之间留下足够的空间使得任何一行（列）堆积的托盘提取时皆不受阻碍。而当在一长行（列）储区中只剩少数托盘时，即应将这些托盘转移至小批量储区，而让此区域能再储放大批产品。

整区堆积。整区堆积是指每一行与行之间的托盘堆积并不留存或浪费任何空间，此方式能节省空间但只能在储存大量产品时使用。采用整区堆积时必须很小心以免托盘相互连接，提取时很容易发生危险。

地板堆积储存的优缺点如下：

优点：①不规则形状的储存：尺寸及形式不会造成地板堆叠的困难；②适合大量可堆叠货品的储存：能提供规则形状或容器化的物品实现三维空间的有效储存（若重量不致过重）；③只需简单的建筑即可；④堆叠尺寸能依储存量适当调整；⑤廊道的需求较小，且能简单改变。

缺点：①不可能兼顾先进先出；②堆叠边缘无法被保护，容易被搬运设备损坏；③地板堆叠容易不整齐，且特殊单位的拣取需要较多的搬移；④一些物品不适于储存，如易燃物，需置于一定高度。

2）料、棚架储存（Rack、shelving storage）。料架及棚架的样式很多，但一般可分为两面开放式及单面开放式的棚、料架。

两面开放式棚、料架。此种棚、料架的前后两面都可用于储存与拣取，对于整个系统的设计较具弹性，且较易配合"先进先出"的原则。

单面开放式棚、料架。此种棚、料架只有单面可供储存及拣取，因而在系统设计上较无弹性，欲达"先进先出"原则需花较大的工夫。但多采用背对背式排列，所以使用空间较小。

棚、料架储存的优点：①不论存或取皆较便利；②品项数量不够多不适合地板堆叠时适用；③欲作选择性提取时（如先进先出），采用棚、料架储存较有利（地板积存较难）；④棚、料架储存空间除适于多样规则性货品的储存外，也能用于不规则形状物的储存，但不能超出储架范围。

目前最常用的棚、料架形式有：托盘料架—单面；驶入式料架—单面、双面；流动棚架—双面。

3）贮物柜（Bin）。单行的贮物柜应被安排背对背，若可能，最好靠墙放置，因靠墙放置将能提供良好的位置来储存不规则形状物品及长时间储存的物品。

4）自动仓库。由托盘上将箱子拣取出来的作业，若能由自动仓库将托盘取出，拣取后自动将托盘送回，再进行下一个托盘作业的方式取代，则能增加拣取出货的效率及正确性，因而目前在欧、美、日采用自动仓库来储存货品的业者愈来愈多。

目前所使用的自动仓库形式很多，常见有下列几种：

① 单位负载式自动仓库（Unit Load AS/RS）：单宽巷道、单深钢架；单宽巷道、双深钢架；单宽巷道、双深钢架、双叉牙；双宽巷道、双深钢架；附台车式高架吊车。

② 小料件式 AS/RS（Mini-Load AS/RS）：料盒式 AS/RS；塑胶箱式 AS/RS；水平旋转式料架；垂直旋转式料架。

综合上述，配合储存需求及设备特性可归纳如下状况：

1）少样，高量货物采用地板堆积储存、自动仓库。

2）多样，低量货物采用托盘料架。

3）多量，不可堆叠货物采用驶入式料架。

4）多样，小体积产品货物采用棚架，贮物柜。

5）少量货物采用棚架，贮物柜。

3. 存货管制

（1）存货管制的意义　存货具有调节生产与销售的作用，不适当的存货管理往往造成有形或无形的极大损失。尤其对于流通速度极快但客户订货无法事前掌握预测的物流中心，存货的管制更加不易，其重要性也就更加不容忽视。而所谓存货管制是希望将货品库存量保持在适当的标准内，以免过多造成资金积压、增加保管困难或过少导致浪费仓容、供不应求的情况。因此存货管制具有两项重大意义：一是确保存货能配合销售情况、交货需求以提供客户满意的服务；二是设立存货控制基准，以最经济的订购方式与控制方法来提供营运所需的供应。

（2）存货管制的目的

1）减少超额存货投资：保持合理的库存量，减少存货投资，如此可灵活运用资金（固定资金减少），并使营运资金的结构保持平衡。

2）降低库存成本：保有合理库存可减少由库存所引起的持有成本、订购成本、缺货成本等，降低库存成本。

3）保护财务：防止有形资产被窃，且使存货的价值在账簿上能有正确的记录，以达财务保护的目的。

4）防止迟延及缺货，使进货与存货取得全面平衡。

5）减少废料的发生，使存货因变形、变质、陈腐所产生的损失减至最少。

前三者属于财务合理化的目的，而后两者则属于作业合理化的目的。

（3）存货管制的关键问题

1）何时必须补充存货——订购点的问题。所谓订购点（Reorder point），为存量降至某一数量时，应即刻请购补充的点或界限。一旦订购点抓得过早，则将使存货增加，相对增加了货品的在库成本及空间占用成本。倘若订购点抓得太晚，则将造成缺货，甚而流失客户、影响信誉。因而订购点的掌握非常重要。

2）必须补充多少存货——订购量的问题。所谓订购量（Reorder Quantity），为存量已达请购点时，决定请购补充的数量，按此数量请购，方能配合最高存量与最低存量的基准。一旦订购量过多，则货品的在库成本增加，若订购量太少，货品可能有供应间断之忧，且订购次数必增加，亦提高了订购成本的花费。

3）应维持多少存货——存量基准的问题。存量基准（Inventory Level）包括最低存量（Minimum Inventory）与最高存量（Maximum Inventory）。

① 最低存量：最低存量是指管理者在衡量企业本身特性、需求后，所制订货品库存数量应予维持的最低界限。最低存量又分为理想最低存量及实际最低存量两种。

理想最低存量：理想最低存量又称购置时间（lead time，自开始请购货物到将货物运入物流中心的采购周期时间）使用量，也就是采购期间尚未进货时的货品需求量，此为企业需维持的临界库存，一旦货品存量低于此界限，则有缺货、停工的危险。

实际最低存量：既然理想最低存量是一临界库存，因而为保险起见，许多业者多会在理想最低存量外再设定一准备的安全存量，以防供应不及发生缺货，这就是实际最低存量。

实际最低存量亦称最低存量，为安全存量与理想最低存量之和。

② 最高存量：为防存货过多浪费资金，各种货品均应限定其可能的最高存量，也就是货品库存数量的最高界限，以作为内部警戒的一个指标。

因而对一个不容易准确预测也不容易控制库存的物流中心，最好制订“各品项之库存上限及库存下限”（库存上限即最高存量，库存下限则是实际最低存量），并在电脑中设定，一旦电脑发现库存低于库存下限，则发出警讯提醒管理人员准备采购；而若一旦发现货品存量大于库存上限，则亦要发出警讯提醒管理人员存货过多需要加强销售，或采取其他促销折价的活动。

（4）存货决策考虑要素　要解决上述存货管制的关键问题，作出最佳的存货决策时，就必须先设法对产品的需求状况、订购性质及限制因素加以了解确认。

就需求状况而言，在现今以市场为导向的经营方式下，存货决策的拟订仍是以需求状况为最重要的考虑因素。而产品的需求状况可分为三种：

1）固定或确知的情况：未来的需求为已知。

2）具风险的情况：对未来的需求只知其大概的发生概况。

3）不确定的情况（Uncertainty）：未来的需求状况全然不知。

尤其流通业的景气与经济景气有很大关系，且许多产品周期亦容易受流行趋势影响，因而在需求量不易确定的情况下，许多公司长期购进过多的存货而导致滞销，造成物流中心效益不佳，对此即应先由正确的需求预测来控制，而后再凭经验修正。通常需求预测是考虑下述方向来调整：

① 根据目前订单需要量来预测，即根据各分区业务员或营业所的估计，予以汇总而成预期总销售量。且以此法将各区各所的责任划分，可对个营业所或业务人员评估“预定销售达成度”，依此计算奖金以促使各销售员能积极找寻业务。

② 直接由过去的实际用量预测未来的销售情况。

③ 将过去的用量加上时间趋势、季节变动和其他因素等调整而得。

④ 根据客户购买力分析。

⑤ 根据全国商业或政治趋势资料。

⑥ 进行市场调查。

而由需求预测确定需求状况后，管理者根据需求状况再考虑订购性质（订购时机、购置时间）及其他像财务状况、供应商问题、仓库空间容量等限制因素，作出存货决策。然后再依存货决策制订出一套存货的管制标准，以此标准来对实际存量情况控制管理，之后再由管制结果回过头来修正原先的存货决策。上述过程为制订存货决策的主要考虑环节。

(5) 存货重点管理

1) 顾客 ABC 分析。一般我们最常听到"产品 ABC 分析",事实上,顾客 ABC 分析也有其一定的重要性程度。提高顾客服务水准是存货管理决策重要考虑因素,但有时顾客众多时,公司为了使有限的人力、物力作有效的运用,无法全面顾及每位客户时,则不得不作重点管理。未采取重点管理的企业,在订单多时,订单处理人员往往为了使订单积压减少,常会先处理一些比较简单的订单,而对订货数量多,处理手续较繁杂的大客户反而容易忽略,此种"小户驱逐大户"的现象对企业绩效将造成不良影响。所以应对顾客重要性程度,分为 A,B,C 三类,而分别采取重点管理;而欲以订单资料作"顾客 ABC 分析"时,需依照以下三点来建立订单受理程序:①各顾客的购买量占公司销售百分比;②各顾客对公司利润的贡献作标准;③再加以考虑各顾客与公司的其他关系。

一般而言,对 A 类客户应重点投入人力及物力以作优先处理,而对 C 类客户则可按部就班,但仍要仔细分辨其能否列入 B 类或 A 类,以避免误判而导致损失。此外,在设置物流中心时,亦可参考此种分析,将物流中心设于重要客户附近,以减少转运成本及重要客户延迟交货次数,来提高其服务水准。

2) 产品 ABC 分析。许多企业常唯恐无法满足客户需求而保留了大量存货,导致许多不必要的成本浪费,以至于经营不善。因而存货的重点管理观念是:对销售总值高的少数产品,作完整的记录、分析,施以较严格的存货管制;而对销售总值低的多类产品,作定期例行的检查控制。针对企业本身的需求,存货重点管理可采取"20~80"法则或 ABC 分析法,实际上此两法异曲同工。

"20~80"法则:指20%的产品占了销售额的80%,因此,只要对此少量而重要的存货施以重点管理,便能使存货管理到达完善的境界。

"ABC 分析法":将所有存货项目归为 ABC 三类:

A 类:存货品项少,但销售金额相当大,即所谓重要的少数(Vital Few);

C 类:存货品项相当多,但销售金额却很少,即所谓不重要的大多数"Trivial Many";

B 类:介于 A 类与 C 类之间,存货品项与销售金额大致上占有相当的比率。

ABC 分析法是柏拉图(PARETO)原理的应用。是美国 General electric 公司的 H. F. Dickie 根据柏拉图原理所发展出的分类法,应用于存货的重点管理,以减少库存量及损耗率。其理念主要强调:对于一切工作,应有"根据其价值的不同,而有不同的努力程度,以合乎经济原则"。

ABC 分析提供一套很有效的管理工具。将所有存货品项归为 ABC 三类之后,可以求出 ABC 三类存货品项数与金额的相互关系,然后对 ABC 三类存货作不同程度的管理。

有关 ABC 类存货的管理方式,大致可采取表 10-32 所示的不同策略:

表 10-32　ABC 类存货的管理策略

类　别	管理特点
A 类货品	每件产品都作编号；尽可能慎重正确地预测需求量；少量采购，尽可能在不影响需求下减少存量；与供应商协调，尽可能缩短前置时间；采用定期订货的方式，对其存货必须作定期的检查；须严格执行盘点，每天或每周盘点一次，以提高库存精确度；货品放置于易于出入库的位置；实施货品包装外形标准化，增加出入库单位；对交货期限须加强控制，在制品及发货亦须从严控制；采购需经高层主管核准；请出货对象合作，期使出库量平均化，以降低需求变动，减少安全存量
B 类货品	每二、三周盘点一次；中量采购；采购需经中级主管核准；采用定量订货方式，但对前置时间较长，或需求量有季节性变动趋势的货品宜采用定期订货方式
C 类货品	每月盘点一次即可；采购仅需基层主管核准；大量采购，以利在价格上获得优待；采用复仓制或定量订货方式以求节省手续；简化库存管理手段，减少或废止此类的管理人员，并尽量废除料账、出库单及订购单等单据，以最简单的方式管理；安全存量须较大，以免发生存货短缺事项；可交由现场保管使用

此外，以配送速度而言：

A 类产品：常被列为快速流动（Fast Moving），需要有较多的存货，因此需置于所有的物流中心或零售店。

B 类产品：列为正常流动（Moderately Moving），应存放于区域性的仓库或配销仓库。

C 类产品：可以缓慢流动（Slow Moving），常存放于中央仓库或工厂仓库。

3）顾客与产品 ABC 分析。由上述两种分析，我们已知对什么等级的客户需优先服务，以及对什么样的产品应如何管理。因此，综合上述两种 ABC 分析，我们可做成产品及顾客分配的优先处理顺序矩阵（Priority Matrix），见表 10-33。举例来说，A 类货品因价值高，除需加强管理外，也希望能优先出货以减少库内存货，因而当客户 1 为重点客户，且其订购 A 货品时，则此订单必然要做最快速的处理。

接下来，我们即可依表 10-33 的顺序预先拟定一份表 10-34 的服务标准，依此标准作为实际运作的准则，将对企业的信誉、绩效都有莫大帮助。

表 10-33　某公司顾客及产品分配优先顺序矩阵

产品 / 顾客	A	B	C	D
Ⅰ	1	3	5	9
Ⅱ	2	4	8	16
Ⅲ	6	7	17	18
Ⅳ	10	11	19	21
Ⅴ	14	15	20	22

注：1 表示最优先分配，2 表示次优，其余依此类推。

表 10-34 某公司对顾客的服务标准

顾客产品分配优先顺序	订单传递时间/h	订单处理时间/h	货运时间/h	交运周期/h	送货可靠性
1~5	3	6	12	24	接单至交货在 21h 内完成，前后误差不超过 6h
6~10	6	12	24	42	接单至交货在 42h 内完成，前后误差不超过 12h
11~15	12	24	48	84	接单至交货在 84h 内完成，前后误差不超过 24h
15~20	18	48	72	138	接单至交货在 138h 内完成，前后误差不超过 36h

（6）存货管制的计算模式

1）安全存量的决策模式。前已提及，预测需求量很难抓得准确，若只储备预测的数量，一旦实际需要比预测多时，则会导致缺货的情形，因而安全库存即为避免此情况发生所准备的保险库存量。安全存量的大小，需视购置时间与货品耗用变异大小而定，当购置时间与货品耗用的变异小，则安全存量即可降低；相反，若其变异甚大，企业必为应对实际的可能而增加安全存量。也就是说，安全存量必须能够达到免除因缺货而造成的损失才算有意义。安全存量的设定方法有很多，主要有以下三种：

① 当需求较稳定时，可以“过去的最高需求量的库存”为安全库存，但此法在需求变动大时往往会造成过剩的存货。

② 如能掌握需求变动与平均需求间的关系，可以“最近月份平均需求量的库存”为安全库存。

③ 考虑因缺货所造成损失与库存费用的平衡，以统计的方法计算出安全库存。

2）复仓制（Two-Bin System）。复仓制是较古老的订购方法，适用于 ABC 分析中的 C 级货品的存货管理，即价格低廉而使用量多的货品使用复仓制来加以管制十分适宜。其管制原则为：每品项货品准备两个储位或两个储存箱，一箱售完开始使用第二箱时再购进一箱。此方式货品应不至缺乏，但有时存货量可能稍多。

除使用“箱”为单位外，对于不规则物品亦可使用两袋子的施行方式，以及货品耗用量很大时，可使用两个贮仓来管理。此外，对于表格、报表、文具等印刷物若不愿费神管理，则可放一张有色订购卡于其中，记载订购量。当这类 C 级文具印刷物耗用到有色订购卡出现时，立即依其上所记载的数量请购，如此可永保不断货。

3）定量订购制（Fixed Quantity Ordering System）。此种存货管制法是预先制定一请购点及订购量，当存货到达请购点时，便开始发出请购单，请购定量的货品，这种“请购量一定而请购周期不一定”的存货控制法即为“定量订购制”，适用于 ABC 分析中的 B 类货品。此法因是固定的订购量，因而需特别注意“一次要订购多少”才合乎经济效益原则。

定量订购制的优缺点如下：

优点：有安全存量的规定，以备不时之需。

缺点：①在业务正常情形下，安全存量即变为废料；②请购点及请购量过分硬性（没考虑时间、市场上的因素）。

4）定期订购制（Fixed Period Ordering System）。定期订购制是事先决定固定的订购周期，来定期补充存货的方式。定期订购制适用于 ABC 分析中 A 类项目的货品，而订购量是根据以往出货实绩预测下一周期的需求量，再考虑目前的库存量、订购余额或受订余额来决定，故订购量不一定，一般可用下面的公式来计算。

订购量 = 需求量 + 安全存量 - 目前库存 - 已订购量 + 受订余额

定期订购制与定量订购制为存货控制法当中最常用的两种方法，一般而言，货品耗用金额较大者可用定期订购制；用量零星或价格低廉的货品以应用定量订购制较为合适，表10-35是此两种存货控制法特性的比较。

表 10-35　定量与定期订购方法的比较

比较项目 \ 存货管制方法	定量订购制	定期订购制
存货价值	价值低	价值高
所需控制程度	宽松	严格
控制项目多寡	项数可较多	限于少数重要项
存货订购时间	随时(变动的)	定期(固定的)
所需安全存量	较低	较高
订购作业金额	小	大
用量变动	小	大
订购量	固定的	变动的
控制基准的变通性	最好能确定控制基准	可酌情取舍
购置时间	较短较佳	较短较佳
订购量预测	与过去相似	短期预测比较可能

5）经济订购量模式（EOQ Model）。经济订购量是在需求量、前置时间及所有相关成本为已知的前提下，找出“一次请购最经济的数量”及“最经济的订购周期”，也就是符合“订购成本与保管成本总和最低”的订购量与订购期间。

6）常用的存货控制法。依存量基准的计算模式如下，

最低存量：

$$R = T_1 S\ (1 + X)$$

最高存量：

$$M = T_2S\ (1+Y)$$

式中，M 是最高存量；R 是最低存量；T_2 是一个生产周期（以日数计）；T_1 是购置时间（以日数计）；X 是购置时可能发生的时间延误及数量损失的百分比因素；Y 是一个生产周期中可能超出预定用量的百分比因素；S 是平均每日耗用量。

请购点：请购点位于最高存量与最低存量之间，随时配合各项因素，酌量升降，但最低限度不低于最低存量基准为原则。

请购量：请购量分最多与最少两种，视财力及各种情形决定。

$$最多：请购量 = M - (A + B - C)$$

$$最少：请购量 = R + [R - (A + B) + C]$$

式中，A 是实存量，即在库房中的实际存量；B 是待收量，即已订购未到的数量；C 是配定量，即已配定尚未发出的数量。

此法的优缺点为：

优点：废料的发生机会少，可使固定投资额减少；请购点与请购量的规定较有弹性。

缺点：无安全存量，虽有 X、Y 两因素，但仍不足以应付不时之需。

7）单期的存货控制法。单期的存货控制法是一种边界分析的应用，仅适用于易腐，有时间价值，且具时效性的物品，如花、食品、水果、报纸、时效衣物、圣诞卡或圣诞树。

计算与分析方式：

设 P = 多销售一个单位的几率。

1 - P = 不能多销售一个单位的几率。

MP = 多销售一个单位所获利润，称为边界利润。

ML = 少销一个单位所蒙受的损失，称为边界损失。

则单期的存货控制公式为：

$$P(MP) \geqslant (1-P)ML$$

于是：

$$P(MP) \geqslant ML - P(ML)$$

$$P(MP + ML) \geqslant ML$$

所以

$$P \geqslant ML/(MP + ML)$$

8）s-S 系统模式（s-S System Model）。此模式为定期体系与定量体系的折中制度，其公式为：首先设定一固定检视周期（T），及决定一最高的期望存货水准（S）与定购点的最高存货水准（s），而后作业员依此周期施行现有存货调查，若发现库存量低于最低存量（s）以下，即进行采购，采购数量即为最高存量（S）与检查时存量的差。

以上是对单一货品，单一仓库的八种主要存货决策模式，其每种模式都有其最佳的使用环境，因而业者应视需求来选择使用。此外，如遇到多产品多仓库的情形时，亦可将问题简化为单一货品、单仓库的方式，以便简单地求解。

4. 储区空间运算

前所提及的储位策略方式及储放形式多是大方向要掌握的原则，至于真正在作储区空间规划时，则考虑所有影响因素及存货变动的情况。

在设计空间布置时，许多项目应详细考虑，如货品尺寸、数量；托盘尺寸、料架空间；使用的机械设备（形式、尺寸、产能、回转半径）；廊道宽度、位置及需求空间；行列空间（柱与柱的距离）；建筑尺寸与形式；进出货及搬运位置；补货或服务设施的位置（防火墙、灭火器、排水口）。

而此布置也与存货、补货、拣取政策、发货单位有关。

（1）存货空间需求　在上述因素中，不论整个布置怎么安排，我们希望先求出在库存货所需占用的空间大小。对此需考虑的因素包括货品尺寸及数量、堆叠方式、托盘尺寸、料架储位空间等因素，但是使用不同储存方式所考虑的因素仍有差异，以下即举出几种来说明。

1）地板平置堆叠。若公司货品多为大量出货，打算采用托盘在地板上平放堆叠的储存方式，则计算存货空间所需考虑到的因素有货品尺寸及数量、托盘尺寸。

2）使用托盘料架储放。若公司打算使用料架来储存货品，则计算存货空间的考量因素在于货品尺寸及数量、托盘尺寸、料架形式及层数。

3）使用中小型料架储放（无托盘储存）。若公司货品尺寸不大，且多属少量多样的出货，因而打算使用中小型料架，以箱为单位作储存，则存货空间的考量因素为货品尺寸及数量、料架形式及层数、料架储位空间。

（2）储区及整厂空间需求　求得在库存货所需占用空间面积后，若欲由存货空间需求推至储区空间需求，则可依欲使用的搬运设备考量通道宽度，再配合布置形式来估计通道占用储区的比例，来推算整个储区空间的需求。例如，若预计的通道空间比例为 20%，则由存货空间需求推算储区空间需求的方式如下：

$$\text{存货空间占储区空间比例} = 1 - 20\% = 80\%$$

$$\text{存货空间需求} \div 80\% = \text{储区空间需求}$$

同样的，若要由储区空间需求推算整个物流中心空间需求，也可以同样方式考虑希望的储区面积（占整厂面积）率来求出：

$$\text{储区空间需求} \div \text{储区面积率} = \text{物流中心空间需求}$$

知道了需求空间，但在空间获取的选择上，究竟是要自行购建厂房或采取向外租用的方式？或是两者并行但比例分摊？则要加入成本观念。例如，以自建厂房造价 X 元/m^2，租用仓库租金 Y 元/m^2，则应自建多大面积（S）才符合经济效益，即应求下式需求空间总成本 C 的最小化情况：

$$C = XS + Y(DT - S)$$

式中，C 是需求空间总成本；DT 是物流中心总需求空间；S 是自建面积。

5. 特殊的储存形式与应用介绍

（1）特殊形式的自动仓库

1）日本某物流中心使用 Building 式自动仓库（自动仓库与厂房结构为一体），其货格高度有 Full Size（上层）及 Half Size（下层）两种。当拣取后货物减少，托盘上的货物高度自然降低，因此，上层的 Full Size 货格中的托盘会自动地移转至下层 Half Size 的部分，而大幅提高既有空间的保管效率。

2）德国交货代行物流业的某物流中心，其自动仓库具有暂时保管及属性别汇集出货为目的的机能。该公司负责 3 家供应货主的共同配送，其进货时即以红、黄、白三色卡片来标识各货主的进货日期，再将包含“货主”及“进货托盘顺序号码”等相关信息的托盘条码贴于托盘上（每托盘可有不同品项的商品），而后由条码阅读机自动扫描条码，将托盘送入正确位置，如此当要出货时，只需查询自动仓库的位置，即知应优先出哪些储位的货品。

（2）ABC 存货重点管理所对应的保管与拣取作业应用　例如，某物流中心将其产品分成 A，B，C 三类：

A 类：高频度且出货较多量的 300 items。

B 类：高频度但出货量少的 1800 items。

C 类：频度不甚高的 300 items。

其对 A，B，C 类各构筑了最适合系统。

1）C 类。采用平置式货架区予以保管并拣取，此货架各格最上部设有灯号显示，表示欲拣取商品在哪一格。以下是拣取步骤：

步骤一：将拣货用的折叠式容器准备在输送机的入口处。

步骤二：以自动贴标机贴上可以识别目的地的条码标签。

步骤三：顺着输送机通过平置式货架，作业员依拣取灯号进行拣取。

步骤四：商品流至货架旁的检验站，一个个读取商品的 POS 用条码，和订单相互对照，确实防止误失。

接下来，输送机连接到流动棚架，进行 A 类拣取。

2）A 类。多在流动棚区进行多频度、多量商品的拣取。采用自动表示系统，所欲拣取商品位置以红色灯号表示，其数量以液晶屏来显示。此系统平均 1 位拣货员能负责 5 个棚架、100 品项的量。

3）B 类。高频度而量少的商品，最容易发生作业错误。为了使其拣取绝不出错起见，大木东京物流中心构筑了一个活用旋转料架的新系统。因此，各层商品可进行同时入出库，提升了高频度但出货量少的商品的拣取速率。此系统 1 个人可同时处理 3 个店的订单，所以称之为“TSRR（Three Store Rotary Rack）System”。

6. 国内厂商现况探讨

（1）库存期间的掌握控制　储位空间与库存管理有绝对的关系，尤其对淡旺季差别很大的物流中心，储位空间较难有规则的安排，因而在旺季应尽量调整入出库的时机，让产品待在库内的时间愈短愈好，也就是要将库存周转率提高，如此库存效益才能达到最佳。相反的，在淡季时一旦储区位剩余太多，则亦要妥善规划，货品摆放最好也不要太分散，以降低存取行走距离与时间。当然，对季节需求变动明显的货品，如能经由调和有相反倾向的货品来谋求需求的平衡，则对空间的利用将更美好。

（2）人工记忆储位疏失多　目前许多企业物流中心仍未使用电脑辅助储位管理，多是依赖人工记忆来寻找货品，有些甚至连编号标识都没有，尤其是一些地板平置堆叠的储区，甚至储位的划分都不清楚，只能以产品别稍作分类随机储放，常造成存取的重大疏失。对此建议应从下述方向改善：

1）每一储位应作储位编号标识。

2）在出入口明显位置悬挂储区布置白板，可显示储区目前存放商品的种类名称。

3）配合储位编号利用电脑作储位管理，可使仓库作业更能简单迅速地进行，减少对熟练工人的依赖，且能降低对人力的需求。

4）另外，若能在各储存地点设置终端机，更可随时指示货品存放位置及查核储位货品数量。同时出库商品数量亦可由终端机登录，即时更新储位库存现况。

（3）物流中心环境改善　如今企业已渐渐理解工作环境对员工的影响，开始重视工作环境的整洁，良好的作业场所不仅能提高员工的工作意愿，增加员工向心力，更可因此提升工作效率，除了对员工的影响外，更可减少货品遭虫害鼠咬的几率，及腐败受潮的损失。所以如能彻底实施工厂 5S 管理，并将其扩及整厂四周环境，则必能对公司营运有莫大助益。

（4）先进后出的后推式（Push Back）料架欲达先进先出的处理方式　如今，许多冷冻食品或较批发型的物流中心喜欢使用后推式料架来置放货品。由于后推式料架基本上是属于先进后出的储存设备，因而前后两托盘不能放置不同品项货品，否则置于后排的货品将难以出货。所以欲做到先进先出的目的即需同一货品使用两个前后排托盘位置，且若非一次将两托盘同时出货，则在进货时即需要有翻堆移仓的动作。

（5）大中小量区的划分设计　由于如今消费者的选择愈趋多样化，且消费通路愈来愈复杂，一个物流中心不仅可能拥有高达几千项的不同货品，且其下游客户有可能是大型量贩店、百货公司，也有可能是小型的超级市场或零售店，甚至是最终消费户。因而物流中心内的进出货商品有可能是大量整批的货品，可能是中量以箱为单位的货品，也有可能只是几项零散的单品。而对于这些大、中、小量货品的储存，业者应如何去调配应对，建议将其作分区管理：

1）大量区。存放以“托盘”为单位的进出货货品，采用密集式地板平置堆放，若空间足够最好以两排并放的“行列堆积”为一储区，其储区两旁皆有走道，使每一托盘每一处货品皆能很快地进行存取。此外，若觉此密集式堆叠容易混淆储位造成货品储放错误，则可以“颜色”（有色胶带粘贴或有色布条系绑等）或“划位”等区分区域作清楚指示。

2）中量区。存放以“箱”为出货拣取单位的货品，一般一个料架储位以储放一种品项为原则。此区的补货通常以“托盘”为补货单位，若格位足够，对于经常要出货的畅销品可考虑规划料架上中层为补货区，当下层拣货区的货品出货完后，能很快地进行移仓的动作。

3）小量区。将“小量或拆箱拣取出货”的货品集中在小量区存放，即使使用较大型料架，也可采取不同品项混合共用一托盘储位的方式，但须要有清楚标识。

（6）存货控制——采购面　控制存量可由采购面着手。在需求不易确定的情况下，尤其若公司的货品大多数为价值不低、需求量变动大且前置时间较长时（需进口通关），建议最好使用“定期订购制”，且作短期预测：事先决定固定的订购周期，在周期结束前预测下一周期的需求量，再考虑目前的库存量、订购余额，或受订余额来决定。若公司对于较简单的货品并不希望使用较麻烦的订购处理程序，则应依商品重要性（ABC 分类）来决定采购方式。

A 类销售总值高的货品：采用定期订购方式调配采购。

B 类货品：采用定量订购方式中量采购（定量订购：当存量达到库存下限即采购定量的货品）。

C 类较不重要的货品：采用复仓制或定量订购方式（复仓制：每品项准备两个储位或储存箱，一箱售完再购进一箱）。

（7）清仓促销　由于需求不易预测，所以许多公司的存货多为滞销及退货品，对于这些货品公司虽有心折让，但常因价格谈不妥而继续储存，使得仓库长年来存货过多且堆积不当，造成许多额外搬运（移仓）成本、盘点成本及维修管理成本的支出负担，对公司的营运绩效及作业效率都造成不利影响。对此建议：

1）对于周转率较差的货品应制订“存量最大时间”，一旦超过此期限的货品即应采取强制处理低价推销。而如何让业务员积极推销滞销货品，则可设法制订滞销品销售奖惩原则，以促使业务员愿意处理这些烫手山芋。此外，若公司淡旺季差别很大时，应可利用淡季来做清仓动作，不但可整顿仓库亦可充分利用人力。

2）对于一些属于礼品、赠品或日用品的货品，可考虑印制“清仓大拍卖”传单，四处散发广为宣传，相信会有不少人有兴趣，如此不但可清仓，亦可为公司谋取利润。

（8）插单、抽单频繁造成料账不符　有些公司由于插单及抽单频繁导致库存日报表无法按时产生，造成料账不符的现象。对此建议可由管理作业的规定来诱导改善，例如：

1）制订较严格的插单资格，需超过某一订货金额才准插单。

2）若原因是出在业务员身上，则可由资料的统计分析来寻找根源制订奖惩，以降低此不正常现象的发生率。

（9）库存管理的影响　综合各厂家的营运状况，影响库存管理难达成效的因素如下：缺货；挤货；最低与最高订购量的制订；订购时机与订购量的掌握；市场预测准确度；新产品滞销回收；淡旺季、天候的不定；新货前置时间不规则；强制配销及配送时效遵循的困难；尚未利用电脑配合作储位管理；周转率不高库存量太大，以致储位不够；出入库频率无法掌握；ABC 分类不确实；储位库存成本压力的反应；库存单位与销售单位的混淆。

10.6　出货作业系统规划与设计

将拣取分类完成的货品作好出货检查，装入合适的容器，做好标识，根据车辆趟次类别或厂商类别等指示将物品运至出货准备区，最后装车配送。这一连串过程即为出货作业的内容。

1. 分货

（1）定义　拣货作业完毕后，再将物品依客户类别或配送路线作分类的工作。

（2）方式　除与前述进货分类的原则相同外，分货大多依客户别或配送路线别为依据来做分类。目前，分货的运用方式一般有下述三种：

1）人工目视处理。全由人工依订单或传票判断来进行分货，也就是不借由任何电脑或自动化的辅助设备，拣取作业后依订单或传票信息将各客户的订购货品放入已贴好各客户标签的货篮中。

2）自动分类机。由于近年物流正被快速、正确地要求，因而为应对多品种少量订货的市场趋势，自动分类机于是兴起且正被广泛运用。自动分类机是利用电脑及辨识系统来达成分类的目标，因而具有迅速且正确不费力的效果，尤其在拣取数量或分类数量众多时，更有效率。

自动分类机的构成机件简单来说包括以下六项装置：

① 搬送输送机：皮带输送机、滚筒输送机、整列输送机、垂直输送机。

② 移载装置，也叫做导入口、进入站，其装置为将搬送来的物品适时取出，并移载至自动分类机本体上。主要有两种：直线型自动分类机的移载装置，移载装置与分类装置成直线配置；环状型分类机的移载装置，移载装置对分类装置的角度大多成 45°，少部分也有 30°和 90°。

③ 分类装置，是自动分类机的主体，依其将货品分出方式可分为以下几种：推出式、浮起送出式、倾斜滑下式、皮带送出式。

④ 排出装置，是为了尽早将各物品脱离自动分类机本体及为避免下一物品碰撞的装置。

⑤ 输入装置，为在使用自动分类机前，将分类对象信息输入控制系统的装置，其输入方法包括下列数种：键入式，条码及激光扫描机，光学文字读取装置（OCR），声音输入装置，反射记号，主电脑，体积测定器，重量器。

⑥ 控制装置，依分类对象信息对分类机上的货品作分类控制的装置，其控制方式有以下两种：磁气记忆式、脉冲发信式。

由上述自动分类机六项装置的相互配合，可知自动分类机的机种非常多，且各具特色。但依分歧滑出形式大体可分为两种：将载物部分倾斜滑落的倾倒式、水平分出处理式。

以易破损物品而言，采用倾倒式会有较大的损害几率，因而要进行稳妥处理。此外，当系统要求较大分类能力时，则需采用较高速的自动分类机，并最好使用振荡较少的窄皮带传送方式，以免伤及货品。所以，在选择自动分类机时，最好从物品数量、物品形状、重量分析、容器尺寸分析、易损坏品分析五个方面来衡量。

3）旋转架分类。为节省成本，也有取代自动分类机而使用旋转架的方式，将旋转架的每一格位当成客户的出货篮，分类时只要在电脑输入各客户的代号，旋转架即会自动将其货篮转至作业员面前，让其将批量拣取的物品放入进行分类。同样的，即使没有动力的小型旋转架，为节省空间也可作为人工目视处理的货篮，只不过作业员依每格位上的客户标签自行旋转找寻，以便将货品放入正确储位中。

2. 出货检查

（1）定义　出货检查作业包括把拣取物品依客户、车次对象等作产品号码及数量的核对，及实施产品状态及质量的检验。

在拣货作业后的物品检查，因耗费时间及人力，在效率上经常也是个大问题，出货检查是属于要确认拣货作业是否产生错误的处理作业，所以若能先找出让拣货作业不会发生错误的方法，就能免除事后检查的需要，或只对少数易出错物品作检查。

（2）方法　出货检查最单纯的做法是采取纯人工进行，也就是以通过人工将货品一个个点数并逐一核对出货单，再进而查验出货的质量水准及状态情况。以状态及质量检验而言，纯人工方式逐项或抽样检查的确有其必要性，但对于货品号码及数量核对来说，以纯人工方式就可能较无效率也较难将问题找出，即使是采取多次的检查作业，也可能是耗费了许多时间，错误却依然存在。因此，以效率及效用来考量，如今在数量及号码检查的方式上亦有许多突破，包括：

1）商品条码检查法。此方法最大原则即是要导入条码，让条码跟着货品跑。当进行出货检查时，只将拣出货品的条码以扫描机读出，电脑则会自动将资料与出货单比对，来检查是否有数量或号码上的差异。

2）声音输入检查法。此声音输入检查法是一项较新的技术，是由作业员发声读出货品的名称（或代号）及数量，之后电脑接收声音作自动判识，转成资料再与出货单进行比对。此方式的优点在于作业员只用嘴巴读取资料，手脚仍旧空着可做其他的工作，自由度较高。但需注意的是，此法声音的发音要准，且每次发音字数有限，否则电脑辨识困难，可能产生错误。

3）重量计算检查法。此法是先利用自动加总出货单上的货品重量，而后将拣出货品以计重器秤出总重，再将两者互相比对的检查方式。事实上，此检查法在第六章拣货作业即有提及，若能利用装有重量检核系统的拣货台车拣货，则在拣取过程中就能利用此法来做检查，拣货员每拣取一样货品，台车上的计重器则会自动显示其重量作查对，如此可完全省去事后的检查工作，在效率及正确性上的效果将更佳！

3. 包装

（1）包装的分类　依日本工业规格（JIS）将包装分为个装、内装及外装三种：

1）个装：指货品的个别包装，此乃为了提高货品的商品价值及为美观或保护货品考量，而使用适当的材料或容器对货品加以包装。个装又可称为“商业（销售）包装”。

2）内装：指货物包装的内层，即考虑水、湿气、光热、冲击等对物品的影响，而使用适当的材料或容器对物品加以包装。

3）外装：指货物包装的外层，即将物品装入箱、袋、木桶、罐等容器，或在无容器的状态下，将货物加以捆绑、标注记号及打包符号等。在此需注意，外装容器的规格也是影响物流效率的重要因素，因其尺寸与托盘、搬运设备尺寸是否搭配直接关系到进出货作业的运行速率，且其荷重、耐冲、抗压能力亦关系到货品损坏程度。

内装及外装又可统称为“运输（工业）包装”，对于运输货物的包装，通常不求装潢美观，只求坚固耐用，以免货物经长距离辗转运输而遭受损失。

（2）包装的功能　包装的功能是发展包装的重要因素，其主要功能有：

1）提供货品保护作用（Product Protection），包装的保护功能须针对两大要点：①包装保护的时效应超过所预期的产品时效；②保护产品特有的弱点，例如化学与物理性的危害及产品被窃的可能性。

2）便于搬运、储存及使用方便（Convenience），包装须能增进使用上的方便，如易开罐的开启法便是包装的一大革新。此外，便于搬运及储存亦为包装设计的主要考虑因素。

3）刺激顾客的购买欲（Motivation），保护良好及使用方便的包装若不能刺激消费者的购买欲，它还是毫无价值。所以包装不仅要能帮助厂商销售商品，亦最好能激起消费者重复购买的欲望。因而包装外观设计之所以重要，有下列几点：①它可当做商品宣传的工具；②它可表示商标或制造厂名称；③它能说明商品使用的方法；④刺激顾客购买，增加产品销售量。

4）易于辨认（Identification），就商业包装而言，外观宜富吸引力及容易辨认；就工业包装而言，容易辨认亦为营运的主要条件。另外，产品易于辨认也可达到更高的搬运效率及作业正确性。

（3）包装的社会性　包装与人类的日常生活有密切的关系，因而我们对包装所产生下列的社会问题应加以重视。

1）包装过大及包装过剩的问题→要求包装的适当化。

2）包装宣传的可靠性问题→确立包装的可靠性。

3）包装废弃物的处理问题→环保的实践。

4）包装资源的问题→包装回收的再利用。

5）包装安全性的问题→提升顾客服务质量。

4. 出货状况调查

有效掌握出货状况等于掌握了公司营运的效益，对于作业管理及服务客户有很大的帮助。表 10-36 是出货状况调查样表。

表 10-36 出货状况调查表（时间： 日）

项目	平均值	极限值
出货对象数量		
每日出货厂数	平均：	最多：
每日出货品项数	平均：	最多：
配送车种类	吨数：	
车辆台数/日	平均：	最多：
每一车装货（出货）时间	平均：	最多：
出货运送点数		
每一方面出货包装数	平均：	最多：
出货人员数	平均：	最多：
每日出货的总重或总体积	总重	总体积：
出货形式		
出货距离	平均：	最远：
出货时间带：（每一时刻出货的车数调查）		

5. 出货形式

由物流中心的内容来看，在拣取方面一般有以托盘、箱、单品为单位的拣取（见表10-36）。同理，出货的形式亦多以此三单位来运作，因此针对不同的拣货及出货形式，必采用不同的作业方式，见表 10-37，以订单拣取及批量拣取两方式来探讨。

表 10-37 出货形式及作业内容

	拣货单位	经由作业	出货单位
订单拣取	P	捆栈（上包装膜或绳索固定）	P
	P	卸栈→包装	C
	C	包装	C
	B	装箱	C
	B		B

（续）

	拣货单位	经由作业	出货单位
批量拣取	P	1. 捆栈(托盘物属同一客户) 2. 卸栈→分类→叠托盘→捆栈 (拣取的托盘物不属同一客户)	P
	P	卸栈→分类→包装	C
	P	卸栈→拆箱→分类→包装	B
	C	1. 分类→包装(整箱属同一客户) 2. 拆箱→分类→装箱 (整箱不属同一客户)	C
	C	拆箱→分类	B
	B	分类→装箱	C
	B	分类	B

注：P：托盘，C：箱子，B：单件。

6. 出货应用

（1）分类应用

1）由序列货号来分类的作业。美国 Roadway 运输公司的自动分类机，能由 seek answer Cil28 自动检索配送地邮递区号，指定区分滑槽，且由键盘的操作，能自由地变换滑槽所负责的邮递区号。再者，当条码读取不良时，将被分配到失误（miss）滑槽，再重新输入条码确认邮递区号，以人工方式区分。

2）两台分类扫描器的效用。美国输送业 Roadway 公司，以分类机读取自下面通过的货品条码，此外，为了读取颠倒货品在侧面的条码，亦将另一台扫描器装置在侧面，可消除翻转动作及减少人力的耗用，对于分类效率有很大帮助。

（2）条码检查系统的应用　拣货时，以载入拣取信息的条码轻便型终端机，读取附加在商品上的条码标签。若拣取的数量或种类错误时将发出警报，如此可确实消除拣取失误且无需事后的检查工作。此即所谓的“条码检查系统”，可实现“不需验证货品化”的目标。

而当作业结束后，由轻便型终端机向个人电脑转送资料，同时因已打印出已拣取物品的出库一览表，此时可再度确认检查。

（3）上标签（Marking）的应用方式　省时正确的贴标——与拣取同步，拣取时，和拣取单同时贴上由电脑打印出来的价格单标签。此为“Seal picking”的方法，和平常在拣取之后一边看着传票一边贴标签的做法有所不同。此方式优点在于：

1）按照自动表示的指示去贴即可，即使不知道商品也可以确实贴上。

2）打印出出货数量的标签，也可以兼做数量检验之用。

3）以往，标签机的台数多少，就只有多少人可以同时作业，而今此法可以让全部的人员一边拣取且一边贴标签。

（4）快速正确的出货流程应用　当负责配送的车辆到达后，如何安排车辆的停泊位置使码头不至混乱，且如何掌握时效快速地将货品拣出，并让司机知道此次出货的路径地点，可使用“ID 卡”及“电子指示板”作为辅助出货的设施，以便将信息作最迅速、清楚的传递。

美国、日本许多出货场都已以电子指示板来表示出货目的地或中间据点的代码，亦有配合卡车号码、出货托盘数目等信息显示，使作业者及驾驶员皆能迅速执行出货配送的作业。

（5）克服高楼层出货的坡道设计　由于现今土地成本日趋昂贵，厂商为有效利用有限土地，逐渐将物流中心厂房往立体或多楼层设计。即使如此，大多数业者仍须将高楼层货品送至一楼装上卡车才能出货，如此将货品在多样楼层间上下搬运的情况，容易造成货品损伤及影响出货效率，因而有些公司会考虑利用坡道设计的方式，直接让卡车可经由坡道到达高楼层进出货场，不需经由升降搬运直接进行该楼层的进出货作业。

10.7　盘点作业系统规划与设计

货品因不断的进出库，在长期的累积下库存资料容易与实际数量产生不符的现象。或者有些产品因存放过久、不恰当，致使质量性能受影响，难以满足客户的需求。为了有效地控制货品数量，而对各储存场所进行数量清点的作业，称为盘点作业。盘点结果的盈亏往往差异很大，若公司未能多加注意且适时、确实施行，对公司的损益将有重大影响。

1. 盘点作业的目的

（1）为了确定现存量，并修正料账不符产生的误差　通常物料在一段时间不断接收与发放后，容易产生误差，这些误差的形成主因有：

1）库存资料记录不确实，如多记、误记、漏记等。

2）库存数量有误，如损坏、遗失、验收与出货清点有误。

3）盘点方法选择不恰当，如误盘、重盘、漏盘等。

这些差异必须在盘点后察觉错误的起因，并予以更正。

（2）为了计算企业的损益　企业的损益与总库存金额有相当密切的关系，而库存金额又与库存量及其单价成正比。因此为了能准确地计算出企业实际的损益，就必须针对现有数量加以盘点。一旦发觉库存太多，即表示企业的经营受到压迫。

（3）为了核查货品管理的绩效，使出入库的管理方法和保管状态变得清晰　如呆、废品的处理状况，存货周转率、物料的保养维修，均可借盘点发现问题，以谋改善之策。

2. 盘点作业的步骤

一般盘点必须按照下列步骤逐步实施。

(1) 事先准备　盘点作业的事先准备工作是否充分，关乎盘点作业进行的顺利程度，为了使盘点能在短促的时间内，利用有限的人力达到迅速确实的目标，事先的准备工作内容如下：

1) 明确建立盘点的程序方法。

2) 配合会计决算进行盘点。

3) 盘点、复盘、监盘人员必须经过训练。

4) 经过训练的人员必须熟悉盘点用的表单。

5) 盘点用的表格必须事先印制完成。

6) 库存资料必须确实结清。

(2) 盘点时间的确定　一般性货品就货账相符的目标而言盘点次数越多越好，但因每次实施盘点必须投入大量的人力、物力、财力这些成本，故也很难经常为之。事实上，导致盘点误差的关键主因是在于出入库的过程，可能是因出入库作业传票的输入，检查点数的错误，或是出入库搬运造成的损失，因此一旦出入库作业次数多时，误差也会随之增加。所以，以一般生产厂而言，因其货品流动速度不快，半年至一年实施一次盘点即可。但以物流中心货品流动速度较快的情况下，我们既要防止过久盘点对公司造成的损失，但又碍于可用资源的限制，因而最好能视物流中心各货品的性质制订不同的盘点时间。例如，在有建立商品 ABC 管理的公司，我们建议：

A 类主要货品：每天或每周盘点一次。

B 类货品：每二、三周盘点一次。

C 类较不重要货品：每月盘点一次即可。

而未实施商品 ABC 管理的业者，至少也应对较容易损耗毁坏及高单价之货品增加其盘点次数。另外，当实施盘点作业时，时程应尽可能缩短，以 2～3 日内完成较佳。至于选择的日期一般会选择在：

1) 财务决算前夕。因便利决算损益以及表达财务状况。

2) 淡季进行。因淡季储货量少盘点容易，人力的损失相对降低，且调动人力较为便利。

(3) 确定盘点方法　因盘点场合、需求的不同，盘点的方法亦有差异，为符合不同状况的产生，盘点方法的决定必须明确以利盘点时不致混淆，至于其细节于下节中加以叙述。

(4) 盘点人员的组训　为使盘点工作得以顺利进行，盘点时必须增派人员协助进行，至于由各部门增援的人员必须组织化并且施以短期训练，使每位参与盘点的人员能适当发挥其功能。而人员的组训必须分为两部分：

1) 针对所有人员进行盘点方法训练。其中对盘点的作业程序、表格的填写必须充分理解，工作才能得心应手。

2）针对复盘与监盘人员进行认识货品的训练。因为复盘与监盘人员对货品大多数并不熟悉，故而应加强货品的认识，以利盘点工作的进行。

（5）储存场所的清理

1）在盘点前，对厂商交来的物料必须明确其所有数，如已完成属本中心的验收程序，应即时整理归库，若尚未完成属厂商验收程序，应划分清楚避免混淆。

2）储存场所在关闭前应通知各需求部门预约所需的物项。

3）储存场所整理整顿完成，以便计数盘点。

4）预先鉴定呆料、废品、不良品，以便盘点时的鉴定。

5）账卡、单据、资料均应整理后加以结清。

6）储存场所的管理人员在盘点前应自行预盘，以便提早发现问题并加以预防。

（6）盘点工作　盘点时，因工作单调琐碎，人员较难以持之以恒，为确保盘点的正确性，除人员组训时加强宣导外，工作进行期间应加强监督。

（7）差异因素追查　当盘点结束后，发现所得数据与账簿资料不符时，应追查差异的主因。其着手的方向有：

1）是否因记账员素质不足，致使货品数目无法表达。

2）是否因料账处理制度的缺点，导致货品数目无法表达。

3）是否因盘点制度的缺点导致货账不符。

4）盘点所得的数据与账簿的资料，差异是否在容许误差内。

5）盘点人员是否尽责，产生盈亏时应由谁负责。

6）是否产生漏盘、重盘、错盘等状况。

7）盘点的差异是否可事先预防，是否可以降低料账差异的程度。

（8）盘盈、盘亏的处理　差异原因追查后，应针对主因适当的调整与处理，至于呆废品、不良品减价的部分需与盘亏一并处理。

物品除了盘点时产生数量的盈亏外，有些货品在价格上会产生增减，这些变迁在经主管审核后必须利用货品盘点盈亏及价目增减更正表（表 10-38）修改。

3. 盘点的种类与方法

（1）盘点的种类　就像账面库存与现货库存一样，盘点也分为账面盘点及现货盘点。

账面盘点又称为永续盘点，就是把每天入库及出库货品的数量及单价，记录在电脑或账簿上，而后不断地累计加总算出账面上的库存量及库存金额。

现货盘点亦称为实地盘点或实盘，也就是实际去点数调查仓库内的库存数，再依货品单价计算出实际库存金额的方法。

因而如要得到最正确的库存情况并确保盘点无误，最直接的方法就是确定账面盘点与现货盘点的结果要完全一致。如一旦存在差异，即是产生“料账不符”的

表 10-38　货品盘点数量盈亏价目增减更正表　　　年　月　日

<table>
<tr><th rowspan="3">货品编号</th><th rowspan="3">货品名称</th><th rowspan="3">单位</th><th colspan="3">账面资料</th><th colspan="3">盘点实存</th><th colspan="4">数量盈亏</th><th colspan="4">价格增减</th><th rowspan="3">差异因素</th><th rowspan="3">负责人</th><th rowspan="3">备注</th></tr>
<tr><th rowspan="2">数量</th><th rowspan="2">单价</th><th rowspan="2">金额</th><th rowspan="2">数量</th><th rowspan="2">单价</th><th rowspan="2">金额</th><th colspan="2">盘盈</th><th colspan="2">盘亏</th><th colspan="2">增价</th><th colspan="2">减价</th></tr>
<tr><th>数量</th><th>金额</th><th>数量</th><th>金额</th><th>单价</th><th>金额</th><th>单价</th><th>金额</th></tr>
<tr><td></td><td></td><td></td><td></td><td></td><td></td><td></td><td></td><td></td><td></td><td></td><td></td><td></td><td></td><td></td><td></td><td></td><td></td><td></td><td></td></tr>
<tr><td></td><td></td><td></td><td></td><td></td><td></td><td></td><td></td><td></td><td></td><td></td><td></td><td></td><td></td><td></td><td></td><td></td><td></td><td></td><td></td></tr>
<tr><td></td><td></td><td></td><td></td><td></td><td></td><td></td><td></td><td></td><td></td><td></td><td></td><td></td><td></td><td></td><td></td><td></td><td></td><td></td><td></td></tr>
<tr><td></td><td></td><td></td><td></td><td></td><td></td><td></td><td></td><td></td><td></td><td></td><td></td><td></td><td></td><td></td><td></td><td></td><td></td><td></td><td></td></tr>
<tr><td></td><td></td><td></td><td></td><td></td><td></td><td></td><td></td><td></td><td></td><td></td><td></td><td></td><td></td><td></td><td></td><td></td><td></td><td></td><td></td></tr>
</table>

现象，究竟是账面盘点记错或是现货盘点点错，则须再多费一层工夫来找寻错误原因，才能得出正确结果及赋予责任归属。

（2）盘点的方法

1）账面盘点法。账面盘点的方法是将每一种货品分别设账，然后将每一种货品的入库与出库情况详加记载，不必实地盘点即能随时从电脑或账册上查悉货品的存量，账面盘点法的记载形式见表 10-39。通常量少而单价高的货品较适合采用此方法。

表 10-39　货品总账

<table>
<tr><td colspan="12">品名编号：</td></tr>
<tr><td colspan="6">请购点：</td><td colspan="6">经济订购量：</td></tr>
<tr><th colspan="2">日期</th><th colspan="2">订购</th><th colspan="3">入库</th><th colspan="2">出库</th><th colspan="2">现存</th><th rowspan="2">附注</th></tr>
<tr><th>月</th><th>日</th><th>数量</th><th>请购单</th><th>数量</th><th>单价</th><th>价值</th><th>数量</th><th>货单</th><th>数量</th><th>总价</th></tr>
<tr><td></td><td></td><td></td><td></td><td></td><td></td><td></td><td></td><td></td><td></td><td></td><td></td></tr>
<tr><td></td><td></td><td></td><td></td><td></td><td></td><td></td><td></td><td></td><td></td><td></td><td></td></tr>
</table>

2）现货盘点（实地盘点）法。现货盘点依其盘点时间频度的不同又分为“期末盘点”及“循环盘点”。期末盘点是指在期末一起清点所有货品数量的方法，而循环盘点则是在每天、每周即作少种少量的盘点，到了月末或期末则每项货品至少完成一次盘点的方法。

① 期末盘点法。由于期末盘点是将所有品项货品一次盘完，因而必需全体员工一起出动，采取分组的方式进行盘点。一般来说，每组盘点人员至少要三人，以便能互相核对减少错误，同时也能彼此牵制避免流弊。其盘点方法程序如下：

步骤 1：将全公司员工作分组。

步骤 2：由一人先清点所负责区域的货品，将清点结果填入各货品盘存单的上半部。

步骤 3：由第二人复点，填入盘存单的下半部。

步骤 4：由第三人核对，检查前二人之记录是否相同且正确。

步骤 5：将盘存单缴交给会计部门，合计货品库存总量。

步骤 6：等所有盘点结束后，再与电脑或账册资料进行对照。

② 循环盘点法。循环盘点是将每天或每周当做一个周期来盘点，其目的除了减少过多的损失外，对于不同货品施以不同管理亦是主要原因，就如同前述商品 ABC 管理的做法，价格愈高或愈重要的货品，盘点次数愈多，价格愈低愈不重要的货品，就尽量减少盘点次数。循环盘点因一次只进行少量盘点，因而只需专门人员负责即可，不需动用全体人员。

循环盘点法最常用的单据为"现品卡"，形式见表 10-40，其使用方式为：每次出入库时，一边查看出入库传票，一边把出入库年月、出入库数量、传票编号、库存量登记在现品卡上。主要目的在于：使作业者对出入库数量及库存量有具体的数字认知；可协调进行出入库的分配管理，并在错误发生时能立即调查；随时掌握库存品的流动性及库存量控制的情况。

表 10-40　现品卡内容

货品编号	001				
货品名称	肥皂		交货单位		
存放位置	A1		包装单位	箱	
月日	出入库地点	传票编号	入库数	出库数	库存数
6/1	转入	N123	100		200
6/5	转出	N200		50	150

然而现品卡的必要与否见仁见智，一般若不采用现品卡，只以单纯点数核对的方式进行循环盘点，其步骤如下：

步骤 1：决定当天欲盘的货品。

步骤 2：由专门人员负责，利用空档到现场清点这些货品的实际库存数。

步骤 3：核对盘点货品的电脑库存数。

步骤 4：对照的结果，如发现两库存数没有差异，则维持原状，若发现有差异，则调查原因，并及时作修正。

而若使用现品卡者，其除了在每一次货品出入库都要予以记载外，对于在盘点时的点数核对工作亦较详细，虽作法上较麻烦，但对于盘点差异原因的追溯却较为快速、正确。以下为使用现品卡的循环盘点方式，其中，R 是实际库存量；r 是现品卡上的库存量；K 是上月底的电脑库存量；k 是上月底的现品卡库存量。

步骤 1：确定将要进行循环盘点的品项，并把上月底的电脑库存数 K 记录下来（记录于表 10-41 的循环盘点单）。

步骤 2：前往盘点货品的位置，记录现品卡中的上月底库存数 k（记录于表 10-41 的循环盘点单）。

步骤 3：清点盘点货品，将实际库存数 R 以及现品卡中的库存数 r 记录下来。（记录于表 10-41 的循环盘点单）。

步骤 4：进行 $R-r$ 的运算。当 $R-r=0\rightarrow$ 步骤 6，$R-r\neq0\rightarrow$ 步骤 5。

步骤 5：检查现品卡的出入库及库存数的记录中是否有计算错误：若有错误，则修改；若无错误，再次计算实际库存 R。

步骤 6：计算上月底的电脑库存数 K 与同为上月底的现品卡库存数 k 间的差（$K-k$）：当 $K-k=0\rightarrow$ 步骤 8；$K-k\neq0\rightarrow$ 步骤 7。

步骤 7：调查上月底现品的出库是否转入次月，假如是，以 F 表示其数量。

步骤 8：利用以上步骤对照下式：$(R-r)-(K-k)-F=0\rightarrow$ 盘点无误差；$(R-r)-(K-k)-F\neq0\rightarrow$ 盘点有误差，应实施误差原因再调查。

步骤 9：作修正记录。

表 10-41　循环盘点单式样（异常出入库单）

No.　　　　　　　　　　　　　　　　　　　　年　　月　　日

	项目	记号	初次	再检查	误差理由
	实际库存数	R			
当日库存	现品卡库存数	r			
	差	R - r			
	电脑库存数	K			
	现品卡库存数	k			
上月末库存	差	K - k			
	上月未作出库指示，但在次月才出库数	F			
对照公式	(R - r) - (K - k) - F				
判定	=0 无误差，不需调查 ≠0 有误差，需调查				
异常出入库	过剩数	不足数	发现部门	理由	

将采用“期末盘点”及“循环盘点”的差异整理于表 10-42。公司以本身情况选择较适用的盘点方式，但大体而言，循环盘点较能针对各货品需要作适时管理，且易收盘点成效。事实上，有些公司是将两种盘点同时并用，平时针对重要货品作

循环盘点，而至期末再将所有货品作期末大盘点，如此不仅循环盘点的误差能渐渐减少，就算是期末的大盘点，其误差率也因循环盘点的配合进行而大幅降低，同时期末盘点的所需时间也会因平时循环盘点的整理与管理改善而缩短许多。

表 10-42　期末盘点与循环盘点之差异比较

比较内容＼盘点方式	期末盘点	循环盘点
时间	期末、每年仅数次	平常、每天或每周一次
所需时间	长	短
所需人员	全体动员（或临时雇用）	专门人员
盘差情况	多且发现得晚	少且发现得早
对营运的影响	须停止作业数天	无
对品项的管理	平等	A 类重要货品：仔细管理 C 类不重要货品：稍微管理
盘差原因追究	不易	容易

4. 盘点结果评估检查

进行盘点的目的主要就是希望能借盘点来检查如今货品的出入库及保管状况，因而借由盘点欲了解的问题即：

在这次盘点中，实际存量与账面存量的差异是多少？

这些差异是发生于那些品项？

平均每一差异量对公司损益造成多大影响？

每次循环盘点中，有几次确实存在误差？

平均每品项货品发生误差的次数又为何？

当“盘点数量误差率”高，但“盘点品项误差率”低时，表示虽发生误差的货品品项减少，但每一发生误差品项的数量却有提高的趋势。此时应检讨负责此些品项的人员有无尽责？以及这些货品的置放区域是否得当？有无必要加强管理？相反的，若当“盘点数量误差率”低，但“盘点品项误差率”高时，表示虽然整个盘点误差量有下降趋势，但发生误差的货品种类却增多。误差品项太多将使后续的更新修改工作更为麻烦，且可能影响出货速度，因此亦需对此现象加强管制。

平均每件盘差品金额 = 盘差误差金额/盘差误差量

若一旦此指标高，表示高价位产品的误差发生率较大，可能是公司未实施物品重点管理的结果，对公司营运将造成很不利影响。因此最好的改善方式是确实施行商品 ABC 分类管理。

盘差次数比率 = 盘点误差次数/盘点执行次数

当此比率逐渐降低，表示不论是货品出入库的精确度或平时存货管理的方式都有很大的进步。

平均每品项盘差次数率 = 盘差次数/盘差品项数

若此比率高，表示盘点发生误差的情况大多集中在相同的品项，此时对这些品项必须提高警觉，且确实深入寻找导致原因。

5. 国内厂商现况探讨

（1）电脑与作业平行处理测试　国内许多业者现都已利用电脑来处理账面库存问题，然而由于有些公司作业面条件规定的繁杂，因而每当实际盘点库存与电脑账面库存差异甚大时，往往很难断定究竟是电脑原先设计与如今作业原则不符，或是人员作业疏失所造成。因而对于究竟是电脑的责任或是员工的责任，我们建议可选择一段时间采用“电脑与作业平行处理测试”，也就是说在每星期或每月选定几项货品进行盘点，当盘点发生差异“不论盘盈或盘亏”时即回头核对单据及电脑记录找出产生原因，若是电脑问题则请配合的电脑公司协助解决，若是人为疏忽，则要划分责任归属。

（2）盘差赏罚方式建议　如今国内业者对于盘差问题确实划分责任归属并施行赏罚者仍少，以至于长久以来的盘差状况都不得改善。事实上，当盘差问题一旦确定是由人为引起后，要彻底降低盘误差，往后每次盘点所发生的误差都要立即追究责任而后论赏计罚才行。而其赏罚的建议：在一段改善的过渡时期，以“前后期的盘差改善率”来计算赏罚，等到进入稳定期后，则制订一盘差容许值，大于此值者即罚，少于此值者即赏。

10.8　补货作业系统规划与设计

补货作业包括从保管区域（Reserve Area）将货品移到另一个为了做订单拣取（Order Picking）的动管拣货区域（Home Area），然后将此迁移作业做书面上的处理。

1. 补货方式

与拣货作业息息相关的即是补货问题。补货作业一定须小心地计划，不仅为了确保存量，也要将其安置于方便存取的位置。下面即针对一般拣货安排指出一些可能的补货方式。

（1）整箱补货　由料架保管区补货至流动棚架的动管区，此补货方式保管区为料架储放，动管拣货区为两面开放式的流动棚，拣货时拣货员于流动棚拣取区拣取单品放入浅箱（篮）中，而后放置于输送机运至出货区。而当拣取后发觉动管区的存货已低于水准之下则要进行补货的动作。其补货方式为作业员至料架保管区取货箱，以手推车载箱至拣货区，由流动棚架的后方（非拣取面）补货。此保管动管区储放形态的补货方式较适合体积小且少量多样出货的货品。

（2）整托盘补货　由地板堆叠保管区补货至地板堆叠动管区，此补货方式保管区为以托盘为单位地板平置堆叠储放，动管区亦为以托盘为单位地板平置堆叠储放，所不同之处在于保管区之面积较大，储放货品量较多，而动管区的面积较小，储放货品量较少。拣取时拣货员于拣取区拣取托盘上的货箱，放至中央输送机出货；或者，可使用堆高机将托盘整个送至出货区（当拣取大量品项时）。而当拣取后发觉动管拣取区的存货低于水准之下，则要进行补货动作，其补货方式为：作业员以堆高机由托盘平置堆叠的保管区搬运托盘至同样是托盘平置堆叠的拣货动管区。此保管、动管区储放形态的补货方式较适合体积大或出货量多的货品。

（3）整栈补货　由地板堆叠保管区补货至托盘料架动管区，此补货方式保管区为以托盘为单位地板平置堆叠储放，动管区则为托盘料架储放。拣取时拣货员在拣取区搭乘牵引车（walkie tractors）拉着推车移动拣货，拣取后再将推车送至输送机轨道出货。而一旦发觉拣取后动管区的库存太低，则要进行补货动作，其补货方式为作业员使用堆高机很快地至地板平置堆叠的保管区搬回托盘，送至动管区托盘料架上储放。此保管、动管区储放形态的补货方式较适合体积中等或中量（以箱为单位）出货的货品。

（4）料架上层→料架下层补货　此补货方式为保管区与动管区属于同一料架，也就是将一料架上的两手方便拿取之处（中下层）作为动管区，不容易拿取之处（上层）作为保管区。而进货时便将动管区放不下的多余货箱放至上层保管区。在动管拣取区进行拣货，而当动管区的存货低于水准之下则可利用堆高机将上层保管区的货品搬至下层动管区补货。此保管动管区储放形态的补货方式较适合体积不大，每品项存货量不高，且出货多属中小量（以箱为单位）的货品。

2. 补货时机

补货作业的发生与否可视动管拣货区的货量是否符合需求，因而究竟何时需检查动管区存量？何时将保管区的货补至动管区？以避免拣货中途才发觉动管区的货量不够，还要临时补货影响整个出货时间的情形。对于此补货时机的掌握有如下三种方式，至于该选用何者应视公司决策方向而定。

（1）批次补货　于每天或每一批次拣取前，经由电脑计算所需货品的总拣取量，再相对查看动管拣货区的货品量，于拣取前一特定时点补足货品。此为“一次补足”的补货原则，较适合一日内作业量变化不大，紧急插单不多，或是每批次拣取量大需事先掌握的情况。

（2）定时补货　将每天划分为数个时点，补货人员于时段内检查动管拣货区货架上货品存量，若不足即马上将货架补满。此为“定时补足”的补货原则，较适合分批拣货时间固定，且处理紧急时间亦固定的公司。

（3）随机补货　指定专门的补货人员，随时巡视动管拣货区的货品存量，有不足随时补货的方式。此为“不定时补足”的补货原则，较适合每批次拣取量不大，紧急插单多以至于一日内作业量不易事前掌握的情况。

3. 补货方式的应用

（1）由自动仓库将商品送至旋转料架的补充、入库　可以进行效率良好的补充作业，而不必来回地搜寻。

（2）由入库至补充线　此为货品入库即将必要补货的货品直接送入动管拣货区，而不需经由保管区再转送的补货方式。

（3）拣取区采取复仓制的补货方式　英国 BOOTS 公司动管拣取区是采用相同品项两个相邻托盘的储放。而保管区则分两处进行两阶段的补货。第一保管区为高层料架仓库，第二保管区为动管区旁的临时保管处所。进行第一阶段补货时先由第一保管区的高层料架提取一托盘量货品放置于动管区旁的第二保管区，等动管拣货区内某一品项的其中一个托盘拣取完毕后，将空托盘移出，后面托盘往前推出，再由第二保管区将补货托盘移进动管拣货区。

【经典案例】：

自动化物流仓储系统配套规划建设案例

1. 项目概述

（1）基本情况　自动化立体库房东西向 102m，南北向 36m，建筑面积 $5620m^2$。

自动化立体库房总体设计坚持科学发展观，紧密结合库房业务工作特点，满足存储容量、作业能力的要求。系统集成计算机控制、网络、数据通信、红外传输、现场总线、物资信息自动识别、消防报警、视频监控、温湿度监控等先进技术，实现收发作业机械化、库房物流自动化、仓储管理数字化、存储单元立体化、信息传输网络化和安全监控可视化。

（2）系统设计指导思想　针对用户的要求和实际情况，总体规划既要满足当前的使用，又要考虑今后的发展，特别需要注重实用性及示范性建设原则。在设计工作中遵循以下原则：

1）系统性。以整个物流工艺流程为基础考虑在设备型号、数量、控制等方面合理配置。

2）先进性。管理系统具有先进的设计思想和设计理念；关键技术及软件系统要具有升级、换代的功能。

3）实用性。所设计系统紧密结合库房收发作业和物资的特点，满足现有的业务需求，并在今后一段时间内能够适应发展的需要。

4）可靠性。应用成熟的技术，保障系统的稳定运行，使系统的故障率降至最低。

5）灵活性。所设计的系统能够根据业务的需求，在管理上具有增、删、改等功能，对计算机系统维护灵活方便，并为系统提供可进行二次开发的平台。

6）高效性。所设计的系统能够安全、稳定、高效地完成所需要的工作，并对用户需求能即时响应。

7）扩充性。所设计的系统提供通用的程序接口，能够与 ERP 系统、设备控制系统等进行无缝连接，以完成相应的数据传输。

8）经济性。在满足库房物流作业需求的前提下，选用质优价廉的产品，减少投资，节约能源、合理利用资源的要求。

9）安全性。设备强度和刚度、稳定性能均达到安全要求，耐酸碱性、抗腐蚀性等达到规定标准，确保人员、设备、物资的安全。

10）美观性。设备色彩搭配合理、美观大方，体现整体艺术效果。

除上述要求外，在设计时，还应遵循物流行业一些其他通用性原则：系统最高可靠性和安全性原则；有限空间最大存储量原则；配置流程最简捷原则；设备选用先进性原则；规划合理性、实用性及标准化原则；安装操作简便、维护简单原则；性价比最高的原则；物流规划向国际标准统一原则。

2. 系统设计要求

（1）基础数据

1）立体库房自动化物流系统总承包（含物流方案优化、输送系统、巷道堆垛机系统、货架、托盘、计算机监控系统、电气控制系统、一轨双车系统、视频监控系统、消防监控系统、温湿度监控系统、无线射频系统、语音对讲通信系统和管理系统等）。

2）立体库房自动化物流系统要求技术先进，充分体现技术的先进性和成熟性；安全可靠，充分体现安全性和稳定性；经济合理，充分体现最优的性价比；规划科学，充分体现平战结合和部队特点；符合国家（行业）现行有关标准规范要求。

（2）总体规划　根据功能要求，自动化仓库分为以下区域：

1）一层平面。

① 恒温库货架区：主要设备有转轨双立柱堆垛机、双立柱有轨堆垛机和货架。完成实托盘进行立体化自动仓储的作用。

② 恒温库自动输送区：主要设备有直行穿梭车、输送机等。完成器材的入库、出库、拣选货物的自动输送、搬运及相关的数据处理等功能。

③ 立体库货架区：主要设备有双立柱有轨巷道堆垛机、货架。完成实托盘和空托盘组立体化自动仓储的作用。

2）二层平面。

① 办公区：主要设备有数据服务器、仓库管理工作站、监控工作站、网络交换机、UPS 电源以及打印机等。完成业务办公和自动化物流系统设计存储、调度管理、中心控制、汇报演示等功能。

② 自动输送及拣选出库区：主要设备有直行穿梭车、输送机、往复升降输送机、悬臂吊等。完成恒温库和立体库的器材实托盘整盘出库及实托盘在线拣选出库

的自动输送、搬运及相关的数据处理等功能。

③ 出入库自动输送区：主要设备有输送机、升降输送机、外形检查站、地上衡等设备。完成恒温库和立体库的实托盘、空托盘组的出入库输送及数据处理等功能。

④ 器材暂存区：辅助作业设备有叉车、手持无线终端等。主要完成器材入库暂存、清点、检验等功能。

⑤ 托盘缓存区：辅助作业设备有叉车等。主要完成器材组盘后实托盘缓存功能。

⑥ 分拣存放作业区：辅助作业设备有叉车、手持无线终端等。主要完成大批量拣选出库时实托盘的暂存、分拣作业。

（3）工艺流程

1）入库流程。器材到货后，经验收检查合格后放于 24 号库入库器材存放区，业务处生成入库单据，自动化物流仓储系统的上位计算机接到信息后，保管员使用无线手持终端开始组盘，组盘要求根据器材尺寸，每个托盘可以存放几项器材。组盘时，将器材信息与托盘信息组合。组盘完成后，无线手持终端将组盘数据上传到上位计算机。叉车将组好的托盘送到入库口输送机上，器材实托盘经重量检测、外形检查、扫托盘条码合格后，托盘继续输送，通过穿梭车、往复升降输送机、堆垛机，将器材实托盘存放至计算机系统指定的货位存放。堆垛机控制系统向自动化物流仓储系统的上位计算机反馈作业完成信号，数据库自动完成数据处理。

若重量不合格，则实托盘退回到叉车放货工位，经过人工重新组盘后再入库；若外形检查不合格，则实托盘退回到叉车放货工位，经过人工整理后再入库；若条码无法识别，则实托盘退回到叉车放货工位，经过人工更换条码后再入库。

入库需要的空托盘，使用出库产生的空托盘，空托盘码放在空托盘码放架上。不足时，人工从计算机终端发出申请，巷道堆垛机根据计算机系统的指令从立体库中调出空托盘组，通过输送系统将空托盘组运送到出库站台，供入库使用。

2）小批量出库流程。业务处生成出库单据，上位计算机接到信息后，按照先进先出的原则，选择出库器材，自动生成出库指令，并起动堆垛机，器材经堆垛机、往复穿梭车、链式输送机输送到二层南北向往复式穿梭输送车上，同时系统自动判断托盘是否需要拣选，如果不需要拣选，整盘出库，托盘经穿梭车、往复升降输送机、链式输送机送至 25 号库出库站台，托盘整盘出库；否则，穿梭车把托盘放入拣选站台。保管员根据 LED 显示器拣选信息在拣选站台进行拣选器材出库，同时把出库信息上传到立体库系统，拆箱拣选的器材放在装箱区，进行重新装箱，同时无线手持终端记录装箱信息，上传到立体库系统。拣选剩余的器材自动由输送设备放回立体库。当单据所有的器材都出库完毕后，立体库系统自动回填单据，并把回填数据上传至业务处。

整盘出库产生的空托盘，由人工码成空托盘组，放到空托盘码放架上供入库使用或由叉车送到入库站台上，由输送机、直行穿梭车系统、巷道堆垛机送入立体库指定的货位存放。

3）大批量出库流程。业务处生成出库单据（一般会有多个单据），上位计算机接到信息后，对多个单据统一处理，按照先进先出的原则，选择出库器材，自动生成出库指令，并起动堆垛机，器材由货架经堆垛机、链式输送机、往复式穿梭输送车、往复升降输送机运送到25号库出库站台。保管员根据LED显示器出库信息提示操作，如果不需要拣选，整盘出库，按单位对整盘器材进行堆放；否则，把托盘放入批量器材拣选区。保管员对整盘出库的托盘登记出库器材记录；对拣选器材，在拣选区按单位分配情况进行器材登记，并把拣选的器材分别放在相应单位的区内，拣选剩余的器材托盘放在剩余区。在拣选完成后，需要对各单位的拆箱器材进行重新装箱，无线手持终端记录装箱信息并上传到立体库系统。当单据所有的器材都出库完毕后，立体库系统自动回填单据，并把回填数据上传至业务处。对拣选剩余的器材在单据处理完成后，不需要重新进行组盘，统一进行入库。

4）出入库同时作业流程。此种作业模式下，24、25号仓库至立库货架间的输送线需严格划分为入库输送线和出库输送线。业务处生成出入库单据，上位计算机接到信息后，指定出入库输送线，入库器材统一放至入库站台上，经入库输送线输送至货架，完成入库作业；出库器材经出库输送线送至出库站台，完成出库作业。

5）批量盘库作业。业务处生成盘库单据，自动化物流仓储系统的上位计算机系统接到信息后，自动生成盘库指令，并起动堆垛机，器材由货架经堆垛机、链式输送机、往复式穿梭输送车、往复升降输送机运送到25号库出库站台，并把器材放在拣选作业区。保管员下载出库单据到无线手持终端，对器材进行盘点，并把盘点数据自动上传至立体库系统。当单据所有的器材都盘点完毕后，立体库系统自动回填单据，并把回填数据上传至业务处。在单据处理完成后，不需要重新进行组盘，统一进行入库。器材盘点时发现错误，用无线手持终端登记，并进行上报。

6）零星盘库作业。业务处生成盘库单据，自动化物流仓储系统的上位计算机系统接到信息后，自动生成盘库指令，并起动堆垛机，器材由货架经堆垛机、链式输送机、往复式穿梭输送车送到盘检台（即拣选站台），利用RF扫描箱条码进行盘检。对正确的实托盘按下相应按钮，自动送回货架；不正确的实托盘，用无线手持终端登记，并进行上报。

7）倒库作业。为了提高器材分发效率要在每次大批出库作业之前进行倒库作业。倒库作业根据同一器材分散存储、货架重量保持均衡、发放频率高的器材尽量靠近巷道口等原则，上位计算机自动生成“倒库指令”，由堆垛机、往复式穿梭输送车等设备进行器材货位调整。倒库作业可在同一巷道内和不同巷道间进行。

倒库作业一般以系统提示、人工确认的方式确定倒库方案，托盘存储的器材由系统自动完成；倒库信息可通过网络同步传输到器材仓库业务管理系统。

8）器材保养作业。业务部门生成保养单据，自动化物流仓储系统的计算机管理系统接到信息后，对多个单据统一处理，自动生成出库指令，并起动堆垛机，把器材由货架输送到往复式穿梭输送车，并经过输送系统运送到 25 号库，置于出库站台。保管员下载保养单据到无线手持终端，进行整盘出库，无线手持终端记录装箱信息并上传到立体库系统。当单据所有的器材都出库完毕后，立体库系统自动回填单据，并把回填数据上传至业务处，保养的器材运到保养间。器材保养结束，经过封存包装，更换条码后按照入库流程进行入库，同时更新立体库信息管理系统和器材仓库业务管理系统中的相应信息。

3. 系统设备

（1）组合式货架　钢结构货架是高层货架存储区中存放货物的主要设备，要求有足够的强度和刚度及整体稳定性，而且尺寸要求精度高，并满足抗震要求。本系统中，立体库、恒温库均采用独立的组合式货架，运输及安装较方便，其货位高度在必要时可进行调整。组合式货架主要由货架片、载货横梁和加强支撑杆件等组成。

（2）立体库堆垛机　立体库堆垛机规格和技术参数，见表 10-43。

表 10-43　立体库堆垛机规格和技术参数

项　　目		规　　格
型号		DQ511
结构特征		双立柱、单深、单货叉型
起重能力/kg		500
货物尺寸 L×W×H/mm		1200×1000×1280
速度/(max)/m/min	走行方向	120
	提升方向	30
	叉取方向	30
通信方式		红外光通讯
控制系统		Siemens PLC 及其相关模块
控制方式		在线 / 自动 / 手动
供电方式		(底部)安全滑触线供电， 采用三相四线制，380V±10% 50Hz±1Hz，
认址方式		行走：激光测距+认址片 升降：激光测距+认址片 伸叉：接近开关+旋转编码器
走行定位精度/mm		±5
升降定位精度/mm		±5
伸叉定位精度/mm		±3
噪声/dB(A)		≤85
驱动方式		交流变频
堆垛机无故障率		≥97%

(3) 自动输送系统　主要包括用于托盘输送的往复穿梭车、链式输送机等，设备上带有用于检测器材位置状态和设备运行状态的光电开关、行程开关、接近开关等检测器件。

(4) 其他设备

1) 外形检查站。用于检测器材外形尺寸是否超过设定值的设备，根据规定的器材最大包容尺寸，对器材外形进行检测，保证尺寸合格的器材通过，以满足以后流程中对器材尺寸的要求，采用光电非接触式。

2) 地上衡。设置在入库口的输送机下方，对器材称重，当实际重量超过设定重量（软件设定）时，系统报警并拒绝入库。结构包括秤台、机架、传感器，其原理是：当被称重器材输送到输送机上时，受压的传感器产生弹性变形，使粘贴于弹性体应变梁上的电阻应变计桥路失去平衡，输出重量是否超重信号，并输入电控系统。

3) 空托盘码放架。用于人工将单个空托盘堆码成一个空托盘组，具有导向和限位结构，在堆码过程中辅助人工堆码托盘整齐规整。

4) 悬臂吊。用于起吊货物。

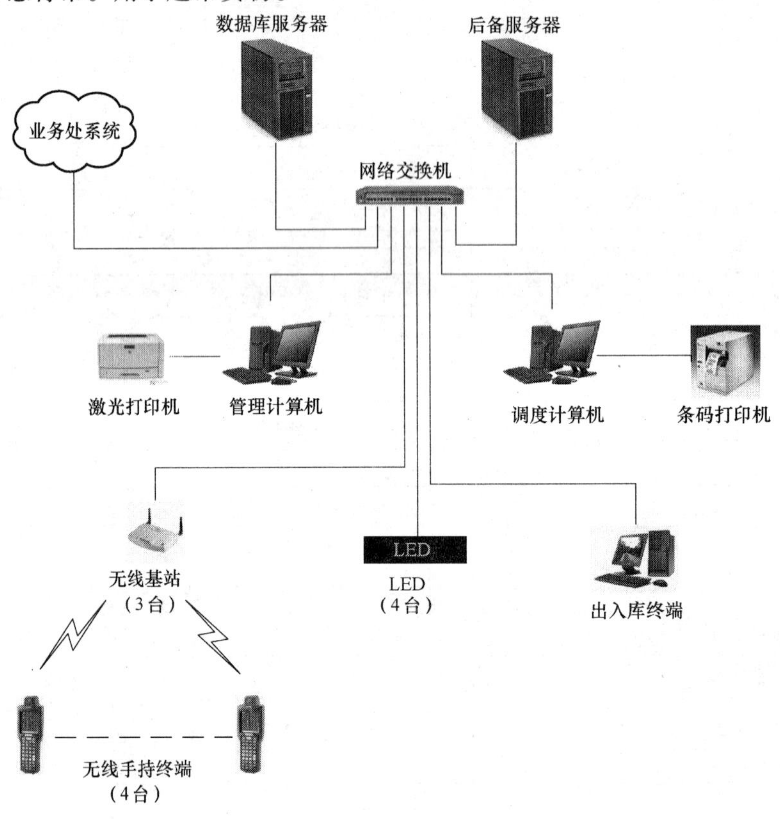

图 10-25　系统配置网络拓扑图

4. 计算机监控和管理系统

在自动化仓库中，计算机系统结构以集成技术为核心，实现物流指令快速、准确的执行及物流信息的收集、处理、传送、存储和分析，并作出正确的决策以协调各业务环节，从而实现器材高效有序的流动和科学的管理以满足器材供应的需要；同时，还通过对物资消耗、库存分析，及时、准确地了解某一段时间内的物资需求情况，为物资流动信息管理系统提供基础数据，提供库存信息。图 10-25 所示的是系统配置网络拓扑图。

思　考　题

1. 订单处理系统规划与设计的要求是什么？
2. 补货作业系统规划与设计的特点是什么？
3. 盘点作业系统规划与设计的流程是什么？
4. 进货作业系统规划与设计的流程是什么？
5. 出货作业系统规划与设计的流程是什么？
6. 储存作业系统规划与设计的流程是什么？
7. 各个作业系统间的规划与设计有什么联系？

参 考 文 献

[1] 李浩. 物流系统规划与设计 [M]. 杭州：浙江大学出版社，2009.
[2] 田青，等. 物流工程案例集 [M]. 北京：清华大学出版社，2008.
[3] 齐二石. 物流工程与管理概论 [M]. 北京：清华大学出版社，2009.
[4] 孙凤英. 物流技术与管理 [M]. 北京：机械工业出版社，2004.
[5] 汪应洛. 系统工程理论、方法与应用 [M]. 北京：高等教育出版社，1998.